批判哲学的批判

哲学的批判

康德述评

李泽厚／著

A
NEW
APPROACH
TO
KANT

北京联合出版公司
Beijing United Publishing Co.,Ltd.

目录

CONTENTS

4

内容提要　　　　　　　　　SYNOPSIS

一、思想来源和发展过程

1."康德哲学是法国革命的德国理论。"如果说《纯粹理性批判》的文体有如康德的单调生活，那么其内容却反映了整个时代。

2.康德的政治态度：主张共和政体，要求"笔的自由"，反对暴力革命。参看 75。

3.康德与前康德哲学的关系。牛顿（科学）与卢梭（民主）才是影响康德最大的两个人。

4.十八世纪五十年代的康德。自然科学论著具有哲学家的特征：重视方法论、整体观点和理论概括。《自然通史和天体论》等著作。

5.十八世纪六十年代的康德。苦恼和纠缠于科学与宗教、形而上学的关系等问题，经验论的倾向。《负数概念引入哲学》等著作。由自然科学的一般探讨日益转向哲学基本理论。

6."二律背反"把康德从"独断论的迷梦中唤醒"。从就职论文到三大批判。

7. 德国资产阶级文化巨人的双重性特色。康德与歌德。

8. 研究康德的现代意义。马克思主义不仅是革命学说，而且也是建设理论。要研究有关精神文明的人类主体性的文化—心理建构问题。

二、认识论（一）：问题的提出

9.《纯粹理性批判》一书的形式结构。它的术语、用词的多义性与思想内在矛盾有关。"凑合说"和"一贯论"都是片面的。

10. 所谓"批判哲学"的含义：反对独断论和怀疑论，把研究人的认识形式作为哲学的中心，提出人的认识有界限范围以区分科学与宗教。

11. 作为"批判哲学"主题的"先天综合判断如何可能"，其实际含义是"具有普遍必然性的科学真理如何可能"。康德的二元论的回答。

12. 所谓普遍必然与一定社会、时代的实践水平有关。普遍必然性在一定意义上是客观社会性的表现。应从社会实践、工艺科技水平而非仅仅从感知经验或语言来研究认识的本质和发展。

13. "分析"与"综合"的划分。"综合"在康德认识论中有特别重要的地位。马克思关于两种方法的提法。

14."综合"之所以比"分析"更重要，在于它的根源与实践活动有关。"综合"是"吃掉对象，消化对象"。

15.罗素等人把数学归结为分析是不对的。为康德所突出的数学的本质是一个深刻的哲学问题，数学充分地体现了人的认识能动性，它的原始根源是操作活动的内化。哥德尔。皮亚杰。

16.从马克思主义实践论批判康德，正是要研究认识能动性和智力形式结构。

三、认识论（二）：空间与时间

17.康德的"先验感性论"：主体具有的感性直观形式与外界提供的感性材料相结合，形成感性经验。

18.康德反对莱布尼茨和牛顿的时空观，认为时、空不是客观存在，不是知性概念。康德的几个时、空"阐明"。

19.康德所谓时、空的"经验实在性"：时、空与声、色、香、味、暖不同，不是个体的主观感知，而具有经验中的客观性。

20.康德所谓时、空的"先验观念性"：时、空与变化、运动不同，不是事物的性质形态，而是主体的先验感性形式。

21.罗素对康德时空观的批驳：认为时、空与声、色并无不同，把康德拉向贝克莱。

22.工艺在社会实践中的决定意义。从洛克区分第一、第二性质到康德提出时、空的普遍必然，实际都受工艺科技的时代水平的制约。

23. 实践、数学、时空与社会（巫术礼仪的原始重要性）。形式化、非欧几何并不推翻数学与感性时、空在根源上的联系。"内化"与"积淀"。

四、认识论（三）：范畴

24. 康德的"先验逻辑"的第一部分："先验分析论"。知性与感性结合才形成认识，但知性与感性是平行、独立的两种能力。

25. 由判断得来的"知性纯粹概念"即十二范畴，三三排列分为量、质、关系、模态四组。这是由形式逻辑过渡到认识论，康德的"先验逻辑"开黑格尔逻辑学的先河。

26. 康德与黑格尔着重点的不同：黑格尔重视逻辑范畴如何与历史相一致，使历史从属于逻辑；康德注意知性范畴如何能与感性经验相联系、结合。康德提出"先验构架"作为感性与知性之间的桥梁。

27. "知性先验原理"是范畴的具体展开，这个部分实际是康德认识论的主要部分。

28. "量"的范畴："直观的公理"，认为任何认识对象均应有可计算的数量，对象是可分割的，所以数学有普遍适用性。

29．"质"的范畴："知觉的预定"，实际肯定外界物质是知觉的前提。提出质量相结合的"度"。

30．"关系"范畴之一："实体"。在唯心主义的先验形式里，肯定客观物质世界存在的永恒性。

31．"关系"范畴之二："因果"。最重要的范畴；"凡事总有原因"是一切认识和科学研究的思想上的"先验"前提。

32．"关系"范畴之三："交互"。空间关系对认识的意义。

33．"经验思维三准则"，强调现实的可能、实在与必然不同于逻辑的可能、实在与必然。前者必须有感性经验作依据，后者不能等同于或替代前者。

34．康德一面强调作为认识，知性不能离开感性；另一面又强调先验知性主宰感性，唯心主义地高扬了理性认识。

35．现代自然科学使理性认识问题异常突出。因果是量子力学等现代物理学的重要哲学问题。爱因斯坦。理论假说相较于观察的优先性。

36．恩格斯非常注意因果问题，一再指出单凭经验性的观察决不能证明必然性，必然性的证明是在人类活动中、实验中、劳动中。

37．人类实践活动以原始工艺（制造工具）为始端。使用工具、制造工具的人类劳动打破了动物生活活动的狭隘性、固定性、特殊性，对现实世界在客观上造成了大量的、多样的因果联系，这才是因果观念和范畴的原始基础。构架、理想模型对认识有重大作用。

五、认识论（四）："自我意识"

38. "自我意识"是康德哲学认识论中最重要也最难解的问题，其实质是集中提出了人的认识能动性。

39. "主观演绎"充满了心理学的内容，认为主体意识中必须有一种主动的统一性，才能综合感性，由想象而概念。"自觉注意"（对自身操作活动的注意）应是人最早的心理特征。

40. "客观演绎"的哲学内容。康德区分"知觉判断"与"经验判断"；认识的客观性不来自直接的感知，而得自意识的能动性，这是其与经验论的重大区别。

41. "先验自我意识"（"先验统觉"）指的是人类特有的认识形式。它不能独立存在，只存在于经验意识之中，但它建立起"对象意识"。"自我意识"与"对象意识"的相互依存。

42. 康德反对任何形式的"心灵"实体，强调"我思"（"自我意识"）只是认识形式和功能，而非实体或存在。

43. 经由费希特，黑格尔将"自我意识"实体化。客观性与对象化由认识中的同一（康德）变而为现实中的同一（黑格尔），思维、范畴不再只是主体认识的规定，而成了客观存在的本质和规律；思维的能动性不仅在于认识世界，而且在于创造世界。参阅 57。

44. 马克思主义对黑格尔的批判。改造世界的伟大"自我"，不是精神、意识、思维，首先是人类总体的社会实践活动，首先是物质生产活动。

45.实践不仅具有普遍性，而且有现实性的优点，认识的能动性根源于实践的能动性。工艺史、认识论与主客体的区分。

46.旧唯物主义从个体感知的现实性出发，康德、黑格尔从人类意识的普遍性出发，马克思主义从社会实践出发。

六、认识论（五）："二律背反"

47."先验逻辑"的第二部分："先验辩证论"。"分析论"说明认识如何可能，"辩证论"说明谬误如何产生，指出上帝、灵魂不是认识对象。

48."理念"作为理性概念，并不能适用于感性经验，它不具有客观效用，只与人主观上追求无条件的"总体"有关。

49.人的认识追求无条件、超经验的总体，产生"先验幻相"，此即辩证法。这是思维进程中必然要发生的越出经验的结果。

50.充分暴露这种辩证法的四个"二律背反"：时、空有限又无限，物体可分又不可分，必然又自由，上帝存在又不存在。正反双方表现了康德哲学中的两种倾向和基本矛盾。

51.黑格尔对康德"二律背反"的批判，指出它们不是主观幻相，而是客观存在，要在总体行程中予以展开和扬弃。

52.总体、系统结构、否定之否定在辩证法中的重要地位。总体把握的辩证方法优于片断的、经验的实证方法。辩证法是历史的，在过程中展开。反对预成论，重视偶然性。

七、认识论（六）："物自体"

53. "物自体"有三层含义，作为感性来源的含义是其唯物主义方面，不能把康德等同于贝克莱。

54. "本体"一词的"消极含义"，"物自体"在认识论上的第二层含义。洛克、霍尔巴赫均有实体不可知的思想。

55. 所谓"先验对象"：必须肯定一个不能具体确定也永不可知的某物 x，作为认识在对象方面的前提条件。

56. "先验对象"与"先验自我"：两个遥相对应的 x。

57. 康德之后，唯心主义总是用"自我"吞并对象，用意识吞并存在，或用"想象"来解决"物自体"问题。

58. 恩格斯一再指出实践、工业是对不可知论最令人信服的驳斥。本书强调，认识如何可能应从人类如何可能来解答。

59. "物自体"作为理性理念："本体"一词的"积极含义"，具有引导认识、统一经验的"范导"功能，这实际涉及绝对真理与相对真理问题。

60. 由认识论到伦理学，康德的积极的"本体"不是认识，而是道德。"不能知之，只可思之"的对象不能由经验来认识，只可由信仰来保证。维特根斯坦。作为"本体"的人类主体性与历史唯物主义。

八、伦理学（上）：道德律令

61. 伦理学是康德哲学的另一面。康德反对法国唯物主义的幸福主义，认为把道德建筑在快乐、利益、人性、良心、天命、神意上都是没有普遍必然性的。

62. 两种道德理论对照表。康德认为，恰恰是在与幸福、功利的对峙、冲突中显示出道德。

63. "道德律令"第一条："普遍立法"。

64. "道德律令"第二条："人是目的"。

65. "道德律令"第三条："意志自律"。

66. 自由（本体、理性、道德律令）与自然（现象界、经验、因果必然）的截然二分。黑格尔批判康德伦理学为空洞（无社会历史内容）的形式主义。

67. 康德的伦理学是卢梭革命理论在德国的抽象翻版，政治要求变成了道德律令。

68. 康德强调善恶不同于福祸。

69. 道德感情的特点：理性战胜自然性。康德伦理学抓住了道德伦理的超越个体存在的总体性质。

九、伦理学（下）：宗教、政治、历史观点

70. 实践理性的"二律背反"：幸福不是道德，有德未必有

福，德与福在现实生活中并不统一。

71. 只好把这种统一期之于天国的"至善"，上帝是"至善"的前提公设。

72. 康德反对宗教仪式和迷信，坚持启蒙，认为道德不应以宗教为基础，应把宗教化为道德。

73. 但他又把道德化为宗教，主张道德的神学、理性的宗教。

74. 实际是：主观能动的道德实践成了纯形式，具有一切现实客观内容的幸福被排斥在外，于是走向作为归宿的宗教。

75. 康德的法权、政治思想：认为法权是经验政治的先验原理，主张三权分立，主权在民，自由、平等、独立是立国基础，反对破坏法制。参看2。

76. 从洛克到卢梭、康德、黑格尔，从个人主义、自由主义到总体主义、集权主义，是近代欧洲资产阶级政治思想史上的重大转折。

77. 康德的历史观点的重要性："历史理念"；非社会的社会性；人在斗争中发展；不依人的主观意识的客观合目的性。

78. 康德在"我能认识什么？"（认识论）、"我应做什么？"（伦理学）、"我可期望什么？"（宗教观）之后，晚年添了一问："人是什么？"它实际上是整个康德哲学的真正内涵。

79. 康德的历史观与其形式主义道德论的矛盾。黑格尔与康德相反，将道德从属于历史。

80. 再回到康德哲学中心的"物自体"问题。德国古典哲学中意义丰富而含混的"理性"一词究竟指什么？

81. 伦理相对主义的肤浅和维特根斯坦的神秘。

82. 资产阶级伦理学（从边沁、穆勒到元伦理学）。第二国际的伦理社会主义与庸俗进化论携手同行。

83. "西方马克思主义"中的主观主义、意志主义思潮。恩格斯的贡献。"Praxis"与"practice"。

84. 社会是主体又是客体。主观能动性与客观规律性的统一。反对庸俗决定论和意志主义。历史唯物主义与实践论不可分割。

十、美学与目的论

85. 《判断力批判》作为认识论与伦理学的桥梁，是康德哲学的终结点：以人为中心。不同于法国唯物主义，也不同于黑格尔。

86. "反思判断力"与"自然合目的性"。康德的"人是什么"的真正答案在美学。

87. "美的分析"一，质："非功利而生愉快"。乐、善、美三分，实际提出了人（伦理）与自然、理性与感性相统一的思想。

88. "美的分析"二，量："无概念而有普遍性"。想象力与知性的自由运动。这是上一项的心理方面。

89. "美的分析"三，关系："无目的的目的性"。上二者的哲学概括。

90. "美的分析"四，模态："共通感"。指出审美的根源在社会。

91. "崇高的分析"：崇高不在对象，而在人心，即人的理性、伦理的尊严。对崇高的欣赏要求更高的文化教养。

92. 美与崇高、纯粹美与依存美，是审美领域由自然到伦理过渡中的两步。

93. "美的理想""审美理念"与"艺术天才"，讲的都是在感性自然的有限中展现出道德伦理的无限，其特征是无法而法，言有尽而意无穷。

94. 康德美学的形式主义与表现主义两种因素对后代都有巨大影响。

95. 生命有机体的特点：整体与部分、部分与部分互为因果，具有自组织功能。机械论不能解释生命，必须有目的论原理。

96. 机械论与目的论的"二律背反"。现代生物学中的还原论与反还原论。

97. 康德认为，整个自然的最终目的是文化—道德的人。

98. 康德美学与黑格尔美学的歧异：后者只是思辨的艺术史，撇开了人与自然的基本问题。

99. 康德哲学中神秘的东西和思维与存在的同一性。德国古典哲学的精髓。

100. "人是依照美的尺度来生产的。"马克思主义关于"自然的人化"的伟大思想。

第一章

思想来源和发展过程

一 时代背景、社会根源和政治倾向

诗人海涅说过，康德是没有什么生平可说的。康德的一生，是讲堂书斋的一生，他从未参加过任何重要的现实活动。康德出生在一个祖传制革的小手工业者的家庭，财产很少。他读完大学后，当家庭教师以维持生活，31岁才取得编制外的讲师资格[1]，在柯尼斯堡大学任教。由于讲课受到学生们的欢迎，他的名气逐渐大了起来，但上层社会对这个出身低微的人是歧视的，他直到46岁时始任教授。康德讲授过大量哲学和自然科学的课程，包括数学、理论物理学、地质学、地理学、矿物学等[2]，发表过许多自

---

1. 不由学校付薪俸，而直接向听课学生收费的讲师。
2. 康德对人文科学也熟悉，对世界各国的风土人情均有了解。例如，他的著作中曾提到中国的老子哲学和"童叟无欺"的商店招牌。

然科学论著。康德体弱，终生独身，经常为疾病担忧，且不喜变动，极少离开故乡，多次辞退普鲁士王国教育大臣和外地著名大学的聘请。晚年，他因几篇宗教论著遭到官方警告。康德虽坚持自己的观点，但保证不再公开发表关于宗教问题的讲演和文章。他说，"为了别嫌，我保证从宗教（无论是自然宗教或天启宗教）的课题中撤回，不作公开讲演，也不再写文章，这是我的誓约"[1]。但威廉二世一死，康德就继续发表关于宗教的论著，认为自己的上述"誓约"已自动失效。康德曾说："对自己内在信念的否认或摒弃是丑恶的……但在当前这种情况下，沉默却是臣民的义务。一个人所说必须真实，但他没有义务把全部真实都公开说出来。"[2] 他还说，"我没勇气说出我确信的许多事情，我也决不说我不相信的任何事情"[3]"我知道的不宜说，适宜说的我不知道"[4]，等等。这些话，表明了康德对黑暗现实深怀不满，但无法公开反抗的处境和状况。这种状况是完全可以理解的：当时德国还没有法国革命的那种现实条件，处境和地位都甚低微的先进知识分子只有用沉默和迂回的方式来进行抵抗和斗争。据说，康德是喜爱交际、谈笑风生的。他的许多著作通俗活泼，生动有趣，材料丰富，充满了各种经验之谈，并富有论争气息（这一方面常为后人所忽略）。不过，总的说来，他单调的生平和极为刻板的生活给

---

1. 1794 年 10 月 12 日给威廉二世的申辩信。
2. 《康德全集》第 12 卷，科学院版，第 401 页。
3. 1766 年 4 月 8 日给门德尔松（Mendelssohn）的信。
4. 《1765—1766 年康德讲课说明》。

人们的主要印象，则正好像他的主要哲学著作《纯粹理性批判》的文体那样——重复、冗长、呆板和干燥。

如果说，康德的《纯粹理性批判》的文体有如他个人生活的外表，那么这本书的内容和思想却反映了他那个动荡的时代。

那是近代自然科学取得重大进展的年代，那是法国革命的暴风雨就要到来的年代。

康德虽然在讲堂和书斋中度过了一生，却一直是世界形势和社会斗争的密切关怀者。[1] 他非常注意当时政治局势的发展趋向。法国大革命前，矛盾重重，社会动荡，思想界山雨满楼，强烈地袭击着康德。他因看卢梭（1712—1778）的《爱弥儿》而打破了奉行终身的作息制度，这是哲学史课堂上常要讲到的传闻逸事。与当时德国的进步人士一样，康德接受了法国资产阶级革命思想的洗礼，这种思想表现在他的哲学沉思上，构成了康德哲学中真正有价值的方面。

但另一方面，德国当时的现实是十分落后的。它不是一个统一的国家，而是处在许许多多封建小王国、公国和城市等四分五裂、彼此独立的局面中。资本主义很不发达，市民—资产阶级在经济上非常软弱，在政治上十分怯懦，屈从于封建容克地主。专

---

1. 康德在 1759 年给林德耐（J. G. Lindner）的信中说："我每天坐在讲堂的铁砧旁，抡着我重复讲课的沉重铁锤，打着同一个韵律。一种更高的欲求时时刺激着我，想要超越这些狭隘的领域；但事实上，这种感情的威胁常常立即驱使我回到艰苦的工作中去。"看来，康德并不安于他那每周 28 小时教课外加讨论的繁重枯燥的工作，但当时的环境只能使他把自己的欲求引到书房的"艰苦工作"中去。

制官僚制度压迫着广大人民，也迫害着进步文化。马克思、恩格斯曾多次论述过当时德国的状况：

> 这就是前一世纪末叶的德国状况。这是一堆正在腐朽和解体的讨厌的东西。没有一个人感到舒服。国内的手工业、商业、工业和农业极端凋敝。农民、手工业者和企业主遭到双重的苦难——政府的搜括，商业的不景气……一切都烂透了，动摇了。[1]
>
> 在英国从十七世纪起，在法国从十八世纪起，富有的、强大的资产阶级就在形成，而在德国则只是从十九世纪初才有所谓资产阶级。[2]

康德哲学就产生在这样一种历史背景下。它反映了在落后的德国现实中还不成形的、极端软弱的市民—资产阶级的要求、利益和愿望。康德哲学是德国早期市民—资产阶级对法国革命时代的反应。马克思说，康德哲学是"法国革命的德国理论"[3]。这是个简明而深刻的概括。它指明，康德哲学既表现了法国资产阶级大革命的时代精神，同时又反映了德国落后的社会阶级面貌。康德哲学是法国政治革命的德国思想升华。

正如恩格斯所指出的，像宗教、哲学这些"高高凌驾于空中

---

1. 恩格斯：《德国状况》，《马克思恩格斯全集》第2卷，1957年版，第633—634页。
2. 恩格斯：《德国的制宪问题》，《马克思恩格斯全集》第4卷，1958年版，第52页。
3. 马克思：《法的历史学派的哲学宣言》，《马克思恩格斯全集》第1卷，1956年版，第100页。

的思想部门"，与社会经济基础、与自己的物质存在条件的联系，
是要经过一些中间环节的，而政治就是这种重要的中间环节之
一。康德哲学的这种时代、阶级特征，在康德的政治著作中以鲜
明的形态表现出来。康德很早就对社会政治问题有兴趣，六十年
代他读卢梭，写了有关的笔记。"批判时期"和晚年，他发表了
一系列政治论文，对宗教、历史、法律、国家、世界和平种种问
题作了论述（参看本书第九章）。康德哲学的一些研究者经常忽
视或避开不谈这些论著，特别是不把康德在这些论著中所表现出
来的政治观点和政治倾向与他的哲学思想联系起来。[1] 康德作为哲
学体系的自觉构造者，他的政治观点是其整个世界观中重要的组
成部分，与他的哲学（例如伦理学）密切相关。看起来如此抽象
和晦涩的康德哲学，仍然有其现实生活的根源。康德所采取的社
会立场和政治路线是决定他的哲学面貌的重要因素。

　　康德的哲学世界观，是在那激发法国革命的同一思潮影响下最
终形成的。"理性"和"启蒙"是当时资产阶级反封建的旗帜，也
构成他的世界观的一个基本方面。他在思想上强调："勇敢地使用
你自己的理智吧，这就是启蒙的格言。""人的理性的公开使用应
该经常是自由的。"[2] 在政治上，康德反对封建世袭财产和专制政治

---

1. 这是占支配地位的主要倾向。另一种倾向是把康德哲学政治漫画化，如汉斯·萨讷（Hans Saner）《康德的政治思想》（1967年）一书认为："从一开始，康德的哲学作为整体也就是政治哲学。"康德的政治思想是他的形而上学的内核，是他哲学化的主题，他的形而上学不过是其政治思想的预备而已，政治（由对抗走向和平）弥漫于康德的所有作品中。康德的哲学被说成只是他的政治思想的索引，这种论点似颇新颖，但并不符合实际。
2. 《回答一个问题：什么是启蒙》（以下简称《什么是启蒙》）。

制度，主张立法、行政、司法三权分立，实行代议制共和政体，明显表达了资产阶级的愿望和利益。[1]他赞同美国独立战争，对法国革命也表示同情，认为这场革命在人心中"唤起热烈的同情"。许多人在革命中的无私牺牲，在康德看来，表现出人类种族具有趋向于理想的道德素质，指示了人类历史、道德的不断进步。他把法国革命看作所谓道德原则的外在实现。康德说："革命激起的真实的热情是专门指向理想，特别是指向纯道德的（如正义概念），不能与私利同行。金钱报酬便不能够使革命的反对者们激起那种热情和那种心灵的伟大。"[2]"人类历史上发生的这种现象将永不会被忘记，它表明人性中有一种非政治家通过考察过去的事件过程所能想到的进步倾向和力量。……即使我们上述事件背后的意想的目标目前没有达到，即使人民革命或立宪改革最终失败了……但我们的上述哲学判定没有失去其力量。"[3]这表明法国革命对康德确有巨大影响。

但另一方面，康德在理论上和原则上又是反对任何革命的。康德认为，法权本身即来自公众意志，如果允许暴力推翻，便自相矛盾。任何坏的政权都比使人退回到所谓无政府的野蛮状态中去的革命要好。康德强调，改变有缺陷的政治制度，只有通过立法者自己的改革，而不能通过人民的革命[4]；人民可以抱怨、指责，

---

1. 参看本书第九章。
2. 《系科之争》第 3 篇。
3. 同上。
4. 见《道德形而上学》，法的形而上学原理 A（A，表示德文初版本；B，表示德文第 2 版）。参看本书第九章。

可以有"作为学者向公众指出当前制度的不合适的自由"[1]，但没有革命、造反的自由。康德主张言论、出版自由，认为"笔的自由是人民权利的唯一保护者"[2]，但即使是笔，也仍然没有鼓动革命的自由，"仍不得超越尊重现有制度的界限"[3]。康德经历过普鲁士王国腓特烈二世的统治时期（1740—1786），这位国王自命是法国启蒙思想家伏尔泰的朋友和庇护人。这使康德认为，"使一个国家满足它的制度的最好方式是专制地统治，而同样又有一种共和的姿态去治理，就是说，在共和主义的精神下去治理"[4]。康德在理论上并不赞同君主专制，但又希望受开明君主领导以实现共和。他不主张革命，而主张进化，用进化来代替革命。所以，康德尽管曾被人看作激进的雅各宾派，但他的政治思想倒恰恰是反对雅各宾革命专政的。与当时德国的许多进步人士一样，康德开始时同情法国革命，而后就被雅各宾专政吓倒了。康德说："我们亲见这场极有才华的民族的革命在我们面前进行，它可能成功或失败。它如此充满悲惨和恐怖，以致任何善于思索的人都决不会再以这样的代价来决心从事这样的试验了。就是这场革命，我要说，它在未卷入其演出的观察者心上，却唤起一种几乎是狂热的同情。"[5]这段话很生动地表达了康德对于法国大革命的矛盾心情：

---

1. 《什么是启蒙》。
2. 《论俗谚：道理说得通，实际行不通》（以下简称《论俗谚》）Ⅱ。
3. 同上。
4. 《系科之争》第 3 篇。
5. 同上书，第 2 篇。

既非常害怕它，又非常同情它；害怕它的暴烈手段，同情它的基本要求。因之，向往共和，反对专制，主张改良，反对革命，这就是康德所采取的民主主义的政治立场和改良主义的政治路线。马克思、恩格斯指出："在康德那里，我们又发现了以现实的阶级利益为基础的法国自由主义在德国所采取的特有形式。"[1]

这种政治倾向在根本上决定了以康德开头的德国古典唯心主义哲学与法国唯物主义的根本不同。恩格斯说："正像十八世纪的法国一样，在十九世纪的德国，哲学革命也作了政治变革的前导。但是这两个哲学革命看起来是多么地不同啊！法国人同一切官方科学，同教会，常常也同国家进行公开的斗争；他们的著作要拿到国外，拿到荷兰或英国去印刷，而他们本人则随时准备着进巴士底狱。反之，德国人是一些教授，是一些由国家任命的青年的导师；他们的著作是公认的教科书。"[2]

霍尔巴赫、拉美特里、爱尔维修和卢梭等人的著作经常在国外发表或匿名出版，许多作者被迫流亡，而康德、黑格尔则始终占据着普鲁士王国的官方教授职位。前者在著作里勇敢地高喊："以绞死或废黜一个暴君为目的的暴动，乃是一件与他昨天处置臣民生命财产的那些暴行同样合法的行为。支持他的只有暴力，推翻他的也只有暴行"[3]；"专制权威建立在暴力和人民苦难的基础

---

1. 《德意志意识形态》，《马克思恩格斯全集》第 3 卷，1960 年版，第 213 页。
2. 《费尔巴哈与德国古典哲学的终结》，《马克思恩格斯选集》第 4 卷，1972 年版，第 210 页。
3. 卢梭：《论人间不平等的起源和基础》。

上，专制制度绝得不到它所压制的人民的认可"[1]。后者则认为，"无权暴动，无权反叛，更无权对君主加以暴行或处死"[2]；"自由落在人民群众手里所表现出来的狂诞情形实在可怕"[3]；"他们的行动完全是自发的、无理性的、野蛮的、恐怖的"[4]。这清楚表明法国哲学与德国哲学遵循的是鲜明不同的政治路线。

这种不同，还特别表现在对待宗教（当时斗争的焦点之一）的态度上。霍尔巴赫公开宣称宗教是人类进步的死敌，痛斥君主支持宗教是为了自己的利益；而康德仍要保卫宗教的权威，要求人们信任上帝，只求某种改良。即以遭到官方禁止的康德最急进的著作《单纯理性限度内的宗教》而言，这本著作发表在法国革命的高潮中，却只是它的苍白折射。对宗教的理论和态度，可说是政治和哲学的联结环和中介点，它一方面是当时政治斗争中敏感的一环，另一方面又是当时哲学思想不可分割的组成部分。

正因为阶级特征和政治路线不同，以拉美特里、霍尔巴赫、爱尔维修为代表的法国资产阶级哲学唯物主义，便大不同于以康德、黑格尔为代表的德国古典唯心主义哲学。[5] 前者是明朗、确定

---

1. 霍尔巴赫：《社会体系》第 2 部。
2. 康德：《道德形而上学》，法的形而上学原理 A。参看本书第九章。
3. 黑格尔：《康德哲学论述》，商务印书馆，1962 年版，第 18 页。（原文在《哲学史讲演录》的第 3 部内。）
4. 黑格尔：《法哲学原理》，商务印书馆，1962 年版，第 323 页。
5. 这只是就大体情况和基本倾向讲的。关于法国唯物主义者是否直接赞同暴力革命，以及革命是否会赞同他们的理论，则是另一回事。例如，霍尔巴赫在实际上也是反对革命、害怕人民的暴力"骚动"。而法国大革命的雅各宾派领袖罗伯斯庇尔和左派马拉等则坚决反对、驳斥无神论和唯物主义，罗伯斯庇尔曾打碎爱尔维修的塑像。现象非常复杂，需要具体分析。

和勇往直前的，后者是抽象、含混和异常晦涩的。从哲学的两条路线上说，德国古典唯心主义是与法国唯物主义相对抗的。

德国古典哲学采取了唯心主义的思想路线，但如同在政治上要求公民权利、代议制度、反对封建世袭等经济政治特权一样，他们的哲学也包含了大量合理的内容，并且其深刻的成就远远超过了法国唯物主义。而之所以如此，原因之一也恰恰在于，野蛮而凶狠的封建统治和落后与困难的现实环境，使这些哲学家只好把自己关在书房里，不是让行动而是让精神作自由的抽象飞翔，在深远的思辨（哲学）和激情（诗和音乐）中，去达到沉溺在现实活动中的人们所不能达到的空前高度。但这也同时使他们的哲学经常处在一种尖锐的矛盾中。在黑格尔，是辩证法与唯心主义体系的矛盾；在康德，则表现为一种二元论的突出特征。康德一方面强调启蒙、强调科学，认为上帝存在不能从理论上证明；但另一方面，他又要给宗教保留地盘，把上帝存在推到信仰领域。在康德哲学中，科学与宗教、理论理性与实践理性、"现象界"与"物自体"、经验材料与先验形式等的截然二分，无不深刻地表现了这一点。

二　思想资料

除了现实生活中的根源之外，康德哲学还有思想上的来源。康德自称是休谟（1711—1776）把他从莱布尼茨—沃尔夫哲

学 [1] 的独断论中唤醒的。他在其主要哲学著作《纯粹理性批判》一书中，多次提到洛克和莱布尼茨（1646—1716），第二版中又强调批判贝克莱（1685—1753）和笛卡尔。康德哲学承上启下，从已经积累的哲学资料出发，总结、分析和批判了前一代的欧洲哲学，并在这基础上提出了新问题。它标志着欧洲哲学史的一个重要转折。恩格斯说："在法国发生政治革命的同时，德国发生了哲学革命。这个革命是由康德开始的。他推翻了前世纪末欧洲各大学所采用的陈旧的莱布尼茨的形而上学体系。" [2]

下面我们简略回顾一下与康德思想来源直接有关的欧洲近代哲学，这主要就是所谓唯理论与经验论。

培根（1561—1626）和笛卡尔（1596—1650）是近代欧洲资产阶级哲学的创始人。培根提出了重实验、重经验事实的归纳法，成为英国经验论的先行者。笛卡尔则提出"我思故我在"的著名命题（一切事物均可怀疑其是否真实，但我在怀疑——我思这件事清清楚楚无可怀疑，从而"一个在思想的我是存在的"也就无可怀疑），重理性、重演绎，要求从所谓"清楚明晰"的原理推出一切知识来，成为大陆（法、德、荷兰等西欧国家）理性主义（唯理论）的带头人。笛卡尔认为，像"三角形内角之和等

---

1. 沃尔夫（1679—1754）本人虽然拒绝"莱布尼茨—沃尔夫哲学"这种提法，但他确是莱布尼茨哲学的体系化者。他的严格唯理论哲学在当时的德国占据支配地位，影响很大。康德讲到形而上学独断论时，心目中主要就是指沃尔夫。"独断论"亦可译作"教条论""教条主义"。
2. 《大陆上社会主义改革运动的进展》，《马克思恩格斯全集》第1卷，1956年版，第588页。

于两直角"之类的数学命题，便是"清楚明晰"、绝对可靠的先天理性知识。

唯理论者追求认识的普遍必然的真理性，把这种真理性归纳为"天赋观念"之类的理性。斯宾诺莎（1632—1677）认为，"完善的方法在于指示人如何指导心灵，使它依照一个真观念的规范"[1]去进行认识，"理性的本性在于认为事物是必然的，不在于认为事物是偶然的"[2]。他认为，从感官知觉得来、不依理知秩序呈现的一般经验，是不可靠的、虚妄的知识，它们只给人一些偶然的迹象，不能获得真理。斯宾诺莎企图从所谓"先天理性"的"自明公理"推论出一切必然的知识。

对康德有巨大影响的是唯心主义唯理论者莱布尼茨。莱布尼茨认为，宇宙是由许多各自独立、互不相干的精神单子所构成的，它们是"内在活动的源泉""无形体的自动机"，具有不同程度的知觉和力的能动性。作为这种能动性的高级形态的"理性灵魂"或"精神"，则使人认识必然真理。在莱布尼茨看来，动物的认识全凭经验和联想，而人的认识则凭天赋的理性，以得到如数学那种必然的知识。他说："只有理性能建立可靠的规律……在必然后果的力量中找出确定的联系。这样做常常使我们无需乎实际经验到影像之间的感性联系，就能对事件的发生有所预见，

1. 斯宾诺莎：《理知改进论》丙。
2. 斯宾诺莎：《伦理学》，见《十六—十八世纪西欧各国哲学》，商务印书馆，1975 年版，第 299 页。

而禽兽则不然。"[1] 感觉论者本有句名言说，凡存在于理知中的东西，无不先存在于感觉中。莱布尼茨说他同意这句话，但要补充一句，即理知本身除外。莱布尼茨认为，只有理知才提供具有普遍必然性的"推理的真理"，像实体、因果这种概念决不能在感性经验中获得，感觉只能提供偶然的、不可靠的事例或"事实的真理"。莱布尼茨把一切真理和知识的来源和标准，归结为所谓先天理知中潜在的天赋观念和自明原则，外界对象只不过起一种"唤醒"作用而已。形式逻辑的不矛盾律是获得普遍必然的"推理的真理"的规则，而所谓"充足理由律"则是"事实的真理"的依据。凡事实都有原因，而无穷系列的最后原因或"充足理由"便是上帝。总之，上帝、理性、形式逻辑成了一切真理的渊薮和寻求真理的根本方法。笛卡尔用心理学为中世纪神学家提出的上帝存在的本体论证明做证（由人们具有完满观念来推论上帝的存在），莱布尼茨也接受这种看法。这就显示出：唯理论否弃经验，单凭理性，实际上并不能区别正确与错误、科学与宗教，他们追求的普遍必然的知识实际上并不都是真理，有些只是一种形而上学的独断，与近代科学精神背道而驰。原来为反抗盲从教会要求挣脱宗教桎梏而强调理性的唯理论，随着科学的进步，已陷入严重的危机中。康德对这一点感受很深。

莱布尼茨在反驳洛克时明确指出，洛克比较接近重经验的亚

---

1. 莱布尼茨：《人类理知新论·序言》，见《十六—十八世纪西欧各国哲学》，商务印书馆，1975 年版，第 504 页。

里士多德，而自己则接近柏拉图。与柏拉图路线的莱布尼茨相对立，洛克（1632—1704）是唯物主义的经验论的代表。他反对"天赋观念"，认为一切知识起源于感觉。他说："心灵像我们所说的那样，是一块白板，上面没有任何记号，没有任何观念。心灵是怎样得到那些观念的呢？……它是从哪里得到理性和知识的全部材料呢？我用一句话来回答，是从经验得来。我们的全部知识是建立在经验上面的，知识归根到底都是导源于经验的。"[1]"首先，我们的感官熟识了个别的、可感觉的对象，就按照对象影响感官的那些不同的方式，把对于事物的一些清晰的知觉传达到心灵里面。这样，我们就获得了我们对于黄、白、热、冷、软、硬、苦、甜以及一切我们称为可感性质者的观念。"[2]理知不过是储备、重复、比较、联结这些"简单观念"。在洛克看来，一切复杂观念都不过是简单观念的机械结合，从而，理性也就不能超出由感觉提供的简单观念之外。认识因此不但没有感性阶段与理性阶段的本质区别，也没有普遍必然性的问题，事物既然都是特殊的存在，一般的抽象概念便不过是它们"名义上的本质"而已。洛克只注意研究感知的经验性质。他从感觉经验出发，区分出物质有"第一性质"（体积、广延、形状、动静、数目等）与"第二性质"（色、声、香、味等），认为第一性质是物体本身所具有的，第二性质则不过是外物的某些不可见的第一性质（物质

---

1. 洛克：《人类理解论》，见《十六—十八世纪西欧各国哲学》，商务印书馆，1975 年版，第 366 页。
2. 同上书，第 367 页。

微粒的不同大小、组织、运动）作用于我们所引起的感觉的能力而已："这些性质，不论我们错误地赋予它们以什么真实性，实际上并不是什么在物体本身中的东西。"[1] 这样，声、色、香、味都被洛克认为是依存于主观感觉的东西了。

洛克经验论的这个重要论点，为贝克莱主教所特别发挥。贝克莱论证道，既然第二性质依赖于第一性质，这说明第一性质与第二性质本是不可分离地联结在一起的。一个只有广延、形状、运动而没有软硬、色彩或声音的东西是不可想象的。"显然我是没有能力来构成这样一个有广延和运动的物体观念的，除非我同时给它些颜色或其他感性性质……因此，这些其他感性性质在什么地方存在，第一性质也必定在什么地方存在，也就是说，它们只存在于心中，而不能存在于别的什么地方。"[2] 在贝克莱看来，"天上的一切星宿，地上的一切陈设，总之，构成大宇宙的一切物体，在心灵以外都没有任何存在。它们的存在就是被感知或被知道"[3]；"存在就是被感知"，根本不存在任何物质实体。贝克莱最后指出，是上帝而不是物质才可能将感觉与观念赋予人们。

沿着这条路线，休谟把经验论发展成为彻底的怀疑论和不可知论。因为贝克莱已经把存在化为感知，但感知本身只是一堆

---

1. 洛克：《人类理解论》，见《十六—十八世纪西欧各国哲学》，商务印书馆，1975 年版，第 375 页。
2. 贝克莱：《人类知识原理》，见《十六—十八世纪西欧各国哲学》，商务印书馆，1975 年版，第 543 页。
3. 同上书，第 541 页。

杂乱无章的瞬间印象，于是就有一个如何可能使这些瞬间印象联结起来，具有一定的秩序规则以构成认识的问题。休谟认为，这是由人们的经验习惯和联想构成的，客观上并没有这种秩序和规则。因此，唯理论认为由理性演绎得出的普遍必然的真理，便根本不能成立。"原因与结果的发现，是不能通过理性，而只能通过经验。"[1] "根据两件事物经常联系在一起，例如火与热，重量与固体，我们仅仅由于习惯就会由这一件事物的出现而期待那一件事……由此可见，一切从经验而来的推论都是习惯的结果，而不是运用理性的结果。"[2] 因之，火与热，雪与冷，身体（肢体运动）与心灵（意志活动），我们只见它们彼此继起、相互连续，其中的关系和联系是根本不可知的；是什么力量使事物相继出现，使我们的观念不断产生，也是不可知的。从而，除数学是与经验事实毫无关系的必然分析命题以外，一切有关经验事实的科学知识都只是或然性的推论，不能保证有任何普遍必然的有效或可靠性。没有什么放之四海而皆准的客观真理，它们都只是人们主观的经验习惯。我们相信太阳明天会出来，不过是出于我们天天看到它曾经出来的缘故。

可见，把知识来源完全归于感觉经验的经验论者，尽管如休谟那样否定了上帝、宗教奇迹和精神实体的存在，但也同样否认

---

1. 休谟：《人类理智研究》，见《十六—十八世纪西欧各国哲学》，商务印书馆，1975 年版，第 634 页。
2. 同上书，第 642 页。

了不依存于人们主观意识的物质世界及其客观规律的独立存在。休谟的怀疑论把从感觉经验出发的整个近代哲学的特征和问题十分尖锐地暴露了出来，超过了其他任何哲学家，到今天仍有其巨大影响。

自培根到休谟，经验论和归纳法不能保证科学所要求的客观内容和普遍必然的有效性质，即是说，不能证实知识的真理性质。另一方面，从笛卡尔到莱布尼茨，唯理论和演绎法也不能保证这一点。尽管经验论和唯理论都是为了从中世纪的宗教神学的束缚下解放出来，反对封建蒙昧。一个是信任人的理知，另一个是信任人的感觉；一个认为只有理知才能获得真理，另一个认为只有感觉经验才有真理。它们都企图为当时蓬勃兴起的自然科学提供哲学论据和基础，结果是经验论陷入了怀疑论，唯理论归于赤裸裸的信仰主义。大数学家莱布尼茨拼命论证上帝和宗教的合理，写了大部头英国史的历史学家休谟则拼命否定任何客观规律的存在和可知。但是，从伽利略到牛顿（1643—1727），自然科学在凯旋行进，使人们获得了如伽利略所说的可与神明相比的确实知识。现在这种确实的科学知识的哲学基础反倒成了问题。具有真理性质的科学知识（认识）如何可能？当时取得巨大成就的自然科学的普遍必然的客观有效性如何可能？……这给哲学提出了巨大问题，这是一方面。另一方面，有关宗教、神学、上帝存在的种种问题如何对待？（这些问题又与社会政治问题有联系。）笛卡尔、莱布尼茨、洛克、贝克莱都或承认、或宣扬上帝的存在，斯宾诺莎的上帝等于自然总体，休谟对上帝则持怀疑态度。

总之，在这里，认识论（认识上帝）和本体论（上帝存在）还混
在一起，没有分家。而宗教究竟是不是与科学一样的客观真理？
它们究竟有否和有何区别？如何来说明科学和宗教的地位和意
义？这些在当时也日益成为巨大问题。这两方面的问题，经验论
和唯理论两派显然都不能解决。

法国十八世纪唯物主义虽然把洛克的学说发展为彻底的感觉
论，强调一切认识来源于感觉，反对上帝存在，但他们讲的感
觉、经验等只是一种个体的感知和被动的静观。他们对具有普遍
性的理性认识了解很不够，从而在根本上并未能超出洛克的基本
立场，仍然没能解决科学的普遍必然真理性的课题。

于是，这课题历史地和逻辑地摆在了熟悉当时各派哲学和各
门自然科学的康德的面前。

一般哲学史常说，康德是上述大陆唯理论与英国经验论的综
合者。这个流行很广的老生常谈，有一定的合理性，它指出了康
德认识论的某些特征；但如作为对康德哲学的全面概括，则似乎
不够准确。首先，这只是从思想而不是从现实根源来解释和规定
康德，还是黑格尔哲学史那种从思想到思想的观点。其次，也是
最重要的，这主要只讲了认识论，而未从包括伦理学和美学的全
部康德哲学着眼。第三，唯理论与经验论各有唯物主义与唯心主
义派别，笼而统之说康德综合了二者，掩盖了哲学上远为错综复
杂的实际情况。例如，这种说法经常说，休谟的终点是康德的起
点，由休谟直接到康德。于是，与康德同时而略早的十八世纪法
国唯物主义便被一笔抹杀。实际上，一方面，康德赞赏伊壁鸠鲁

和洛克，宣称反对贝克莱和笛卡尔，表现出他的唯物主义思想渊源和倾向；但另一方面，柏拉图、莱布尼茨和休谟的唯心主义，对他的影响也很大。[1] 他所继承和综合的，更多是唯心主义的唯理论（莱布尼茨）和唯心主义的经验论（休谟）。他所反对的，其中就有法国十八世纪唯物主义反映论。他的伦理学很大程度上就是针对法国唯物论的。所以在这种意义上，不了解法国唯物论，也不能很好地了解康德。

三　牛顿和卢梭的决定性影响

最为重要的是，真正决定康德哲学并使其具有积极内容的，并不是唯理论或经验论这些哲学派别，也不是任何哲学家，而是以牛顿为代表的当时自然科学的进步思潮和以卢梭为代表的当时法国资产阶级的革命浪潮。牛顿和卢梭才是真正影响康德的两个最有力量的人。这两个人身上体现出资产阶级上升时期追求科学与民主的时代精神。他们对康德的影响远不仅是思想资料问题，而且是现实生活对康德思想影响的集中表现。当时广阔的现实正是通过这两个时代的标兵作为中介环节，对康德投射了深厚的光

---

1. 康德在何种程度上掌握和理解了唯理论和经验论上述代表们的著作，也是至今还有许多争论的问题。好些现代康德研究者强调，康德并未读过贝克莱的主要著作，对莱布尼茨的《人类理知新论》也知道得很晚（因该书出版晚），伏雷肖尔（Vleeshauwer）则强调休谟对康德并无任何重要影响，等等。

影。从下面的康德思想发展进程中，可以具体地看出，从早年起，康德便是近代实验科学倡导者伽利略和牛顿的研究者、信奉者，积极参加了自然科学的活动，提出了一些重要的发现和思想。另一方面，宗教、神学等形而上学和世界观问题本来即是康德注意的中心。法国革命前夕，以卢梭著作为突出代表的论著反映出当时一系列社会、政治、宗教、教育的危机，使这些旧形而上学问题具有新鲜的迫切现实意义，更强烈地吸引着他。当时的自然科学和社会问题，是康德哲学产生的现实土壤。科学与民主是当时也是以后许多世代的两大基本问题，康德受牛顿和卢梭的巨大影响也正在此。康德是吸取了当时最先进的思想的。

正是在这个科学实验和社会斗争的现实基础上，联系前述哲学史上的思想资料，康德看到，处理自然界问题的科学在迅速前进，处理人和宇宙的根本问题（其中包括自然科学的真理性这个根本问题）的哲学，在唯理论和经验论的支配下，却一筹莫展。例如，牛顿力学作为统治十八世纪的主要科学成就，当时唯理论者认为它表现了笛卡尔重视数学、演绎的成果，经验派认为它表现了观察、实验的成果。尽管牛顿主要受培根经验论的影响，憎恶笛卡尔的唯理论，他本人也明确地把自己的主张归结为归纳法，但实际上，从伽利略到牛顿的近代自然科学方法既不同于唯理论的几何式的演绎，也并不同于经验派的描述和归纳；既不是专重感官，也不是只凭理性，而是实验与数学、经验与理性的结合。实验是在理性指导下的经验，数学也不是与感性无关的理性。总的来说，开始运用近代科学的实验方法（参看本书第二章），这是人类科学史和认识史上的一大转折。

因之，照这个标准，不和经验相结合的唯理论旧形而上学，包括论证上帝存在之类的中世纪以来的伪科学，便应完全摒诸科学（认识）之外；而否认必然真理的怀疑论的经验论也不能成立。另一方面，认识是为了实践，科学终究是服务于人的，它低于人类本身。那么，人的本质和目的又何在？照当时的提法，这也就是所谓"自由""灵魂""上帝"之类的形而上学问题。这些问题能像牛顿力学那样成为普遍必然的科学认识吗？如果不行，又怎么办？一方面是自然界的机械论（这是当时唯物主义的主要阵地），另一方面是以社会领域为实际支柱的目的论（这一直是唯心主义的顽强阵地）；一方面是牛顿发现的因果规律，另一方面是卢梭宣扬的人的自由（详后），这才是康德极力想要调和统一的课题。

所以，与其说康德是大陆唯理论与英国经验论的结合者，还不如说他是机械论和目的论，同时又是牛顿与卢梭的批判的结合者。但这个结合又是由上述唯理论、经验论思想极其错综复杂的参与，和推翻莱布尼茨—沃尔夫的形而上学的"哲学革命"而实现的。

康德是在广泛阅读了各种自然科学和社会学说、饱餐各派资料的营养基础上，来构造他的哲学体系、提出自己的独特观点的。曾一度是他的学生后成为其论敌的赫尔德（Herder）追忆说："……他的讲课是最丰富的。他考察着莱布尼茨、沃尔夫、

鲍姆加登、格老秀斯和休谟，也解说着开普勒、牛顿和科学家
们。他审查着刚出版的卢梭的《爱弥儿》《哀绿绮思》(《新爱洛
伊丝》)。他评价着任何他所知道的新的自然发现。他经常讲自然
的知识和人的道德价值。"[1] 有的哲学史也讲到，他"经历了沃尔
夫的形而上学，经历了与德国大众哲学家们的交往，他曾投入于
休谟提出的深奥问题，热心于卢梭的自然福音。牛顿自然哲学的
数学的严格，英国文献中对于人的观念与意志的心理学分析的精
巧，从托兰和莎夫茨伯里到伏尔泰的自然神论，法国启蒙主义用
来改进政治与社会的高贵的自由精神，都在青年康德那里找到了
忠实的合作者"[2]。所有这些，表明康德的思想来源，以及综合它们
以建立自己的体系，是极其复杂交错的。实质上，有如列宁所指
出的，它是"使各种相互对立的哲学派别结合在一个体系中"[3]。对
康德本人来说，它经历了一个曲折而漫长的变化发展的过程；在
这个过程中，这一实质表露得特别清楚。

四 前批判期

根据康德自己的说法，一般都把康德思想的发展分为"前批

---

1. 赫尔德：《人性进展通信》第 79 封。康德讲课经常采用鲍姆加登的著作作为教本，例如鲍
   姆加登的《形而上学》便为康德多年采用，但这并不意味着康德赞成鲍姆加登的观点。
2. 文德尔班：《哲学史》第 6 编第 1 章。所谓"德国大众哲学家"指门德尔松等人。
3. 《唯物主义与经验批判主义》，《列宁选集》第 2 卷，1972 年版，第 200 页。

判期"和"批判时期"两大段落，以开始形成康德的主要哲学著作（三大《批判》特别是《纯粹理性批判》）中基本观点为分界线。但这个分界并不是突然的转折，而是一种由量变积累而成的质变。[1]

康德本是莱布尼茨—沃尔夫哲学唯心主义唯理论的信奉者。这种哲学对宗教和神学采取顺从和妥协的态度。神学在当时哲学界占统治地位，所谓"先验神学"（宗教的哲学论证）、"先验心理学"（论证灵魂不朽等哲学神学学说）、"先验宇宙论"（阐发上帝创世的宇宙观念，如时空有开始等），是大学哲学课堂的重要内容。康德的家庭信奉虔诚派教义，充满浓厚的宗教气氛。康德早年还接受过极严格的神学教育。按照这个方向，康德本可能只是一个神学家或沃尔夫哲学的平庸宣讲者。正是对牛顿力学的爱好和研究，在康德思想的发展上起了决定性的良好作用。1746年，康德发表了他的处女作《对活力的正确评价》[2]，认为物质并非

---

1. 关于康德哲学思想的发展，至今仍有许多争议（如关于休谟的影响及其时间），本书不拟详细讨论。
2. 这本论著很重要，它第一次表现了康德思想的某些特征。首先是创造性的研究态度，即敢于向传统和权威挑战。他在序中指出，由于偏见和"传统大人物"的统治，敢于发表自己思想以促进科学的"不知名的作家"常被"似乎博学"的大人物所轻视。但他"决不理睬任何人的命题，即使他极其著名，如果我认为它们是假的话"，"许多大人物为之奋斗无效的真理，却首先对我的心灵开放"（第1章第55节）。另一个特点表现为在自然科学的探索中非常注意哲学的意义和问题。他说"不讲主动的力或动力在机械学和物理学中是否重要，但在形而上学中，这是重要的"，因为它涉及物质、精神、灵魂、上帝、实体种种问题。第三，此文认为，如果有智力相当的不同意见的双方各持一端，则真理经常在其中间，"这是一条发现真理的规律"（第2章第20节）。这里实际有一种折中的意味。最后，也是最重要的，在这个处女作中，康德表现出非常重视矛盾（以及重视从反面来检验论证）的特色。以上几个特点，在康德日后的论著中一再表现出来。

一种纯靠外力推动的被动的基体，而是自身保有"活力"（引力和斥力）的运动源泉。它表明康德已感受到牛顿与莱布尼茨、新科学方法与旧形而上学处于矛盾之中。莱布尼茨的彼此独立、互不相涉的单子宇宙观与牛顿所倾向的一个彼此联系的整体宇宙观是相矛盾的。另一方面，莱布尼茨重视运动的内在源泉以及目的论的思想，与牛顿力学的机械论又是矛盾的。而当时与神学纠缠在一起的关于空间、无限的种种争论，更把自然科学中的一些根本问题推到了哲学理论的祭台上，如绝对空间与相对空间、物质的无限可分与单子的不可分、逻辑的与现实的因果规律与充足理由等。所有这些，使科学的方法、界限、目的及其与哲学、神学的关系突出了。古典力学（牛顿）及其问题已跨越自然科学的范围，它与旧形而上学（如莱布尼茨）的矛盾和冲突，表现出一种哲学方法论和认识论上的分歧，这种分歧为康德所切身感受和自觉注意。[1] 康德从青年时代起直到晚年《遗著》中的许多似乎是"纯"自然科学的研究，都应该放在这种背景下来考察。康德的整个哲学思想更需要在这背景即自然科学的强大影响下来考察。可以看出，康德是用哲学家的眼光去对待自然科学的专门研究的，他的自然科学论著具有显著的哲学家的特征。他经常抓住一些根本性的或与人类利害密切相关的科学课题来研究。与一般自然科学家明显不同，他十分注意从哲学上来看待、处理问题，非常重视方法论、整体观点和具有普遍意义的理论概括。他的哲学

---

1. 如《形而上学结合几何学在自然哲学中的应用：物理单子论》（1756 年）。

思想，首先也正是从这种科学研究中浮现和发展出来的。

在十八世纪五十年代，康德连续发表了一系列有创见的自然科学论著，涉及潮汐与月球吸力的关系、否认地球衰老、关于风的理论等，同时表现出他的一些哲学观点。在论火的短文中，康德说，他在任何地方都总是非常注意依据经验和几何学的指引，没有它们，便不能走出自然的迷宫，他不允许思想的武断和假定。[1] 在探讨地震的著作中，康德斥责把地震看作上帝的惩罚，提出人应该学会有理性地对待这种可怕的不幸，尽可能去防止它；对这种涉及所有人命运的重大事故，科学家更有责任给予公众以通过观察探究所得到的知识。[2]（康德研究地震是出于当时里斯本大地震的缘故。）在《运动与静止》一文中，康德指出，决不能说一物静止而不相对于什么而静止，一物运动而不指出相对于什么而改变了位置，[3] 这也是很有远见的科学—哲学思想。

这一时期，康德最重要的著作是《自然通史和天体论》（1755年）。这本书提出了星云假说。他以牛顿力学（万有引力定律）为基础，创造性地解释了天体起源和宇宙发展，突破了牛顿否认的建立机械的天体起源论的可能和认为行星运动的始源及其程序是上帝安排的神学观。康德认为，引力和斥力这两种对抗力量的斗争、运动和相互作用，产生了太阳系和其他宇宙星体，并不要借助

---

1. 《论火》（1755年）。
2. 《论去年底欧洲西部地震的原因》（1756年）。
3. 《关于运动与静止的新学说》（1758年）。

于任何神意或上帝的干预，也不需要如牛顿所强调的外力的第一次推动。康德的这种天体自然演化论与他前后发表的一系列科学论著完全一致，表现了他这时的自然科学的唯物主义思想倾向。这种倾向又是与他接受古希腊唯物主义哲学（主要是原子论）的重要影响分不开的。康德在这本书中说："我并不否认，卢克莱修或他的前人伊壁鸠鲁和德谟克里特的宇宙构成论与我自己的有许多相似之处。""德谟克里特的原子学说的基本点，在我自己的宇宙起源论中也能见到。"康德用纯物质的原因（牛顿所确定的机械力学的因果规律）解释自然在发展中的统一。恩格斯对康德的这一成就做了很高的评价，他说："在这个僵化的自然观上打开第一个缺口的，不是一个自然科学家，而是一个哲学家。1755 年出现了康德的《自然通史和天体论》。关于第一次推动的问题被取消了；地球和整个太阳系表现为某种在时间的进程中逐渐生成的东西。"[1]"康德在这个完全适合于形而上学思维方式的观念上打开了第一个缺口，而且用的是很科学的方法，以致他所使用的大多数论据，直到现在还有效。"[2]"康德一开始他的科学生涯，就把牛顿的稳定的从有名的第一次推动作出以后就永远如此的太阳系变成了历史的过程。"[3]

在《自然通史和天体论》中，康德说："给我物质，我用它造出一个宇宙！这就是说，给我物质，我将给你们指出宇宙是怎样由

1. 《自然辩证法》，《马克思恩格斯全集》第 20 卷，1971 年版，第 366 页。
2. 《反杜林论》，《马克思恩格斯选集》第 3 卷，1972 年版，第 96 页。
3. 同上书，第 63 页。

此形成的。因为如果有了在根本上具有引力的物质，那么大体上就不难找出形成宇宙体系的原因。"可见，康德这时对宇宙、自然（有机体除外）的看法亦即他的自然观，基本上是机械唯物主义的。

但是要看到，这种机械唯物主义的自然观，并不就是康德的世界观。机械唯物主义是法国唯物主义者的世界观，他们用机械力学解释一切，认为人是机器，动物是机器，包括社会领域也可用机械力学式的因果律来解释。康德则根本否认这一点，他说他能用机械运动解释宇宙，却不能解释一条毛毛虫，因为作为有机体的生命现象，是机械力学所不能理解和说明的。这表明康德看出，作为有机体的生物界，是比机械力学运动本质上要高一级的现象。同时，这也反映出牛顿力学并不能满足康德，并不能解决康德所关心的哲学问题。用机械力学解释生命现象都很困难，更不必说用它来规定人的伦理道德了，后者是康德完全不能接受的。在这个领域，原有的莱布尼茨的目的论和传统神学观念还支配着他。康德在上述《自然通史和天体论》一书中便说："人们在这里不禁要问：为什么物质恰恰具有这种能达到合理而有秩序的整体的规律？……难道这不是无可否认地证明了它们有一个共同的原始起源，必然有一个至高无上的智慧，按照协调一致的目标来设计万物的本性吗？""正因为大自然在混沌中也只能有规则、有秩序地进行活动，所以有一个上帝存在。"康德认为，宇宙的发展、天体的起源可以用物质运动来解释，但宇宙存在的原因却不能由物质或力学来解释。上帝不是宇宙世界的建筑师，但仍然是设计者；不作第一次推动，但仍然是宇宙世界的起始原因。康德用自然的秩序、规律、合目的性来证明上帝是存在的，认为时间虽然无终，但有开始，神创造世界是为了人的目的，力学不能走出自然规律之外，而自然规律本身却只有目的论才能解释。可见，康德这时的哲学世界观在根本上还是传统的唯心主义，就是说，还在理论上肯定上帝存在，还是站在为他后来在《纯粹理性批判》一书中所坚决批判的旧形而上学和"自然神学"的立场之上。尽管《自然通史和天体论》一书具有高度的哲学价值，但不能如某些论著所认为的那样，说康德写这书时的世界观和哲学思想，要高出和优于写三大《批判》的时期。

事实上，正是通过对自然科学的继续深入探究，康德对证明上帝存在之类的神学观念和旧形而上学才产生了根本怀疑。本来，像牛顿一样，康德多年研究自然科学是想"从自然科学上升到上帝的认识"，牛顿找到上帝存在作为第一个原因，康德则想由万事万物的合目的性证明一个有意志的上帝存在，但结果却始终不能由经验或现实材料做出这种证明。康德说他对上帝存在问题深思了八九年，在 1763 年一篇论著的结尾，他终于说出，"人使自己信仰上帝存在是绝对必要的，但证明它却并不如此"[1]。他在这篇论著中虽然还保留了一种证明，但对所谓上帝存在的几个传统的著名论证，如本体论证明、宇宙论证明等，便逐一加以非难驳斥，并强调要探求一切事物的自然原因，不要把原因归于上帝，不需要什么上帝制造的奇迹。与此同时，康德又对研究这些

---

1. 《上帝存在唯一可能的证明》（1763 年）。

根本问题的形而上学发出了感叹，他说形而上学像"无底的深渊"，像"看不见海岸和灯塔的漆黑的海洋"，足见他这时因这些探讨中所遇到的矛盾感到极其困难和苦恼。

在苦恼的探索中，康德一个重要的成果，便是逐步与莱布尼茨—沃尔夫的唯理论旧形而上学决裂。他日益明确，一个事物的存在是否由于另一事物的存在，这不能纯粹由思辨、由形式逻辑来决定，"不能因为我不能思想它不真，它就真"[1]。关于存在的形而上学理论，例如唯理论的上帝存在的本体论证明，正是建筑在这种形式逻辑的推论思辨基础上，所以不能成立。要成立，便必须有经验来做检验和回答。康德对唯理论将思维的逻辑关系（普遍必然）看作现实事物的逻辑规律，从前者推论出后者的基本观点，表示了极大的不满。

同年，康德发表《负数概念引入哲学》，把这一点表达得非常强烈。此文反对把存在与认识、现实与概念、事物的逻辑与思辨的逻辑混为一谈，强调形式逻辑（唯理论所崇奉的逻辑）绝不是现实事物的基础，不能从风的概念中仅仅依据形式逻辑而推论出雨来。康德认为，数学中运用的负数便不是形式逻辑的规定，而是表现了现实生活中的否定。在形式逻辑中，肯定与否定彼此对立，不能同真，现实生活中则不然。形式逻辑不允许是 A 又是非 A，但数学允许一数可以是 ±A（正负 A）。现实生活中的否定、对立不同于形式逻辑的矛盾。在现实中，矛盾和负概念并不只具

---

1. 1763 年应征文。

有消极的意义，而是同样具有积极的意义。对立双方可以共存于一个事物之中而发展变化。康德举出了一大堆现实生活中矛盾对立的例子。这篇文章是日后康德强调数学与感性经验而不是纯逻辑有关的观点的先导；更重要的是，这表现了康德对现实矛盾的肯定和重视，他要求在思维认识领域突破传统形式逻辑的同一性和不矛盾律，并开始酝酿着日后构成其批判体系的某些重要思想，如对不同于"分析判断"的"综合判断"的重视，如提出不同于形式逻辑的先验逻辑，如批判莱布尼茨把概念的同一性（形式逻辑）与感性的同一性（数学）混为一谈、由前者派生出后者，等等。这正是康德长期从事自然科学的研究所取得的哲学收获，它表明康德由上阶段对自然界的一般科学探讨日益转向哲学理论，并日益自觉地集中到哲学根本问题上来。从存在与认识的关系着眼，普遍必然的科学真理如何可能？将上帝存在、灵魂不朽等当作科学真理的旧形而上学又如何不可能？……这些问题日益成为康德考虑的中心。

康德既主张把数学上的一个基本观念——负数概念引入哲学，即强调事物的矛盾，又十分强调哲学和数学在方法上根本不同。在 1767 年与门德尔松同时应征而落选的一篇题为《是否形而上学真理，特别是自然神学和道德基本原理，能够得到如几何学一样的确证？》的论文中，康德作了与门德尔松完全相反的回答。门德尔松认为形而上学可以如几何学那样确定，只是较难理解一些而已。这基本上还是传统的唯理论观点。康德则认为不行，指出作为哲学的形而上学与作为数学的几何学有根本的不同。数学从定义出发去构造对象，以获得知识。哲学不能从定义出发，它所用的抽象语词必须在应用中才能获得和明确其含义，以弄清问题。康德反对唯理论那种伪数学式的哲学，即从所谓先天自明的公理演绎出一切知识，而要求采用从经验出发的物理学的方法即牛顿的方法。康德说："形而上学的真实方法，基本上应该是与牛顿导入自然科学中而获得丰硕成果的同样的方法。"[1] 而形而上学，对康德来说，就不是别的，"乃是关于我们知识最高原理的哲学"[2]。

就理论说，康德已认为逻辑不等于现实；就方法说，哲学不等于数学。总之，离开经验，单凭思辨、演绎是不能使形而上学获得真理的。从概念思辨的逻辑推演中无法导出现实事物的存在和因果，不能获得认识，只能得到虚妄。在同年的《视灵者的幻梦》一文中，康德批评了当时轰动全欧、号称能与灵魂交往的所谓视灵术。他把它与传统形而上学相对比，再次强调只有脚踏实地的经验，才是我们关于现实的知识的唯一源泉，再次强调事物的存在和因果不能超出经验，不能从理性，而只能从经验中去求得证实。康德认为，如果视灵术是"感觉的梦幻"，那么形而上学便是"理性的梦幻"。我们不可能获得也不需要关于鬼神、灵魂的感知或概念，对于什么是精神实体、精神与物质如何联结等，都完全没有足够的经验材料能为哲学所研究和概括，既不能肯定，也不能否定，即不可能认识。由于缺乏经验材料，生、死

---

1. 1763 年应征文。
2. 1763 年应征文。

等形而上学问题在我们理性可能认识的界限之外。[1]康德在十八世纪六十年代反复强调了感性经验在认识中的重要地位和作用，[2]这对其七八十年代构造"批判哲学"是极其重要的。像这一时期的《对于美和崇高的情感的观察》等著作，更充满了各种具体的经验谈，运用了描述、归纳的方法。[3]旧唯理论形而上学这时在康德的世界观中已经土崩瓦解，长期的自然科学研究和对哲学形而上学的密切关心，使康德敏锐地感到以牛顿为代表的自然科学与旧形而上学之间有深刻矛盾，唯理论本体论的迷梦破灭了。英国经验论之能在这一时期对康德产生重要影响，是建立在这样一个基础之上的。所谓休谟使他从独断论迷梦中惊醒，就是这个意思。其实，休谟在这里主要是起了一个触媒作用。

　　这还只是事情的一个方面。如前所述，康德一方面钻研自然科学，另一方面又是社会、政治、法权等问题的关怀者。六十年代初，他就讲授这方面的课程。与此同时，康德固然对莱布尼茨—沃尔夫的形而上学体系由怀疑而反对，但形而上学本身，即上帝、灵魂、自由这些根本问题，则是康德所不能放弃的。关键是这些问题与科学发生了尖锐矛盾，要求一个新的解决。康德写道："爱形而上学是我的命运。"[4]康德说他爱形而上学，形而

---

1. 见 1766 年 4 月 8 日给门德尔松的信。
2. 在康德的讲课说明中，这点也极突出。如"规则是这样：首先训练学生比较感觉做出经验判断，不能从这里一下飞入高空而做出遥远的判断……"
3. 卡西尔认为，这是受卢梭的影响，见《卢梭、康德、歌德》一书。
4. 《视灵者的幻梦》。

上学却不爱他，意思是说，他从旧形而上学处得不到爱，即得不到他的问题的解答。唯理论如科学真理那样证明上帝存在既已不可能，牛顿力学又不能解决伦理道德问题，那么，是否另有道路呢？在《视灵者的幻梦》中，康德已提出道德原则不能从神学和思辨形而上学中得出，只有道德经验或可产生一种非思辨所能证明的道德信仰。在前述那篇应征论文中，康德也一再写道："道德原则是只决定于认识能力呢，还是感情也在其中起作用？"对上帝的认识"或只是一种道德本质"；"表象真理的能力是认识，感知善恶的是感情，一定不要把它们混同起来"。[1] 这表明，康德这时要求在自然科学和社会问题，亦即认识与道德之间做出划分和区别，以解决他的苦恼矛盾。英国莎夫茨伯里、哈奇森等人的道德感官说（认为有一种辨识善恶美丑的独特内在感官，即所谓五官之外的第六官能），这一时期之所以为康德信奉，[2] 也是这个缘故。

但康德并未就此止步。他看到道德原则既不能从唯理论的思辨形而上学中演绎得出，又的确不是感知经验的认识产物（这一点休谟已经指出），但他又不能像休谟和英国道德感官论者那样，把它们归之于感情、内在良知、第六官能了事。康德仍然要求一种理性的解决，要求明确道德的本质不在感性、感情，人的道德不是由感情、感性、官能（不管是如何高级的官能也好）支配，而应由理性决定，认为这才是人之所以高于动物之所在。唯理论的老路既已走

---

1. 1763 年应征文。
2. 《1765—1766 年康德讲课说明》："莎夫茨伯里、哈奇森、休谟将道德原理做了最大的推进。"

不通（因为唯理论虽然高扬道德的理性本质，但这种本质不过是违反科学精神的变相的神学，这已是康德所不能接受的了），那么怎么办？正是卢梭在这个关键处给康德以重大启发。

道德形而上学之所以能够在康德哲学中占据那么重要和崇高的地位，这个问题之所以在一个长期从事自然科学探求的人身上具有那么强烈的吸引力量，不被自然科学研究所冲淡，并不是因为康德曾经是虔诚教徒或他的"天性"，而恰恰是由于卢梭对他的强大影响。其之所以能有这种影响，又正是与当时法国革命年代，与这个动荡时代所提出的大量现实问题和历史发展趋向不能分开的。如前所述，法国的政治革命与德国的哲学革命几乎是同时、平行发生的，我们说康德哲学是法国革命的德国理论，并非说康德哲学是法国革命的产物或反映（《纯粹理性批判》出版于 1789 年法国革命之前），而是说它们同样表现了那个资产阶级革命时代的一些重大课题。在法国的社会阶级条件下发生了政治革命，在德国只能发生哲学革命，它们在思想上却同样来源于卢梭。卢梭对普通人的自然"良心"和道德感情（这已不是英国经验论讲的那种本能式的感情或感性官能，它具有形而上学的意味）的极力渲染，认为信仰（宗教）不是理知而是情感的事，对封建腐败的社会、政治、教育、宗教、文化（科学艺术）所作的猛烈抨击，对人生和生活提出的新颖看法（其中如科学艺术与道德背道而驰的强烈对照、人人天生平等、对民主权利的要求等观点），对一向关心这些问题的康德，无疑是大的激励和鼓舞，给极力挣脱旧形而上学而又苦于无法解决道德伦理问题（这些问题

当时在日常生活和实践中与所谓意志自由、上帝存在、灵魂不朽
连在一起）的康德，增添了一位强有力的向导。二十年后成为法
国资产阶级革命旗帜的卢梭，是康德这时最景仰的人物，卢梭的
画像成为康德客厅中唯一的装饰品。1764 年，康德写道："卢梭
是另一个牛顿。牛顿完成了外界自然的科学，卢梭完成了人的内
在宇宙的科学，正如牛顿揭示了外在世界的秩序与规律一样，卢
梭则发现了人的内在本性。必须恢复人性的真实观念。哲学不
是别的，只是关于人的实践知识。"[1] "我渴望知识，不断地要前
进，有所发明才快乐。曾经有一个时期，我相信这就使人的生命
有其尊严。我轻视无知的大众。卢梭纠正了我。我臆想的优越消
失了，我学会了尊重人，认为自己远不如寻常劳动者有用，除非
我相信我的哲学能替一切人恢复其为人的共有的权利。"[2] 后来在
《纯粹理性批判》一书中，康德重点指出："因为道德哲学具有高
于理性所有一切其他职位的优越性，古人所谓'哲学家'一词一
向是指道德家而言。即在今日，我们也以某种类比称呼在理性指
导下表现出自我克制的人为'哲学家'，并不管他的知识如何有
限。"[3] 在他看来，哲学不是科学知识，而是比知识更高的道德实
践，这才是形而上学的"本体"；人的尊严不在于他有理知、知
识，而在于他能不受自然欲求的束缚去追求自己所设立的目标。

---

1. 《康德全集》第 20 卷，科学院版，第 58 页。
2. 同上书，第 44 页。
3. 《纯粹理性批判》A840 = B868（A，表示德文初版本；B，表示德文第 2 版。后为页码）。参
   看蓝公武译本，商务印书馆，1960 年版（以下简称蓝译本），第 570 页。

人有民主的权利和道德的自由，这种道德是常人现实地具有的。
康德终于接近找到解决他的困惑和苦恼的钥匙了，这就是区别两
个领域、两个世界：一个感性世界（科学），一个知性世界（道
德）；一个科学领域，一个道德领域。牛顿和卢梭就分别是这两
个世界的无上向导。正是牛顿，使康德发现自然科学和传统形而
上学使用超经验论证的根本错误，它使理性产生二律背反；正是
卢梭，使康德看到对人本身尊严和权利的信念便可以成为新的形
而上学的根基，而无需神学和宗教，因为人本身便是目的。这当
然是种反封建的民主思想。再进一步，便是用信仰而不用认识来
处理上帝存在之类的问题 [1]，用本体（道德）与现象（认识）的区
别来解决上述理性的二律背反。1767 年，康德在一封信内提到自
己已有一系列的新观点，相信最终能够解决道德问题，并已着手
在写道德的形而上学。

　　这里要注意的是，如上文指出，是自然科学和社会问题的现
实矛盾，而不是纯哲学—神学的思辨探讨，使康德抛弃旧形而上
学，来搞他的"批判哲学"，以建立所谓未来的新的形而上学。
康德说过："纯粹理性的超验使用的产物（按：二律背反）是最引
人注意的，它最有力地将哲学从独断论的迷梦中唤醒，并使之去
进行一种艰难的事业，即对理性本身进行批判。"[2] 晚年又说："不
是对上帝存在、灵魂不朽等的探索，而是纯粹理性的二律背反：

---

1. 当然，由接受卢梭的影响到完全达到"批判哲学"，又经历了曲折的过程，并非直接形成。
2. 《导论》§50。

世界有一个开始，又没有开始等，到第四个，人有自由又没有自由（只有自然的必然），是它们首先把我从独断论的迷梦中唤醒，驱使我作理性自身的批判，为了去掉这种理性自身明显矛盾的丑事。"[1]可见，并不是哲学史资料，而是植根于现实生活的经验自然科学（四个二律背反的反题）与唯理论形而上学（四个二律背反的正题）[2]的尖锐矛盾，使康德非常苦恼和不断探求，终于与旧形而上学分手决裂。[3]而区分道德与科学，则是促使康德最后用以"解决"这些二律背反，调和唯理论与经验论，走向"批判哲学"道路的桥梁。所以，牛顿和卢梭，亦即当时活生生的科学实验和社会斗争、民主思想，才是康德完成其"批判哲学"的真正深刻的现实根源。并非偶然，康德正是在进入批判时期以后，才写了大量有关政治、宗教、道德和历史的论著，更加热切地注意社会生活和政治斗争。这成了"批判时期"的一个显著特征，也正是对他的哲学体系的考验和应用。[4]与此同时，法国革命的爆发也日益临近了。

以牛顿为代表的自然科学当然不只是科学，它又是欧洲新兴

---

1. 1798 年 9 月 21 日给加尔夫（C. Garve）的信。
2. 参看本书第六章。当然，问题是复杂交错的，牛顿的绝对时空作为物自体式的客观存在，又正是导致二律背反的原因。
3. 莱布尼茨与克拉克（Clarke）的论争，与康德用所谓二律背反唤醒他是有密切关系的。
4. 1793 年 1 月 15 日有人给康德写信，表示感谢他的《理性限度内的宗教》一书，亦可见康德哲学与当时现实问题的关系十分密切。信中说："……但是义务与各种权利（例如财产权）的体系的演绎是如此困难，未能被任何一个以前的体系所解决。所以每个人都是急着想看到你的道德体系，特别是法国革命以来已经重新激起了一大堆这样的问题。我相信就法国革命以之为基础的根本原则，理性一定有许多话要说。"

资产阶级所需要的启蒙主义思潮的一个有机组成部分。卢梭则具有浓厚的浪漫主义色彩，对十九世纪影响极大。但是康德和康德哲学（包括伦理学）却仍然以理性主义、启蒙主义、乐观主义为其主要方面。[1]卢梭使康德看到，科学本身（知识）并不能使人为善（道德），道德另有根源。但他并不愿意像卢梭那样，把这种根源看作人的自然本性，从而否定科学和历史进步。他只是把这两者截然分开，做一种双重世界的安排。卢梭那种重心灵、感情、自然，轻理知、认识、文化的感伤主义、浪漫主义，都不是康德所能同意的，所以康德又只是批判地接受了卢梭的影响[2]，正如他只是批判地接受牛顿的影响一样。这种批判的接受，表现出它是当时欧洲时代精华的思想版本。

五 "使各种相互对立的哲学派别结合在一个体系中"（列宁）

总起来看，如果说十八世纪五十年代的康德，是唯理论唯心主义渗透着自然科学的唯物主义，还在调和莱布尼茨与牛顿；那么，六十年代的康德则已与唯理论形而上学告别，接受着英国经

---

1. 歌德之所以特别喜爱康德，这是一个重要原因。歌德说他读康德，感到每页都充满了光明。
2. 例如，尽管康德读《爱弥儿》入迷，但他仍然认为未来的教育问题并未解决（见写于读《爱弥儿》之后不久的《论优美与崇高》一文）。康德在其伦理学中完全以理性为原则，排斥感情因素，与卢梭便大相径庭（参看本书第八章），虽然康德伦理学明显受卢梭的影响而创立。

验论的影响，并由牛顿趋向卢梭，日益走近他的"批判时期"。

在六十年代，康德批判哲学的观点已经在日渐积累和成熟，如认为"形而上学是划定人类理性、设置认识的界限"[1]"它在清除危险的幻想方面有用"[2]，纯哲学是道德哲学等说法、观点已不断涌现。[3]1765 年莱布尼茨《人类理知新论》的出版，无疑给康德以新的影响。[4]莱布尼茨在这本书里反驳洛克的"一切概念来自经验"说，认为像实体、必然、因果等不能从经验得来，它们来自心灵的主动，这显然对康德构造其先验知性的认识论也起了推动作用。到 1769 年，多年为形而上学问题的探讨而苦恼的康德，说他突然看到了光明。到 1770 年，康德发表了题为《关于感性世界与知性世界的形式与原则》的哲学教授任职论文（以下简称《论文》），对他在六十年代积累起来的一些新观点做了第一次系统阐述，思想发展到了一个质变点。这篇论文正式提出两个世界的原则区分：真实的知性世界（"本体"）与时、空中的感性世界（"现象"）。以前一直作为一切事物统一的最后根据的上帝，以及灵魂不朽等，不属于现象领域，而属于知性世界。形而上学便是知性世界的知识形式，数学则是感性世界的知识形式。康德第一次提出时、空是直观形式，结束了他多年徘徊于牛顿

---

1. 《视灵者的幻梦》。
2. 《对于美和崇高的情感的观察》。
3. 又如 1764 年，他赞同朗伯（Lambert）认为应由来自经验的质料与来自逻辑的形式两个方面构成思想，如此等等。
4. 康德以前主要是通过沃尔夫体系去了解已走了样的莱布尼茨的。

与莱布尼茨之间的不定处境。[1] 在伦理道德问题上，也与莎夫茨伯里等人的内在道德感官论告别，强调纯理知形式的"完满"，日趋"自我立法"的形式理论。凡此种种，显然已是《纯粹理性批判》的前奏。但这还不是"批判哲学"[2]，因为它还认为知性范畴可以得到超经验的运用，即可以运用于本体，而这种运用所获得的理念（上帝等）还是知识，也就是说，本体世界是可以认识的。1772 年，康德对此做了重要修正，认为知性不可以做超经验的运用，上帝、灵魂等旧形而上学不是知识，不是认识对象。康德已在考虑理论理性与实践理性的重要区分。又经过漫长时期的集中思考，以物自体（道德实体）与现象界划分为核心的思想愈益突出和明确，在康德哲学中颇为重要的"综合"这一根本观念愈益成熟。[3] 这个思考过程是漫长而艰巨的。直到 1781 年，他才出版《纯粹理性批判》。这里对"先验"与"超验"做了严格区别，彻底否定对知性的任何超经验运用能获得知识，强调思辨理性只能运用于感性经验范围内才有客观有效性，才是真理。至于上帝存在、灵魂不朽、意志自由等问题，根本不是知识，不是科学所追求的对象。它们只是信仰的对象，是实践理性的"公设"。"批判哲学"的体系于是正式产生。人的认识与人的实践统一于纯粹理

1. 1768 年出版的莱布尼茨与克拉克（代表牛顿的观点）的通信集，把双方的论争摆得很尖锐，也促使康德采取了这种第三派立场。
2. 伏雷肖尔因此认为《论文》与"批判哲学"恰好相反。这是过其词，因后者实际只是前者百尺竿头更进一步的完成。
3. 参看本书第二章。

性，纯粹理性是什么则是不可知的。康德就这样把科学与道德、启蒙精神与宗教传统、唯物主义与唯心主义、经验论与唯理论等各种不同的、相互对立的哲学派别结合在一个体系里。

《纯粹理性批判》与其说是针对休谟的经验论怀疑主义，不如说主要是针对莱布尼茨的唯理论的独断主义，这个主义在当时欧洲大陆是正统哲学。所以《纯粹理性批判》出版后，立即引起了大量反应，热烈的赞同与猛烈的抨击同时涌来。闺房绣阁里摆着看不懂的《纯粹理性批判》，作为小姐们的时髦装饰；而从梵蒂冈兴起的大小教会和僧侣则暴跳如雷，十分恼火，乃至把看门狗取名康德以泄愤。赞同者视康德为自由的保卫人、精神的解放者；反对者则将其学说视为异端邪说、洪水猛兽。浪漫主义阵营认为康德太理性，忽视了感情。赫尔德写了《知性与理性，对纯粹理性批判的形上批判》（1799年），雅各比写了《休谟论信仰：或唯心主义与实在论》（1787年），他们都反对康德，认为感情比思想更能把握住现实。连康德的朋友，当时的名流门德尔松，也把康德看作"破坏一切者"。然而，更激烈的批评则来自当时占据哲学统治地位的莱布尼茨—沃尔夫学派，其中以艾伯哈特（Johann August Eberhard）为代表。他专门办了本杂志攻击康德，强调凡康德讲对的，都是莱布尼茨早就讲过了的，所以康德并未新添什么真理；相反，凡康德所新添的，恰恰都是谬误，都是违反莱布尼茨的；康德的工作完全多余，没有价值，不过是贝克莱的翻版；如此等等。艾伯哈特的这种批评使康德极为恼火，1790年，他为此撰写专文反驳。康德本是一切神秘主义的反对者，也是正统唯理派的反对者，说他忽视感情等都无所谓，但说他是贝克莱主义者，这使康德最为不满。康德为了表明自己的学说不是贝克莱主义，同时也为了使他的《纯粹理性批判》更易理解，于1783 年写了《任何一种能够作为科学出现的未来形而上学的导论》（以下简称《导论》）；1787 年再版《纯粹理性批判》[1] 时，又特意增加了对贝克莱的批评。

虽然《纯粹理性批判》一书主要讲认识论，但其中已经包含了关于道德哲学和目的论的基本思想。此后，康德陆续发表了涉及各个方面甚至包括教育 [2] 方面的论著、讲课和观点。其中构成"批判哲学"的，除《纯粹理性批判》这一最主要的著作外，还有 1785 年的《道德形而上学基础》、1788 年的《实践理性批判》和 1790 年的《判断力批判》。康德在准备写《纯粹理性批判》时划分"知""情""意"三个领域的计划，至此作为"批判哲学"的体系大体完成 [3]。

---

1. 关于《纯粹理性批判》第 1 版、第 2 版的差异，是颇有争议的问题。一般说来，唯心主义在第 1 版更突出，从叔本华到海德格尔大都重视和喜爱第 1 版。

2. 康德非常注意教育问题，他强烈反对死啃古文（拉丁文）和书本的传统教育制度，反对过分尊敬古代经典，"盲目地听从它们的指引"，主张不要束缚青年于模仿、因袭；认为"过分地评价古代，意味着让知性倒退到它的孩童时代去，而忽视运用我们自己的才能"，主张从实际中去获得有用的技能并锻炼身体。康德说，好学生不记讲义，记讲义的大都不行。这些地方都表现出康德身上的启蒙主义精神。康德的《教育学讲义》是相当通达的经验之谈，也贯彻了他的伦理学原理，如他对儿童自制力、独立能力的重视等，是很有见地的。（我以为注意力、抑制力、独立力是幼儿教育中应注重的三种基本能力。）

3. 关于康德的《遗著》（康德晚年的一些札记，包括未完成的《从自然科学的形而上学基础过渡到物理学》等著作），有些人强调其与"批判哲学"明显决裂，并走向浪漫倾向的绝对唯心主义，有人则认为其与"批判哲学"基本一致。本书同意后者，但这个问题是值得进一步探讨的。参看本书第七章。

综上所述，康德哲学思想的发展和完成，是一个曲折前进的过程，不是一个退化或变来变去的过程，也不是什么正—反—合的过程。[1] 康德之所以成为哲学史上的重要代表，不在于他写了《自然通史和天体论》等著作，而在于他写了三大《批判》（特别是第一个《批判》）。研究康德哲学，当然应以他的主要哲学著作——三大《批判》为主要对象，不能以《自然通史和天体论》为主要对象，如时下某些人所说的那样。

1804 年 2 月，康德病逝，终年八十岁。他的一生就是著作，著作也就是他的生平。

恩格斯说："这个时代在政治和社会方面是可耻的，但是在德国文学方面却是伟大的。1750 年前后，德国所有的伟大思想家——诗人歌德和席勒、哲学家康德和费希特都诞生了；过了不到二十年，最近的一个伟大的德国形而上学家黑格尔诞生了。"[2] 歌德说："康德从未注意到我，但我却走着与康德类似的道路。"[3] 他们都接受了法国资产阶级革命的时代精神的熏陶，但鉴于德国

---

1. 即由唯理论到经验论，再到高一级的唯理论。认为康德经过一个经验论的时期（六十年代）后又回到高一级的唯理论，这是很不准确的。实际上，康德对唯理论的憎恶到"批判时期"更为突出。这一流行说法是黑格尔派由思想到思想的一种人为的三段式，如开尔德（E. Caird）的《康德的批判哲学》。
2. 恩格斯：《德国状况》，《马克思恩格斯全集》第 2 卷，1957 年版，第 634 页。
3. 《歌德与爱克尔曼（Eckermann）对话录》，1827 年 4 月 11 日。歌德对康德评价很高："我（爱克尔曼）问歌德他认为近代哲学中谁最优秀，他说康德无疑最优秀。"（1827 年 4 月 11 日）歌德说："康德写了《纯粹理性批判》，立了极大的功绩。"（1829 年 2 月 17 日）尽管黑格尔对歌德十分倾倒，但歌德并不真正喜欢黑格尔（见上述对话录）。他与康德都比较重视经验和现实，反对思辨决定一切，反对论证神的存在，体现了更多的古典主义、启蒙主义精神。歌德对法国唯物主义持敌视态度，对霍尔巴赫的《自然的体系》评价极低。歌德与康德两人确有许多相近的地方。

的落后状况，这些才智之士也都无例外地或逃避现实斗争，或最终与之调和妥协，而把他们的力量放在意识形态的领域之内，做出了伟大贡献。歌德说，德国的民族任务是在精神世界的统治。这就是对照法国人在现实世界的统治而言的。席勒说，德国人发现自己的价值在于居宿在文化和民族性格中的伦理的伟大，它独立于任何政治命运，说的也是这个意思。所以说，在法国发生的是政治革命，在德国却是思想革命，两者都同样伟大。另一方面，费希特说，当他致力于革命工作时，他的哲学体系成熟了。黑格尔说，哲学家能证明人的尊严，人民得学会感受它，从而他们不会满足于要求被掷弃在尘埃中的权利，而将取回它并付诸应用。这又说明，他们搞的意识形态仍然是现实生活的反映，仍然服务于现实的社会斗争。当时德国这一批资产阶级思想家、哲学家和诗人、作家，无论是康德或者歌德，费希特、黑格尔或者席勒，以及其他相当一批略为次要的人物，都无不具有这种深刻的矛盾双重性。一方面，他们对法国革命都表示过热烈的同情，有着进步的理想和要求，希望对现实做出贡献；另一方面，又始终摆脱不了落后德国的软弱本性，使这些要求表现在抽象的哲学—文学的高层楼阁的领域中，从而仍具有这种矛盾双重性格。

同时，更值得研究的是，资产阶级德国始终有着分裂的两面，一方面是在文化、精神领域内的无比光辉，歌德、席勒、贝多芬、康德、黑格尔都是永远在世界文化史上闪亮不息的灿烂的理性明星；但另一面却又是野蛮、嗜血、妄图统治世界却举国随之若狂的普鲁士军国主义和法西斯纳粹，它们的反理性主义给人类带来了极大的灾难，也永远是世界历史上的耻辱。前者在行动上是怯弱的，在思想上却丰富而充实；后者在行动上是横蛮的，在思想上却极端贫乏。这两者究竟是如何能够产生在同一个民族文化里，它们之间的关系究竟又是怎样的呢？是德国资产阶级精神本来就具有这种分裂的双重性呢，还是正由于野蛮的德国容克贵族迫使才智之士都只能活动在纯粹精神领域的缘故呢？而在这些文化巨人们身上的软弱又坚强的两重性，与这种民族精神的双重性又有什么错综复杂的关系呢？这些问题不是值得继续思索吗？[1]

恩格斯评论歌德说："在他心中经常进行着天才诗人和法兰克福市议员的谨慎的儿子、可敬的魏玛的枢密顾问之间的斗争；前者厌恶周围环境的鄙俗气，而后者却不得不对这种鄙俗气妥协、迁就。因此，歌德有时非常伟大，有时极为渺小；有时是叛逆的、爱嘲笑的、鄙视世界的天才，有时则是谨小慎微、事事知足、胸襟狭隘的庸人。"[2]这当然并不是歌德个人的性格问题。这种两重性也同样出现在康德哲学中。[3]列宁说："康德哲学的基本特征是调和唯物主义与唯心主义，使二者妥协，使各种相互对立的哲学派别结合在一个体系中。当康德承认在我们之外有某种东西、某种自在之物同我们表象相符合的时候，他是唯物主义

1. 参看拙文《关于中国美学史的几个问题》，载《美学和艺术问题讲演集》，上海人民出版社，1983年版，第202页。
2. 恩格斯：《诗歌和散文中的德国社会主义》，《马克思恩格斯全集》第4卷，1958年版，第256页。
3. 汉斯·萨讷《康德的政治思想》一书强调对立（矛盾统一）是康德全部作品的主题。他讲了许多对立，如康德与同时代人、与他自己的矛盾冲突等，但就是不谈这种深刻的时代、阶级的矛盾特征。

者；当康德宣称这个自在之物是不可认识的、超验的、彼岸的时候，他是唯心主义者。在康德承认经验、感觉是我们知识的唯一泉源时，他是在把自己的哲学引向感觉论，并且在一定的条件下通过感觉论而引向唯物主义。在康德承认空间、时间、因果性等的先验性时，他就把自己的哲学引向唯心主义。由于康德的这种不彻底性，不论是彻底的唯物主义者，是彻底的唯心主义者（以及'纯粹的'不可知论者即休谟主义者），都同他进行了无情的斗争。唯物主义者责备康德的唯心主义，驳斥他的体系的唯心主义特征，证明自在之物是可知的、此岸的，证明自在之物和现象之间没有原则的差别，证明不应当从先验的思维规律中而应当从客观现实中引出因果性，等等。不可知论者和唯心主义者责备康德承认自在之物，认为这是向唯物主义、'实在论'或'素朴实在论'让步。此外，不可知论者抛弃了自在之物，也抛弃了先验主义，而唯心主义者则要求不仅从纯粹思想中彻底地引出先验的直观形式，而且彻底地引出整个世界（把人的思维扩张为抽象的自我或'绝对观念'、普遍意志，等等）。"[1]

但对待康德哲学，更为最重要的是，深入分析它的唯心主义先验论。因为正是这一方面才是康德哲学的独特贡献。这一贡献在现代自然科学和社会学说的检验下，仍不断散发着重要的影响。这是需要予以认真研究的。

1.《唯物主义与经验批判主义》，《列宁选集》第 2 卷，1972 年版，第 200 页。

六 关于"回到康德"的现代思潮

为批判而批判是没有意义的，回顾哲学史不是发思古之幽情。应该注意"活的康德"（康德在哲学史上，特别是在现代的影响），而不要沉溺在"死的康德"（康德学的大量文献）中。在国际上，研究康德的著作已经汗牛充栋，很大一部分是陷在琐细的章句分析和争辩中，经常不必要地把问题弄得更加繁杂难解，康德哲学的主要意义和特征反而被遮掩起来。由于与现实生活和科学发展缺乏联系，这些学院派的"康德学"的作品，并不能体现或代表康德哲学在今天的具体作用和历史影响。

这种影响和作用主要表现在近现代西方哲学和科学的主流中。康德之后，费希特、谢林、黑格尔把康德哲学发展为绝对唯心主义，从康德到黑格尔的德国古典唯心主义成为欧洲近代思想的顶峰。新康德主义者不满意这种发展，要求"回到康德"，不承认超经验的精神实体或绝对精神。他们抹杀物自体的唯物主义方面，从而与要求避开康德的英国经验论嫡系所属各派[1]一样，共同体现了现代哲学的主观唯心主义总思潮。再后来，占据统治地位的便是英美的逻辑实证论—分析哲学和西欧大陆的现象学和存在主义。逻辑实证论以现代科学的精确性的姿态，拒绝了形而上学的种种

---

1. 这些派别反康德的态度十分强烈，如罗素以及逻辑实证论。也可用实用主义者詹姆士的一段话为例："总之，哲学进步的真正路线不是经过康德而是避开的，以到达今天我们这里。哲学完全可以绕过他，通过更直接地继承老的英国路线而把自己丰满建成。"

问题，实际是回到休谟，而把这些问题留给了存在主义。存在主义对人的自由等问题的主观思辨，对客观经验科学的极端漠视，在某个方面和意义上，倒又是康德所反对的理性心理学的再现。存在主义与逻辑实证论，确有如同一个钱币的不同花纹的两面，相互对立又相互补充，在某种意义上恰像康德以前的经验论和唯理论那样。[1] 也可以说，以所谓"科学的哲学"和逻辑实证论为代表与以存在主义为代表的双方，恰好是康德的现象界与本体论的两面。

哲学史上的思想行程，经常以或多或少改变了的形态重复出现。现代资产阶级对待康德的总路线，以逻辑实证论为代表，是把康德拉向贝克莱和休谟，用贝克莱、休谟来解释和规定康德。与此同时，康德研究的大陆本体论学派则是在存在主义影响下，把康德拉回到论证上帝、灵魂、人的本质等可说是唯理论（当然只是在极为限定的意义上）的老路。但是，近二十年来，以休谟为远祖的逻辑实证论，由于内外夹攻，特别是蒯因（Quine）、乔姆斯基（N. Chomsky）等人的异议，已很难继续下去。高谈人的存在的本体论的存在主义，也已接近强弩之末。因此，"回到康德"的倾向从各个方面、各种角度、各方代表人物那里传了出来，这是值得注意的。

---

1. 此外，贝克（W. Beck）在《刘易斯的康德主义》一文中曾把康德的现代批判者分为"分析论的批判者"与"实在论的批判者"，前者同意康德强调主体能动地构造现象对象，但反对有普遍必然的规律和认识。这可说是相当于经验论的逻辑实证论的康德"批判者"。后者主张知性的超验应用，认为有不必证以感觉的独立对象，从而认识便不是从感觉材料出发，"真的判断是关于独立的与形上的实在对象的，而不管这些对象是否感性地被给予"。这也可说相当于唯理论。

    研究康德哲学的当代著名教授、美国罗彻斯特大学的贝克
（Lewis W. Beck）在二十世纪六十年代初说："过去数年中，英国、
意大利、美国对康德的研究都有值得注意的数量上的增长和质量
上的进步。就是在德国，对康德的兴趣也在提高，那里康德研究
的质量本来就是很高的。似乎是在一个由休谟统治的思想时期
（英、美）之后，将随着有一个康德批判主义的重建和复活。"[1]此
外，像"在某种程度上标志着对康德的回复"[2]"康德的观点与现代
自然科学——从物理学到生物学都完全适应"[3]等说法、观点、主
张曾不断出现。而波普尔（K. Popper）的所谓"批判理性主义"
中也响着回到康德的呼喊。

    更重要的倒不在哲学家们的呼吁，而在于出现于现实的自然
科学理论领域和社会斗争中的康德主义的逼真的投影。这次表面
平静的"回到康德"之所以比上次喧嚣一时的（十九世纪的新康
德主义）还重要，正是因为它有一定的现实基础。

    首先，这是由于以相对论、量子力学、高能物理学、控制论、
电子计算机、遗传工程等为先锋代表的现代科技工业，把人的认
识能动性以前所未有的鲜明形态实现出来。人的意识向来就有主
观能动性的问题，但这问题随着科技的发展，在伽利略、牛顿时
代开始突出，成为康德哲学的一个起因。二十世纪起，特别是第

---

1. 贝克：《〈实践理性批判〉释义》序。
2. 艾耶尔（A. J. Ayer）。转引自康福斯（M. Cornforth）：《马克思主义与语义哲学》，第 204 页。
3. 《康德与现代科学》，《康德研究》1974 年第 1 期。

二次世界大战后科技工业的飞跃发展，使这一问题空前突出。人
们已经远远不是做爬行式的感官经验的描述归纳，而是以数学为
强大工具，与极大规模的实验活动相结合，去整理、组织和构造
对象。从而，各种抽象理论、方法、范畴和假设的重大意义，结
构、形式、精确性、主观性等特征和方面的强调，建构理想模型
的重要性，使哲学认识论的主客体关系问题变得非常尖锐。所谓
不是主体反映客体，而是主体构造、建立客体，要求客体来符合
主体；所谓主客体之间的界线很难划分；所谓康德的哥白尼式的
革命、"人向自然立法"等思想，日益风行，尽管常常可以不提
康德甚或还批评康德，但实质仍是康德主义。这与上次公开高举
"回到康德去"的旗帜是有所不同的。它外表上没有挂牌，实际
上却产生了更普遍和更重要的影响。有如贝克所说："康德哲学
受到了实证论者、实用主义者、语言分析论者、社会认识者的最
充分的非难，但他们全都赞成康德认为物理对象是某种构造。"[1]

　　早在二三十年代，量子力学的一些代表人物在其哲学议论中
便不断提及康德。尽管有的用休谟来批康德，有的徘徊于休谟与
康德之间，但总倾向是把认识过程中的主观作用说成是主导的、
支配的、决定性的，在主体规范和组织下去"认识"（构造）客
体，可说实质上是康德主义的（参看本书第四章）。海森堡（W.
Heisenberg）的测不准原则、玻尔（N. Bohr）的互补原理，在哲学
上都有此意义。到六十年代，现代科学技术中的这一思潮又以与

---

1. 贝克：《康德哲学研究》，第 110 页。

此似乎相反的客观主义倾向——"结构主义"为旗帜，作为一种普遍的方法论和认识论，在语言学、经济学、文化人类学、社会学、历史学、心理学、生物学、数学等许多领域内流行起来，有人还以之来替代和补充马克思主义。

结构主义的主要创始人、文化人类学家列维 - 施特劳斯（Levi-Strauss）在认识论上明显地趋向康德主义。知名数十年、最终在七十年代把自己明确划归于结构主义的心理学家皮亚杰（J. Piaget），更非常自觉地把它提高到哲学认识论的高度。结构主义人物繁多，品类不一。我宁愿选择这个本不属于这一派别的皮亚杰来做代表，是因为他的科学成就和哲学理论最值得重视。皮亚杰既反对逻辑实证论把认识归结为感觉材料而认为逻辑只是语言文法的观点，也不同意乔姆斯基认为逻辑的根源在于人类的内在理性的观点，亦即既反对经验论，也反对唯理论，而强调"认识是一种不断的构造"[1]。在他看来，真理既不是现成地存在于客观世界，也不是现成地存在于人们的主观世界，而是存在于主体的行动、操作对客观世界的不断构造的结构之中。[2] 因之，"客体被看作一种极限，它独立于我们而存在，但永远不能完全达到"，实际上，"客体是建立起来的"[3]。皮亚杰指出，他所进行的并不是纯

---

1. 皮亚杰：《发生认识论》序。
2. 杜威也讲过类似的话，但杜威根本否定客体能脱离经验而存在，并且错误地放大了行动、操作的概念。见下章。
3. 皮亚杰：《发生认识论原理》序、第 3 章。这与当年新康德主义强调无既成知识，认识是不断创造的无限过程，以及哲学是一种认识论、方法论等，是很接近的。但新康德主义没有实证的自然科学理论基础。

心理学的研究，"我们的目标本质上是认识论的"[1] "结构主义是一种方法"[2]。"皮亚杰将说，他所真正做的是重新审查康德范畴的整个问题，这一重新审查形成了他称之为发生认识论的新原理的基础。"[3] 皮亚杰所指出的结构（作为结构的整体不是机械论的部分之和，不是格式塔的不可分析之物，而是可分析的多因素相互作用的系统）、他所概括的结构三特征（整体、转换、自我调节），与列维－施特劳斯等人的理论一致，总具有某种超越具体社会历史的性质。[4] 这也正是康德先验哲学的一个特征。虽然皮亚杰并不认为自己是康德主义者，并且还批评康德的先验论；虽然皮亚杰重视历时性，强调建构是一个发生学的时间过程，而不同于一般结构主义只强调共时性的非历史特点，而且结构主义本身也具有一种客观主义的科学外貌，似乎与康德不同，但理论的基本实质，与上述当代自然科学哲学总思潮一样，是强调主体的操作、思维作用于一个不可知和不确定的客体以构造知识，从实质上看，这是康德主义的。皮亚杰主张的结构是开放和不断发展的，与许多结构主义者强调既定的、一成不变的结构有所不同。皮亚杰比许多其他的结构主义者高明，这特别在于他注意了动

1. 皮亚杰：《发生认识论原理》序。虽然皮亚杰认为认识论应和哲学分家，变成一门科学，即以实验和实证科学为基础——他称之为实验哲学，但他没有避开存在与意识、客体与主体这个根本哲学问题。
2. 皮亚杰：《结构主义》第7章。
3. 《哲学百科全书》第6卷，1972年美国版，第306页。
4. 这是指超越人类总体的历史而言。皮亚杰是谈了许多社会、历史的，如有关科学史的著作。但他始终没能从整体上把儿童认识进程等与人类总体历史联系起来，以研究后者对前者的渗透和支配作用。

作、操作在形成人的逻辑思维和整个开放性的认识结构中的巨大基础作用，为科学具体地阐明认识的起源和发展提供了重要的唯物主义的基础。主要缺点在于他未能准确地掌握人与动物的本质区别，即未能从历史唯物主义特别是从使用制造工具的角度来研究、说明问题，他的发生认识论的最终答案与其说是历史（人类学）的，倒不如说是生物学（自我调节的机制）的了（参看本书第二章）。

上述是一方面。另一方面是表现在社会领域的康德主义。发达的自然科学并不能解决社会问题，杰出的科学家兼为虔诚的宗教徒是近代常见的事情，要求将自然与社会、认识与信仰截然二分的康德主义便很自然地产生出来。但除了"元伦理学"这种在社会上影响不大的学院派理论之外，更为重要的倒是，打着马克思主义旗帜在现实生活和阶级斗争中起着作用的准康德主义倾向。如果说康德的伦理学是法国革命高涨时期的产物，它带着德国版本的褪色了的苍白印记；那么在今天各国人民解放运动的高潮时期，这种准康德主义倾向和思想，却染着红色或粉红色的色彩。例如，法兰克福学派（Frankford School）的马克思主义，在六十年代美国西欧学生运动、黑人运动高涨时期曾广泛传播，它便是如此。他们并没打康德的旗帜，打出的是黑格尔—马克思的旗帜，但竭力反对恩格斯—考茨基—普列汉诺夫路线的历史决定论，把实现社会主义、共产主义说成主要是阶级意识、文化批判、理论实践之类的问题，这实质上与其说是黑格尔主义，还不如说是康德主义。有的"西方马克思主义"派别则公开反对黑格尔，认为康德对马克思的影响比黑格尔还大，如科莱蒂（L. Colletti）、阿尔都塞（L. Althusser）以及弗莱舍（H. Fleischer）等人（参看本书第九章）。

一方面在自然科学中，一方面在社会阶级斗争中，康德哲学的一些基本观点和特征都有着作用和影响。包括黑格尔在内的资产阶级哲学没有真正揭开康德哲学的秘密，安息这个始终在游荡着的阴魂，这个任务历史地落到了马克思主义者的身上。

马克思主义哲学即实践论，亦即历史唯物主义（参看本书第二章）。它一方面要研究人类物质文明的发生发展，从生产方式的客观历史进程，到展望人类未来的个体远景，其中当然包括对革命、社会主义等问题的探讨。但如果认为，马克思主义或马克思主义哲学就仅仅到此止步，甚至认为它的任务就仅仅在于研究或推动革命，马克思主义仅仅是革命的哲学、批判的哲学，那实际上便极大地局限和束缚了马克思当年所提出的课题和理想。除了革命，还有革命后的建设；除了物质文明的建设，还有精神文化的建设。这才可能有人的全面发展。而作为个体的人的多样、丰富、全面的发展，则正是作为目标的共产主义之特征所在。因之，马克思主义哲学不仅要研究革命——民主主义革命和社会主义、共产主义革命，而且更要研究建设——社会主义、共产主义的物质建设和精神建设。当然，这二者（革命与建设）在现实生活中经常（特别是在最初阶段）是彼此联系和渗透着的。例如，不与旧事物、旧传统相决裂，就不能建立新观念、新思想；但在决裂中却有继承，在否定中又有肯定。

在精神文明中，这种既否定又肯定、既继承又决裂的情况更是极其复杂的。如何来注意研究这个方面的问题，提出建设两个文明（物质文明与精神文明）的观点，正是今天真正发展马克思主义的一个重要方向和课题。

我以为，正是在这里，对康德哲学的注意具有一定的意义。如果说，黑格尔对人类发展的宏观进程的伟大历史感是他的主要特征；那么，康德对人类精神结构（认识、伦理、审美）的探索和把握，便是其基本特色所在。如果说，黑格尔展示的是人类主体性的客观现实斗争（尽管是在唯心主义的虚幻框架里）；那么，康德抓住的则是人类主体性的主观心理建构（尽管同样是在唯心主义先验论的框架里）。今天要为共产主义新人的塑造提供哲学考虑，自觉地研究人类主体自身建构就成为必要条件。而这，也就是我讲的文化—心理结构问题和人性问题。

很有意思的是，当代一些不同的科学学科似乎都在趋向于对深层心理结构问题的探究或提出。乔姆斯基最终把语言机制归结为某种人类普遍具有的先验理性；列维－施特劳斯最终也把社会民俗结构归结为普遍的"脑"即人所共有的某种普遍的心理深层结构。当然更不必说荣格（Jung）的"集体无意识"了。尽管他们所说的问题并不相同，但在我看来，这里似乎确有某种"家族类似"（family similarities），而"游戏"（game）的核心，都是有关这个人类主体的文化—心理结构课题的。

后期维特根斯坦（Wittgenstein）已经把语言与现实生活和社会交往活动（他称之为实践）密切联系起来，指出离开后者，不可能了解前者（语言），认为心理的应当从社会的来解释。[1] 皮亚杰更具体地把逻辑与操作联系起来，提出了内化的理论，这些都具有重要的科学和哲学的价值。在马克思主义宏观的人类历史学的基础上，把上述各现代学科提出的问题和学说正确地概括起来，结合对康德哲学的研究，提出人类主体性以及文化—心理结构的哲学观念，我以为是有意义的。

所以，一方面反对因袭康德主义的各种表现，另一方面又注意结合当代科学问题正确阐释康德哲学，既否定，又继承，只有这样的批判，才能真正安息这个过去的英魂而为未来做出贡献。

1.　参看鲁宾斯坦（David Rubinstein）：《马克思与维特根斯坦》，1981 年，波士顿。

第二章

认识论（一）：问题的提出

一 所谓"批判哲学"

康德的主要哲学著作是 1781 年初版、1787 年修改再版的《纯粹理性批判》。这本四十多万字的书，据康德自己说，是他"差不多十二年悠久岁月沉思的产物"，但"脱稿只用了四或五个月的时间。对于其内容是极为注意，而较少考虑其文体和通俗性"[1]。这本书不但文句艰涩、重复、冗长[2]，而且所使用的概念、论证、

---

1. 康德在 1783 年 8 月 16 日给门德尔松的信。关于通俗性问题，康德当时曾一再指出，"我很愿有人把它弄得更轻便通俗些"，"随着研究的深入就会通俗，在开始时无法通俗性"（1783 年 8 月 7 日给加尔夫的信），"时间一长就会通俗起来，但开始时不行"（《导论》前言）。
2. 有一个著名的笑话说，有人对康德诉苦，说读他的这本书苦于手指头太少了。康德惊异地问为什么，回答说："我用每个手指头按住一个子句，十个指头用完了，你写的这一句还没完。"

提法，都有许多前后出入和自相矛盾的地方，[1]造成了理解康德哲学的严重困难。《纯粹理性批判》成为欧洲哲学史上非常重要而又非常难读的一本著作。[2]

之所以产生这种情况，根本原因不在于写作时间的匆促[3]，也不在先后思想有许多变化[4]，而在于：康德竭力调和折中唯物主义与唯心主义，企图使两条根本对立的哲学路线在自己的体系里达到妥协，这才使种种不同的倾向、提法、论证和观点经常混在一起，交错反复地表露出来，不断陷入矛盾。《纯粹理性批判》一书的矛盾是深刻的思想矛盾，不在于表面词句和论证的矛盾。强调后者（如费英格、康浦·斯密）与否认前者（如帕顿、格雷耶夫）都是不符事实的。

---

1. 关于康德这本书的结构形式与其内容的关系，曾经有过争议。费英格（Vaihinger）、康浦·斯密（Kemp Smith）等人认为，这本书是由多年陆续写的一些笔记匆忙拼凑组成的，可以分出许多不同的写作时间的层次，所以产生许多矛盾出入。特别是"分析论"中的"范畴的先验演绎"这个十分关键的章节，完全是由不同时期写的一些不同论断拼凑起来的，所以非常难解，它们实际各自起讫，彼此独立，并无联系，呈现出多元而又重复的镶补凑合状况。有人认为，这个要害部分有如七宝楼台，拆下不成片段［瓦尔德（Ward）］。这就是康德研究中的所谓"凑合说"，或称作"多元论"［伊文（A. C. Ewing）］。较晚的一些人，如帕顿（Paton）等反对这一看法，认为就整体说，这本书是前后一贯、内在统一的。所谓多元、重复、出入，不过是同一主题的几种不同偏重的表述。我认为，后面这种看法比较接近实际。康德自己说过，这些表面上的矛盾，如果对整个观念掌握了的话，是容易清除的。他还一再讲到，"不要去斤斤比较字句的得失"（《导论》），不管片面摘引言论，等等。但一些人又进而完全抹杀这本书中的许多矛盾，如认为"《纯粹理性批判》中的任何一个句子都是与其自身和这本书的其他每句话相一致的"［格雷耶夫（Felix Grayeff）］（《康德的理论哲学》导言）等，这又走到另一极端，也是片面的。
2. 黑格尔的著作也称晦涩难读，但有所不同。读黑格尔，每个句子似乎难懂，但整句整节的整体意思还是好懂的。读康德则相反，每个句子或子句似乎并不难懂，但整句或整段、整节就很难掌握，不好理解了，因此读来更吃力。
3. 帕顿等人认为，除时间匆促外，还有研究课题本身的困难、新颖等原因。
4. 康浦·斯密等人的看法。

《纯粹理性批判》的形式结构安排，是牵强武断的。康德把全书分为极不相称的两大部分，即"先验要素论"与"先验方法论"，前者又分为篇幅极不相称的"先验感性论"（讲感性）与"先验逻辑"，"先验逻辑"再分为"先验分析论"（讲知性）与"先验辩证论"（讲理性），有如下表：

纯粹理性批判			
先验要素论			先验方法论
先验感性论	先验逻辑		
	先验分析论	先验辩证论	
	概念分析 原理分析		

其中每个部分又有一套相当呆板的格式。以后的《实践理性批判》《判断力批判》两书，也基本按照这个格式来写。这种当时流行并为康德喜爱和采用为其"批判哲学"形式的所谓"建筑术"，实际是一种形式主义的东西[1]。但"感性论""分析论""辩证论"的划分和连续，则表现出康德对于认识由感性到知性到理性，从而走向"实践领域"（道德）的有次序的论述。而一向为人忽

---

1. 据说沃尔夫有这种系统化的习惯，康德直接继承了他。而这种中世纪经院哲学的分科，也可追溯到亚里士多德对理论哲学与实践哲学的划分。前者又称形而上学，下分本体论（研究存在问题）、理性心理学（研究心灵或灵魂）、宇宙论（研究宇宙系统）与理性神学（研究上帝的存在与属性）。后者分为伦理学、经济学与政治学。作为启蒙主义者的沃尔夫把神学与本体论（一般形而上学，研究存在问题）正式分开了。至于原理论与方法论、分析论与辩证论等区分格式，也均来自亚里士多德传统。

视或轻视的"方法论"部分，实际上是对全书的概括和总结。要
善于区分这本书中没有意义的形式结构与观点之间有意义的推演。
由于其复杂、折中的矛盾特征，可以对《纯粹理性批判》做各种
烦琐的讨论和无休止的争辩，但康德的影响和意义并不在这些细
节，而在那些主要观念和思想。本书将抛开种种烦琐的细节探讨，
只根据主要观点安排论述。例如，我认为，"物自体"学说是康德
整个哲学的核心，其关键是认识论到伦理学的过渡，所以本书把
它放在整个认识论的结尾和伦理学的前面。又如，"辩证论"中对
当时所谓"理性心理学""理性神学"的批判、康德对上帝存在问
题的种种探索和驳斥，在当时哲学和康德自己思想的发展上，确
有非常重要的意义，但都早已成为历史的陈迹，而且对我们中国
人来说非常陌生，也没有多大意义，本书便不多谈。

　　康德自称《纯粹理性批判》不是建立体系，而是"批判"认
识，以区别于以前的哲学，特别是要反对莱布尼茨—沃尔夫的
"独断论"。在《纯粹理性批判》初版序言中，康德将"独断论"
比作专制统治，将"怀疑论"比作破坏定居秩序的游牧民族。康
德认为：旧唯理论的独断哲学，从笛卡尔用所谓"清楚明晰"当
作真理的标尺起，把感性只看作模糊的观念，主张真理在于理性，
它以先天理知主宰一切，来推出所有知识，但实际已超越经验范
围，不得不陷入崩溃。独断论者用所谓"清楚明晰"作为真理标
准，实际上根本行不通。理性的道德观念可以是非常模糊不清的
（按：实际上这反映了当时时代特征，传统的道德宗教观念已开始
崩溃），而感性的几何学却是非常清晰明白的。至于经验派的怀疑

论哲学，由感知出发，反对有普遍必然的客观真理，从而在根本上否定了科学知识，只起破坏作用，也不行。康德说："怀疑论不是从别处，正是从理性最重要的向往得不到满足、理性感到失望而产生的。"[1] 怀疑论对什么都不确证，与独断论一样，同样使人厌弃。自然科学不断前进，素称科学之王的哲学却处于争辩的黑暗中。要解救它，只有重新做起，即探讨、考虑、分析、审察人的认识能力，指出它有一个不能超越的范围或界限。这就是康德使用"批判"一词和把他的哲学叫作"批判哲学"的缘故。康德说，"我之所谓批判，不是意味对诸书籍或诸体系的批判，而是关于独立于所有经验去追求一切知识的一般理性能力的批判"[2]。在《纯粹理性批判》中，康德的第一步是论证一切科学知识（在康德看来，主要是数学和物理学，因当时其他科学还处在现象描述的幼稚阶段）究竟是如何可能的，即讨论这些门类的科学成立的条件（"感性论""分析论"）。第二步是论证像灵魂、自由、上帝之类的宗教、道德的"实体"——因为是完全离开经验的理性思辨——作为认识对象的不可能，即不可能成为科学知识，从而，它们不应与科学认识混在一起或混为一谈（"辩证论"）。这两步论证本是一件事情的两个方面，这件事情便是人的认识的本质、特征或可能性到底何在。用康德的说法，这就是人的认识有没有范围、界限的问题。康德认为，以前的唯理论独断哲学不明白这个所谓

---

1. 《导论》§4。
2. 《纯粹理性批判》Axii，参看蓝译本，第 3 页。

人的认识本性而擅作推演，将上帝、灵魂、自由也划入认识范围，作为认识对象，与经验科学混同了起来。这就越过了人可能认识的界限，得出许多不可证实的和不能成立的结论。另一方面，经验派怀疑哲学也不懂人的认识本性，对人可能认识范围之内的科学真理也加以怀疑和否定，这就从根本上取消了科学知识的可能。唯理论与经验论两方各持一端，都使哲学陷入困境，原因就在这个认识论问题没有解决。康德把整个哲学集中到这个问题上，成为欧洲近代哲学史上的一个枢纽。近代哲学的中心由本体论转到认识论，这一进程到康德的"批判哲学"得到了明确的表达和完成。[1]

《纯粹理性批判》一书已提出有关实践理性的基本观点（如"方法论"的"法规"部分、2版序等），但主题毕竟还是认识论[2]，是讲所谓理论（思辨）理性。康德强调感性经验是人的认识的根本材料，以区别于唯理论；同时又强调先验的直观形式和知性范畴是人的认识的必要因素，以区别于经验论。康德认为，一切科学知识只能是感性与知性（广义的理性）两大因素所构成的，是

---

1. 从培根和笛卡尔起，近代哲学一直重视认识论。但康德以前，认识论与本体论经常缠在一起，没有分家，前者一般从属于后者。康德改变了这个情况，旧的本体论被否定了，认识论宣告独立。康德以后，本体论倒经常从属于认识论，从认识论中引出来了，黑格尔便是如此，他的逻辑学与认识论是同一的，这也就是所谓逻辑与历史、认识论与本体论的一致。

2. 海德格尔（Heidegger）等人认为，《纯粹理性批判》与认识论没有关系（《康德与形而上学问题》），它是表述本体论的。"康德的最终意向……是导向本体论，一种存在的学说"［马丁（G. Martin）《康德的形而上学与科学理论》］。海德格尔强借康德来表达自己的哲学观点，引起了新康德主义者卡西尔（E. Cassirer）的反对。海德格尔强调"先验想象"，把《纯粹理性批判》当作主体（人）的现象学，由心理学走向形而上学本体论；卡西尔强调"知性功能"，把《纯粹理性批判》当作客体的现象学，走向所谓文化历史的符号学，他们表现的侧面不同。前者根本取消康德的认识论，后者取消康德认识论中的唯物主义的成分。

感性材料与知性形式的结合。他说："通过前者（指感性），对象被给予我们；通过后者（指知性），它们被思维。"[1] "思维无内容则空，直观无概念则盲。"[2] 尽管先后有许多矛盾和出入，康德这个基本思想并无重大变化，始终贯串其认识论，是他反反复复、翻来倒去所论证的主要论点。通过强调知性与感性的结合，康德肯定了普遍必然的科学知识成立的可能，否定了上帝作为认识对象的可能，从而一方面反对了休谟的怀疑论，另一方面反对了莱布尼茨的唯理论，又将两者折中调和在自己的"批判"里。但是，康德对科学知识成立的肯定，是建筑在他认为先验的知性原理和直观形式起主导作用之上，即以某种固定不变的先验框架来规范、支配感性材料，这歪曲了科学来自实践的根本性质。康德对上帝作为认识对象的否定，强调了感性经验在认识中不可缺少的重要地位，但这又恰恰是给上帝作为超经验的信仰对象和道德实体留下地盘。对于康德"批判哲学"这种错综复杂的矛盾特征，本书拟通过《纯粹理性批判》的几个主要环节来逐步探讨和揭示。

二 "先天综合判断如何可能"

《纯粹理性批判》的绪论，作为全书导引，提出了康德认为

---

1. 《纯粹理性批判》A15 = B29，参看蓝译本，第 44 页。
2. 同上书，A51 = B75，第 71 页。

必须解决的所谓"先天综合判断如何可能"的问题。这个现在看来如此笨拙费解的题目，是康德经过多年沉思作为根本问题提出来的。初版中绪论的第一句话是："经验无疑是我们知性对感官知觉的原料进行加工的首产物。"[1] 第 2 版中第一句是"毫无疑问，我们的一切知识都随着经验开始"；下面接着又说："虽然我们的知识都随经验开始，但并不能就说一切知识都来自经验"。[2] 两版开头的这些话，便鲜明表露出康德哲学的形式和内容的特征。首先，"经验"一开头就有两种不同的含义。初版首句中的"经验"指知性作用于感性的构成物，即相当于第 2 版首句中的知识。第 2 版首句中的"经验"指的主要是感性印象、感性材料。同时要注意的是，"经验"（Erfahrung）不同于"经验的"（empirisch），前者乃知性作用于后者（感性经验的材料）的结果。康德说，"尽管一切经验判断都是经验的判断，即以感官直观为依据，但不能因此便说，任何经验的判断就是经验判断"[3]。但从内容说，开头的这句话，无论初版或第 2 版，都开门见山地提出了康德对认识（知识）的一个基本看法，即知识虽离不开感性经验，但不能归结为感性经验[4]。知识必须是先验知性"改造"、作用于感性材料的结果。康德从区分"分析判断"与"综合判断"开始论证这个

---

1. 《纯粹理性批判》A1，参看蓝译本，第 30 页。
2. 同上书，B1，第 27 页。歌德的话更有概括性："经验只是经验的一半"。
3. 《导论》§18。所谓"经验的判断"即"知觉判断"，参看本书第五章。
4. 本书只在第 2 版首句的意义上使用"经验"一词，即指感性材料；而以"知识"代替康德所说"经验"的后一种含义，即知性作用于感性材料的构成物。

问题。

康德认为，知识都通过逻辑判断表现出来（参看本书第四章）。逻辑判断可分为分析判断与综合判断两大类。[1] 康德讲的是主宾词判断。[2] 所谓分析判断是宾词已隐含地包括在主词之中的判断，这种判断不过是把早已包含在主词中的东西推论出来，所以无须依靠经验，就可演绎得出，并且具有普遍性和必然性。如这判断真，则其矛盾判断必假。但是，这种分析判断无法获得新知识。康德以"物体有广延"作为分析判断的例子。由"物体"可分析出其中必有广延，"物体"这概念本来就包括了"广延"的含义在内。"物体有广延"这判断真，则"有些物体无广延"必假，二者不能同真。综合判断则不同，康德以"物体有重量"为例，宾词并未预先包含在主词中。"物体"是否有重量，不是分析物体概念所能得出的，只有经验才能说明。它对主词有所扩大，具有新的知识内容，但这种知识没有普遍的和必然的客观有效性，因为它依赖人的经验来证实，而人的经验总是有限的和局部的，不能保证所获得的知识有普遍必然的有效性。这实际也就是说，任何综合判断是真的，不排除它的"矛盾判断"也可能真。[3] "物体

---

1. 把康德哲学说成毫无独创、一无是处的洛夫乔伊（Lovejoy）认为，分析判断与综合判断的区分，以及所谓先天综合判断，等等，都早由莱布尼茨所提出，康德并没有增添什么。这是不符合事实的。
2. 一些人批评康德只讲了主宾词判断，未提其他的判断形式，认为这是以偏概全。并且，所谓"包含""包括"在主词中，也很含混，只是种空间形象的比喻，等等。这些批评并未击中要害，因为问题的实质不在这里。如现代逻辑学承认分析、综合的区分，也并不限于主宾词判断。
3. 这当然是在非形式逻辑的严格意义上说的，从这里也可看出，康德开始突破形式逻辑了。康德的这一突破实际开黑格尔先河，具有重要哲学意义。

有重量"是真的，不排除"有些物体没有重量"也可能真。分析判断有形式逻辑的不矛盾律就足够了[1]，综合判断则需要另外的原理。康德基本上是把分析判断与"先验"（不依存经验、独立于经验）、综合判断与经验等同起来[2]。同时又把唯理论与前者、经验论与后者联系起来。[3] 于是，以形式逻辑的演绎法为主要工具的唯理论哲学，从所谓先验的自明公理、天赋观念出发来推演知识，这实际上只是一种分析判断，并不能扩充知识。用这种判断来进行认识，则一切不可感知的对象如上帝、灵魂以及种种超经验的谬误，都可以与经验知识混为一谈，无法区别，所以它不是获得科学真理的正确道路。另一方面，以归纳法为主要工具的经验论哲学从感觉、经验出发所得出的知识，是后天的综合判断，它虽然能获得新知，但不能保证其普遍必然的客观有效，而普遍必然的客观有效，即放之四海而皆准，康德认为是一切科学真理所应具备的基本条件。经验的归纳并不能提供这种条件，所以也不是一条获取科学真理的正确道路。先验的分析判断与经验的综合判断既都此路不通，那么如何来解释和保证科学真理呢？

---

1. 关于"分析判断"能否由形式逻辑的矛盾律来规定，是有许多争议的。现代都由严格定义来讲分析命题。贝克则反对将康德的分析判断说成是约定的，反对用严格定义来讲康德的分析判断。其实，康德要讲的并非形式逻辑问题，有如帕顿所说，"形式逻辑与综合判断的可能性毫不相干"（《康德的经验形而上学》第 1 卷，第 35 章，第 2 节），详见后。

2. 这两个相等同又并不完全等同。有人认为，分析与综合之分是词义的，先验与经验之分才是认识论的，等等。

3. 莱布尼茨（唯理论）与休谟（经验论）都认为，分析是先验的，综合是经验的。不同在于，莱布尼茨认为前者能获得真知，后者是偶然的，不能获得真知；休谟则恰好相反，认为只有经验能取得知识。

　　康德精通当时的自然科学，对于科学知识的客观真理性并不怀疑。康德相信欧几里德几何和牛顿力学能适用于一切经验对象，即普遍必然的客观有效。欧几里德几何和牛顿力学当然都是一种"综合判断"，即依靠感性经验提供材料，但它们又偏偏具有无往而不适用的普遍必然性。那么，这个普遍必然性是从哪里来的呢？康德认为，它既然不能来自经验归纳，于是便只能来自"先验"。这种科学真理便是既非先验分析判断，又非经验综合判断的另一种判断，即所谓"先天综合判断"。康德认为，"批判哲学"的重要课题之一就在于研究这种判断是如何可能成立的。因此，所谓"先天综合判断如何可能"这个古怪命题，翻译出来实际上就是"具有普遍必然性的科学真理是如何可能的"，也即是说它们成立的条件是什么。这里的关键就在这个所谓"普遍必然性"[1]，康德强调区别于"经验"的"先验"，着重点也在这里。"先验"便是"普遍必然"，这种普遍必然不是形式逻辑的普遍必然（那是分析），而是在经验中有现实客观效力的普遍必然，这是经验自身的归纳所不能具有的。

　　要注意这里是研究"如何可能"，而不是"是否可能"。因为在康德看来，"是否可能"不成问题，数学和物理学已在事实上

---

1. 关于"普遍"与"必然"的关系，可参看普里查德（Prichard）《康德的认识理论》第 2 章，其中指出，普遍与必然最终是同一的。列宁《哲学笔记》在摘引费尔巴哈论莱布尼茨一书中有关部分时旁注："康德与莱布尼茨，必然性和普遍性是不可分割的"，摘引的原文是："因此，《人类知性新论》的基本思想，和《纯粹理性批判》的基本思想一样，就是：普遍性以固有及和它不可分割的必然性表达理性所固有的本性，或表达具有表象能力的本质所固有的本性，因此，它们的泉源不可能是感觉器官或经验，也就是说，它们不可能来自外界"。

证明它可能，问题在于它如何可能。所以，康德在《纯粹理性批判》一书绪论中提出的问题是："纯粹数学如何可能？"（先验感性论回答）"纯粹自然科学如何可能？"（先验分析论回答）康德企图用他的唯心主义先验论对这些科学知识予以解释，把这些科学的客观真理性质归结到一整套先验的认识形式里去。

康德不同意莱布尼茨关于数学是分析，形式逻辑的矛盾律便足够的观点，认为数学是综合，但又不是后天综合，而是一种非经验的构造，是有普遍必然性的"先天综合判断"。康德认为，最基本的自然数的算术便如此。例如 7 + 5 = 12，12 这个数并不能从 7 与 5 之和中分析出来，康德说，"7 与 5 之和这个概念只包含两个数目的合为一体，而不能得到两者合起来的那个数是什么。……必须超出这些概念，借助于直观，例如，用五个指头，或五个点。……7 + 5 这个命题实际扩大了我们的概念。……如果不借助于直观而只是作概念分析，是永远得不到这个和数的"[1]。大数相加，如几万几千加几万几千，就更明显，它不是分析判断而是综合判断。另一方面，7 + 5 = 12 又适用于一切场所、一切对象、一切经验，它不依赖于任何具体的经验而普遍必然地有效。几何学的例子是"直线是两点之间最短的线"。线的"短"（量）不能从线的"直"（质）中分析出来。[2] 康德说，"直的概念不包含

---

1. 《导论》§2。
2. 与分析判断不同，它逻辑上并不排斥"直线不是两点之间最短的线"。有些人从而认为康德并未排斥而是预告了非欧几何的产生。说"预告"当然是言过其实了。

量，只包含质。所以'最短'这一概念完全是加上去的，用任何分析都不能从直线的概念中找出，而必须借助直观，使综合成为可能"[1]。它们都是与经验有关的综合判断，但它们所具有的普遍必然的客观有效性，又不是通过归纳经验所能提供。所以，康德就把它们说成"先天综合判断"。康德非常重视数学，认为只有数学在其中，自然科学才成其为科学，因为数学是先天综合判断，它构成了所谓纯粹的要素以作为基础。康德甚至认为，如果化学还不能把分子运动计算和表现在空间（数学）里，它就不能成为科学。至于自然科学的本质，康德认为其中也包含先天综合判断作为基础。康德说，"自然科学（物理学）包含着先天综合判断作为其原则"[2]，他举出如"质量不灭""作用与反作用相等"等基本原理作为例证，指出这些原理并不能从经验中归纳得出，也不是概念演绎[3]，而是先天综合。康德以时、空直观形式作为数学这种"先天综合判断"所以可能的先验条件，即是说，算术与几何的"先天综合"性质，主要由感性直观直接提供（参看本书第三章）。康德以十二个范畴作为自然科学（实即纯粹物理学）的这种"先天综合判断"所以可能的先验条件（参看本书第四章），而把这一切的根源归结为所谓"先验统觉"的"自我意识"（参看本书第五章）。

---

1. 《导论》§2。
2. 《纯粹理性批判》B17，参看蓝译本，第37页。
3. 这一点是至今一些科学家、哲学家所承认或强调的，如质能守恒、相对性以及因果观念，等等。参看本书第四章。

　　此外，康德还提出"形而上学作为自然意向如何可能"（"先验辩证论"回答）与"形而上学作为科学如何可能"（全书回答）两个问题。康德认为，这些问题与上述两个问题（数学和自然科学如何可能）有性质上的不同，因为所谓"形而上学如何可能"，也就是说像上帝存在、灵魂不朽、自由意志这些问题能否像科学真理那样成立。康德认为它们作为人的自然意向（人在理性思维中必然要提出这些问题）[1] 是可能的，而作为科学知识，则是不可能的。康德的前两问（数学、自然科学如何可能）是给行之有效的科学真理作哲学的论证，后两问则主要是揭发旧形而上学的谬误，指出形而上学的命题和观念，如"灵魂不朽""上帝存在"，乃是理性越出经验使用所产生的"先验幻相"，同时认为这种幻相又是认识本身的自然要求和趋向。一方面，它不可证明，不是科学真理；另一方面，它在思维和行动中又是有作用、有意义的。这种作用和意义就在于它能成为引导和规范人们思辨和行动的主观理念和理想（详见本书第六章、第七章）。康德强调，只有把这些问题弄清楚，抛弃冒充科学的旧形而上学，才是建立所谓具有科学性质的形而上学的前提。而他的整个"批判哲学"，就是要弄清这几个问题，为这种未来的形而上学扫清基地，是未

---

1. "要人类心灵永远放弃形而上学的探求，犹如怕污染而放弃呼吸一样不足取。因之世界上总有形而上学，每个人，特别是每个反思的人，都会有形而上学，并由于没有公认的标准，都将按自己的类型来塑造它。迄今为止被称作形而上学的，不能满足任何批判的心灵，但要废弃也不行。所以一个纯粹理性批判自身乃属必要。"（《导论·总问题的解决》）

来的作为科学的形而上学的一种"导论"。[1]

康德又把自己的"批判哲学"叫作"先验哲学"。他说："这里成为我们的主题的，不是事物的不可穷尽的性质，而是对事物性质进行判断的知性，并且也只限于这知性的先天知识的部分。"[2]"我把不是有关对象而只是有关我们认识对象的方式（只要这种认识方式在先天的可能范围内）的所有知识，叫作先验的。这种概念的系统便可叫作先验（transzendental）哲学。"[3]"因此纯粹理性批判将包含构成先验哲学的一切东西。"[4]可见，康德的"批判哲学"，是要研究认识所以可能的一切先验（a priori[5]）的条件、根源、形式，而不是去研究各种先天综合判断等知识内容。康德认为，正如几何学把三角形从各种经验具体的三角形中抽取出来加以研究，构成一整套先天综合判断的先验系统一样，先验哲学也正是把时空直观、知性范畴从经验认识、科学知识中抽取出来加以研究，构成一整套纯粹的先验知识，这种"先验知识"指的

1. 康德把《纯粹理性批判》的通俗缩写本叫作《导论》。对于这种所谓"未来的形而上学"究竟是什么样子，康德并未明确表示，以致研究者对此颇有争议。有人说康德只有道德的形而上学，并没有关于科学或包括认识论的形而上学；有人说，康德的"批判哲学"本身就是康德的形而上学，康德的形而上学即是"使经验对象可能的先天概念与原理的体系"[格里格（Greger）]，等等。康德的确多次表明要写形而上学，他的批判只是为写这而扫清基地的"导论"。但当人说他只写了导论而未完成其哲学体系时，康德却愤怒地驳斥说，他的《纯粹理性批判》就是完整性的纯哲学（参看 1799 年 8 月 7 日给费希特的公开信）。这里应注意的是，康德所用的"形而上学"一词也有不同侧重。
2. 《纯粹理性批判》A12—13 = B26，参看蓝译本，第 42 页。
3. 同上书，A11 = B25，第 42 页。
4. 同上书，A14 = B28，第 43 页。
5. "a priori"，通译为"先天"，如"先天综合判断"。但它在康德这里并无时间在先的发生学的意思（如医学、生理学所讲的"先天的"），而是指认识的先验结构。"transzendental"也译"先验"，则指这些先验结构应用于经验而使知识成立这个认识论问题。

只是知识的形式方面，亦即经验知识所以可能的先验形式（这种
形式离开感性经验并无任何意义，也不可能单独存在，不像唯理
论的"天赋观念"等那种内在知识）。"先验的""纯粹的""形式
的"等词语，康德常常是同义地使用着的。[1]"这个词（指'先验'，
transzendental）并不意味超经验的什么东西，而是指虽先于经验却
只为使经验知识成为可能的那些东西。"[2]因之，所谓"先验"也
就是作为经验的前提条件的意思。先验哲学也就是研究认识（不
能离开经验）的前提条件。康德把哲学认识论看作研究认识形式
的纯粹系统，这已包含了为黑格尔所大力发挥的"认识论就是逻
辑学"以及"逻辑学先于任何具体的自然哲学、精神哲学"思想
的萌芽。不过康德只是从认识论讲，黑格尔则把它化为本体论。

三　二元论和唯心主义

康德在绪论中开门见山地把所谓"先验"和"综合"扭在一
起，以"普遍必然的科学真理如何可能"为题目，实质上是把思
维与存在这个哲学根本问题，经由一种特殊方式，在认识论上尖

1.　"纯粹的"也有两种含义：一指先验中的一种，即相对于不纯粹的先验知识而言；一即等同
　　于先验。所谓不纯粹的先验知识，指构成概念之间的联系是先验的，但概念却仍是经验的，
　　如"凡变动均有原因"，"变动"概念便是经验的，即属于此类。于纯粹先验而言，则不但
　　概念间的联系是非经验的，而且概念本身也是非经验的。但康德经常并未严格区分，所以"纯
　　粹"常等于"先验"。

2.　《导论》附录。

锐地提了出来。在这个问题上，康德典型地表现出他那种在唯物主义和唯心主义之间徘徊、折中、调和的基本态度。康德在《纯粹理性批判》的绪论中嘲笑不要经验的老唯心主义说："轻巧的鸽子自由飞翔在空中，感受到空气的阻力，可能设想在真空中飞翔将容易得多。柏拉图认为感性世界太限制知性，乃鼓起理念的翅膀，冒险超越感性世界而进入纯粹知性的真空中，和这是一样的。"[1] 在《导论》一书中，康德更明确说："从爱利亚学派起到贝克莱主教止，一切真正的唯心主义者的原则都包括在这个公式里：一切通过感官和经验而来的认识都不过是地道的假象，真理仅仅在纯粹理知和纯粹理性的观念中。相反，那彻底支配和决定着我的唯心主义的根本原则却是：一切来自纯粹理知或纯粹理性的对事物的认识，都不过是地道的假象。真理仅仅在经验中。"[2] 这是一方面。另一方面，康德又说："我们要说明经验与它的对象概念的必然一致，只有两个途径：或者认为经验使概念成为可能，或者认为概念使经验成为可能。前一种假定不适用于范畴，也不适用于纯粹感性直观……于是只留下第二种假定了……即知性范畴含有使所有经验成为可能的根据。"[3] 在《导论》中也说："理性并不是根据自然创立自己的（先验）法则，而是相反，向自然颁布这种法则。""知性是自然的普遍秩序的根源，因为它把一切

---

1. 《纯粹理性批判》A5 = B9，参看蓝译本，第 32 页。
2. 《导论》附录。
3. 《纯粹理性批判》B166—167，参看蓝译本，第 118 页。

现象都置于自己的规律下来掌握。"[1]一方面，认识需要经验，真理并不在纯粹思辨中；另一方面，不是意识反映存在，而是主观决定客观。由"先天综合判断如何可能"所展开的这种思想，构成了康德哲学的二元论的基调。一方面是"物自体"所提供的感性材料（参看本书第七章），另一方面是"先验自我"支持的认识形式（参看本书第五章），这个对立始终贯穿在康德的全部认识论之中。重要的是去深入剖析这种矛盾，发现其合理的内核，而不是去弥合、抹杀或掩盖它们。

可以清楚地看到，在康德哲学的这个矛盾中，先验形式的方面（时空直观和知性范畴）是主宰、支配、构造感性材料的主要方面。知识的获得主要靠这一方面作用于感性经验。科学真理的所谓普遍必然的客观有效性，也主要来自这一方面。先验的方面是矛盾的主要方面。所以，尽管康德极力折中调和唯理论与经验论，在唯物主义与唯心主义之间徘徊、妥协，但它的根本性质和必然归宿，不能不是唯心主义先验论。

康德批评唯理论和经验论，其实他是唯心主义的唯理论和唯心主义的经验论的继承者。唯心主义的唯理论认为，普遍必然的知识只能来自"天赋观念"，符合"清楚明晰"的自明公理，而感性经验只是一堆模糊杂乱的认识。唯心主义的经验论也认为，普遍必然不能得自经验归纳，而只能在分析判断即逻辑、数学中。两派都认为经验中没有普遍必然的真理，同时也都认为，逻

1.《导论》§36、§38。

辑、数学是普遍必然的真理。"批判哲学"实际上继承了这个观点，同样强调普遍必然不能得于经验，而只能来自"先天"。它和"天赋观念"论不同的地方，在于它反对任何具体的现实的知识内容、观念是天赋的或内在的，而只承认知识的形式是"先验的"。这个不同极为重要，因为"天赋观念"不过是一些既定的知识内容，而先验形式则是所有知识所不可缺少的必要条件，从而比"天赋观念"远为深广。虽然它不像"天赋观念"那样时间上先于经验，但它突出了逻辑上的先验，把它看作主宰所有认识、构成一切真理的普遍必然的理性力量。因之，虽然没说任何具体的知识内容和观念是先天的，但是构造知识所必需的普遍认识形式，却成为从天上掉下来和头脑中固有的东西了。黑格尔正是从这里进一步发展康德，他强调的也是这个理性形式的普遍必然。黑格尔说，"如果说规律的真理性不存在于概念里，那么规律就是一种偶然的东西，而不是一种必然性，因而事实上就不是规律了"[1]。这就是说，普遍必然性（规律的真理性），只能存在于概念、思维、理性里。在康德，这个概念、思维是主观的先验认识形式；在黑格尔，这个概念、思维是主宰世界的客观的绝对精神。黑格尔说："……客观性有三种意义：第一，它指外在事物，以区别于主观的梦幻、设想，等等。第二，是由康德所提出的，指普遍必然性，以区别于感知的、特殊的、主观的和偶然的因素。第三，如刚才所解释的，它指思想所把握的事物存在的

1. 黑格尔：《精神现象学》上卷，贺麟、王玖兴译，商务印书馆，1962年版，第167页。

本质，以根本区别于单纯只是我们的思想从而与事物自身相隔绝
的……"[1]康德提出普遍必然性是为了追求和确认真理和认识的客
观性，以与感知经验的主观性相区别（参看本书第五章），但这
种普遍必然的客观性却只是主观思维所能具有的，所以康德似乎
恰好把一般对主观、客观的了解（第一种意义）颠倒了过来。在
黑格尔看来，这种颠倒却有其深刻的道理，这就是"所感知的倒
正是附属的和第二性的，而思想才是真正独立和原始的"[2]，但黑格
尔对康德的客观性只是认识的普遍必然性这一点感到不满，而要
把这种思维的普遍必然性同时当作事物本身的真实本质。

　　费尔巴哈反对黑格尔，强调了感性的普遍性。他说，"人并不
是一种如同动物那样的特殊的实体，而是一种普遍的实体""普
遍的感官就是理智，普遍的感性就是精神性"[3]。对于这种普遍性来
自哪里，他并未说明。费尔巴哈最多只能讲些"人与人的交往，
乃是真理性和普遍性最基本的原则和标准"[4]之类的空洞的人性论。
所以，他之所谓人是区别于动物的"普遍的实体"，具有"普遍
的感官"，仍然是指人的自然感官的特性，基本上仍然是回到感
性静观的旧唯物主义，因为这种特性如何从人类社会的漫长历史
中得来，费尔巴哈一点也不知道。实际上，费尔巴哈讲的这样一

---

1. 黑格尔：《哲学全书·逻辑》§41，见《小逻辑》，贺麟译本，商务印书馆，1962年版，第131页。
2. 同上书，§41，第130页。
3. 费尔巴哈：《未来哲学原理》§53，见《费尔巴哈哲学著作选集》上卷，三联书店，1962年版，第183页。
4. 同上书，§41，第173页。

种感性的普遍性并不存在，要在一般感官知觉经验中去寻求和论证科学认识的普遍必然性，也的确是枉费心机。费尔巴哈的认识论之所以并没有真正超出旧唯物主义的局限，正在于仅由所谓感官普遍性所获得的经验知识的局限，如恩格斯指出："单凭观察所得的经验，是决不能充分证明必然性的。……不能从太阳总是在早晨升起来推断它明天会再升起。"[1] 旧唯物主义的经验论之所以最终为怀疑论（休谟）和先验论（康德）所取代，从认识论的原因讲，正是出于仅仅从感觉经验出发并不能保证认识的客观真理性的原故。旧唯物主义很难顺利应对康德所提出的刁难：具有普遍必然性的科学真理如何可能？康德认识论正是从这个问题生发出来的。

四 "生活、实践的观点，应该是认识论的首先的和基本的观点"（列宁）

马克思说："社会生活在本质上是实践的。"[2] 人的存在不只是自然生物的感性存在，也不是费尔巴哈那种"人与人的交往"式的抽象的感性关系。人的本质是历史具体的一定社会实践的产物，它首先是使用工具、制造工具的劳动活动的产物，这是人不

---

1. 《自然辩证法》，《马克思恩格斯全集》第 20 卷，1971 年版，第 572 页。
2. 《关于费尔巴哈的提纲》，《马克思恩格斯选集》第 1 卷，1972 年版，第 18 页。

同于物（动物自然存在）、人的实践不同于动物的活动的关键。仅从感觉经验出发研究人的认识问题，实际上只是从人的自然生物存在出发，这是马克思主义以前的旧唯物主义。现代许多主观唯心主义也是从感觉知觉或所谓"经验"或"可观察的经验陈述"出发，把它们看作最后的"事实"，当作认识的起点，实际仍不能对人的认识与动物的认识做本质的区分。必须从社会实践出发，不离开人的社会性去观察、认识问题，指明认识对社会实践的历史具体的依存关系，包括指出人的感觉知觉的形成发展是整个人类实践的历史产物。从感觉材料或"经验陈述"出发，实际是从个体心理出发，而个体心理从一开始便被制约于整体人类的发展水平。原始人的感知便不同于现代人。康德的先验论之所以比经验论高明，也正在于康德是从整体人类的成果（认识形式）出发，经验论则是从个体心理的感知、经验（认识内容）出发。维特根斯坦以及现代哲学则更多地从语言出发，语言确乎是区别于其他动物的人类整体性的事物，从语言出发比从感知、经验出发要高明得多。但问题在于，语言是人类的最终实在、本体或事实吗？现代西方哲学多半给以肯定的回答，我的回答是否定的。人类的最终实在、本体、事实是人类物质生产的社会实践活动。在这基石上才生长起符号生产（语言是这种符号生产中的主要部分）。当然，语言与社会实践活动的关系是异常复杂的，维特根斯坦也已明确指出，语言是由社会生活和社会性的实践活动所决定，并且是由社会性的语言决定个体的感知，而不是相反。这一切都相当正确，现在的课题是如何从发生学的角度来探讨人类原始的语言—符号活动与社会实践活动（其中又主要是维持集体生存和繁殖的物质生产活动）的关系及其结构。从哲学上说，这也就是，不是从语言（分析哲学），也不是从感觉（心理学），而应从实践（人类学）出发来研究人的认识。语言学、心理学应建立在人类学（社会实践的历史总体）的基础上，这才是马克思主义的实践论。真正的感性普遍性和语言普遍性只能建筑在实践的普遍性之上。马克思说："凡是把理论导致神秘主义方面去的神秘东西，都能在人的实践中以及对这个实践的理解中得到合理的解决。"[1] 而只有对实践的普遍性有正确理解，才能解决康德提出的"先天综合判断"，亦即理性和语言的普遍性问题。

世上事物本没有什么绝对的普遍必然，那只是一种僵化观念。康德当年心目中的那些所谓普遍必然的科学知识，也都是相对真理，只是在人类社会实践的一定水平的意义上具有普遍必然的客观有效性。这个有效性随着人类社会实践的不断发展而不断扩大、缩小、修改、变更。[2] 由欧几里德几何到各种非欧几何，由牛顿力学到爱因斯坦相对论和量子力学，都说明康德当年看作普遍必然、一成不变、绝对适用的科学真理，很明显地只适用于一定的范围和条件、时期之内，只在这个限度内具有普遍必然性。可见，所谓"普遍必然"，在根本上决定于人类社会实践在一定

---

1. 《关于费尔巴哈的提纲》，《马克思恩格斯选集》第 1 卷，1972 年版，第 18 页。
2. 科纳（S. Körner）也认为并没有绝对的"先天综合"，它们是随科学进步而成为相对的（《康德》第 1 章）。分析哲学从语言的角度也强调凡经验命题（科学知识）均有可假性。

历史时期内所达到的一定水平、范围或限度，无不打上了社会性的烙印。这种社会性是客观社会性，因为它不是来自人们主观观念的联想，不是某种人为的约定，不是先验的规范，而是来自作为主体的人类社会实践的客观性的物质活动。这不是说客观自然界的种种规律（如力学、生物学等所揭示的）是人类实践所创造的；客观自然及其规律的存在并不依存于人类社会和实践，但它们为社会实践所发现、所掌握、所利用、所认识，它们在一定时期、一定范围内的所谓普遍必然的客观有效性，是由社会实践所提供、所开辟、所证实的。正是社会实践，最后通过技术与工艺，将繁复多样、变化多端的自然界的各种外表现象（很少普遍必然），与其相对稳定的本质规律（更多一些普遍必然）逐渐区别开来，从前者中将后者逐渐抽取出来，再运用于广大的对象和领域。皮亚杰从发生认识论论证了认识的普遍性与客观性同动作的社会协调密切相关，没有后者也就没有前者。所谓普遍必然性的逻辑思维也以社会生活中的协同动作为前提。我上面所说的，只是从人类历史总体的宏观角度来替代皮亚杰的发生认识论的心理学的微观角度罢了。而随着社会实践水平的不断提高，所掌握、所认识、所抽取的，也就愈来愈具有更大的普遍必然的客观有效性。所以，所谓普遍必然性便无不包含着一种特定的客观社会性质。这种社会性质正是一定时期社会实践的理论尺度。而所谓社会实践，首先和基本的便是以使用工具和制造工具（这里讲的工具是指物质工具，例如从原始石斧到航天飞机，也包括能源——从火到核能）为核心和标志的社会生产劳动，最后集中表现为近代科学实验在认识论上的直接的先锋作用。有如大家所熟知，先有古代测量土地等实践，而后有欧几里德的几何；先有资本主义工场手工业以及各种简单机械的使用等实践，而后有牛顿力学和当时的数学；先有近代工业和巨大规模的科学实验，而后有各种非欧几何、相对论、量子力学和基本粒子的理论。另外，这种种科学理论又不断地转变为日新月异的技术和工具，转变为直接的社会生产力。

包括康德哲学认识论中突出的所谓"向自然立法"的著名思想，仍然是当时科学实验的新特征的反映。自伽利略以来，科学家普遍运用主动的实验向自然提出问题，使自然做出回答，以检验、修正和发展所提出的假说和理论，而不是简单地观察、描述和归纳。康德自己对这一点是非常明白的。在《纯粹理性批判》第 2 版序言中，康德说："当伽利略把他的圆球在他选定的重力作用下沿斜面滚下时，或当托里拆利使空气携载与他事先已知的水柱的重量相等的重量时，或当更近时期斯托尔以撤去金属中的某成分而保存某物的方法，使金属变为石灰，石灰又变为金属时，一线光明就为所有自然的研究者打开了。他们认识到，理性所能洞察的只是它根据自己的计划所产生的，又认识到，理性必须不让自己好像由自然用绳子牵着走，而必须以建立在一定法则上的判断原理展示自己的途径，强迫自然回答理性规定的问题。偶然的观察，不是服从于事先思想好的计划，就不会有必然规律的联系，而这种规律却是理性所追求的和所需要的。理性，一手带着原理，只有与此原理一致的现象，才能看作规律；一手抓住实验，这种实验是依据这些原理设计的，它去接近自然是为了受自然的教诲，但这种受教并不像学生那样事事坐听教师所讲，而应如法官一样，强迫证人回答他所提出的问题。"[1]

正是在近代科学实验的基础上，由自然科学方法论所展示出来的这种人的认识的主观能动性，才可能产生康德这种所谓"向自然立法"的哲学思想。为康德强调的这一特征，到现代已愈来愈突出、愈重要，这又正是以规模空前的工业技术和科学实验等社会实践为根本基础的。

可见，科学方法论本身也是被制约于一定社会发展水平的。波普尔的强调理论假说的证伪法，以及库恩（T. Kuhn）强调的反量的积累的科学范式（paradigm），都只能产生在已经累积了不少知识，已经可以摆脱一般经验的现代科学水平下。正如培根的归纳法只能产生在冲破中世纪的愚昧教条，科学真正开始面向经验世界的时代一样。所以前者才着重于去伪，在排去伪说的同时，科学理论不断前进；而后者强调存真，在经验知识的获得中不断接近真理。库恩曾说，"大量科学知识是最近四个世纪的欧洲产物"[2]，倒正好说明了这点。所以他们都强调科学不是从观察—感知开始，感知、材料、观察都是在假说理论或观念的指导下选择的结果，而后者当然又与一定的社会生活和观念相联系。

这里强调科学的普遍必然性（自然科学的真理）与客观社会

---

1. 《纯粹理性批判》Bxiii，参看蓝译本，第10—11页。
2. 库恩：《科学革命的结构》第13章。

性（人类历史）的联系，并不意味否认科学发展的内部逻辑。科学分化得愈专门、愈特定，就愈不需要依靠包括社会在内的外在的动力，数学和现代理论物理等便是证明。所以，这里所强调的都只是就其最本源的情况而说的。

五 "综合"是改造对象

所谓"分析"与"综合"，也应从这个观点来理解。分析与综合本是相对的，不能截然区分和对立，如逻辑实证论那样。[1] 严格的分析命题在现实思维中是少见的。康德本人就把分析判断分为两类：一类是同语反复，一类则是宾词（述语）澄清主词，认为后者大有益于思维，因为思维通过分析才能清晰明了，主词中暗含的意义在宾词中明显表示出来。[2] 恩格斯也说："同一性自身包含着差异性，这一事实在每一个命题中都表现出来，在这里述语是必须和主语不同的。百合花是一种植物，玫瑰花是红的，这里不论是在主语中或是在述语中，总有点什么东西是述语或主语所包括不了的。"[3] 这些都说明，纯粹所谓同语反复的分析在现实语言中也是罕见的。

---

1. 蒯因等人已反对这种严格区分，可参看蒯因《经验论的两个教条》一文。
2. 参看康德：《逻辑讲义》§37。
3. 《自然辩证法》，《马克思恩格斯全集》第 20 卷，1971 年版，第 557 页。

"综合"与"分析"的区别,在整个康德哲学中占有突出的地位。所谓"综合的统一"不同于"分析的统一",所谓综合在认识过程中比分析远为根本和重要,这些论点都与康德哲学的核心直接相关(参看后各章)。"分析判断""分析的统一""分析法""分析"各词并不相同或相等(例如康德说,"分析法和分析命题根本不同",它不问知识的分析或综合),但它们毕竟有基本一致之处,综合亦然。康德在七十年代便说:"分析终于简单的部分,综合终于世界。"[1] 在其晚年的《逻辑讲义》中,康德又一再说:"分析命题以其确定性建立在概念(主宾词)的同一性上,而其真理不是依据概念的同一性的叫综合命题。"[2] "分析原理非公理,综合原理有直观,即是公理。"[3] "综合属于把对象搞清楚,分析属于把概念搞清楚。"[4] 康德把"使一个概念明确"与"制造一个明确概念"严格区分,前者只是分析,后者则必须有与对象直观有关的综合活动,可见综合判断在这一意义上亦即等于综合活动[5]。康德把从已知事实出发,去分析、追溯其构成因素的过程,叫"分析法"[6]。例如,从数学、物理学这些既定事实去

---

1. 《论文》。
2. 《逻辑讲义》§36。
3. 同上。
4. 同上书,导论 VIIIc。
5. 与亚里士多德、莱布尼茨认为概念先于判断相反,康德毋宁认为判断(综合)先于概念(分析)。参看本书第四章。
6. 康德的《逻辑讲义》中说,"分析的方法与综合的方法是对立的。前者从既定条件和根据出发,走向原理,后者从原理走向结论,或从简单走向复杂。前者可称为追溯法,后者可称为前进法。分析法又称发现的方法,为了大众化,分析法更适合,但对于科学目的和认识的系统探究,综合法更适合"(§117)。

追溯分析其所谓先验的可能条件（康德说这是《导论》一书的写法）。而从先验的因素条件出发，去逐步建立已知的事实，如从时空、范畴开始探求数学、物理学的可能，叫作"综合法"（康德说这是《纯粹理性批判》一书的写法）。康德在认识论上和方法论上都是十分强调思维、逻辑综合功能的，它是康德的中心议题之一。但是康德虽然讲了那么多分析、综合，却始终没有把它们讲清楚，特别是没有把综合为什么比分析更根本、更重要讲清楚，许多康德的研究注释家也同样如此。在马克思主义哲学基础上，如何正确理解康德所提出的"综合"，成为了解康德哲学认识论的一大关键。我认为，康德强调分析判断与综合判断的区分，主要不在一般形式逻辑的意义上或主宾词的形式关系上，即不在判断的形式，而在判断的内容，在思维是否涉及现实，即思维与存在的关系这个哲学基本问题上。康德通过这两类判断的划分，实际是总结了他在前批判期关于逻辑不等于现实的观点（参看本书第一章），这构成了他的批判哲学的核心要点。但是，逻辑与现实的转化、逻辑与历史的一致，则是康德远未能触及的。马克思指出，研究政治经济学有两种方法，在第一种方法里，"完整的表象蒸发为抽象的规定"，在第二种方法里，"抽象的规定在思维的道路上复制为具体的事物"；"后一种显然是科学上正确的方法。具体之所以具体，因为它是许多规定的综合，因而是多样性的统一。因此它在思维中表现为综合的过程，表现为结果，而不是表现为起点，虽然它是现实中的起点，因而也是直观和表象的起点"[1]。这正是"分析法"与"综合法"的某种规定和解说。由抽象到具体，不是现实的过程，现实的具体事物不是由抽象的精神、观念所产生出来的，黑格尔把康德的这种思维方法发展为本体论，是错误的。马克思说，"黑格尔之所以陷入错觉，是因为他把实在事物理解为在自身中自我综合、在自身中自我深化而且自动运动的思维的结果"。[2]但重要的是，由简单到复杂这种方法却体现了逻辑与历史的一致。"从最简单的事物上升到复杂事物这种抽象的思维过程，符合现实的历史过程。"[3]分析法可说是从感知的具体走向逻辑的抽象，把现实事物或对象分解、拆散；综合法可说是从逻辑的抽象走向现实的具体，它在思维里复制历史的行程。如马克思所说，在思想中，具体表现为综合即概括或总集（zusammenfassen）。这正是逻辑与历史的一致，所以它"显然是科学上正确的方法"[4]。而"综合法"之所以能够不断展开和发展为具体，"综合判断"之所以能获得新的知识，"综合"之所以比"分析"更为重要、更为根本，原因在于：它反映了实践在现实活动中改造对象，消化对象，打破旧关系，建立新关系，造成不断由简单到复杂的历史行程。这正是它能在思想中扩大认识的基础，的确不同于以遵循形式逻辑为轴心的分析判断。因之，可以说，"综合"在根本上是实践活动的本性，是"吃掉对象、消化对象"

---

1. 《政治经济学批判》导言，《马克思恩格斯选集》第2卷，1974年版，第103页。
2. 同上。
3. 同上书，第105页。
4. 同上。

（毛泽东）的行动的逻辑。[1] 用这种方法在科学中将问题研究完毕并表述出来，就好像是种先验的方式了："材料的生命一经观念地反映出来，看起来我们就好像是先验地处理一个结构了。"[2] 这才是康德强调各种"综合""综合法"的真实意义[3]，虽然康德本人并未意识到。

这一点，是了解康德哲学和了解康德强调"综合"在认识中重要作用的关键。

综上所述，我们认为社会实践才是所谓具有普遍必然性的"先天综合判断"的基础，因之，应该批判康德的先验论。与此相反，逻辑实证论等现代资产阶级哲学则恰恰从对立的方面来批判康德。他们批判的不是"先天"，而是"综合"。他们强调"分析命题"与"综合命题"截然二分，以否定康德的"先天综合判断"，或把康德的"先天综合判断"说成分析判断。以罗素为代表的逻辑主义，则特别以数学为基地，针对康德的先天综合，提出了激烈的批判。他们坚决否认数学的本性是"先天综合"。数学本质问题成了哲学论争的场所，这也不奇怪，因为康德所凸显出来的数学本质问题是一个具有深刻意义的哲学问题。数学在现代科学、工业、技术中越来越起着巨大的实际作用，它作为强

---

1. 毛泽东是从中国解放战争的形势说的。现代大工业倒以更形象的方式，表现了这种吃掉、消化对象，产出产品的实践综合的巨大力量。
2. 《资本论》第 1 卷，第 2 版跋，《马克思恩格斯选集》第 2 卷，1974 年版，第 217 页。
3. 黑格尔关于从抽象到具体讲得不少，参看《逻辑学》中《认识的理念》等部分，可说黑格尔哲学的要点之一就是从抽象到具体。

有力的符号工具，如同物质工具一样，开辟了无限可能的发展前途，日益发挥其在人们认识世界、改造世界中的能动功能，成为哲学认识论所要研究的一个十分重要的对象。下面就这个问题，以康德与罗素两种观点作对立面，探讨一下实践、综合作为认识基础的根本意义。

六　关于数学的本质

康德认为数学不是分析，不能等同于形式逻辑，强调数学与感性有联系[1]，例如手指帮助计数，直观操作产生和改变数量，等等（代数结构、几何结构都包含有直观）。在康德看来，分析判断只有逻辑上的有效性，综合判断则有现实的有效性，前者应以后者为基础，而数学显然有现实的普遍必然的有效性。逻辑主义者则认为数学就是逻辑，弗雷格（Frege）将数字1、2、3之类以及"+"等符号一概由逻辑定义或由逻辑演绎出来。罗素企图把全部数学还原为几个逻辑命题的系统推演。这对数学本身和逻辑固然都是重要的贡献，在方法论上也有巨大意义，如形式化、系统化、逻辑和数学的交融等，但它的哲学倾向则是谬误的。罗素说，"有些人说，数学的对象显然不是主观的，所以一定是物理

1.　参看《纯粹理性批判》中"反省概念的含混"一节中对莱布尼茨的批评，它指出数量的同异不是概念的同异，它与感官有联系，而非形式逻辑所能证明，等等。

的及经验的；另一些人说数学显然不是物理的，所以一定是主观的及心理的。就他们所否认的而言，双方都对，但就他们所断言的而言，双方都错。弗雷格的优点在于承认双方所否认之点，并承认逻辑的世界并非心理的，也非物理的，从而找到了第三种论断"[1]，即把数看成既非客观物理也非主观心理，而是超感知的逻辑关系，例如自然数是类的类，等等。说"第三种论断"并不错，我认为也是"第三种论断"。但他这个"第三种"是要求数学与感性现实在根源上完全脱离，是种纯形式的逻辑语言关系。并且，这种关系最终得归结为约定的同语反复，是"记录我们在一定方式中使用语词的决定"[2]，即使用语言符号的文法规则，或者"一个数学命题实际上是符号操作的一种规则"[3]，即一种计算规则。总之，他们认为这是人为的分析命题，与现实经验毫无关系。但是，把数学归结为逻辑是不行的。例如，无穷公理本不属逻辑，但如果没有这条公理，罗素的《数学原理》就搞不成。从哲学上看，这可说是从康德倒退到休谟（休谟早认为数学与经验科学相反，是纯粹的分析判断），在数学上，则不过是坚持莱布尼茨的观点。康德反对休谟，也反对莱布尼茨认为矛盾律和定义能规定数学，认为数学例如几何的基本公理便不能由形式逻辑来保证，

---

1. 罗素（B. Russell）：《我们关于外在世界的认识》。罗素在《人的知识——它的范围和限度》中虽终于承认科学推论的一些前提是不能从经验中得来的"设定"，而把它们归结为生物学或心理学的，但这仍然是休谟而非康德。

2. 艾耶尔（A.J.Ayer）：《语言、真理与逻辑》。

3. 转引自伽斯金（A. T. Gasking）：《数学与世界观》，见贝纳塞拉夫（P. Benacerraf）与普特南（H. Putnam）编《数学哲学选集》。

而与感性有关。这比休谟要高明。正如受康德影响的现代数学中的形式主义比受休谟影响的逻辑主义要高明一样，形式主义的首要人物希尔伯特（Hilbert）说，"我们是和……康德一致的。康德早已告诉我们（而且这是他的学说的主要组成部分之一），数学有其与逻辑无关的可靠内容，因之不能只靠逻辑建立起来"[1]。康德强调了数学与感性现实的关系，但把这种关系说成时空先验直观（参看下章）。现代数学中的直觉主义继承了康德这个方向，例如把数与时间先于直观而直接连在一起。[2]

逻辑主义把数学（公理）归结为约定或同语反复，这比直觉主义远为错误。[3]约定和同语反复本身便需要解释。为何需要这种约定和如何约定，归根到底还是要依靠实践经验来决定，否则约定将是一种神秘的结构。把数学归结为几个逻辑的原始概念和几条不能证明或无须证明的原始命题，也是如此。不能证明和无须证明的命题（或公理）本身便是一个巨大的疑问。哥德尔（K. Gödel）定理证明，任何相当丰富的无矛盾性的公理系统总有一个真的命题不能从本系统得到证明，这正是对逻

---

1. 希尔伯特：《论无穷》。
2. 直觉主义比逻辑主义和形式主义在所谓数学哲学三大派中更接近真理一些。例如，布劳威尔（Brower）认为构造在数学中有巨大的本质意义，以及数与社会有关、因果与先后（时间）有关，等等。但他遵循康德，把数的基础归结为时间顺序的感知，从时间意识中推导出自然数，仍是唯心主义。
3. 在这里，形式主义把数学当作一种无矛盾性的游戏，可说是同一倾向的错误。柯亨（Paul J. Cohen）说，"根据形式主义观点，数学必须被看作纸上符号的纯形式游戏，只要求这种游戏满足不导致不一致性即可"（《集合论和连续统假设》导论）。这与逻辑主义便有相当接近之处了。罗宾逊（Robinson）也如此，而希尔伯特并不如此。现代真正极端的形式主义比希尔伯特离康德是更远了。

辑主义的致命的当头一棒。哥德尔有句话很有意思："它们（指
"支配数学的那个'给予的'东西"）也可能代表客观实在的一
个方面。但是与感觉相反，它们在我们内部的出现，也许是由
于我们自身和实在之间的另一种关系。"[1] 哥德尔的说法非常模
糊和晦涩，这"另一种关系"是什么，哥德尔没有回答，但它
表现了某些数学家企图去寻找数学的现实本性的愿望或倾向。
哥德尔宣称自己是柏拉图主义，与罗素等人的逻辑主义的唯心
主义很不同。

$2+2=4$，$7+5=12$……这种到处适用的数学（算术）本质究竟
是什么？是先验演绎（分析）吗？休谟、罗素的道路是错误的。
是经验归纳吗？约翰·穆勒从经验世界的归纳以及今天的新黑
格尔主义者如布兰夏德（Brand Blanshard）企图从设定（算术之有
意义在于世界中有可以分开的对象）[2] 来探求，也是徒劳，因为从
对象事物的归纳中得不出普遍适用、必然有效的数学，从感觉、
静观根本不可能了解数学的本性。同时，它也不在于康德所认为
的先验直观。

数学不是逻辑，它与感性有关，但不是与康德的感性先验直
观有关，而是与人类的感性实践有关。有如黑格尔所说，数学的

---

1. 哥德尔：《什么是康托尔连续统问题》，引自《数学哲学选集》。此外，贝特（Beth）的某些
   看法（也很含混）亦可注意，如他认为数学要素中包含由原始感性经验产生出来的"第二
   性对象"问题，实即感性对象间的超感知（理性）的关系作为数学要素的问题（见他的《数
   学思想》，1965 年）。
2. 布兰夏德：《理性与分析》第 10 章。

抽象仍然是感性的[1]，但这个感性主要不是感性对象，而首先是感性活动，其根源早在人类原始社会的实践活动之中。与新康德主义者卡西尔把数说成"思维的原始动作"[2]恰好相反，我以为，数的根源在于人类实践的原始动作，即在以使用和制造工具为根本特征的劳动活动的原始操作中。数学的根源首先不在对外在感性事物的归纳，而在对主体感性活动的抽象。数学的纯粹的量等基本形式不是从归纳外在事物而来，而是从抽象主体活动而来。它所反映的客观实在的方面，不是我们与外界世界的静观感觉关系，而是为哥德尔所模糊感到的所谓"另一种关系"，即通过人类社会的最原始、最基本的一些实践活动（主要是劳动操作）的感性形式和关系，所揭示出来的客观世界包括数量在内的某些结构。我们规定 1+1=2，1+1+1=3，表面看来似乎是分析（定义），如罗素所认为；但它实质上是综合，起源于对原始实践活动——例如计数的规定和描述。此外，对操作本身的可分离性、可结合性、可逆性、恒等性、对称性、无穷进行……的运用和把握等也如此。这种种活动最初是对某些实物的实际操作，其后才衍化为符号的操作，而所有这些操作当时大体上是采取巫术礼仪的神秘形式出现的。数学之所以不只是认识现实事物或对象，它之所以主要是一种认识的手段，具有某种超具体时空和非经验因的形

---

1. 例如，黑格尔论几何学："综合方法的光辉范例是几何学……这个抽象的对象另一方面又还是空间，一个非感性的感性的东西——直观被提高为自己的抽象——这个直观是直观的形式，但还是直观"（《逻辑学》中译本下卷，商务印书馆，1976 年版，第 516 页）。

2. 卡西尔：《实体与功能》第 1 章。

式特征，而与所有以经验事物为对象的科学大不相同（后者总需要以观察、实验为基础，前者的无矛盾性便是它的保证），其根本原因也就在这里。所以，数学是人所有的特种认识工具和符号语言，如同人的物质工具一样，但它以最纯粹的形式体现了人的认识的主观能动性。这种认识能动性，从哲学上看，又仍然是人类的实践能动性的高度的抽象化。数学的原始概念应从这里去考虑和研究，数学的构造本性也应从这里来理解。因之，数学的普遍必然，从根源上讲，是抽象化了的实践活动（劳动操作）形式本身的普遍必然。[1] 在我们的实践（包括现代的天文观测）所达到的任何宏观世界或微观世界中，不管它们独特的经验环境如何，2+2=4、7+5=12 仍然有效，原因就在这里。数学之所以能作为人类认识世界、改造世界的强大工具（现代科学广泛运用数学所获得的巨大成就不断证实着这一点），体现出人的认识能动性的显著特征，其哲学上的道理也在这里。莱布尼茨说，数学是上帝的语言；其实，数学是人类的骄傲。

如果分析一下充分体现数学本质的所谓最简单的"纯粹数学"，便可发现，它基本上是由两个成分组成的：一个成分是形式逻辑的不矛盾律（同一律）等，另一个成分是加（+）、减（－）、等于（=）、自然数等。这两个成分和两个方面都是人类社会原始

---

1. 例如，"无穷"并不是指现实世界的事物、对象的无穷（无论是无穷大、无穷小），而首先是意味人（人类）能无穷地（只要人类存在）把操作继续进行下去，它终于反映在人类思维中，成为数学的一个不可或缺的基本概念。而人类所以能无穷地进行操作，又正是由于相信包括人的宇宙客观世界是无穷的，所以无穷这一数学概念又可以适用于客观世界。

劳动操作（实践）的反映。例如，加（+）、减（－）、等于（=）、
"无穷"等，来源于原始劳动操作的合、分、可逆、恒等、对称、
进行的无限可能性等最基本的形式。自然数在根本起源上，是由
劳动操作中产生和把握的抽象的量的同一性（所谓"纯粹的量"）
发展而来。对上述操作形式、结构、量的同一性等的把握，是人
类认识的一个极大飞跃；从此，世界开始被人类从量和关系的高
度抽象的形式、结构方面精确认识。在这基础上，联结人类对感
性世界所产生的自由直观能力，人们不断创造出自由的、理想化
的构造关系、结构的能动观念和系统（大多远离现实原型，仿佛
纯粹是从观念世界里推衍出来似的），成为一种认识世界的无比
锐利的工具。正如人不断创造出现实中没有原型的物质工具一样，
数学作为特种符号工具和作为对客观现实结构的建构，这二者的
关系仍是一个值得深入探索的问题。但从根源上说，它是经过漫
长的历史行程，把本是与劳动操作活动有关的形式方面，加以对
象化，并不断抽象和转化为符号操作的一些基本演算规定，如皮
亚杰强调的操作的可逆性（$A + B = B + A$）、守恒性（$A = A$），等
等。（与客观经验对象直接相关的部分则变为逻辑的量词和"属
于"等观念、符号。）数学本性具有这种综合性质，这一点似应
可肯定。数学中形式逻辑的成分，以及形式逻辑本身，其本质则
是原始劳动操作本身所要求的相对稳定性，如这样做就不这样做
（$A \neq \overline{A}$），等等。它们也是经过漫长的历史行程，由实践动作所
要求的相对稳定性，通过"自觉注意"这一人所特有的重要心理
功能（参看本书第四章），转化为语言、思维所要求的概念、语词

的相对稳定性，以致似乎成了思维的"本性"、语言"自身"的规律。[1] 这个转换的抽象提升的过程，又正是通过社会的强制（最初由原始的巫术礼仪来保证和集中化，如巫术中的一定的步法、手法、姿态、咒语、次数、序列等，都是极为严格的）而达到的。我以为，原始社会的人们对主体实践活动的同一性的严格要求，首先表现为一种从巫术礼仪到道德伦理的社会指令，表现为礼仪、道德必要性。正是通过这种意识形态的强有力的活动，原始人群那种混沌不清、是非同一、梦幻般的先逻辑思维阶段才能逐渐摆脱，而过渡到以遵守概念的同一性为特征的逻辑思维阶段。这是一个极为漫长的历史行程。这个行程的成果最后才构成了数学的分析方面。总之，原始实践劳动操作活动的结构和形式特性，在漫长的时间中，抽象、提取、内化、构建为语言、思维、逻辑、数学的本性，使它们具有了所谓普遍必然性。

可见，数学不是先天分析（休谟、逻辑实证论），不是一般的经验归纳（穆勒），也不是"先天综合"（康德），而是以实践为基础、以综合为本性的分析与综合的统一。计算机的出现使某些分析部分如证明可交给机器，将更突出数学的综合——发现、发

---

1. 在形式逻辑基本规律的争论中，一派主张它们只是思维、语言的天生本性，另一派主张它们是客观世界的相对稳定性的反映。前一派是唯心主义，后一派是静观的唯物主义。我认为，客观世界的相对稳定性只有通过实践活动本身所要求的相对稳定性，才可能反映为思维的基本规律。缺少这个能动的中介，不可能理解作为思维形式和结构的形式逻辑基本规律是如何得来的。至于实践要求的相对稳定性终于变为思维规律，又得经过某种整体的原始社会意识形态的狂热活动（如礼仪巫术）才可能固定和形成。这一点甚为重要，是应该深入研究的。

明的本性。当代数学哲学中的经验主义思潮是值得注意的。

如上面所不断提到的，我以为，在现代文献中，关于这个问题最值得注意的是皮亚杰的一些观点。这位心理学家以对儿童心理的大量实验做例证，反对逻辑实证论，认为逻辑不能从语言中来；也反对了乔姆斯基，认为逻辑不是什么内在的理性深层结构；他强调逻辑和数学都只能从原始动作中得来。"不是从所动作的对象抽象，而是从动作自身抽象。我认为这就是逻辑和数学抽象的基础。"[1] 他区分出两种动作，指出"所有这些协作形式在逻辑结构中都有其相平行者，动作水平的这种协同动作，就是以后思想中的逻辑结构的基础"[2]。他从儿童心理角度指出布尔巴基（Bourbaki）的三个"母体结构"都来自感知运动的协作[3] 等，都是很有哲学价值的。这种所谓协作结构正是一种"综合"，可逆、次序、拓扑、交换律、联合律……这些数学基本形式特征，正是这种协同操作特征的抽象提取。皮亚杰强调动作、操作形式，就比用感知经验或语言作为根本来解说一切的逻辑实证论者（经验论）和用理性内在结构来解说语言的乔姆斯基（唯理论）要胜过一筹。可惜的是，尽管他从心理学看出动作、操作在形成人的逻辑思维和原始数学观念过程中的基础作用，却不能从人类学的社会历史整体进程中来说明它们，从而对动作、操作进行了离开作为历史总体的

---

1. 皮亚杰：《发生认识论》第 1 讲。
2. 同上。
3. 皮亚杰：《结构主义》第 2 章。

社会实践这个根本要点的解说。具体地说，他没有充分注意使用工具在操作、动作中的巨大意义和特性，工具作为中介所带来的客观世界的因果规律性的联结和渗入等，从而不可避免地在一定程度上归宿于生物机制，有意无意地冲淡了人的认识能动性与动物的根本区别，忽视了强制教育对人类特别是对儿童的巨大作用。

实用主义者也用实践观点来批判康德。他们也讲工具、操作、实践等，认为认识是主体与境遇（situation）的相互关系，思维实质上是动作活动，而概念不过是一组操作的规定［如操作主义者布里奇曼（Bridgman）］。杜威说，"法则乃是经由操作……去决定的工具"[1]，逻辑是实验的探究活动将混沌的质料构造出知识来；刘易斯（C. I. Lewis）说，"一个客观事实意味着通过我们的活动而可实现的经验的特定可能性"[2]；等等。他们用所谓实践操作代替康德的先验形式，认为它作用于对象以构成知识。但是，实用主义所讲的实践、操作等，从根本上讲，并不是历史具体的人类社会实践，而是适应环境的生物性的活动。实用主义虽强调工具的重要地位和作用，但讲的工具却是包罗万象的东西，他们把理知、思维也当作工具。这就恰恰掩盖了人类使用和创造物质工具的历史性的意义，忽视了物质性的劳动操作活动（物质生产）在人类起源和社会发展中的基础意义，没有把握住人的现实感性活动的本质所在。人是通过使用和创造物质工具的实践活动而掌握、利

---

1. 杜威：《逻辑》。
2. 刘易斯：《知识和价值的分析》。他也是反对康德的"先天综合"的。

用客观世界的规律，并将其逐渐建构到思维中来的。[1]实用主义在工具的旗号下，把物质工具同思维工具、实践活动与理知符号活动混为一谈，没有认识到物质工具对实践的本质规定意义。

作为实证主义的一个派别，与其他派别把一切认识归结为感觉材料一样，他们最终也是把"先天综合判断"归结为生物反应。马克思主义实践论与此相反，恰恰是要承认和强调人类的实践活动的超生物性质，这样，才可能使人的认识有超生物的性质。这种超生物性质首先是通过使用和制造工具才获得的，正是这种劳动活动（实践）使猿变成人。

另外，康德承认不依存于人的"物自体"，实用主义却根本否认外界物质世界的客观独立存在，当然更不把实践看作符合客观世界规律和掌握这些规律的活动。他们讲的实践，不过是对一堆混沌的感觉加以主观随意的整理构造而已，因之并不承认有所谓普遍必然的客观规律和综合活动。所以，虽然大讲实践、操作、工具，作为实证论的嫡系，其与马克思主义实践论仍然是很不相同的。

总括起来说，从马克思主义实践论出发来批判康德，一方面是要与用机械唯物主义的观点（单纯强调意识反映存在）来批判康德划清界限。列宁早就指出，"要义二则：1.普列汉诺夫批判康德主义（以及一般不可知论）多半是从庸俗唯物主义的观点出发，而很少从辩证唯物主义的观点出发，因为他只是不疼不痒地驳斥它们的议论，而没有纠正（像黑格尔纠正康德那样）这些议

---

1. 参看本书第四章。

论，没有加深、概括、扩大它们，没有指出一切的和任何的概念的联系和转化。2. 马克思主义者们（在二十世纪初）批判康德主义者和休谟主义者多半是根据费尔巴哈的观点（和根据毕希纳的观点），而很少根据黑格尔的观点"[1]。这就是说，应该像黑格尔那样注意康德提出的认识能动性和辩证法等重要问题。首先便应该阐明人的认识能动性的唯物主义根源问题，而不只是简单地"驳斥"康德不符合唯物主义而已。也就是说，在认识论方面要注意研究人的主观能动性问题，不能停留或倒退到"能动性竟让唯心主义发展了"（马克思）之前的旧立场上去。但另一方面，强调人的实践和认识的主观能动性，又不能走向否定社会实践的客观历史性质，走向主观约定或生物适应环境式的实用主义。[2]

应当"纠正、加深、概括、扩大"康德的论点。所谓"纠正"在这里就是把康德所强调的普遍必然性问题放在具有一定客观社会性的人类整体历史的基础上来考察。即使是自然科学，也要和社会历史联结起来。例如，似乎与社会生活和经验世界毫无干系的独立自主的真理形式（如数学），其最终根源也仍在社会实践的最初的基本形式——原始操作活动中。如同物质生产—劳动操作展现了人类实践的能动性一样，符号操作—数学构造正好展现着人类所特

---

1. 《哲学笔记》，1974 年版，第 190—191 页。
2. 在康德研究注释者那里，也向来有两种倾向。主要的倾向是把康德完全拉向唯心主义，把人的主观能动性完全说成精神的力量。也有人企图做实在论的解释，最早如里尔（A. Riehl），但最多仍只能到达旧唯物主义的水平。总之，不懂人的实践能动性，也就不能解释康德提出的认识能动性。

有的认识能动性，而这种能动性便正是人类主体性的文化—心理结构的一个重要方面，即人类的文化—智力结构中的一个基本因素。从心理学上讲，它也正是由实践—操作而来，就是对社会实践活动的一种"反映"。这才是我所理解的马克思主义的"能动的反映论"——人类学本体论的实践哲学。可见，本书所讲的"人类的""人类学""人类学本体论"，就完全不是西方的哲学人类学之类的离开具体的历史社会的或生物学的含义，恰恰相反，这里强调的正是作为社会实践的历史总体的人类发展的具体行程。它是超生物族类的社会存在。所谓"主体性"，也是这个意思。人类主体性展现为物质现实的社会实践活动（物质生产活动是核心），这是主体性的客观方面即工艺—社会结构亦即社会存在方面、基础的方面。同时，主体性也包括社会意识亦即文化—心理结构的主观方面。从而，这里讲的主体性心理结构也主要不是个体主观的意识、情感、欲望等，而恰恰首先是指作为人类集体的历史成果的精神文化——智力结构、伦理意识、审美享受。研究康德哲学正应该把康德说成先验形式的认识范畴、纯粹直观、绝对命令、审美共通感等还以本来面目，即给予它们以社会历史的具体根源及其具体发展过程，这就是研究人类学本体论和主体性问题的一个（也只是一个）重要方面。同时，这也是我们对于康德的绪论所想要"纠正"和"加深"的。

第三章

认识论（二）：空间与时间

　　康德的认识论从感性讲起。《纯粹理性批判》第 1 篇是"先验感性论"。一开头，康德对直观、感性、感觉、质料、形式等基本概念做了一系列的规定和说明。这些规定、说明以及以后的使用，都非常模糊含混，错杂不清。上章已指出这点。例如，"对象"这个词，在康德这本书里到处出现，是涉及许多问题的重要概念。他使用了"Objekt"与"Gegenstand"这两个同义词，但使用时并不严格，"Objekt"本指可离开我们的感觉意识而存在的客体，却时而又指我们感觉意识中的客观内容，即经过我们感知整理后出现的现象"对象"。在"先验感性论"开头的同一语句中，前后的含义就有了这种变化。[1] 关于感觉、感性等基本概念，也几

1.　康浦·斯密："在句子的前部分，对象是指直观的对象；在句子的后部分，它是指直观的原因。按康德的见解，这二者不能是同一的。影响人心的对象是独立地存在着的，直观的直接对

乎无不如此。值得注意的是，恰恰在这样一些关键性的概念、词汇上含混多义，并且一开头便如此，这表明它不是偶然的疏忽，而是康德哲学的特征在具体细节上的自然流露。这种情况也便于某些康德哲学的研究注释者从开头就突出这些词汇和规定中的唯心主义方面，例如认为康德的所谓"对象""经验""感性"都只是人们主观意识的产物或成果。

一　时、空是所谓"感性直观形式"

康德认识论的基本观点是物自体提供感性材料，主体自我提供认识形式，表现在"感性论"里就是：一方面，独立于我们意识之外的客观对象提供经验的感觉材料、印象、质料；另一方面，我们主体具有整理这些材料的先验的感性直观形式，即空间与时间。没有前一方面，时、空作为纯粹的直观形式无法存在；没有后一方面，即没有先验的时、空直观形式，人们的感觉只是一团杂多的混沌，并不能产生任何的感性知觉。康德说："通过

（接上页）象是一种感性的内容……可见对象这一个词，在同一个句子里，就有两个完全不同的含义。"（《康德〈纯粹理性批判〉释义》，1918 年伦敦版，第 80 页）帕顿说："例如，'对象'一词被康德至少在四种含义上使用……它用于物自体，也用于现象。并且，现象对象是由感觉给予的材料和思想赋予的形式所构成，康德把它们都叫作对象……因之，他可以说，对象是不可知的，又是可知的；对象是不依存于我们的思想而被给予的；没有对象能不依存于思想。"（《康德的经验形而上学》第 1 卷导论 §9）"情况无疑是复杂的，无论对康德或康德的解释者都太复杂了，以致很难每次都重复'对象'一词的用法。"（同上书，第 17 章注）又参看普里查德《康德的认识理论》，第 15 页等。

我们被对象所激动这种方式来获得表象的能力（接受性），叫作感性。因而，对象是通过感性而被给予我们的……但一切思维必须直接或间接地凭着某种特征最终与直观关联着，因此对我们人类来说，是最终必与感性关联着，因为一个对象不能经由别的方式给予我们。"[1] 另一方面，康德又说，"一般感性直观的纯形式（现象界的杂多在其中以一定关系被直观到），必须先验地在心灵中发现。感性的这种纯形式自身也可以叫作纯直观。从而，如果我从一个物体的表象中抽掉知性对它的思维，如实体、力、可分性等，也抽去属于感觉的东西，如不可入性、硬度、颜色等，那么这个经验直观中还会剩下一些东西，这就是广延和形状。这些属于纯直观"[2]。一方面，人的认识必须由感性开始，必须由客体对象提供刺激即提供感性材料，一切思维归根到底总与感性相联系；但另一方面，即使在经验的感性直观中，也必须由主体心灵提供纯直观作为直观形式[3]，这种纯直观或直观形式是不依存于任何感觉（如不可入、硬、色等）、任何感性材料的，即先验的（a priori）。康德认为，只有这两个方面——主体具有的先验直观形

---

1. 《纯粹理性批判》A19 = B33，参看蓝译本，第 47 页。

2. 同上书，A20—21 = B34—35，第 48 页。

3. 关于"纯直观"与"直观形式"的异同，康德的注释者们曾有大量的议论，如分为进行直观的形式与直观到事物的形式等，即二者是有区别的。但康德又经常将二者混同使用，因为所谓"纯直观"是将感觉因素排除在外，它不是感知（sense perception），但它本身又不能在经验中独立存在，而只能作为经验直观的形式，所以也就是"直观形式"。我们这里也不再做过于细致的区分。又德文"Anschauung"一词并非主动，毋宁含有被动、静观之意，英、法译为"intuition"，中译为直观，均有主动意，不十分精确，故英译有作"perceive"的（如开尔德）。

式与外界提供的感性材料——相结合，才产生现实的即经验的感性直观。这种结合是由前一方面（先验的直观形式）来保证感性认识具有普遍必然的客观有效性质。前一方面是主导的方面。研究这一方面就是研究感性的先验知识的原理。

康德认为，人类的纯直观便是空间与时间。为什么只有这二者？康德说，这无法解答。关于时、空，当时主要有两种看法：一种是牛顿的看法，一种是莱布尼茨的看法。牛顿认为，空间和时间有其独立自存的实在性，它们作为上帝的属性，是无限的和永恒的，不依存于任何对象或人们的主观意识。它们像一个空盒子似的，各种物体都处在其中。莱布尼茨则认为，时、空是一种共存（空间）或连续（时间）的关系或秩序，本身并无实体的存在，这关系是从经验中抽象出来的，在思维中有一种理想的清晰存在。在现实中，它们是模糊的经验表象。它们似乎有独立性，其实并不能离开经验对象。康德认为，这两种看法都不能成立，而又各有其优点。牛顿那种离开物质独立存在的时、空并不存在，因为经验既不能给予、也不能证实这一点。如果按照牛顿的这种观点，那么世上一切事物都毁灭掉，时、空却依然可以存在。这样，时、空就好像是上帝本身了。牛顿就说过："上帝是无时不在和无所不在的，正因为此，他就构成了时间和空间。"[1]但这仍会产生时、空与上帝的关系，以及非物质的实体（如灵魂）存在于时、空何处等虚假问题，这些问题正是神学家们纠缠

---

1. 牛顿：《自然哲学的数学原理》。

不清而为康德所坚决反对的。康德认为，牛顿这种既永恒又无限的时、空实在，乃是一种虚构。但是，牛顿时空观的优点在于，它有无处不在的普遍必然性质，可以作为科学知识的基础。莱布尼茨的时空观便没有这个优点，因为他把时、空归结为事物关系的模糊表象，这样，有关空间的科学（几何）便完全来自经验的概括，只具有经验的相对有效性，不能保证普遍必然，几何学便不可靠了。但莱布尼茨重视时、空与感性的联系，指出它不是实体，而是一种关系和现象，这又是优点。长期以来，康德摇摆在牛顿与莱布尼茨两种看法之间，企图调和它们，几经反复，最后才提出了时、空是人类感性直观形式的新看法。

康德说："空间和时间是什么呢？它们是真实的存在吗？它们只是事物的关系或规定，即使它们不被直观也依然属于事物吗？或者空间与时间只属于直观的形式，从而只属于我们心灵的主观构造，离开了这，它们就不能归于任何事物吗？"[1]第一种是牛顿的观点，第二种是莱布尼茨的观点，第三种是康德自己的观点。康德这种观点是把时、空作为人类感知世界的主观把握方式：它不能得自经验，反而是构成一切感性经验的前提条件；它不能独立自存，却普遍必然地存在于一切感性经验之中。

康德对此作了一系列的"阐明"，分为"形而上学的阐明"和"先验的阐明"两部分。所谓"形而上学的阐明"，是要阐明时、空的形而上学性质，即时、空不是经验的，而是先验（a priori）

---

1. 《纯粹理性批判》A23 = B37—38，参看蓝译本，第 49 页。

的，即不依存于经验的。所谓"先验的（transzendental）阐明"，是要阐明时、空应用于经验时为何具有普遍必然的客观有效性。康德提出了四种所谓"形而上学的阐明"（初版是五种，第 2 版将其中一种并入"先验的阐明"）。这四种阐明又可分为两个部分：第一、第二个"阐明"是否定时、空为经验表象[1]，肯定它们是先验的。第三、第四个"阐明"（在时间是第四、第五）是指出时、空乃直观，而非概念。（康德也承认有时、空的概念，但认为应将其与时、空的直观区别，前者是经验的抽象。）

第一，康德说，"空间不是一个从外部经验得出来的经验概念"[2]。这是说，空间表象并不是知觉到事物占有与我不同的空间，即从对事物各个占有不同空间的并列关系的感知中抽取出来的经验表象。康德认为事情刚好相反，对任何事物在我之外的经验感知（并列关系的感知），都必须先以一个整体空间表象为前提，如感知甲与乙，必先有一个空间使并列成为可能。这也就是说，当感知"外面某事物"时，就已经有空间表象了，不管感知者是否主观意识到这点。"所以空间表象不能从外在现象的关系中经验地获得。相反，这个外在经验本身只有通过这个表象才是可能的。"[3]这也就是说，如要使我的感知与在我之外的某事物发生关系，并使我感知它们在我之外，彼此相异，各占不同位置而共

---

1. "Vorstellung"，在本章有时译为表象，有时译为观念（严格地说，两者均不甚妥帖）。
2. 《纯粹理性批判》A23 = B38，参看蓝译本，第 49 页。
3. 同上书，第 50 页。

存，这就必须以空间表象为基础，所以空间是感知任何的"外面某事物"的前提，而不能相反。

第二，康德说，"我们永远不能想象空间不存在，但完全可以设想没有对象的空间。因此必须认为，空间是现象可能性的条件，而不是依存于现象的某种规定"[1]。上面第一点是强调空间不是从感知外物的经验中抽取出来的，只要一感知外面对象便已有了空间表象。这里再次强调，经验对象依赖空间而被感知，空间却无须依赖任何经验对象。所以，可以设想有空间而空无一物，却不能设想有事物而没有空间。[2]

第三，康德说，"空间不是一般事物关系的推论概念或普遍概念，而是纯直观"[3]。前两点说明空间不能从经验中得出，而是经验所以可能的先验条件。这里指出：这种先验条件不是知性的概念，而是感性的直观。概念都有其逻辑的内包与外延，例如"人""红"（不作为空间直观）等概念都是由各种具体的不同的人、红中抽象出来的。空间则不然，它没有这种种内包外延的逻辑关系。空间只是一个。它与各个不同的空间的关系是整体与部分的关系，而不同于概念之间的种属关系（如人与中国人、红与玫瑰红等）。任何具体的空间都只是这个单一的空间（整体）的

---

1. 《纯粹理性批判》A24 = B39，参看蓝译本，第 50 页。
2. 有人因之说康德的空间的第一证明来自柏拉图的理念说，第二证明则来自亚里士多德和原子论者的实在说，即空间比空间事物更先存在之说（马丁：《康德的形而上学与科学理论》第 1 章）。
3. 《纯粹理性批判》A24 = B39，参看蓝译本，第 50 页。

部分，而不是它的例证。后者（具体空间）以前者（作为整体的"纯直观"的空间）为前提，例如我们能立即直观到左右手空间位置的不同，但并不能从推论中得出这一点，因为左右手与身体的关系在概念上并无不同，即是说，不能从推论（逻辑）中而只能从直观（感性）上看到它们的不同。康德说，"相似或相等东西之间的差异（例如两个对称的螺旋）不能由概念而理解，而只有通过左右手的关系直接诉诸直观"[1]。

第四，康德说，"空间被表象为一个无限的、给予的量"[2]。空间的无限、连续也表明它不是概念。任何概念都只是在它下面包含一定数量的属性，而空间的直观则可以没有限制地扩展。这不是说，我们可以直观到无限的空间，而是说，我们对个体对象的感性直观能够连续不断地扩展。"红"的直观与"红"的概念是大不相同的。前者是可以无限扩展的连续不断的空间直观，后者则只是指示事物某种有限的属性。

这就是康德的四个所谓"形而上学的阐明"。

更重要的是所谓"先验的阐明"。如前章所说，康德的"感性论"是企图通过时、空作为感性直观形式，来解决数学（算术、几何）的所谓"普遍必然性"的问题。前两章已讲，与莱布尼茨不同，也与今天的逻辑主义者不同，康德强调数学不同于逻辑，它是与感性有关的科学。数学作为"先天综合判断"之所以

---

1. 《导论》§13。
2. 《纯粹理性批判》A25 = B39，参看蓝译本，第 50 页。

可能，在于它与时、空先验直观相联系。康德以欧几里德几何的
"自明公理"，如空间三矢量、"两点间直线最短"或"三角形两
边之和大于第三边"等，来说明空间是先验直观，而不是经验概
念。在当时，欧几里德几何一般被公认具有所谓"普遍必然"的
客观有效性，但如何来解释这种性质？康德认为，这不能从经验
中归纳出来，不管有多么大量的感觉、经验，也没法保证一切情
况下空间只有三矢量、两点间直线最短等，即没法保证它们是普
遍必然、到处适用的几何"公理"。同样，这些"公理"更没法
从概念、思维中演绎出来。任凭如何去分析两点之间的直线，也
得不出"最短"的结论；把"空间"作概念分析，也得不出三矢
量，正如分析三角形这一概念，得不出内角之和是 180 度一样。
康德认为，这说明，这些几何公理都是空间直观的结果。这种直
观不是任何经验的直观，即不是任何具体的两点之间的直线，或
黑板上画出的哪个三角形，这些只能帮助我们去理解。黑板上画
的某个特殊的三角形，只是用来帮助我们理解三角形的普遍性质
的。空间纯直观所揭示的"两点之间直线最短"原则，在康德看
来，不只是对某些（这是经验的）而是对所有的对象都适用，是
普遍必然的几何学的"先验"构造原理。因之，莱布尼茨将数学
的线、空间与现实事物的线、空间分为"真实的"与"模糊的"，
前者是理性的、可靠的，后者是感性的从而不可靠的，这种观点
在康德看来，恰好是抹杀了数学的线、空间与感性联系的本质。
康德指出，时、空作为感性现象，清晰而并不模糊；唯理论认为
"真实的"理性世界，例如灵魂、上帝，倒并不清晰，而是模糊

的。康德强调空间的先验感性直观能普遍用于外部现象界的万事万物，欧几里德几何（被康德认为是数学中最重要的部分）证实了这一点，即空间直观具有普遍适用于经验的先验性。这就是所谓空间的"先验的阐明"。

空间之后，是关于时间的"阐明"。其格式和内容一如空间的"阐明"。康德认为，时间不是经验概念，经验中事物的彼此相继是以时间为条件才可能；可以设想抽去时间中的一切事物，但不能设想能抽去时间；时间只是一个，个别时间是其中的部分，从而与逻辑概念不同，等等。在康德看来，算术之于时间，有如几何之于空间，因为计数作为经验的有次序的相继与时间作为直观形式有关。由于后者，计数的先后相继（次序）才有可能，即是说，1、2、3……的计数总要经过时间。这正如只有在空间直观里，图形的几何公理才有可能一样。康德还把运动、变化与时间联系起来，将力学之于时间与几何之于空间相比，认为只有时间是先验直观形式，才可能了解运动（位移）。A=A，经过时间，A 才可以变为非 A。时间是运动、变化的普遍必然的前提条件。这种条件不是概念（知性），而是直观（感性）。如时间只有一个矢量，不同时间只是先后相继，这些性质便完全不可能是概念的。

康德认为，时间与空间不同的一个特点，在于它是"内感觉"的形式，即它是感知主体自身内部状态的形式。因之，它比作为外感觉的空间（对外界事物的感知形式）范围更为广泛。对外界事物的感知必须经由我们的内部意识的状态，从而也就必须通过内感觉的时间形式。"时间是（我们心灵的）内现象的直接条件，从而便是外现象的间接条件。"[1] 但时、空在康德那里基本上互为条件，空间固然离不开时间，时间也只有借外感觉的空间才能表示自己，如时间—矢量用空间的直线来表示。关于时间是内感觉形式，涉及一系列复杂问题，以后还要讲到（参看本书第四、第五章）。

二 "经验的实在性"和"先验的观念性"

"先验感性论"对关于时、空的上述论证做了总括：一，时、空是先验形式，即非经验中得来。它们是人人共同具有的主观方面的条件。这虽然包含从心理学和逻辑上来说的两层含义——从心理上讲是先于经验，从逻辑上说是独立于经验，但康德主要指后者，因为没有经验，时、空也不能存在。外界感性材料经由这种主观先验形式而得到安排整理，成为时间的同时或相继、空间的并列或间隔等有条理的客观对象。二，时、空作为先验形式是感性的直观，不是知性的概念。三，时、空不是物自体的存在形式，只是现象界的存在形式。这是说，时间和空间不能适用于那提供感性材料的"物自体"，只适用于"物自体"所提供的感性材料。

这也就是康德所要说明的时、空的所谓"经验的实在性"和

---

1. 《纯粹理性批判》A34 = B50，参看蓝译本，第57页。

"先验的观念性"，以区别于所谓"先验的实在性"和"经验的观念性"。

所谓"经验的实在性"，就是说，第一，时、空必须与感性经验相联系。康德认为，虽然没有理由排除另有一种超时、空的或无须时、空的"理知的直观"（参看本书第十章等处），但这不是人类所具有的，人类的直观永远只是感性的。"只有从人类的立场，我们才能谈空间，谈有广延的事物。"[1]"时间是我们（人类）直观（它永远是感性的，这就是说在我们被对象所激动的界限内）的纯主观条件。"[2]任何不与时、空相关联的，就不能在经验中给予我们。第二，由于时、空与感性材料直接关联（概念只是间接地关联），所以具有直接的客观性质。这是说，时、空虽是主观直观方式，却具有经验中的客观性。它们是事物现象界的先后相继（时）、左右并列（空）等客观次序，在根本上不同于声、色、香、味、暖这种种主观感受。声、色、香、味、暖这种种感受"不能当作事物的性质，而只能当作主体里的变化。这种变化实际上可因人而有所不同"[3]；"它们只是感觉而非直观，它们不会从自身产生任何关于对象的知识，更不用说任何先验知识了"[4]。康德强调时、空与声、色、香、味、暖有本质的不同，后者作为感觉，只有主观性；前者作为直观，则有客观性。从而，通过时、

---

1. 《纯粹理性批判》A26 = B42，参看蓝译本，第 52 页。
2. 同上书，A35 = B51，第 58 页。
3. 同上书，A28 = B45，第 54 页。
4. 同上书，A28 = B44，第 53 页。

空直观建立起来的现象界的秩序，就不是主观感知的经验秩序，而是具有客观实在性的经验秩序。这就是所谓"经验的实在性"。康德反对贝克莱把时、空与色、声、香、味、暖一视同仁，都当作主观的经验感知。康德认为，如果从这种主观经验出发，就没法区分醒与梦、真理与幻境，因为它们都是主观的经验感知。这就是与康德主张的"经验的实在性"相对立的"经验的观念性"。

康德固然把时、空与声、色、香、味、暖区分开来，以求所谓客观性，但他同时反对把时、空看作客观事物本身（"物自体"）的形式或性质，反对把时、空"离开与直观的关系，作为性质或实存以归于对象自身"[1]。康德认为，不把时、空看作主体的直观形式而把时、空归属于"物自体"，就是所谓"先验的实在性"。与此相反，康德要求把一切与客体有关的性质和经验都排除在时、空形式之外。例如，要求把运动、变化与时、空完全割裂开来，因为运动、变化总涉及对客体事物的经验。他说，"运动以对运动的某物的知觉为前提。……运动的事物必须是某事物，只有通过经验才在空间中被发现，从而是经验材料"[2]；变化也以事物的经验材料为前提，时间自身并无所谓变化。总之，运动、变化只是客体即某种事物对象的运动、变化。如果时、空与它们有关，就不能确保时、空作为主体直观形式与客观对象毫无关系的先验性质。这就是所谓时、空的"先验的观念性"。

---

1. 《纯粹理性批判》A36 = B52，参看蓝译本，第58页。
2. 同上书，A41 = B58，第61页。

康德在时、空问题上提出的"先验的观念性"与"经验的实在性",也是他整个哲学认识论的特征。康德自己宣称,他的哲学就是"先验的观念论"(又叫"形式的观念论")和"经验的实在论"。由于认识形式和结构不是从客体产生,而是主体先验地赋予对象(客体)的,所以是"先验的观念论"。另一方面,认识的材料都是"物自体"(客体对象)所经验地提供的,所以是"经验的实在论"。在这里,康德一方面反对唯理论和唯物主义("先验的实在论")[1],反对时、空是客观物质世界的形式或某种精神的实体或属性;另一方面也反对贝克莱的经验论的唯心主义,反对把时、空看作只是经验的主观感知(康德把这叫作"经验的观念论"或"实质的观念论")。康德一方面强调,时、空是人们的先验直观形式;另一方面又强调,如脱离外物提供的感性材料,它们便毫无意义,它们并不能独立存在于感性材料之先。时、空是主观的形式,但又具有经验中客观的普遍必然性,一方面要求先验性(独立于经验),另一方面要求客观性(普遍适用于感性经验)。康德在时、空问题上的这种观点,随着由感性论到知性论到理性论的推进,鲜明地表露出他的"批判哲学"的二元论特征。

---

1. "先验的实在论"并不等于唯物主义。在康德看来,莱布尼茨的唯心主义也属于"先验的实在论",不过唯物主义也属于它。

三 现代西方哲学批判康德的时空观

正如对待整个康德哲学一样，对待康德的时空观，也一直存在着两种不同的批判。叔本华从世界只是主观虚幻表象的立场出发，赞赏康德的物自体学说，认为时空观是康德哲学中最精彩的部分，把康德的观点说成"耳、目创造声、色，头脑创造时、空"。但他又责备康德不了解自己与贝克莱实际上完全一致。这可代表主观唯心主义派别对康德的理解和歪曲。批判康德的更有影响的流派，是披着经验论科学外衣的主观唯心主义。早如斯宾塞便从实证论立场出发，认为康德时空观简直荒唐至极，因此不再往下看《纯粹理性批判》了。[1] 以后如马赫（Mach）、罗素和逻辑实证论者，都大体是用贝克莱主义和休谟主义的混合物来反对康德。

这里只以罗素为例。罗素对时、空的研究虽远不及莱辛巴哈等人，但他作为哲学代表更有影响一些。罗素流传很广的《西方哲学史》认为，康德的时空观是《纯粹理性批判》中"最重要的部分"[2]。对于为什么"最重要"，他没有说明，大概是由于与现代数学的某种关系吧。如前章所指出，罗素作为逻辑主义倡导人，坚决反对康德认为数学是"先天综合"的看法，从而也反对康德用于论证数学是先天综合的时空观。在《西方哲学史》里，罗素对康德认识论的其他部分只作了最简略的介绍，甚或一字不提，

---

1. 参看凯鲁斯（Paul Carus）：《康德与斯宾塞》。
2. 罗素：《西方哲学史》第 3 卷，第 3 编，第 20 章。下引文同此。

却详细叙述了康德的时空观，并逐条加以驳难。这种驳难暴露出康德的这些所谓"阐明"千疮百孔，矛盾很多，但同时却也表明罗素不但远远没有击中要害，并未弄懂康德，而且还倒退到康德以前去了。

罗素针对康德的四个"形而上学的阐明"分别驳难如下。第一，罗素说："有一个困难他似乎从未感到……是什么使我们这样而不是那样去整理知觉对象呢？例如，为什么我们总看见眼睛是在嘴巴之上而不是在其下呢？"这是说，康德的先验时、空形式不能解答事物的具体时、空秩序。但康德说过，这种秩序主要靠经验给予，"对于任何一个给定的空间规定来说，必须在其不可知的对象中有所根据"[1]，即是说，一方面由"物体"刺激感官，另一方面由主观提供普遍必然的时、空形式，然后形成具体的时、空关系，如某种特定的大小、形状、先后等，"特定"的大小、形状、先后等是制约于客观对象的。[2] 参照《纯粹理性批判》所讲的知性因果原理，这一点更明显。第二，罗素说，"我必须强调地否认我们能够设想没有任何事物在其中的空间……我不知道绝对空虚的空间如何可能被设想"。这是正确的。康德本人就反对牛顿那种空盒子式的绝对时空观，在"先验分析论"中也坚决否认有任何脱离事物的绝对空虚的空间。因此，这里的这个"设想"，

---

1. 康德：《自然科学的形而上学基础》。

2. 有人曾以戴上蓝色眼镜来看事物为例解释康德。戴上蓝色眼镜看物，一切均蓝，但各种不同程度以及不同形状的蓝，仍由事物本身所决定。各种具体的时、空关系也一样由事物本身所提供（参看帕顿《康德的经验形而上学》第 1 卷，第 6 章）。

除了是一种心理学的笨拙描绘之外，主要是指在思想中可以抽去各种感性对象，而没法抽去时、空，因为时、空根本不是感性对象，而只是感性直观的纯形式。这一点罗素却并未能深入驳斥。第三，罗素说："我们所说的诸空间，既不是空间概念的诸个别，也不是一个集合体的各部分……无论是空间或诸空间都不能作为实体词而存在。"如上所说，康德自己就反对时、空是能独存的实体，康德这里的"阐明"主要是区别直观与概念、感性与知性。罗素并未能否认这一区分。第四，至于空间可以作为无限的量而被直观，罗素嘲笑说，这不过是"生活在柯尼斯堡的平原国度里的人的观点。我不知道一个阿尔卑斯山峡谷的居民怎能采取这种观点"。其实康德并不认为，无限的量的整体能在直观中被给予。康德在这里是想说明，感性认识的无穷无尽必须与空间的量的无限有关，从而空间不能是概念。

康德的这些"阐明"本来就牵强武断，又含混不清[1]。但罗素的批判则是从康德倒退到贝克莱。他批判的不是康德时空观的先验性，而是批判它所追求的不同于主观感知的客观性。康德强调时、空与声、色、味等有质的区别，罗素则抹杀这种区别。罗素认为，正如声、色作为主观感知有与之相对应的客观的声波、光

---

1. 很早就有人指出，现在也有人继续指出，康德始终未能证明时、空不是对象存在（物自体）的客观形式。因为直观的形式也可以证明是直观对象的形式，"先验的观念性"实际上也可以是"先验的实在性"（参看科纳《康德》第 2 章）。康德所以硬要把时、空说成属于主体，而不属于对象（"物自体"），完全是为他的整个哲学中"本体"（道德）高于"现象"（科学）所决定，正如有人说的"知识的批判限定（特别是将时、空限制于现象），乃是由某种基本的形而上学的信念所决定的"［海姆索斯（Heimsoath）］。

波一样，时、空也应如此。罗素说，"这方面，空间与其他知觉
样式并无区别……没有理由认为我们关于空间的认识有任何方式
不同于声音、色彩、气味的认识"。

　　与罗素一样，马赫也认为，时空观念与算术、几何一样，都
来自主观经验。"如果物理的经验不告诉我们，有许多等值的不
变的事物存在着，如果生物的需要不促使这些事物积聚起来，那
么计数就是毫无目的、毫无意义的了。如果我们的环境是完全不
固定的，就像梦中那样瞬息万变，那我们又何必计数呢？……既
然数学的工作只能限于利用计算者对自己的整理活动的经验，去
证明计算结果与原始资料符合一致，数学又怎能为自然颁布先天
的规律呢？"[1]

　　这些看起来好像都是经验论反对先验论，都认为时空观念来
自经验，并承认其在客体上有某种相对应的东西，但实际上是更
彻底的唯心主义，并且是向康德所反对的"经验的观念论"即贝
克莱主义的回复。在他们看来，时、空只是经验，经验归根到底
是感觉材料或感觉的复合，从而时、空如同声、色一样仅仅是主
观的感觉经验。马赫说："世界不是由一些神秘的实体与另一个
同样神秘的实体——自我相互作用而产生感觉……色、声、时、
空就是暂定的最终要素。""自我与世界之间、感觉（现象）与
事物之间的对立都消失了，我们只需与要素的联合打交道。"[2] 我

1.　马赫：《认识与谬误》。
2.　马赫：《感觉的分析》。

以为，要看到人们的时间和空间的表象、观念，是通过社会实践
而历史地形成和出现的，它们的确与声、色、香、味、暖之类有
所不同。康德注意到了这种不同，指出时、空作为直观形式具有
主动综合的性质，不同于被动的感官知觉，这是非常重要而深刻
的。但康德不知道，这个"综合"是历史的实践成果，心理—逻
辑的结构来自社会历史。只有从社会实践这个马克思主义哲学的
根本观点出发，才能正确分析和批判康德的时空观。

　　罗素等人抹杀时、空与声、色、香、味、暖的区分，与当
年贝克莱抹杀洛克第一性质与第二性质的区分，有某种类似之
处。他们都是尽可能地把某种具有客观性的东西，归结和纳入主
观的感知经验。时、空与所谓第一性质，的确有更为直接的密切
关系，贝克莱把第一性质通通归属于第二性质，罗素、马赫等人
也把时、空与声、色、香、味相提并论。他们抹杀了一个重要的
历史事实，即伽利略、笛卡尔和洛克对第一性质、第二性质的区
分，是有其历史的科学背景和社会实践的根源的。这种区分的深
刻历史意义在于，所谓物的第一性质（广延、运动、数目等）比
所谓物的第二性质（声、色等）在一定历史时期内更多地与人们
的整个社会实践活动相联系，更多地为人们所掌握、所利用、所
了解、所认识。这就使它们超出了仅仅是感官反映的感觉性质层
面。诚然，人类五官（感觉器官）都是历史的成果，它们本身都
已积淀了社会的性质和功能；人类是在改造世界（实践）中去认
识世界，五官本身受着这种实践的制约和影响。但如仅就感官的
生理反应方面来说，人与动物则并无区别，从而第一性质与第二

性质作为感官生理感知也无本质区别。洛克说："我们由不止一个感官所获得的观念，则是空间或广延、形象、静止、运动等观念。因为这些东西在眼睛和触觉两方面都造成可知觉的印象。"[1]洛克用"不止一个感官"与仅仅一个感官来作为区分第一、第二性质的根源之一，显然仍是站在感觉论的旧唯物主义立场上。洛克不可能了解，人的这个"不止一种感官"的感觉活动，正在于以使用和制造工具为特征的人类劳动实践为基础，才可能产生与感觉根本不同的质的差别。康德尽管强调了时、空直观形式的综合功能，也不能发现这种"综合"的真正现实的基础。事实是，在人类社会实践中，这种特定的"不止一个感官"的活动，使人类不像其他动物那样，只是静观被动地感知。人类的时空观念不是仅凭感官被动地感知世界形成的，而是在历史性的群体结构制约下，由使用工具、制造工具而开创的主动改造环境的基本活动所要求、所规定而形成的。所以时、空与单纯的感官感知——声、色、味、暖有重大的区别，它的客观社会性的特征极为突出和重要。不是动物性的个体感知，而是社会性的群体实践，成为人类时空观念的来源。"综合"作为时、空特征的真实意义正在这里。从而，伽利略到洛克的学者提出将广延、运动、数目作为属于外界物质自身的"第一性质"，这便不是一个或多个感官的问题，而是把人类实践所创造的这一成果表现了出来，同时更反

1. 洛克：《人类理解论》第2卷，第5章，见《十六—十八世纪西欧各国哲学》，商务印书馆，1975年版，第371页。

映了他们那整个时代的社会实践和科学实验所到达的历史水平。
那正是机械力学占统治地位的时代。机械力学大都是与日常生活
中物体的广延、动静、数目等打交道的。机械力学把它们从客观
世界中发现出来，抽取出来，看作物体的客观属性：广延、不可
入……总之是占有空间。正是通过这种一定历史时期人类改造世
界的社会实践活动的特色，才能从客观世界中表达出物的这种客
观属性。这些性质所以在历史的一定时期中，取得比声音、颜色
以及酸甜、香臭、冷暖等感觉（它们的主观性当然又有不同）远
为重要和远为客观的地位，正是这个缘故。因此，如果仅从感觉
（感官反映）来说，人对广延（远近、大小）、运动（快慢）等的
感知，与对声、色、香、暖等所谓"第二性质"的感知，在个体
主观性和差异性上的确很难找出本质的不同，并且前者（"第一
性质"）与后者（"第二性质"）在实际上也很难分开。广延难
道没有色彩吗？没有一定色彩的广延究竟是什么呢？……这些问
题，从感觉、从旧唯物主义的感官反映来说是没法回答的。[1]把感
觉或知觉当作认识论的起点和终点（"最终实体"）是迄今为止
的近代哲学的一大特征，学者们没认识到，感知觉是一种历史构
成物。时空与其他感知的这种差异深刻地证明了这一点。

---

1. 贝克莱正是钻了这个空子。他论证说，所谓第二性质（声、色、香、味、暖）既然不是物
的客观属性，而是依存于主体感官构造的经验感知，那么"第一性质"又何尝不然？视觉
与听觉，触觉与味觉，各种感官又有何本质的不同？感官反应总依赖于、被制约于主体的
感觉器官，不可能"客观地"认识世界。相反，所谓客观世界倒不过只是人们主观经验感
知罢了。因此，"存在就是被感知"成为贝克莱的著名基本命题。

所以，只有从历史具体的社会实践而不是从抽象、不变实即动物性质的个体感知出发，才能了解所谓"第一性质"与"第二性质"并不像洛克所认为的那样，一个是客观属性，一个依存于主观。它们都是事物的客观属性。不同颜色的主观感知是由客观光波的不同的长短所决定的，不同气味的感知是由不同的分子运动所决定的，但光波确乎不同于颜色，分子运动不同于气味。这和事物的位置、运动以及所谓广延，与我们看到的它们的位置、运动、大小也并不完全相同是完全一样的（相对论已证明这点，在微观世界中这点更为突出）。这两者并无本质区别，但又确有一定的区别，这正应从实践对认识的要求和二者的具体历史关系中去研究，要看到它们反映了不同时代的不同科学水平（不同历史时期的社会实践水平）所揭示的不同方面和不同深度。

康德的时空观实质上是接受了洛克两种性质的区分。[1] 但如叔本华所指出，康德是把它们都放在现象界之内，否认它们是"物自体"的性质。在康德看来，"第一性质"之所以比"第二性质"（主观感觉）具有普遍必然的客观性质，是由于它有先验的

---

1. 康德虽也直接继承洛克，也把洛克的"第一性质"归于现象，似与贝克莱把"第一性质"归于"第二性质"有相同之处，但由于康德强调"提供现象之物的存在并不因之消灭"（《导论》§13 附录 2），即强调"物自体"之存在，因而不同于贝克莱（参看本书第七章）。康德因人们把他等同于贝克莱十分气愤，说"它出自一种有意的无可饶恕的误解，好像我们的学说把感性世界的一切事物都变成了仅仅是假象"（同上书，附录 3）。此外，康德在《判断力批判》中还分出客观感觉和主观感觉，前者如绿色草原，后者如这草原在心中所引起的愉快，前者与知觉相联，后者与情感相联，这大概是从莎夫茨伯里（Shaftesbury）、哈奇森（F. Hutchson）的所谓"第三性质"而来。康德哲学中受英国经验论的影响非常突出，应重视这一因素。

时、空形式和知性范畴。贝克莱把洛克的"第一性质"通通拉到"第二性质"的范围内，从而说它们都是主观感觉，这是经验论的唯心主义。康德看到两者的区分，却把"第一性质"的物质性取消，把时、空归为先验形式，这是进一步的抽象，是形式论的唯心主义，如同康德自己所承认的那样。从贝克莱到马赫，他们宣扬的是感知经验的主观唯心主义。康德提出的，则是认识形式的唯心主义。一个突出心理的具体感知，一个突出认识的普遍形式。虽然作为唯心主义，它们同样是对承认第一性质是物质自身属性的洛克和法国唯物主义的反对，但把这两种唯心主义视同一色，则不符合事实，也不符合哲学史的必然行程。康德比贝克莱要深刻得多。

四　"一切存在的基本形式是空间和时间"（恩格斯）

恩格斯认为，"一切存在的基本形式是空间和时间"[1]。时、空与其他感知确乎不同，这种不同，如前所述，乃在于时、空表象不仅是通过人的个体感官，而且更重要的是从社会实践获得的。时、空之所以成为人类的认识形式，人之所以只具有时、空这两种感性框架（表象、观念），是因为人的社会实践活动作为物质世界的一部分，与客观世界中的任何事物一样，是以一定的先后

1.《反杜林论》,《马克思恩格斯选集》第 3 卷，1972 年版，第 91 页。

延续和上下左右的活动场所来表现其现实的存在的，因之它最早要求一种社会的客观的规定。时、空表象或观念丝毫没有先验或先天的性质，它们是社会实践向我们主观意识中的积淀和移入。这里，社会（非个体）实践（非感官知觉）是关键性的中介环节。所以，尽管动物也可以有某种定向反应之类的时、空感觉，但那与人的时、空表象或观念，仍有本质的不同。时、空表象之所以与声、色、香、味以及动物生理的感觉根本不同，也是这个缘故。

个体感知性的反映，其主观性和差异性很突出。对时、空的反映，却要求语言符号的社会性的严格规范，尽管个体对时、空的心理感受，也可以有如对声、色、香、味以及冷暖等同样的主观性和差异性。例如，对于时间便有很不相同的主观体验。"对于个人，存在着一种我的时间，即主观时间。"[1]"真实的"时间本是一种个体的、主观的、不同质的东西，但这一方面除了在艺术中和某些日常生活中外，反而处于次要的地位。更重要的，是它们在社会生活和科学认识中的一致性，时间之所以取得一种同质性的规定，正是社会的缘故。即使是强调时间的所谓"绵延"（duration）特性（时间相互渗透，不可分割为过去、现在、未来）的唯心主义直觉论者柏格森也承认，与他着重主观心理感受刚好对立，社会生活的要求产生了时、空的科学观念。柏格森说，"我

---

1. 爱因斯坦：《相对论的意义》，《爱因斯坦文集》第 1 卷，许良英、范岱年译，商务印书馆，1976 年版，第 156 页。

们的知觉、感觉、情绪、观念却呈现两个方面。一方面是清楚准确的，不属于任何个人；另一方面是混杂紊乱的、变动不停而不可言状的"语言把后者变为前者，成为公共的东西"这是由于……社会生活实际上比我们的内心生活和私人生活更为重要，我们本能地倾向于把印象凝固化，以语言表达之""科学要从时间中去掉绵延，从运动中去掉可动性，才能处理它们"[1]。柏格森企图贬低这一方面的哲学意义，认为它们不是时间的"本质"，真正具有本质意义的时间是那种不可言状的个体主观的时间。但是，它却恰恰相反地说明了，时、空的观念本质正在于它们的客观社会性，也正是社会给了时、空一种规范式的表现方式，如年月、钟表、舆图、指标等，使人们在生活、实践中协调一致，正是这一方面具有人类学（历史总体）的深刻哲学内容和意义。

但是，这并不是说，时、空的客观性（物质运动的形式）是社会实践给予的。并不是如现代某些人所说的，"由于使用了一个钟，时间的概念就变成客观的了"[2]。时、空概念不是人为的约定，不是"整理感觉经验的工具"[3]或"为了更容易地理解我们的感觉经

1. 柏格森：《时间与自由意志》§79、§80、§81。柏格森对时间问题的一个重要贡献，在于他突破了牛顿那种静止的、无限可分的、与实体无关的空盒子式的时空观，强调了时间的每一瞬间均有其与实体事物不可分离的个性性质。它不是电影的胶片（每一片只存在于一瞬，彼此排斥而相继，即分割隔离、空间化了），而是电影本身（不是平行相继，而是后包含前，有因果联系）。当然，柏格森是用主观唯心主义来论证这一切的。爱因斯坦科学地论证了时、空与物质（实体）的存在（运动）不可分割。
2. 爱因斯坦、英菲尔德：《物理学的进化》。
3. 马赫：《力学及其发展的历史批判概念》。

验而设计的手段"[1]，或"空间的一致性是一个定义问题，同样，时间的一致性也是定义问题"[2]。从牛顿那种空盒子式的时空观，那种空间化的时间观，到今天相对论的时空观，表现出人们的时空观通过社会实践的不断前进发展。[3]

所以，空间化的时间观，尽管似乎不符时间本性，但有其合理的存在根据。在远古，原始人们的时空观是如孩童般的混杂不清、"绵延"一片的。随着社会的进步，才开始有了初步的区分形式，但古代人们的时空观还经常与现实生活或某些特定事物密不可分地相联系，与特殊的内容纠缠在一起，还没有什么普遍的形式，例如时间与季节或节令、空间与方位（中国的古代东、南、西、北、中与农业生产的关系等）。原始人与儿童的时空观的狭隘性和具体性，更是众所周知的。它们都表现出人们对客观时、空的认识和把握制约于社会实践的历史性质。它们相对的普遍必然性，正是一定的客观社会性的表现。

从而，康德讲的那种绝对的、普遍必然的先验时、空形式就并不存在。康德用数学来论证，也是枉然。历史说明，最早的希腊算术是从处理羊、水果等的计数活动中，几何是从测量面积、体积等实践活动中开始形成的。"数和形的概念不是从其他

---

1. 爱因斯坦：《狭义与广义相对论浅说》。

2. 莱辛巴哈（Hans Reichenbach）：《科学的哲学的兴起》§9。

3. 关于康德的时空观与现代物理学，可参看卡西尔《实体与功能》、加耐特（C. B. Garnett）《康德的空间哲学》。前者认为康德与爱因斯坦不但不矛盾，而且相一致；后者强调《纯粹理性批判》一书中感性论与分析论中的时空观有所不同，分析论中的时空观可与现代物理学符合，感性论中的时空观则否。

任何地方，而是从现实世界中得来的。人们曾用来学习计数，从而用来作第一次算术运算的十个指头，可以是任何别的东西，但是总不是悟性的自由创造物……形的概念也完全是从外部世界得来的，而不是在头脑中由纯粹的思维产生出来的。"[1]算术之所以与时间紧密相关，是由于如自然数以及加减等连接词，主要是主体通过在时间中的活动操作（如不断重复的同一动作与形成数字 1 的观念有关，加减与作为主体劳动操作的基本形式的分与合有关，等等）而获得的。2+2=4，7+5=12，如上一章所指出，不可能是通过观察外物归纳而来，它是对原始操作活动的符号化的规范，所以与时间相关。反过来看，时间观念的形成又恰好建立在用数来计算、测度的实践活动的基础之上。[2]几何之所以与空间相关，也主要是由于如位置、直线、曲线等，是通过主体使用工具、制造工具的劳动活动与对空间的支配、利用而获得的。初生婴儿、原始人群便不能有这种空间观念。总之，人们不是在静观的对外物的观察归纳中，也不是在先验的纯粹直观中，而是在能动地改造世界的劳动操作的实践中，去认识时空，认识客观世界的存在形式和普遍规律，并逐渐把它们内化、移入为包括时、空在内的人们的一整套认识形式和心理—逻辑结构。客观世界的规律变而为主体的认识工具和手段，正意味着社会实践在改造客观

---

1. 《反杜林论》，《马克思恩格斯选集》第 3 卷，1972 年版，第 77 页。
2. "致命的错误在于：认为先于一切经验的逻辑必然性是欧几里德几何的基础，而空间概念是从属于它的。这个致命错误是由这样的事实所引起的：欧几里德几何的公理构造所依据的经验基础已被遗忘了。"（爱因斯坦：《物理学和实在》）

世界的同时，也改造了人们的主观世界。认识内容如此，认识形
式和结构也如此。数学便是这种形式结构的一个极为重要的方
面，也是人们认识世界形式结构方面的强大武器。

与时、空在根源上有密切联系的数学，虽然来自现实世界的
实践活动基本规范，但也如恩格斯所指出的，"从现实世界抽象
出来的规律，在一定的发展阶段上就和现实世界脱离，并且作为
某种独立的东西，作为世界必须适应的外来的规律而与现实世界
相对立"[1]。康德的先验唯心主义就是这样，它把从现实抽象出来的
规律说成世界必须适应的先验规律。"两点之间直线最短"，本来
来自亿万次人类实践活动，获得了"自明"公理的性质，康德却
将其说成是自然界必须适应的、由人类理性颁布的"先验"形式。
实际上，从数学发展历史看，数学与感性时、空，由有直接关系
发展到没有直接关系，由可感知的超感知关系发展为一整套超感
知的形式结构，正是对客观现实关系的深入反映，同时也开拓了认
识深化的途径。爱因斯坦一再明确指出，几何空间是由物理固体的
间隔性、由物理空间发展而来。而近代工业技术和科学实验的实践
活动，产生了各种非欧几何，更是如此。由日常生活中的欧几里德
空间到似乎很难感知和想象的非欧几何的空间，这并不只是逻辑的
可能进展，同时又是我们对客观关系深入认识的重要途径。[2]

---

1. 《反杜林论》，《马克思恩格斯选集》第 3 卷，1972 年版，第 78 页。
2. 但即使是种种符号演算的形式系统，最终又仍未完全与欧几里德空间，即人类日常实践活
   动的空间脱离关系，包括符号演算本身就在欧几里德空间之内。

认识总是近似的，不可能穷尽，但日益深入。人们的时、空表象和数学科学、物理科学也是这样。上下左右的空间表象，先后相继的时间表象，以及从算术、几何到今天的各门数学科学，从牛顿力学的时空观到相对论的时空观，都经历了一个由狭隘到广阔、由简单到复杂、由初级到高级的发展过程。随着社会实践的不断前进，它们还将不断前进。康德时空观中特别有意思的是，它强调了时空与感性直观的联系，这一点我以为至为重要。时空不是概念、理性，也不同于被动的纯感觉如色、味、香、暖之类，而在于这种感性直观中积淀有社会理性，因之对个体来说，它们似乎是先验的直观形式，无所由来；然而从人类整体说，它们仍然是社会实践的成果。这种成果便不同于如形式逻辑那样，只是操作活动的"内化"，即外在实践活动转化为内在理性结构；而更是积淀，即社会理性积累沉淀在感性知觉中。前者（内化）是逻辑，后者有与审美相关的"自由直观"的因素，数学的发生和发展有赖于这两个方面。这个过程还有待心理学的具体研究，特别是它与皮亚杰所说"内化"的关系等问题。这里只是从哲学上提出这个观念而已。

第四章

认识论(三):范畴

一　范畴作为"知性纯粹概念"

　　康德将人的知识分为感性与知性两大部分、两大方面、两大根源，从而是"批判哲学"所要研究的先天知识的两种形式。《纯粹理性批判》在"先验感性论"之后，便是对知性进行探究的"先验分析论"。康德说："我们的知识发自心灵的两个基本源泉，第一个是接受表象的能力（印象的承受性），第二个是通过这些表象以认识对象的力量（概念的主动性）。通过前者，对象被给予我们。通过后者，对象在与表象的关联中被思维……因此，直观与概念构成我们一切知识的要素，有概念而无与之相适应的直观，或有直观而无概念，都不能产生认识。"[1] 又说，"如

1.《纯粹理性批判》A50 = B74，参看蓝译本，第70页。

果把心灵的承受性，即心灵被刺激而接受表象的力量，叫作感性，那么，心灵从自身产生表象的力量，认识的主动性，就应该叫作知性。我们的本性就是这样构造的，即我们的直观永远不能不是感性的，就是说，它只是我们被对象所刺激的方式。另一方面，使我们能思维感性直观的对象的，是知性。哪一种力量也不比另一种优越……这两种力量或能力不能互换其功用。知性不能直观，感性不能思维，只有通过它们的联合，才能发生认识"[1]，等等。

康德将感性与知性看作平行独立、互不相生的两种能力，批判唯理论与经验论将二者混为一谈。康德说，"莱布尼茨将现象理知化，正如同洛克按其悟性论（如容许我用此说法）体系将所有知性概念感性化，即将知性概念解释成只是经验的或抽象的反省概念，都不是以感性与知性为两个不同源泉，只有它们二者的联合才能提供事物的客观有效判断。这两个伟人都各执一端，把它看作与物自体有直接关联，从而另一种功能则被认作前者所产生的混沌表象，或是前者所产生的表象的整理"[2]。唯理论把感性看作知性的混沌表象，经验论把知性看作感性的抽象、整理；一个把感性归结为知性，一个把知性归结为感性。康德认为，这都不

---

1. 《纯粹理性批判》，A51 = B75，第 70—71 页。1789 年 5 月 26 日给郝尔茨的信："纯粹理性的二律背反提供了一个好的试金石，可以承认：不能把人的理性与神的理性视为同类，只有范围或程度差别。人的理性不同于神的理性，它只有思维的功能，而没有直观的功能。它完全有赖于根本不同的功能（感受性）来帮助，或更明确地说，有赖于材料，才能形成认识。"

2. 同上书，A271 = B327，第 229 页。

行，感性和知性无论从来源、本性还是作用上说，都不能由一方产生另一方。它们应如双峰对峙，有如下表：

感性	知性
来自对象；被动接受；杂乱无章；特殊内容；主观的；经验的；……	来自主体；主动创造；综合统一；普遍形式；客观的；先验的；……

很明显，康德强调感性与知性的联合才产生知识，恰恰是建筑在将它们截然二分的基础之上。

同时，康德强调的"联合"，是知性主动作用于感性的结果，是知性对感性的规范、组织和构造，即综合统一直观提供的感性材料，将它们组织到逻辑形式的概念系统中去，才产生认识，也才使一切知识成为可能。康德在"先验分析论"中要讲的主要就是这个问题。[1]

所以，"先验分析论"属于"先验逻辑"的范围。所谓"先验逻辑"，大不同于传统的形式逻辑。康德认为，传统的形式逻

---

1. "借助于思维……我们的全部感觉经验就能够整理出秩序来，这是一个使我们叹服的事实，但却是一个我们永远无法理解的事实。可以说，世界的永久秘密就在于它的可理解性。要是没有这种可理解性，关于实在的外在世界的假设就会是毫无意义的。这是康德的伟大的认识之一。"（爱因斯坦：《物理学和实在》）"这好像是说，在我们还未能在事物中发现形式之前，人的头脑应当先独立地把形式构造出来。开普勒的惊人成就，是证实了下面这条真理的一个特别美妙的例子，这条真理是：知识不能单从经验中得出，而只能从理知的发明同观察到的事实两者的比较中得出。"（爱因斯坦：《开普勒》）爱因斯坦反对康德那种先验的不变的范畴，但在认识论的一些基本观点上却是相当接近康德的，详后。

辑是分析的，它以不矛盾律为基础，处理的只是一切思维的必要形式[1]，而不能提供真理的充分条件和积极标准。（这里康德实际上是在反对莱布尼茨的所谓"充足理由律"。）"先验逻辑"则不然，它是综合的，要求认识与对象相一致，涉及认识内容。康德认为，这才是真理的逻辑。[2]这种逻辑讲的是既独立于经验而又使经验成为可能（形成知识）的思维条件，亦即分析纯粹知性的概念和原理，用它来作为自然科学的"先验"基础。康德这个"先验逻辑"是对唯理论的造反，反对仅仅由一般逻辑（形式逻辑）就能解决认识问题，靠矛盾律（分析）就能认识世界（参看本书第一章）。康德认为，几何、算术的公理由于与感性相联系，是自明的；但像力学的公理便缺乏这种感性直观的自明性，从而需要经过先验的逻辑演绎来保证它们的客观的普遍必然性。

　　"先验逻辑"主要是讲知性与理性。"分析论"讲知性，"辩证论"讲理性。知性既然被康德认为在根本上不同于感性，纯粹知性的概念和原理便不能来自任何感性印象或经验，而只能到知性活动自身中去寻找。康德认为，知性活动主要是进行判断，"我们把知性的一切活动称作判断"[3]。判断就是应用概念和统一表象。概念如作为活生生的思维活动，便与判断不可分，它实际是综合

1. 康德所指的形式逻辑实质上只是指它的一些基本规律，即同一律、不矛盾律、排中律。
2. 这种观点开黑格尔逻辑学的先河，可参看康德的《逻辑讲义》。这本书实际是传统形式逻辑与近代认识论的混合物。
3. 《纯粹理性批判》A68 = B93，参看蓝译本，第 81 页。

的产物。不进行认识的概念没有意义，进行认识便是判断。认识不是心灵的状态而是心灵的活动，所以应注重判断活动，实际这是主张先有判断才有概念。[1]判断在这里已不是一种形式上的逻辑规定，而是涉及认识论内容，它指的是统一意识的基本活动和功能。康德说："知性可看作判断的功能。因为如上所述，知性是思维的功能，而思维乃是用概念进行认识。"[2]康德认为，传统形式逻辑的判断形式，久经考验而未变动，它已经概括无遗地穷尽了我们的知性，它的种种判断形式（形式逻辑）实即是在这些判断里的联合统一性的综合功能（认识论、心理学），任何判断（不管是分析判断或综合判断）都具有这种综合功能，例如把直观杂多放置在一个概念之下。康德根据传统形式逻辑，对判断做了如下的分类：

1. 判断的量：全称的；特称的；单称的。
2. 质：肯定的；否定的；无限的[3]。
3. 关系：定言的；假言的；选言的。
4. 模态：或然的；实然的；必然的。[4]

---

1. 这涉及一系列逻辑学和心理学问题。康德在《逻辑讲义》中区分了"使一个概念明确"（分析）与"制造一个明确概念"（综合）的不同，他讲的形式逻辑并不是命题逻辑，而是判断逻辑。
2. 《纯粹理性批判》A69 = B94，参看蓝译本，第81页。
3. 所谓"无限的"，意思是说主词属于一个没有限制的（非封闭的）类，如 S 是非 P。如康德自己所解释的："无限判断指示主词不仅属于宾词范围，而且在宾词外的无限范围之某处，从而这判断表示作为界限的宾词范围。任何事物可能是 A 或是 Ā（非 A），某物是 Ā，如人的灵魂是非永生的，某些人是非学者，如此等等，便是无限判断，因为超出 A 的有限范围⋯⋯它实际是没有范围⋯⋯"（《逻辑讲义》§22 注 I）好些中译均改为"不定的"，误。
4. 《纯粹理性批判》A70 = B95，参看蓝译本，第81页。

康德在处理知性时，把功能与形式等同起来，判断的功能等于判断的形式。因为，康德认为，知性的作用本在于综合统一直观表象以构成各种判断，产生出各种判断形式，它起着综合统一的主动功能。显然，"综合"在这里是关键，它把原来感性、知性的心理学式的二分打破了，强调二者结合。[1]同时，将感性归属于知性（唯理论）或将知性归属于感性（经验论）的说法也被打破了，它指出二者来源不同，不能混为一谈。要形成认识，必须通过综合，使二者结合起来。在这综合中，起主动作用的，是知性，判断本质上便是使表象产生统一性的一种知性主动作用。而通过各种判断形式展现出来的、起综合统一的功能的，便是所谓"知性纯粹概念"。"给各种不同表象在判断中以统一的功能，也就是在直观中给各种表象以综合的功能，这种统一，在其最一般的说法上，我们称为知性的纯粹概念。"[2]正如纯直观作为直观形式存在于一切经验直观中一样，纯概念作为思维形式（判断），也存在于一切思维活动中。从而，与上述传统形式逻辑的每种判断形式相适应，便应该都有一个起着这种统一功能作用的"知性纯粹概念"。也只有追溯到这些"知性纯粹概念"，才可能找到那些判断形式的根源。这些"知性纯粹概念"是各种逻辑判断的前提和基础，是使那些判断所以能进行的条

---

1. 文德尔班的一段话可参考："综合的概念是把《纯粹理性批判》从《论文》区别开来的新要素。从其中，康德发现了在《论文》中依据接受性与主动性的相应特征而被完全分开的感性形式与知性形式的共同要素。"参看《哲学史》第 6 篇第 1 章。
2. 《纯粹理性批判》A79 = B104—105，参看蓝译本，第 86 页。

件。而所谓"知性纯粹概念",康德认为,也就是范畴。"分析论"的"范畴的形而上学演绎",就是通过对判断的研究,确定范畴自身作为"知性纯粹概念"的先验性质。可以看出,康德的"先验逻辑"是将形式逻辑(判断形式)通过心理学(功能),而归结为哲学(范畴)。在下章主观演绎、客观演绎中更可看到这点。心理学(经验论)成了形式逻辑(唯理论)过渡到"先验逻辑"(认识论)的中介环节,这也正是康德哲学自身形成的过程(参看本书第一章)。

康德在古代亚里士多德之后,把形式逻辑的判断形式作为功能提高到认识论的高度[1],强调提出了范畴问题,这是对思想进行辩证规范的一个重要发展。亚里士多德的范畴是关于存在(事物、对象)的本体论范畴,康德这里则是关于思维的认识论范畴。

康德依据上述传统逻辑的判断形式的分类,将亚里士多德的十范畴加以增删(例如,康德认为时间是感性直观形式而不属于知性范畴),提出了这样的一张范畴表:

---

1. 沃尔夫(P. R. Wolff)认为康德的范畴表并非从形式逻辑中得出,而是从自我意识逐步推出的(《康德关于精神能动性的理论》)。马丁也认为,既然康德认为形式逻辑是分析的,那么作为综合形式的范畴如何能从形式逻辑的判断中得出呢?可见它们并非来自判断(《康德的形而上学与科学理论》)。本书不同意这看法。康德为何用形式逻辑的判断形式作为认识真理的必然要求,从《逻辑讲义》的一个说法可以看出其来源和意图所在。康德认为,一个认识要是完全的,它应有普遍性(量),是清晰的(质),是真的(关系),是确实的(模态),等等,这里量、质等都有其认识论的内涵。可见康德是在将形式逻辑改造成哲学认识论。

	I 量的范畴 统一 多数 总体	
II 质的范畴 实在 否定 限制		III 关系的范畴 属有性与实存性 (实体与属性) 原因性与依存性 (原因与结果) 相互性 (能动者与受动者之间的交互作用)
	IV 模态范畴 可能性—不可能性 存在性—不存在性 必然性—偶然性	

　　康德把逻辑的判断形式推演为范畴表，显然对其做了重要的变动。前者基本上只是外在的形式分类，后者则涉及并过渡到内容。例如，把定言、假言、选言三种判断变而为实体、因果、交互三个关系范畴，便是如此。但这种推演，带有很大的主观随意性。一方面，从十二种判断形式推演出十二个范畴，就有能否穷尽范畴的问题。显然不可能穷尽，范畴并不止康德所举的这十二个。康德在"反思概念的含混性"一节中曾举出"同与异""一致与反对""内与外""质料与形式"四对概念，认为它们因与感性有关，都不是范畴。实际这些概念与康德的十二范畴的区别并

不像康德讲的那样明显、确定。康德把范畴及其标准完全封闭在
形式逻辑的判断形式内，是一种给定而非发展的观点。[1]另一方面，
为了照应十二判断，康德的十二范畴中好些是为了凑数而列出，
并不为康德所重视，实际用的只有八个范畴，质、量范畴各只一
个；对于"多数""否定"等范畴，康德并未作多少论述。有些
十分重要的范畴，如"关系"三范畴是康德整个范畴表的核心，
又与其他范畴平列在一起，显不出它们的重要地位和意义。总
之，这张范畴表是完全静态和相当呆板的。

但是，从哲学史上讲，康德从传统逻辑的判断分类过渡到
"先验逻辑"的"范畴表"，这表明康德企图通过挖掘形式逻辑
的根源来探究人们逻辑思维的本质，提出了从思维判断中提取范
畴的原则和标准，指出人们长久以来的思维形式中包含着更深一
层起综合统一作用的知性功能。这就大不同于笛卡尔和莱布尼茨
等人的"天赋观念"的唯理论，也不同于形而上学的经验论。他
把认识论的问题提得更深刻了，为认识论、逻辑学、辩证法的紧
密联系，为着重研究人类认识的能动性提供了课题，开辟了道
路。同时，康德也不像黑格尔那样，把形式逻辑与形而上学混同
起来，一起踢开，而注意到了形式逻辑与"先验逻辑"（认识论）
的异（前者只讲思维形式，后者涉及认识内容）同（都是认识的

---

1. 从费希特到黑格尔，范畴便不再是给定的，而是自己（思维）建立起的，即有一个发展过程。
   至于为什么是十二个范畴，康德认为没有理由可说，正如语言规则一样。"我们指不出语言
   为什么偏具有那样的形式结构，更指不出为什么在那种语言中恰好找出那些不多不少的形
   式规定。"（《导论》§39）

形式和功能）。

康德把十二个范畴按三三式分四组排列。他说："每组内包含有同样数目的范畴，即三个，这是有意义的。进一步考察便可见，每组的第三个范畴乃是第二范畴与第一范畴相联结而发生。"[1] 例如，量的第三范畴"总体"乃是"多数"的"统一"，即被认为统一（单一）的多数。"限制"则是与"否定"相联系的"实在"。"交互"乃是彼此相互规定的"实体"的"因果性"。"必然"正是经由"可能性"自身被授予的现实"存在"[2]。康德后来曾明确解释过自己的三分法与传统形式逻辑的二分法的区别，认为后者是分析的，前者是综合的。它不是形式逻辑的 A 与非 A，而是"（1）条件，（2）被条件的，（3）二者的结合"[3]。康德的这一观点，很快就为黑格尔所紧紧抓住和充分发挥。黑格尔把这种三分法作为逻辑学的旋转车轮，进而深入广阔地论证了范畴之间的联系、依存、对立、过渡、推移、转化等，将其展开为范畴自身变化发展的运动历程。这不再是康德这种平行而静态的十二范畴，不再是康德对传统逻辑的外在格式的仿制，而是充满着内在联系、不断运动发展的思维的辩证法。这个辩证法头脚倒置地表现着物质世界中客观的辩证发展规律，从而构成了黑格尔哲学的精华。但如果没有康德的范畴表，也就很难有黑格尔的辩

---

1. 《纯粹理性批判》B110，参看蓝译本，第 89 页。
2. 同上书，B111，第 89 页。
3. 《判断力批判》导论 9（参看宗白华译，上卷，商务印书馆，1964 年版，第 36 页）。

证法。亚里士多德通过柏拉图把苏格拉底的内在的东西变而为外在的抽象共相。黑格尔通过费希特、谢林将康德的内在的东西变而为具体的共相 [1]，即将康德的主观认识的范畴表以及"范导原理"（参看本书第六章）变而为客观的、进行对象化的精神和理念。

康德和黑格尔在论述和研究范畴时所处理的问题和偏重的方面是不同的。黑格尔以绝对精神来产生、支配和改造一切，他着重的是逻辑范畴如何与历史相一致，并使历史从属于逻辑范畴。康德所集中注意的，则是范畴作为"知性纯粹概念"如何运用于感性，如何与感性经验相联系，亦即"综合"问题。范畴实际上是康德所强调的"综合"的具体形式。他们两人的这种区别，贯穿着整个认识论。一个夹杂着许多心理学和自然科学方面的问题（康德），一个则几乎不提心理学，着重的是社会的历史发展（黑格尔）。

二　"先验构架" [2]

如前所述，康德认为范畴是先验的"知性纯粹概念"，与一

1.　林赛：《康德》。
2.　按《纯粹理性批判》的次序，分析论中范畴表（"形而上学演绎"的部分，主要探讨思维结构自身，而不涉及认识对象）之后，是"先验演绎"，即论证知性范畴应用于经验认识对象的客观有效性，然后才是这种客观有效性的具体途径，即由"构架"和知性原理的先验规定达到对于现象世界的认识。但"先验演绎"是康德认识论的核心，应专门来讲（本书第五章）。由范畴表直接"构造""原理"，也文从字顺。（"原理"部分当然最好与本书第五章参照一起看。）伊文《〈纯粹理性批判〉简释》和其他一些著作则经常把"先验演绎"提出，放在"范畴表"前讲。

般的概念不同，它们与经验毫无关系。那它们又如何运用到感性
直观上去呢？一般的概念是由经验提升而来的，概念与直观有同
质的东西，所以反过来将概念运用于直观没什么困难。如圆之于
盘，前面这个几何学概念与后面的经验直观有同质的东西。但范
畴却不然，它们作为先验的"知性纯粹概念"，与感性直观毫无
共同之点或相通之处。康德说：

> 但因为知性纯粹概念的确与经验直观、与所有的感性直观根
> 本不同，不可能在任何直观中遇到它们。没有一个人会说，范
> 畴，例如因果，能通过感性被直观到，它本身包含在现象中。那
> 么，直观的材料包括在纯概念之下，范畴应用于现象，又是如何
> 可能的呢？……
>
> 很明显，这里必须有某种第三者，一方面与范畴相一致，另一
> 方面又与现象相一致，这样才使前者可能应用于后者。这个中间表
> 象必须是纯粹的，这就是没有任何经验内容，同时它必须一方面是
> 知性的，另一方面是感性的。这样一种表象便是先验构架。[1]

康德所说的"构架"[2]，不是具体的感性形象或意象（image），
而是一种指向概念的抽象的感性。它并不等于概念，而概念性的

---

1. 《纯粹理性批判》A137—138 = B176—177，参看蓝译本，第 142—143 页。
2. "构架"（Schema），或译"图式"（《反杜林论》中译本），或译"图型"（《纯粹理性批判》，
   蓝译本），或译"范型""间架"。由于它是指构造对象的框架，似译"构架"为宜。

图式化、感性化的东西，大体相当于某种图表、格式、模型等，如地图、建筑施工的蓝图，化学元素周期表，人体解剖图之类。康德以数学为例，他说"……"这样五个点便是意象，不是构架；数字 5 则是构架，而非意象。对于大数（如五位数）而言，这点更明显，它是构架，而无意象可言。又如几何学的三角形（不是黑板上或纸上的三角形），就是构架。它与圆不同。我们可以从圆形事物中得出圆这个经验，但我们不能有三角形的意象，我们的意象只能是锐角三角形、直角三角形或钝角三角形，不可能是一般的三角形。意象是特殊的、具体的感性形象，构架则是更为抽象的感性结构。所有意象都是感性的，但并非所有感性一定都有意象，构架即如此。构架既不是经验的概念，也不是事物的形象，而是一种概念性的感性结构方式、结构原则或结构功能。它不是被动接受的某种形象，而是主动构造的某种规则。例如，狗的构架就不是任何那个或任何某种具体的狗的形象、画图，而是一般具有狗的特征的四足兽的构图（如狗的解剖图）。总之，所谓构架，乃是一种抽象的感性结构，是作为接通具体感性材料的中介和途径的一个关键环节。构架成为知性与感性交叉的焦点。它的主要特征是主动创造的抽象化的感性。

康德认为，作为"知性纯粹概念"（范畴）与感性之间的中介的"先验构架"，就是时间。时间符合上述"先验构架"的三个条件。"先验构架"必须是纯粹的，没有任何经验内容，时间作为纯粹直观正是如此（见"感性论"）。同时，"先验构架"必须一方面是知性，另一方面是感性。在康德看来，时间也正如此。

时间一方面作为先验的感性直观形式，一切事物必须在其中才能为我们所感知，没有时间或不在时间中的对象，根本不是认识对象。我们认知一座房屋，需要经过一个感知的时间连续的过程（由这一部分到那一部分），只有与时间联系起来，房屋才成为认识对象。另一方面，时间与空间不同，它作为内感觉与知性范畴的根源（"先验统觉的自我意识"，详见下章）又有密切关系。时间意识与"自我意识"息息相关，后者必须在时间中展开，为时间所限定，所以时间又具有知性特征。时间一方面是直观的纯形式，与感性相连；另一方面又具有普遍的主动性，与知性相通。康德说："时间的先验规定是这样地与范畴相一致（它构成统一），它是普遍的，并建立在先验规律之上。另一方面，它又是这样地与现象相一致，时间包含在任何杂多的经验表象中。从而，通过时间的先验规定，范畴应用于现象成为可能。它作为知性概念的构架，是使现象材料属于范畴的中介。"[1]

康德晚年在一封信中再次解释了"构架"，比较简明扼要。他说："把一个经验概念置于一个范畴下，似乎是内容上不同种类的东西的从属，这在逻辑上是矛盾的，如果没有任何中介的话。然而，如有一个中介概念，就可能把一个经验概念置于知性纯粹概念之下，这就是由主体内感觉表象综合出某物概念，作为这样的表象，与时间条件相一致，它表现为依照一个普遍规律先天综合出来的某物。它们所表现的与综合一般的概念（任一范畴）同

---

1. 《纯粹理性批判》A138—139 = B177—178，参看蓝译本，第143页。

类，从而依照它的综合统一就可能把现象从属在知性纯粹概念之下。我们把这种从属叫作构架。"[1]

"先验构架"是如何来的呢？康德说，它来自一种先验的"创造的想象力"的综合活动。范畴得自逻辑判断的纯形式。例如，实体范畴来自作为一切宾词的主词，因果范畴来自"根据"这一逻辑观念，它们都有纯逻辑的抽象统一性；构架则不同，由于与感性相连，与杂多在时、空中的综合相关，便不只具有纯逻辑的意义，而是表现为时间中的永存（实体）和前后序列（因果），等等。在这里康德仍然是用经验论（心理）来调和与纠正唯理论（逻辑）。所谓构架化的范畴是先验想象的成果，正是如此。这种所谓先验的"创造想象"介乎感性与知性之间，可以说是知性对感性的某种主动活动或功能，所以不同于被动式的"再现想象"。"再现想象"是从意象的再现中简单归纳或抽象出来。"创造想象"是与知性主动性相等同的东西，它实际上是知性主动性的具体化。经验对象统一的可能性来自知性，而具体地将直观杂多统一为经验对象的，便是先验想象，即"创造想象"。正是这种创造的想象提供规则和计划，产生构架，有如"再现想象"产生意象一样。一般"再现想象"产生的意象，也只有通过构架，才能与概念相联结，可见构架不受特定的经验意象的限制。这种构架的能力，康德认为，是"潜藏在人类心灵深处的一种艺术，其活

---

1. 康德 1797 年 12 月 11 日给梯夫屈克的信。

动本质的真实状态很难让我们去发现和打开在我们眼前"[1]。康德把它简单地诿于先验的纯粹想象即创造想象后，就未多谈了。"创造想象"也就成为康德认识论中的一个极为关键又很不清楚的问题。[2]

康德转而迅速地把四项范畴塞进时间构架中："量"的构架是"数"，即时间系列。"质"的构架是"度"，即时间内容。"关系"的构架是时间次序。"模态"的构架是时间总括。关于这些是什么意思，下面讲知性原理时就比较清楚了。康德对这四大项共十二个范畴的构架，并没有每一个都细说。例如，"量"的三个范畴，主要讲了"总体"范畴的构架；"质"的三范畴也只第三范畴——"限定"有构架，如此等等。有人用黑格尔的观点说，康德着重的是正、反、合中的"合"即第三范畴[3]。但事实并非如此，"关系"三范畴着重的恰恰是前二者。这说明康德对此还没有一个确定的原则。

知性如何具有客观性？这是康德探讨的中心，将在本书第五章中讲。构架和创造想象，则是使知性通向感性从而获得客观现实性的桥梁。它们是使知性结合感性的关键和要害。构架的作用就在于：一方面使范畴应用于现象而具有现实性，另一方

---

1. 《纯粹理性批判》A141 = B181，参看蓝译本，第144页。

2. "想象力的先验综合"与"统觉的先验综合"（本书第五章）实际可说是一回事，从不同方面去讲罢了。"这乃是同一个主动性，一以想象力之名，另一以知性之名……"（《纯粹理性批判》B161注，参看蓝译本，第116页注2）。但它们二者的关系在康德那里仍是极为复杂的。参看本书下章。

3. 参看开尔德：《康德的批判哲学》第1卷，第1编，第3章，这当然是一种黑格尔化的解释。

面又在认识过程中约束范畴，使之不运用于感性经验之外。康德说：

　　因此，范畴而无构架，只是知性产生概念的功能，而不表现任何对象。这种客观的意义是得自感性，在限制知性的过程中来实现知性。[1]

　　范畴一离开感性直观的条件……便与任何确定的对象没有关系，从而也就不能规定任何对象，其自身也就没有客观概念的有效性了。[2]

　　例如，"实体"这个范畴，如不与感性直观相联系，即如没有时间构架作为中介以应用于感性现象，其本身对于认识便毫无意义。实体是什么？不用时间来规定或说明，根本无法理解。但如果与时间构架相连接，实体等于时间中的长存、持续，属性等于时间中的变易，这样就感性化，可以应用于直观现象，具有客观内容和意义，也就好理解（认识）了。可见，实体这个范畴作为知性纯粹概念，要能应用，必须使之通过时间构架而连接于经验。同样，因果这个范畴，要应用它，也必须连接于"时间继续"的构架，即必须由有次序的时间的经验继续给予对象。本来，康德的先验范畴是完全独立于经验的所谓"知性纯粹概念"，

---

1. 《纯粹理性批判》A147＝B187，参看蓝译本，第148页。
2. 同上书，A246，第221页。

但一讲到具体范畴，康德更多的是讲各范畴的构架。如讲实体范畴，实际上讲的是它的持续、永恒的构架。范畴在这里与范畴的构架已无区别。但是，范畴一与构架等义地使用，便宣告了康德所说范畴的所谓纯粹先验性质的破产。[1]构架说是用感性限制了知性范畴。一些康德研究者异口同声地斥责康德的构架说，认为这是他的先验唯心主义不彻底的表现，与"先验演绎"矛盾。有的人则认为构架说不重要，尽量避而不谈。其实，构架说是康德"批判哲学"认识论的关键之一，它是企图联结先验与经验、知性与感性、一般与特殊、本质与现象的中介，康德以唯心主义的方式提出了这个具体联结方式的问题，有极为重要的意义。

三 "知性的先验原理"

1. "量"与"质"

紧接着构架理论的，是康德对于所谓"知性的先验原理"的规定，实即上述时间构架的具体化。康德说，范畴表十分自然地在构造原理表中给予我们以向导，因为后者不过是前者的客观应用的规则罢了。因此，纯粹知性的所有原理是：

---

1. 当然，这是指认识论。没有构架的范畴，在康德整个哲学中，例如伦理学中，仍有其重要意义。例如无构架的因果范畴，虽不可认识，但大有作用。参看本书第六至第八章。

	I 直观的公理	
II 知觉的预定		III 经验的类推
	IV 一般经验思维的准则	

康德认为，一切经验或科学都必须在前述的四项范畴下通过时间构架才有可能成立。例如，在《自然科学的形而上学基础》一书中，康德将范畴应用于自然科学，便把整个物理学实亦即整个自然界作为运动的研究，分属在四项之下：1. 运动学：处理运动的量（运动的速度与方向）；2. 动力学：处理运动的质（斥力与吸力，它们构成不同密集的物质的度即形成运动）；3. 机械学：处理运动之间的关系（如运动中作用力与反作用力相等，等等）；4. 现象学：处理运动的状态（直线、曲线，等等）。知性先验原理指出，范畴必须依据这些"原理"才能应用于一切经验。例如，量的范畴应用于经验，使杂多的感知构成认识对象，就必须在"一切知觉都是延扩的量"这条直观公理的先验知性原理之下进行。康德认为，通过知性原理的阐述，结束"先验分析论"，才完成他对"先天综合判断如何可能"这个认识论主题的解答。"知性原理"不仅是康德的范畴表、构架说的具体化，也是康德认识论中最富有内容的部分。

康德从数学与力学的事实出发，提出其"先天综合判断如何可能"的问题，他把时空直观、知性范畴作为两大先验要素，通过形而上学和先验的阐明或演绎，由抽象走向具体，到构架和原理部分，便是这个具体化的全面展开和完成。知性如何结合、驾驭和处理感性以构成认识，通过这种综合的方法和道路，得到了具体的表达；感性与知性在上面一直还是分割对立的，在这里才获得统一。[1]

下面逐条来看。

第一，"直观的公理"。"原理是：一切直观都是延扩的量。"[2]这也就是时、空直观形式的原理。它表现为所谓"时间系列"的构架。因为直观是由一部分到另一部分的不断的综合，亦即部分的相继出现，这即是时间的系列。只有在量的第三范畴（总体）下，即数的构架中，现象才为我们所认知，这是数学的先天原理。[3]可见，"先验感性论"讲数学作为所谓"先天综合判断"，只讲了时、空直观的先验感性形式，还是不够的。包括几何和算术在内的知识，也必须是感性与知性的结合，必须运用上述这个知性原理才行。感性与知性"二者联合行使时，才能规定对象"[4]。纯数学的"先天综合判断"也不例外。在前面的"先验感性论"

1. 以前中国有人把范畴与原理说成是"体""用"关系（见郑昕《康德学述》），这说法似明豁好懂。但注意不要因此有"体"（范畴）可离"用"（原理）而存之误。依康德，范畴如不在原理中即无认识功能，虽可具有伦理学的本体意义（如自由因）。
2. 《纯粹理性批判》B202，参看蓝译本，第156页。
3. 康德早在其就职论文中便认为："一般感觉对象的纯表象为时间，量的范畴构架是数，即1加1的同质继续增加的表象。数不是别的，而是一同质杂多的综合统一，这统一是我在了解此直观中产生时间自身之故。"布劳威尔的直觉主义数学学派完全承继康德，认为数的本质在于时间的延续。有人则认为在这一公理中，康德解释了数学如何能应用于经验，从而预告了数理物理学的可能。
4. 《纯粹理性批判》A258 = B314，参看蓝译本，第219页。

里，只是为了叙述方便，康德才把数学单独放在那里讲，好像它不需要知性就可成为知识。实际上，康德仍然认为，数学需要知性范畴（量）及知性原理的参与，才可能产生。所以，这第一个"知性原理"也可说是感性论的直接引申。它的重要性在于指出任何认识对象必须有可计算性的数量，从而它是可分的，不能是一种不可分和不可计量的东西。康德认为，所有范畴都指向先验综合，如果综合的是同类的质料，则表现为数学的功能，不同类的则表现为力学的功能。延扩的量属于第一种。可见量的范畴实际成了康德由感性论（时、空）到知性论（范畴）的过渡。量的同一性与时间的同质化确有关系。我以为，正是这种时间的同质化与量的同一性，使人类原始意识形态从梦幻般的神话中逐渐走向科学和历史的认识。康德一贯重视数量在认识中的巨大意义，以量来规定质，强调数学方法在于构造对象，认为不能引入数学加以计算便不成为科学，凡此等等，都可与现代自然科学突出形式化（数学化）的重要特征联系起来研究。数学有极广泛的普遍适用性，这种普遍性随着经验科学的进展日益变得重要了。

第二，"知觉的预定"。"原理是：在所有现象中，作为感觉对象的实在，都具有强弱的量，即度。"[1]

与黑格尔先质后量相反，康德的范畴是先量后质，先直观形式，后知觉内容，有其深刻意义。黑格尔先质后量，是干脆甩开质的物质现实性，他讲的"质"是一种纯逻辑的规定，更彻底地

1.《纯粹理性批判》B207，参看蓝译本，第 159 页。

贯彻了绝对唯心主义。康德的"质"的构架范畴则不同，它以间接方式肯定了外界物质的存在。康德说："无论直接或间接（不管推理如何遥远），没有知觉从而没有经验能够证明现象领域中的一切实在可以完全消失。换句话说，决不能从经验得出虚空的时间和空间的证明。"[1]"任何实在，按照其性质，都有特定的度……所以充塞一个空间的膨胀物，例如热和类似的现象界中的任何其他实在，能够无限地减少其度量，但也决不会使这个空间的最小部分成为完全空虚。"[2]康德不承认有绝对空虚的空间与时间，而时、空作为直观形式（量），是与质（存在，物质实在）不可分的。康德肯定物质多样性的存在，反对用量的增减来解释质。康德说："凡实在皆有量，但不是延扩的量。"[3]"现象领域中的实在常有一量，但因为对它的感知只通过感觉立即获得，而不是通过不同感觉的连续的综合，从而不是由部分进到整体的。"[4]就是说，这种量不同于上述那种部分加部分的延扩量，即不是第一项原理讲的感知之所以能继续下去的时、空直观形式的量，那是数量。"质"的度量指的是，直接为感知所获得的量。因为任何一刹那，感知对象总是一定的经验物质的实在，具有不同的度量，亦即具有一定质（由于物质实在）的量。这两个量不相干，也没

1. 《纯粹理性批判》，A172 = B214，参看蓝译本，第162页。
2. 同上书，A174 = B216，第163—164页。
3. 同上书，A168 = B210，第160页。
4. 同上。

关系 [1]。前者关于直观形式，后者涉及物质材料，所以前者是"直观公理"，后者是"知觉预定"。因为后者说的是知觉必须有一定程度的度量。如果这个量消失为零，感觉就不存在，任何经验认识也就不可能了。这种量不是通过时间的系列一部分一部分地给予的，而是当下在任何一个时间点上都必须具有的。实际上康德这里已开黑格尔逻辑学中的"限有""度"的先河 [2]，但他还没有把质、量统一起来，像黑格尔的辩证法那样。总之，康德认为，尽管感知的任何具体质料是什么，不能预先确定，但必须先验地预定有经验的质料存在，即必须具有外界物质实在作为知觉的内容。与上述"量"的原理一样，这个"质"的原理，也是一切科学认识的必要条件。可见，康德这条所谓"知觉预定"的知性原理，把物质世界的客观存在说成是种"先验的"规定。它有唯物主义的成分，但这成分仍然束缚于其先验唯心主义的体系之下。

2. "实体"与"因果"

康德把四项范畴的原理分为两大部分，第一、第二项是所谓"数学的原理"，后二项是所谓"力学的原理"。前二项是现象的直观，表现出连续、极限等数学特性，直接与感性相联系；后二者涉及本质的存在，与感性并无直接联系。前二者是构造对象，

---

1. 好些研究者把"知觉预定"的量与质等同起来，或还原为"直观形式"的量，把它们说成一是内在的量，一是外在的量，如克罗耐（Kröner）、瓦尔什（Walsh），这是不符康德原意的。
2. "延扩的量的例子，如同类事物的集合，例如，一平面上的点与数目；强弱的量的例子，如度的概念，例如一房间的照明亮度。"（1797 年 12 月 11 日康德给梯夫屈克的信）

后二者是规范认识。前二者有直接的自明性，后二者没有，只有
靠推论才成立。

所以第三条原理便叫"经验的类推"。"原理是：经验只是通
过知觉的一种必然联系才可能。"[1]意思是：只有通过知觉间的某
种必然联系（不是知觉的偶然联系）的推论类比，经验才是可能
的。因为通过前两条"量""质"原理，得到的仍然只是些直接
的混沌感知，这还不能构成认识。要认识任何一个事物，必须认
识这个事物与其他事物的关系，即它的上下左右、来龙去脉。不
可能绝对孤立地（不与任何事物相联系的条件下）去认识一个对
象，这样是不能获得认识的。而对一个对象与其他对象之间的关
系的认识，却完全不是直观感知可以获得的，必须经过思维才能
发现。例如，不能直观感知因与果存在于两件事物之间，只能推
论它们如此。不能直观感知实体与属性的关系，只能思维到有这
种关系存在于所直观的对象中。所以，康德认为，与前二项原理
不同，关系范畴的原理不是直观的，而是推论的。它不是对一个
对象作数学的直观构造（如前两项那样），而是指引人们对一个
对象作所谓力学的逻辑组织。

关系范畴的构架是"时间次序"。康德说："时间的三种形态
为持续、相继和并存，所以时间中所有现象的一切关系也必须有
三种规律，这些规律先于一切经验，并使经验成为可能。"[2]但时

---

1. 《纯粹理性批判》B218，参看蓝译本，第165页。
2. 同上书，B219，第166页。

间本身作为直观形式并不能独立存在，我们不能感知时间本身。时间的这三种构架本身也不能独立存在，它们不能脱离感性质料的羁绊，必须在感性现实中才有意义。它们是由现实事物在时间中的客观关系所构成和决定的。在康德看来，一切事物总在时间关系之中，如果事物的时间关系不是经验的对象，那就不存在什么经验；如果这种时间关系不能客观地去规定，也就没有经验的对象，而只能是些主观的偶然的观念集合。此外，这三个构架本身是相互联系、相互包含的。只有和相继（先后）对应，才有持续；必须有持续，才可能出现相继，这二者又都包含并存。三个类推处理的是同一问题的三个方面，特别是"实体"与"因果"两个范畴，联系更为密切。

第一是实体原理："在现象的一切变易中，实体是永恒者；它的量在自然中既不增加也不消失。"[1]康德解释说："永恒者是时间自身的经验表象的基体。时间的任何规定只有在这个基体中才成为可能。永恒性是现象的一切存在、一切变易、一切并存的相应的住所……"[2]"在所有现象中，永恒者是对象自身，即作为现象的实体。相反，变易或能变易的任何事物，不过是属于实体或诸实体的存在方式，即属于实体的规定。"[3]

康德的意思是，必须先验地设定实体范畴和永恒性持续原理

1. 《纯粹理性批判》B224，参看蓝译本，第169页。
2. 同上书，A183 = B226，第170页。
3. 同上书，A183—184 = B227，第170页。

构架，才能谈到任何变易。因为变易总是某个东西（永恒者）的变易，有变易必有发生变易的不变者。没有不变就不能知道变，没有常在、永恒，就不能知道变动、迁易。而所有这些都是在时间中感知到的。我们的知觉都在时间之中，在时间中事物表现为延续、相继与并存，所以，必须设定在知觉的对象中，时间有一永恒性的基体。没有这样一个持久不灭的实体，则一切的时间的经验序列根本不可能。这个永恒性实体又并不是时间本身，时间本身无所谓变与不变，它只是主体的直观形式。我们不能脱离事物去感知时间，只是说我们感知到的变易都在时间中而已。我们意识到时间中的延续、相继、并存，实即我们从时间中意识到延续、相继与并存。可见永恒性实体只能是一个时间中的可感知的不变者，一个时间中的"某物"。这个"某物"究竟是什么，康德认为不能做出什么规定。但有一点很明显，它在康德心目中并不是精神性的东西。相反，它必须是感性经验的对象，并且只在感性经验中才具有意义。我们认识一个对象，不把它看作只是一堆主观感知，而把它表象为一个事物的同时存在，看一座房屋，不会认为它只是色彩、体积等感知的主观系列，而认知它是一个同时存在的客观对象，就必须有"实体"这个范畴起作用。这个范畴也只有在这种经验中才有其作用和意义。康德指出，如果实体去掉给人以"持久性的感性条件"，那么，它不过是一种不能作宾词的主词，这种主词的性质丝毫不能告诉我们什么，这对于认识就毫无意义了。所以，尽管并没明说，康德的这个"实体"，是指向自然界的永恒物质自身。与奥古斯丁把时间看作思想的伸延倒恰好相反，它实际是当时牛顿力学所遵循的质量守恒原理的哲学化。[1] 牛顿也曾提出其"自然哲学"的四条"推理法则"，其一便是："物体的属性，凡不能增强也不能减弱者，又为我们实验所能及的范围内的一切物体所具有的，就应看作所有物体的普遍属性。"[2] 这个所谓普遍属性其实就是作为实体的物质存在的属性。

可见，与第二项原理"知觉的预定"一样，康德的实体永恒性原理是在扭曲了的形式中肯定了物质世界的存在永恒性。[3] 自然界的永恒存在被康德形式地设定在时间中，作为经验的持续和变易的基础，即经验世界中种种变易必须有物质的永恒存在作为基础。在《自然科学的形而上学基础》中，物质便被定义为"充满空间，有运动能力，能成为经验的对象"，这则已接近科学的实体概念。康德认为，自然科学（物理学）的一些基本原理，如物质不灭，无不能生有、有不能变无等，只有在这条原理的基础上才有可能，而整个自然科学则是建立在这些基本原理（物质不

---

1. 康德曾一再说："关于有形自然的所有变化，物质的量作为整体是相同的，不增不减。"（《自然科学的形而上学基础》）又说："一个哲学家被问烟的重量时，将回答说，从木柴中减去灰烬的重量，便是烟的重量。他就是以即使在火中，物质（实体）也不灭，而只有变化为无可否认的前提的。"（《纯粹理性批判》A185＝B228，参看蓝译本，第 171 页）无不生有，有不能变无，这正是现实与幻梦的不同处。此外，"实体"一词，康德有时用单数，有时用复数，亦可见其非主观感知而为客观物体，注释家们于此又作了不少文章，均从略。

2. 《自然哲学的数学原理》第 3 编。

3. 多数康德研究者根据康德的某些含混和矛盾的说法，如康德说"物质"只是"现象"而非"物自体"，是依存于认识的，等等，把康德的实体解说为在感觉之内的东西，如感觉材料。正如否认康德的"物自体"作为感性来源具有唯物主义方面一样，他们也否认实体原理有这一方面，对前述"知觉预定"更是如此，认为说的只是感觉本身。这些是不能成立的。但康德对物质的说法的确很多，他经常把它归为运动的力即斥力、吸力，又将其等同于弥漫的"以太"："物质在世界空间中无处不在，物体则是分割开的""物质在物体形成之前，通过物质，物体才形成"，等等（见《自然科学的形而上学基础》等）。

灭、质能守恒等）之上的。在一般经验中也是这样，如果没有时间中持续存在的实体（物质），也就不能客观地了解变易。事物便不能作为一个相对稳定的对象被认知，而只能成为一种恍惚不定的如梦幻似的主观感知的系列了。

但是，康德说，"以上原理常设为经验的基础（因为在经验知识中，这个基础的必要是感觉到的），其自身却是绝对没有证明的"[1]。这是说，这个作为经验基础的实体永恒性原理是"绝对没有证明的"，它只是一种先验的知性规定。康德说："除物质外，我们别无永恒者，能够作为直观把实体概念建筑于其上。但就是这个永恒者也不是得自外在经验，而是作为时间规定的必要条件而先验地设定的。"[2] 把物质世界的永恒存在归结为人们主观思维（知性）的一种独立于经验的规定，似乎成了一种逻辑前提，就是这条所谓实体原理的本质。一方面它包含有唯物主义的成分，另一方面又从属于唯心主义的先验形式之下。从而，这种实体存在作为先验的形式设定，便失去了物质世界本来具有的丰富具体的现实内容，而成为空洞的抽象。这正是康德的先验唯心主义的必然结果。

第二类推是"因果"："一切改变是按照原因与结果联系的规律发生的。"[3] "因果"是康德所有范畴中最繁难和最重要的一个。如果说，实体原理是讲存在，那么因果原理便是讲过程；如果

---

1. 《纯粹理性批判》A185 = B228，参看蓝译本，第 171 页。
2. 同上书，B278，第 199—200 页。
3. 同上书，B232，第 173 页。

说，实体原理主要是针对主张精神实体的唯理论，那么因果原理
便主要是针对否定因果存在的经验论。康德这两种针对又是密切
联系在一起的。因果原理以前一"类推"——实体原理——为基
础，又是实体原理的更进一层。因为，因果的产生和事物的变易
必须先以不变的存在即实体为根本，实体本身便是最根本最原始
的"因"，但以实体为基础的任何变易，又总是有原因的。没有原
因的事物如宗教奇迹便不属于认识范围，不是科学对象。列宁在
《哲学笔记》中摘引黑格尔的话"实体只是作为原因才具有……现
实性"之后，指出："一方面，应该从对物质的认识深入到对实体
的认识（概念），以便探求现象的原因。另一方面，真正地认识原
因，就是使认识从现象的外在性深入到实体。"[1] 由实体到因果到交
互，康德的所谓"关系"三范畴即有这种推移转化的辩证过程，
它也是认识日渐深入的过程，这一点为后来黑格尔所强调，康德
本人则只偶或提到[2]却并未充分论证范畴的这种相互转化的关系。

牛顿在自然科学中确立了机械力学的因果律，用以解释物质
世界的存在和运动，上至日星，下如尘土，都由客观机械因果关
系支配着，这是由经验事实所确证了的。康德实际上是企图在哲
学中也来确立这样一个普遍规则。

在康德之前，休谟围绕因果问题提出了怀疑论哲学。休谟认

---

1. 《哲学笔记》，1974 年版，第 167—168 页。
2. 《纯粹理性批判》A204 = B249，参看蓝译本，第 183 页："因果引导到行动的概念，从而引
   到力的概念，再引到实体的概念"。

为，因果不是一种纯逻辑的关系，不能像唯理论者那样看作理性的东西，它只是人们经验中的主观习惯。人们经常看到 A 在 B 之前，B 与 A 经常保持这种经验的联系，便习惯地认为 A 是 B 的原因，即"先 A 后 B"的习惯使人们心理上相信"有 A 则有 B"。休谟认为，其实在客观事物中分析不出因 A 必 B，客观世界中并不存在这种因果的规律。

康德固然反对唯理论把逻辑的"理由"等同于现实的"原因"，认为因果决不是仅由理性就能保证或证实的纯逻辑关系。在他看来，逻辑理由只是概念的分析的统一，现实的因果乃是经验的综合的统一。但是他也不满意否认因果的经验论。他针对经验论，指出连续的观念并不同于观念的连续。后者只是一种心理经验的联想，前者则涉及对客体对象下逻辑的判断。他从而要求区分两种次序：一种是主观的次序，另一种是客观的次序。用什么标准来区别这两种次序呢？康德认为这要看先后次序是否可以倒转。主观的次序是随人们意志可以倒转的感知次序，如看一座房子，可以由上往下看，也可以倒转过来从下往上看，这一系列的感知是可以逆转的次序。又如主观的想象，也可以任意变动。客观的次序则是不以人们的意志为转移的，是不可倒转的感知次序。例如，对一条顺流而下的船的知觉，只能由上而下，而不能随意感知为由下而上。人们的这种知觉次序为外物所强迫，不得不如此感知。[1] 即是说，所谓客

---

1. 洛夫乔伊认为康德只证明了对静止对象与运动对象的不同感知，并未证明可逆转与不可逆转是主客观次序的不同。

观的次序乃是它必然如此的意思，这也就是因果。时间中这种客观的次序，以对象间的因果联系为前提条件。因之对这种时间相继次序的意识，也就是对客观事物的因果关系的意识。自然界由于因果的关系，构成客观的时间相继次序。虽然船的先后不同位置的客观时间次序并不就是因果，但它必须设定有因果在其中支配才成为可能。康德说："例如，我看见一只船顺流而下。我对于这只船在下游较低位置的知觉是接着对于它在上游位置的知觉的。对这个现象的把握，不可能是先知觉到这只船在下游的位置，然后才知觉它的上游位置。知觉在其中彼此相继的这个次序在这里是被决定了的，我们的领悟为这个次序所约束。"[1]"在一个事件的知觉中，总有一个规则，使得（在领悟这个现象当中的）知觉依次相继的次序成为一种必然的次序。所以，我们必须从现象的客观的继续得出领悟的主观的继续。"[2]"按照这种规则，在那个先于一个事件的东西里面，就必须有一个规则的条件，这个事件按照这条件不变地必然地跟着，我不能颠倒这个次序……假定一个'事件'之前，并没有这个事件所必须依据规律继起的先在事物，那么，知觉的所有的连续就只是在领悟之中的，即仅为主观的了，也就永不能客观地规定知觉的真正先后，而只是与对象无关的表象的游戏……那只是主观的东西，规定不了对象，不能看作任何对象的认识。"[3]"只有我们的表象在

1. 《纯粹理性批判》A192 = B237，参看蓝译本，第 176 页。
2. 同上书，A193 = B238，第 176—177 页。
3. 同上书，A194—195 = B239—240，第 177 页。

它们的时间关系方面必然地属于某种次序时，它才有客观的意义。"[1] 如此等等。要注意的是，康德这里讲的是一种时间的逻辑次序而并非时间的现实流逝，所以因果同时的事件也仍适用，例如房间里的火炉（因）与房间的热度（果）。"因果中的因与其立即的果之间的时间可以是不断消失的量，因之二者是同时的，但其一到另一的关系仍经常是决定于时间中的。"[2] 但因与果仍是不可逆转的，如同时间一样。此外，要注意的是，知觉的不可逆转并非就是因果，并非凡在前者即在后者的原因，先后不过是客观因果的一种标志而已。

康德关于因果的论证极为繁复多样，有人分析它有五六种之多[3]，非常复杂难通，这里不拟多讲。它的要点在于，康德强调必须有一个必然的规则或秩序，使人们的知觉次序不是主观任意的感知，不是表象的现象游戏。人们的主观感知必须服从于、来源于事物的客观次序，即必然因果关系。在这里，主观感知中的时间次序是以对象间的客观因果关系为前提的，否则时间次序本身就不能存在或毫无意义。但这只是一个方面，另一方面，康德又认为，我们之所以能认识客观对象，使经验的科学知识成为可能，亦即发现其中的因果联系，乃是我们的知性将时间次序输入感知中的结果，亦即先验知性的因果范畴，经由时间次序的

---

1. 《纯粹理性批判》A197 = B243，第 179 页。

2. 同上书，A203 = B248，第 182 页。

3. 可参看康浦·斯密、威尔顿等人著作。

构架，作用于感知材料的结果。康德说："知性的主要贡献不在使对象的表象清楚，而在于使对象表象成为可能。这是由于它输入时间次序于现象……"[1] 即是说，尽管我们还不知道事物的具体因果，还没有到经验中去将这些具体因果找出来，但因果（"凡事总有原因"）这个先验的概念（知性范畴）却已经有了。前面说，客观对象的因果决定人们主观的感知次序；后面说，人们的先验范畴通过时间次序，产生客观对象的具体因果，因果又是知性规范感知而给予对象的。前面说，先验的因果范畴自身并无意义，也不能独立存在，它只能存在于经验之中；后面说，它又逻辑地独立于任何一个具体的经验因果，而且是所有经验因果的前提条件。康德就这样既反对莱布尼茨—沃尔夫认为因果属于理性本身，可以超经验地使用，有超经验的普遍有效性；又反对休谟认为因果只是知觉表象的主观习惯，毫无确定有效的客观性质。从而，康德一方面认为因果的使用和有效性必须在经验之中，不能超脱经验而独立；另一方面又认为因果必须具有普遍的有效性质，所以不能来自经验，不能从经验中归纳概括出来。这就是既强调它的客观性（必须存在于经验中，所以不是我们主观的感知习惯，应从客观对象本身去寻找），又强调它的先验性（必须普遍有效，所以它是我们知性赋予经验现象的，只能来源于先验知性范畴）。康德就这样翻来覆去不断地徘徊、摇摆、彷徨在这个尖锐对立中。

---

1. 《纯粹理性批判》A199 = B244，参看蓝译本，第 180 页。

康德企图调和不可调和的矛盾，结果进退维谷，自相矛盾。在这个矛盾中，主导的一方仍然是先验的方面。正如在第一个类推中，"实体"是先验的范畴，原子、电子则为经验科学所提供一样；在这里，"因果"的普遍范畴属于先验，各种科学和事物的许多具体因果规律则由经验提供，即对任何一个具体的经验的因果的寻求中，总先要以"有一个原因"这样一种普遍必然的先验因果的抽象范畴作为前提。换个通俗的讲法，这就是说，人做任何事情，考虑任何问题，探究任何科学，总是先抱着"事情总有原因"这样一个"想法"，才可能去具体探求。如果根本没有这样一个"想法"，就无法、也不会去做什么探求了。人不同于动物也就在这里。这种"想法"，照康德的话说，就是先验的因果范畴，就是人的理性（广义），必须有它作为指引、规范和整理具体思维和感性材料的一般形式。"凡事总有原因"这样一个"想法"，并不是从经验中归纳出来的。我们看见一只白乌鸦，便会推翻"天下乌鸦一般黑"的经验归纳。但我们如在经验中遇到一件似乎无原因的事物，如果具有科学态度的话，便不会认为它没有原因，相反地总是去探求它的原因。这也就是说，不会推翻或怀疑"凡事总有原因"这个想法的正确。可见，"凡事总有原因"不是从经验中归纳出来的，相反，它倒是普遍必然地适用于一切经验事物、对象，所以它只能来自理性，是先验知性范畴。康德所谓理性是自然的立法者，它向自然提出问题要求回答，好像法官询问犯人一样之类说法，都有这个意思。

3. "交互"与"经验思维三准则"

继"实体""因果"范畴之后是"交互"范畴。交互范畴的原理是:"所有实体,能被知觉为在空间中共同存在者,都在一贯的交互作用中。"[1] 所谓交互作用,包含互相联系、互为因果等内容,它的时间构架是"同时共存"。但感知是没法把握"同时"自身的,它表现为感知 A、B 可以交互倒换位置,如同 A、B 在因果中由于时间次序的前后而不可倒换。感知之所以有这种倒换的可能,是因为对象之间有一种必然性的客观关系,这种关系只能用交互这个范畴和同时共存这个范畴构架才能把握。

比起实体、因果两范畴,这范畴比较次要。但值得注意的是,与以前各范畴只讲时间不同,康德从交互范畴起强调了空间。空间是外直观形式,与时间作为内直观形式不同,它更多与客观经验对象相联系,从而就有更多的客观对象方面的规定。康德在《纯粹理性批判》第 2 版中增加了对空间的强调。[2] 在康德《自然科学的形而上学基础》一书中,空间占有极重要的地位,与《纯粹理性批判》中的时间一样。康德的交互原理实质上是与当时用牛顿力学对太阳和诸行星空间关系、位置的研究分不开的。康德终于指出,交互范畴仅仅通过理性去把握是不行的,

---

1. 《纯粹理性批判》B256,参看蓝译本,第 187 页。
2. 如在实体、因果两范畴中也说:"……证明实体概念的客观实在性,我们需要空间中的(物质的)直观。因为只有在空间中的才能被规定为永恒的。"(《纯粹理性批判》B291,参看蓝译本,第 207 页)"要展示变化为与因果概念相应的直观,我们必须用运动即在空间中的变化作例证。只有这样,我们才能得到变化的直观……"(同上)

它的客观实在性只能通过直观即通过空间的外直观来规定。只有在空间中才可能把握弥漫到处的诸物质和实体的相互关系和交互影响，也正是通过这种交互作用，不同位置（空间）才显现出它们的共存，大自然也才可能被经验到是有相互联系的。如同实体原理、因果原理表现当时自然科学的状况一样，交互原理也是为了在哲学上表述当时的科学（特别是天文学）所呈现出来的图景：对象间相互联系和互为因果，构成一个机械力学的全景。但是，康德并不认为，自己的这些哲学原理是从自然科学中抽取出来的，恰好相反，他认为自然科学之所以可能，是由于知性有这些先验原理应用于经验。有实体原理（持续的存在），才可能认识事物的生灭；有因果原理（必然的连续），才可能认识事物的变易；有交互原理（同时的共存），才可能认识到事物是有联系的。

按康德范畴表的三三制原则，作为"关系"的第三项，交互范畴，具有最后原因的意义，即交互范畴（第三项）是诸实体（第一项）互为原因与结果（第二项）。这一点后来为黑格尔所发挥，成为他的逻辑学中本质论的最高范畴。

"关系"三范畴之后，是所谓作为"模态"的"经验思维的准则"。它与前三类范畴不同。它讲的不是范畴自身的性质，而是范畴与人们主观认识的关系。它不像量、质、实体、因果、交互这些范畴那样指向客体对象，而是指向认识状态自身，即认识的可能性、现实性与必然性问题。这里的认识讲的就是科学或日常的思维、认识，所以叫作"经验思维的准则"，即在"经验思维"

中必须具有或遵循的"准则"。这首先必须有感性作为材料，以限定在具体经验认识的范围内，从而这些范畴的感性的客观性方面就更突出一些。"经验思维三准则"的原理是：

"一、在直观及在概念中，凡与经验的形式条件相符合者，是可能的。二、凡与经验的质料条件即感觉相关联者，是现实的。三、在与现实的联结中，凡依据经验的普遍条件而规定者，是（这是说，其存在是）必然的。"[1] 它们的时间构架是：有时存在（可能性）、某一定时间内存在（现实性）、无论何时都存在（必然性）。康德认为，所谓"可能性"，只能由感觉、经验来证实："……没有经验的证实，概念只是思维的任意联结，虽然确无矛盾，但不能要求有客观实在性。从而，只承认作为思维的对象并没有可能性。"[2] 康德指出，科学认识中的可能性是一种现实的可能性，即在经验中有可能出现的性质，因而必须在时间之中，而不只是一种纯粹思维领域中的可能性，即不只是逻辑的可能。这也就是说，在科学和日常思维中，应该依据感知经验，而不能只是依据思辨推理来预测、规定或探求事物的可能性。像莱布尼茨那种既不占时、空（无"量"的范畴构架），又不能感知（无"质"的范畴构架），作为实体又不与别的实体发生因果或交互作用（无"关系"范畴构架）的精神性的单子，就只是逻辑的可能，而不是物理的或经验的可能，亦即没有现实存在的可

---

1. 《纯粹理性批判》B266，参看蓝译本，第192—193页。
2. 同上书，A223 = B270，第195页。

能。由此可见，形式逻辑的不矛盾律就不能是经验认识可能性的
准则。违反形式逻辑矛盾律的，逻辑上不可能，现实里却存在，
如种种事物的对立统一性质（参看本书第一章）。逻辑上有可能
性即无矛盾的，如果不符合经验形式的条件（量、质、关系等
范畴构架），在现实里便是不可能的。例如，两直线构成一图
形，在逻辑上是可能的，但日常生活的现实却没有提供这样的
感性直观，因此是不可能的。又如上述的莱布尼茨的单子，也
是这样。

　　关于现实性，更是如此。康德说："并不要求对对象的直接
直觉……所要求的是，依据经验的类推，对与某些现实的感知有
联结的对象的认知。"[1]康德举例说，譬如在磁石吸铁的经验知觉
中，虽然不能直接感知磁场，但可以依据类推得知有磁场的现实
存在。就是说，事物的现实存在的性质，虽不一定由当下知觉
直接感知，却必须能依据经验的类推而与一定的现实的知觉、感
知相联结。现实性虽然大于直接感知的范围，但最终必须建筑在
经验感知的基础之上，必须有感知来最后证实才行。同时这也表
明，范畴运用于现实感知，可以推知其他事物的现实存在，现实
的事物并不局限在当下感知的狭隘范围之内。这个原理一方面是
针对唯理论单凭推理便肯定对象的现实性[2]，另一方面又是针对经

---

1. 《纯粹理性批判》A225 = B272，参看蓝译本，第 196 页。
2. 如牛顿在《自然哲学的数学原理》中说，"物体的属性只有通过实验才能为我们所了解"，
　 要求排斥各种空想和假说，这也正是反唯理论的倾向。

验论单凭不能感知便否定对象的存在 [1]；既强调必须有感知作为推理的依据，又强调不能以直接感知作为一切现实存在的标准。这可说以哲学表达了当时自然科学所采取的经验与数学相结合的新途径。

同样，必然性范畴说的是，"……存在的必然性决不能由概念，而只能依据经验的普遍规律与已知觉的东西相联结才可以认识" [2]。这是说，必然性不能像唯理论者看作只是思维、理性的产物，只是种逻辑的必然，它必须通过一定的现实感知的东西，依据因果等推论，才能确定其必然存在。"凡人皆有死"，就是这种必然。康德认为，这并不在逻辑上否定与之对立的"人可以成仙（不死）"。后一命题在逻辑上是成立的，但在经验中不能为感知所证实或提供。所以，"凡人皆有死"并非逻辑的必然，而是经验现实的必然，这才是科学认识的对象，像"人可以成仙"之类不能由经验提供材料以证实其必然性的命题，应根本放逐在认识领域和科学研究之外。由此可知，康德对必然性强调的也是认识必须与经验感知相联系。

至于这三者之间的差异和关系，康德在别处曾说："可能性是被思维而未被给予的，现实性是被给予而未被思维的，必然性

---

1. 康德一方面非常轻视那种毫无意义的概念思辨，另一方面又很重视逻辑思维成果。他说："一个认识没有重要结果叫作反刍，例如经院哲学。"又说："任何逻辑的完全认识常有某种可能用途，尽管它还不为我们所知，而以后将为我们发现。如果在科学文明中，只看到物质所得或功利用途，我们将没有算术与几何。"（《逻辑讲义》导论Ⅵ）
2. 《纯粹理性批判》A227 = B279，参看蓝译本，第 200 页。

是通过被思维而被给予的。"[1] 这是说，可能性是符合经验认识的形式条件，即上述三大范畴原理，但当下尚未为感觉提供的。现实性是感觉提供了但尚未被论证，即尚未自觉纳入经验认识的形式条件中的。必然性则是二者的统一，其对象是感觉提供了材料，又由实体、因果等范畴构架所规定了的。如果说，可能性提供的是经验的形式条件，现实性提供的则是质料条件，前者是时、空直观和知性范畴，后者则是感觉，那么必然性正是这二者的统一。其实，康德的现实性已经是这种统一，它决不仅是感觉材料而已，所以这三者的关系在康德哲学里并未很好展开，要到黑格尔那里，才发展为一套相互依存和转化的辩证观念。例如，现实性与必然性在康德这里是含混等同的，在黑格尔就发展为深刻的辩证关系了，后者提出"现实的都是合理的，合理的都是现实的""现实性在其展开过程中表明为必然性"等著名思想。但黑格尔在发展康德这三范畴的同时，也抛弃了康德在这里的唯物主义的因素，即任何现实存在的东西都必须或直接或间接与感知经验相联系（一切科学仪器、测量工具不过是为扩大人的感知而延长了人的感官），否则就不能肯定其存在，也不能认识。可见，与黑格尔不同，康德偏重的不是这些范畴之间的辩证的逻辑联系，而是它们与认识的关系。康德在原理的结尾部分反复强调的，仍然是"知性范畴不能脱离感性作超经验使用"这个主题。他说："于是本节全部的最后结论是，纯粹知性的一切原理，只

---

1. 转引自康浦·斯密：《康德〈纯粹理性批判〉释义》。

是经验可能性的先天原理。而一切先天综合命题，也只有与经验相关，这种命题的可能性完全建立在这种关系之上。"[1]"一切概念和伴随它们的一切原理，即使是先天可能的，都与经验的直观相关，即与可能经验的材料相关。概念一离开这种关系，就没有客观有效性，而只是想象力和知性的纯然游戏而已。"[2]"离开一切感性，这种种范畴就毫无使用的地方。"[3]如此等等。

总之，如果没有感性，则上述一切知性范畴都没有客观的实在性和普遍的有效性，而只是一种逻辑的可能性，于认识毫无意义。康德认为，认识论要探求概念与客观对象相一致的问题，不能纯粹从逻辑来论证事物以取得知识。所以，我认为，康德强调纯粹知性本身不能认识现实，要求知性与感性密切结合，普遍原理（知性范畴）与具体实际（经验感知）密切结合，反对唯理论的独断主义和经验论的爬行主义，这在认识论上有其重要的积极意义，是当时科学实验在方法论和认识论上的哲学概括，是康德哲学中的健康成分，也是许多康德研究者所一贯轻视甚至抹杀不提的。

但是，另一方面，康德要求与感性相结合的知性，是在根源上与感性完全割裂的先验的东西。康德固然一方面强调知性与感性在经验中相互依存，在认识中概念与直观不能缺一；但同时，康德却在根源和本质上将知性与感性完全切开和对立起来。从

---

1. 《纯粹理性批判》B294，参看蓝译本，第 208 页。
2. 同上书，A239 = B298，第 211 页。
3. 同上书，A248 = B305，第 214 页。

而，结合只是二元的凑合或混合。感性与知性在根源上处于分裂中，感性不能上升为知性，知性也根本不是来源于感性。一个是在地下（感性），一个是在天上（知性），结果则仍然用天上来主宰地下，用知性来主宰感性，用先验来主宰经验。

其之所以如此，从认识论的原因上讲，是由于康德不了解人们的知性概念范畴的根源是什么，不了解人们的理性认识阶段是如何出现的。他看到这个理性阶段、这些知性范畴并不能从零碎的感知经验中直接提升出来（如洛克所设想的那样），于是把它们干脆与经验割开，用唯心主义先验论的形式，把这个具有普遍必然性的理性认识问题凸显出来了。之后，黑格尔也说："范畴并不包含在给予的感觉里，这是完全正确的。例如，我们试看一块糖，我们发现它是硬的、白的、甜的，等等。所有这些性质，我们说都统一在一个对象里，但这个统一却不是在感觉中发现的。我们认为两件事之间有因果关系，也是这样。感觉只告诉我们两件事依时间次序而相连续，但其中一为因，一为果，即两件事的因果联系，却不是感觉所感知的，而只是思想所发现的。"[1] 实体、因果等范畴的确不是感觉所能提供，而是思维的特定功能。那么，思维如何会有这种功能和范畴呢？这些思维范畴是如何来的呢？黑格尔也没有真正回答。相反，黑格尔把思维作为世界的本体推演出一切，因之也就不需要回答。

---

1. 黑格尔：《哲学全书·逻辑》§42，参看贺麟译本《小逻辑》，商务印书馆，1962 年版，第 134 页。

四　自然科学因果性理论中的康德主义

在康德那里，因果范畴之于自然科学（物理学）犹如时、空感性直观之于数学，它们是保证这些科学成立的"先验"要素。因果问题恰恰也是现代物理学理论的时髦课题。围绕着这个问题，有过影响颇广的一些观点和争论。在这些观点和争论中，康德不断被人提到。现代西方自然科学的哲学著作中，几乎没有不提到或追溯到康德的。（却绝少或根本不提黑格尔，黑格尔在这方面的影响几乎没有。实际上黑格尔是巧妙地避开了因果问题。）总的倾向仍然是从唯心主义方面来反对或修正康德，量子力学的一些著名代表便是如此。

海森堡说："康德说，每当我们观察一个事件，我们都假设有一个居先的事件，跟着那个事件必有另一个事件按着某种规律发生，这如康德所论述，是一切科学工作的基础……由此可见，因果律归结为科学研究方法，它是科学能够成立的先决条件。"[1]但海森堡紧接着指出，这在现代物理学中是行不通的，因为在微观世界中，古典的机械因果的决定论已经为统计性的概率所替代，于是他们说因果律不存在了，甚至说电子有"自由意志"，等等。因果问题与存在（实体）问题本是联系在一起的，对因果规律的否定，也是对不依存于观察者主体的客观世界的否定。海森堡说："原子和基本粒子本身也不像是真实的。与其说它们构成一

1.　海森堡：《物理学和哲学》第 5 章。

个物和事实的世界，不如说构成一个潜能或可能性的世界。"[1] 玻尔则提出互补原理作为统一人类知识的认识论，强调"客体和测量仪器之间的不可控制的相互作用"，主客体界限不能确定从而可以任意划分，心理学的东西与物理的东西彼此"互补"，以及由知觉的主体创造出客体。玻尔说，"任何观察都需要对现象过程进行一种干扰，这使我们失去因果描述方式所依据的基础。从而，自然本身对我们所谈论的客观存在的现象的可能性加上了限制""因果性可以认为是我们用来将感官印象加以条理化的一种知觉形式"[2]，如此等等。

　　某些逻辑实证论者也走着这条道路。艾比（Aebi）斥责康德的因果必然思想导致了黑格尔的决定论。莱辛巴哈反对康德的"凡事总有原因"的因果先验范畴。他说："这个论证是谬误的。如果我们要寻找一个特殊原因，我们不必一定假设一个原因存在。我们可以让这个问题挂着，正好像'到底是什么原因'那个问题一样。"[3]"经验论者休谟……高出于唯理论者康德……"[4]"时常有人说，这专门是量子力学中的问题……然而这是对问题性质的误解。即便在经典物理学中，我们也要解决观测之外事物的本性问题……假定我们看到一棵树，然后我们把头转开去，我们怎能

1. 《物理学和哲学》，第9章。
2. N.玻尔：《原子论和自然描述》。
3. 莱辛巴哈：《科学的哲学的兴起》第2部分§7。
4. 同上。

知道这棵树在我们不去看它时仍旧在它的位置上呢？"[1]这很明显是贝克莱主义了。

情况是复杂的。在由康德退到贝克莱的总倾向中，也可以看到一些人的观点是徘徊在休谟与康德之间，或不断由休谟走向康德，并且后一种倾向愈来愈在替代前一种。量子力学的现代文献承认了因果性。量子力学著名人物玻恩（M. Born）认为，"因果性就是这样一个原理，我们把它定义为一个信念，即相信可观测情况相互之间存在着物理依赖性""它们的确在物理学之外，并且要求信仰的活动"[2]。逻辑实证论者艾耶尔、费格尔（H. Fiegl）也都在不同程度上有由休谟走向康德的趋向，即逐渐承认并不能把一切科学归结为经验（感觉材料）。赖尔（Ryle）等人也注意到范畴涉及的并不是语言运用的问题。连罗素后来也承认有非分析(逻辑)、非经验的某种东西。尽管他们在表面上激烈地驳斥和反对着康德，实际上却趋向于承认康德的"先天综合"。他们提出的"逻辑（分析）如何能应用于经验（综合）""科学中的概念成分与经验成分如何可能结合"等问题，这些都可说是变形了的"先天综合判断如何可能"罢了。

包括爱因斯坦的某些哲学观点，也是如此。作为伟大科学家和

---

1. 莱辛巴哈：《量子力学的哲学基础》，中译本，第30页。当然，莱辛巴哈还有一些观点，不满足于逻辑实证论，认为理论不能完全还原于"观察命题"，表现出肯定某种独立的物理世界的实在论倾向。
2. M. 玻恩：《关于因果和机遇的自然哲学》，中译本，第127页。罗素《人类的认识》："对某一类外部因果性的确信，是一种原始的、在一定意义上是动物行动所固有的信念。"

思想家的爱因斯坦，坚持有不依存于人的客观世界及因果规律的存在，这一点比量子力学的哥本哈根学派的哲学观点要高明。[1]但他又认为，尽管如此，因果仍是一种无法加以证明的"信念"。从而，爱因斯坦一方面说，"相信一个独立于感知主体的外界世界是一切自然科学的基础"[2]，这是唯物主义；另一方面，他又认为，概念虽由经验提示，但并不是由经验归纳而来。相反，感觉经验是被我们的概念所组织整理而成为知识的，这些概念是"自由的创造"，但它们之所以有认识价值，又仍然必须与一定的感性材料相联系。

爱因斯坦一再地说：

我们的一切思维和概念都是由感觉经验所引起的，所以它们只对于这些感觉经验才有意义。但另一方面，它们又都是我们心灵的自由活动的产物，所以它们决不是这些感觉经验内容的逻辑推论。[3]

在我们的思维和我们的语言表述中所表现出来的各种概念，从逻辑上看来，都是思维的自由创造，而且都不能从感觉经验中通过归纳而得出来。[4]

---

1. 爱因斯坦不承认概率在微观世界中的意义是不对的，但他在哲学上却比量子力学的那些代表人物要清醒得多。他痛斥"自由意志"为胡说，同时他也指出："我们目前应用因果原理的办法是十分粗糙和肤浅的……量子物理学向我们揭示了非常复杂的过程，为了适应这些过程，我们必须进一步扩大和改善我们的因果性概念。"（《关于因果性和自由意志的对话》，见普朗克《科学往哪里去》）
2. 《麦克斯韦对物理实在观念发展的影响》，见《麦克斯韦纪念集》。
3. 《空间—时间》，见《英国百科全书》，1955年版。
4. 《论罗素的认识论》，见席浦（Schilpp）编《罗素的哲学》。

看起来，观念世界是不能用逻辑的方法从经验中推导出来的，在某种意义上，它是人类心智的创造，并且要是没有这种创造，就不可能有科学；但尽管如此，这个观念世界还是一点也不能离开我们的经验本性而独立，正像衣服之不能离开人体的形状而独立一样。[1]

很明显，爱因斯坦在这里几乎完全重复康德。[2]差别仅在于，爱因斯坦强调的是任何概念（而不只是康德所固定不变的十二范畴），是"自由创造"（而不是康德的"先天"）。这种差别当然是非实质的。正如爱因斯坦自己所承认的："这里所主张的理论态度和康德的态度的差别，仅仅是我们并不认为'范畴'是不变的（受知性的本性制约的），而认为它（在逻辑意义上）是一种自由约定。如果不一般地规定范畴和概念，思维就会像在真空里呼吸一样，是不可能的，仅在这一点上，这些范畴才好像是先天的。"[3]

康德如果活在今日，大概也会赞同爱因斯坦的上述观点。康德所以提出既不同于分析也不同于综合的先天综合判断，与爱因斯坦

---

1. 《相对论的意义》。
2. 爱因斯坦的哲学观点是相当混杂的，也有许多变迁。如果粗略地说，可大体概括如下：(1) 相信不依存于人的自然规律的客观存在性质。(2) 对这种客观规律性的信念即宗教感情（斯宾诺莎的上帝）。(3) 对这种客观规律性的掌握不能通过感知，而是通过思辨，但须由感知来验证。(4) 所以，非归纳（经验），也非演绎（逻辑），而是自由的想象才能发现这种客观规律，并不断创造简单明了的基本概念来表述。爱因斯坦徘徊在唯理论与经验论之间并寻求这二者的统一这一基本状况，与康德是颇为近似的。
3. 《回答》，见席浦编《爱因斯坦，哲学家—科学家》。

这里提出的既非逻辑推演也非经验归纳的"自由的想象",在某种意义上可说是同一个问题,即人的创造性的认识活动和功能。这种功能和活动究竟是怎样的,是至今仍待进一步研究的哲学和科学问题。现代自然科学的重大特征之一,正如爱因斯坦强调反对以可观察量(经验实在性)为准绳,认为理论不是发现而是发明;先有理论,后有观察,而任何真正系统的理论总有不可观察、非经验所能确证的方面、内容或因素一样,是通过高度的数学抽象与特定的经验材料相联系,主动地建构抽象理论和理想模型,能先于经验和观察而推演和预见出新的现实。人的创造性的心理功能日益在这里现出它的作用和威力,深刻地展示了人的认识能动性,这不是经验论的归纳法或逻辑主义所能解释的。所以康德主义的暗影在自然科学家的思想里浮动,便完全可以理解了。量子力学和爱因斯坦正是有代表性的例证。在三十年代,帕顿已看出:"……在量子力学和相对论中,科学家们自己发现了悖论和矛盾……甚至断言:时间只是人类观察事物的方式,它不能在物理世界中发现;我们只有测量,而并没有我们所测量的对象。这些断言都是完全独立于康德的影响而出现的,却非常像是康德学说的复活。"[1]

---

1. 帕顿:《康德的经验形而上学》第2章。又,沃曼(Wolman)说:"理论物理学家,在他们之中有玻尔、德布罗意、爱丁顿、爱因斯坦、海森堡、琼斯、普朗克、薛定谔,都是今天物理科学的杰出的哲学领导者。他们并不相信马赫和维特根斯坦,普朗克尖锐地批评过逻辑实证论,爱因斯坦……并不管卡尔纳普和赖尔,他的认识论不是逻辑实证论的继续……"(《基于心理学与科学的哲学》,见《心理学手册》,1973年)这些理论物理学家的哲学倾向并不一样,如普朗克的实在论倾向与薛定谔的主观唯心主义,但共同反映了立足于现代物理科学的这些人的哲学倾向已非休谟主义(逻辑实证论)所能笼住,许多人在走向康德主义。参看本书第一章。

恩格斯早就说过:"在哲学中几百年前就已经提出了的、早已在哲学上被废弃了的命题,常常在研究理论的自然科学家那里作为全新的智慧出现,而且在一个时候甚至成为时髦的东西。"[1]事情不正是如此吗?何况康德提出的这个命题尚未完全废弃。

另一些更老的新康德主义者,则企图把因果归结为一种进化而来的先天生理结构。朗格说:"也许有一天,因果概念可以在身体的反射运动及同情兴奋的机制中找到,这样,我们就当把康德的'纯粹理性批判'翻译为'生理学'。"[2]认为因果观念是进化而来的先天生理结构,这一观点至今也仍为一些人所喜爱或探究,[3]虽然这很早曾为人所驳斥。[4]不过这仍是很值得重视的。因为历史的进化在人们大脑皮层等生理结构中大概会留有某种影响,这是值得探索的生理科学的艰难课题。特别是从积淀的哲学观念来看,正需要生理学—心理学来具体地、科学地找出由社会(历史)到心理(个体)的通道。也可以说,由深层历史学到深层心理学,由社会实践和历史成果到意识和无意识的心理机制,也许正是未来哲学和科学的前进方向之一。而这,也是彻底解开康德先验论之谜的科学前提。当然,从哲学认识论来看,遗传只是一种生理学的潜在可能性,要它转化和发展为现实性,又还得通过

---

1. 《自然辩证法》,《马克思恩格斯全集》第20卷,1971年版,第383页。

2. 《唯物论史》下卷,第2章。

3. 例如,海森堡便同情地谈到遗传的观点。又如,一些语言哲学家认为语言结构的根源可能是生物学的,也可看看乔姆斯基的深层结构说,等等。

4. 例如,日本人桑木严翼在其通俗的《康德与现代哲学》一书中便指出用进化论来解释这点,是根本没有了解康德先验论的哲学含义。

社会实践（对个体来说便是教育）才能真正实现。

五 "必然性的证明是在人类活动中，在实验中，在劳动中"（恩格斯）

与时、空问题一样，在因果这个重要范畴上，以上种种或是准康德主义，或是从休谟主义、贝克莱主义来修正康德。马克思主义在这个问题上则用历史唯物主义来批判康德的先验论，找出因果范畴的现实根源。

恩格斯非常注意因果问题，曾经一再讲到它。恩格斯说："单凭观察所得的经验，是决不能充分地证明必然性的。Post hoc［在这以后］，但不是 propter hoc［由于这］……但是必然性的证明是在人类活动中，在实验中，在劳动中：如果我能够造成 post hoc，那么它便和 propter hoc 等同了。"[1] "人的活动建立了因果观念的基础，这个观念是：一个运动是另一个运动的原因。的确，单是某些自然现象的有规则的依次更替，就能产生因果观念，如随太阳而来的热和光；但是在这里并没有任何证明，而且在这个范围内休谟的怀疑论说得很对：有规则地重复出现的 post hoc［在这以后］，决不能确立 propter hoc［由于这］。但是人类的活动对因果性作出验证。如果我们用一面凹镜把太阳光正好集中在焦点上，

1.《自然辩证法》,《马克思恩格斯全集》第 20 卷，1971 年版，第 572 页。

造成像普通的火一样的效果，那么我们因此就证明了热是从太阳来的。"[1] 所谓因果，就是指事物之间具有的本质必然的联系，这种本质联系的发现和因果观念的形成，的确不是通过一般的感知、观察、归纳所能得到的，所以它不是动物所能具有的。它必须通过漫长的人类集体的社会实践活动才能得到，是人所特有的理性认识方式。

认识如何可能，根本上缘起于人类如何可能。只有从后一问题出发，从人类的社会存在来看人类的社会意识，包括因果之类的认识范畴，才能历史唯物主义地解答问题，也才是贯彻"不离开人的社会性"这一马克思主义实践论的观点。从起源上说，人的实践活动不同于动物的生存活动，最根本之点在于他使用工具、制造工具以进行劳动。人所独有的双手和直立姿态便是使用工具的成果。[2] 人类使用工具、制造工具的劳动实践活动的特点，不但在于伸延了肢体器官，更重要的是它开始掌握外界自然的规律来作用于自然。首先，使用工具、制造工具的实践活动的多样性的特点（不同性能、不同形状的木棒、石器、骨器的多样，把持使用方式的多样，操作、动作姿态的多样……），从根本上打破了任何动物种类的既定肢体、器官和能力的固定性、狭隘性、特殊性，是任何动物的任何肢体、器官的活动（无论是锐牙、利

---

1. 《自然辩证法》，《马克思恩格斯全集》第 20 卷，1971 年版，第 573 页。
2. 康德认为人的直立姿态不是自然形成，而是理性的人为。他说，自然把人作为动物保存，人的理性却使人直立；直立作为生理姿态并不有利，但这样却符合人的目的，使他大大优越于动物（《对人与动物构造区分的评论》，1771 年）。这个两百年前的素朴观点是有意思的。

爪、飞腿、双翼）或任何能力（无论是跑、捕、攀）所根本不能比拟的。后者作为动物的生存活动，只能把自己的活动及活动的肢体器官和能力束缚在、局限在、固定在若干极其狭窄的客观因果联系之中，使这些少数的、特定的因果联系逐渐变成本能性的东西，一代代遗传下去。前者却大有不同，它由于对现实世界主动地造成极为多样和广泛的大量的客观因果关系，现实物质世界的各种各样的客观因果联系便作为属性、规律被日益深入和广泛地揭示出来，保存在、巩固在、积累在这种劳动实践活动之中。这里可以鲜明地看到由量到质的转换和飞跃。由少量的、本能式地到大量的、非本能地使用和制造工具，在自然史上开始了由猿到人的伟大过渡，这个过渡的根本基础，正是这种原始的劳动活动。在这个过程中，原始操作提炼凝缩为动作思维，再与言语连接，逐渐转化为语言—思维的观念系统。（如前面已一再强调，原始巫术、礼仪在这个转化中起了决定性的中介作用。）因之，究其最终根源，客观因果规律之能为人所反映、掌握，成为因果观念之类的认识的重要范畴，首先是由于人类社会实践活动，而不是静观的感知、观察、归纳的结果。恩格斯说："随着手的发展、随着劳动而开始的人对自然的统治……他们在自然对象中不断地发现新的、以往所不知道的属性。"[1]因果就是这样一种客观世界中极为重要的属性，它经过原始语言逐渐反映在人的意识之中。它本身又有一个由具体到抽象的提升发展的历史过程。开始

1.《自然辩证法》，《马克思恩格斯全集》第 20 卷，1971 年版，第 512 页。

的因果观念是极为具体地与特定事物和观念密切联系在一起的（可参看原始民族、原始社会的大量研究材料）。由这些具体因果观念逐渐概括和抽象为"凡事总有原因"的因果范畴，更经历了漫长的历史时期。[1] 它在本质上不能等同于一般的归纳，而是人类实践的必然产物。至于因果作为辩证范畴的正式提出和使用，正如阴阳五行、"相反相成"、矛盾统一的范畴一样，是在晚得多的时候。恩格斯说："辩证的思维——正因为它是以概念本性的研究为前提——只对于人才是可能的，并且只对于较高发展阶段上的人（佛教徒和希腊人）才是可能的，而其充分的发展还晚得多，在现代哲学中才达到。"[2] 总之，范畴不是一般感性的经验归纳（经验论），也不是理性的先验演绎（康德），不是逻辑假设和情感信念（逻辑实证论），不是操作的规程（实用主义）[3]，不是生理的结构（朗格）。它们不是任何个体的感知或经验的归纳，而是人类社会的历史实践的内化成果。从无意识的原型到有意识的符号，到抽象的辩证观念，都仅仅建立在这种有着社会历史内容的实践基础上。对实践作实证的（等同于感知经验）和主观主义的解释，便不能说明这点。

不只是辩证范畴，一般地说，由感觉、知觉等感性阶段上升为普通的概念、判断等理性认识，已是人类独有的认识中的飞

---

1. 皮亚杰从儿童心理学研究因果等观念的发生发展，其中有许多正确论断。
2. 《自然辩证法》，《马克思恩格斯全集》第 20 卷，1971 年版，第 565—566 页。
3. 参看本书第二章。

跃，是认识能动性的具体表现。这个飞跃也是以实践为基础，通过语言符号在人类社会的集体中完成的，因此具有语言符号为外壳的概念（词）和判断、推理形式，对一个个体（例如儿童）的感知来说，似乎是"先验的"知性形式，好像康德讲的"先验的"知性概念加在个体的感性经验上以形成认识一样。[1] 但是对个体似乎是"先验的"东西，却是人类集体从漫长的历史经验中抽取提升出来的。它们虽然不能从个体的感知中直接归纳出来，却能够从感性现实的社会实践的漫长历史活动中产生出来，并保存在人们的科学、文化之中，不断积累发展着，使人的认识能力日益扩大。它们的确成了不仅反映世界而且创造世界的思维的主体或主体的思维。因此，也才说："……作为拥有自由时间的人的劳动时间，必将比役畜的劳动时间具有高得多的质量。"[2] "不是把人当作某种驯服的自然之力来驱使，而是当作主体来看待，这种主体……作为支配一切自然之力的活动出现在生产过程里面。"[3] 这种主体正是以其创造性的理性认识的活动，而非以其有限的自然体力的活动来征服世界。人类正是一代一代地把这种理性的财富如同物质的财富那样传递、保存下来，不断发展，走向以自由时间为创造社会财富的衡量标准的共产主义。这些理性形式，对个体来说，成了似乎是"先验"的结构了。无论是康德，或爱因

---

1. 当然，康德并不认为一般概念是先验的，而只认为十二范畴才是先验的"知性纯粹概念"。
2. 马克思：《剩余价值理论》，《马克思恩格斯全集》第 26 卷Ⅲ，1975 年版，第 282 页。
3. 马克思：《政治经济学批判大纲》，中译本，第 3 分册，1963 年版，第 250 页。

斯坦、皮亚杰，提出的问题都必须从历史唯物主义的基本观点来做进一步的研究。

一些自称为马克思主义者的人们，却没有理解这点，于是在向资产阶级哲学靠拢的同时，便最终陷入与康德同样的困境。例如，有人一方面因看到辩证法不能从经验归纳中建立，就把它说成只是保证思想避免荒谬而具有"可传达性"的思维方法，这实际上与分析哲学所说的语言自身的规律已无区别；另一方面又不得不承认它总得与经验相联系才有效，它自身并不说明什么，等等。[1] 这样，辩证法就变成一种与康德的知性纯粹范畴相似的东西了。

康德以唯心主义形式提出范畴问题，要点在于指明主体借以进行认识的能动性。他看到人对任何事物的认识都离不开范畴，尽管一般并不一定自觉意识到。例如，当认识 ×× 是 ×× 时，在这个一般判断中就包含有实体与属性种种范畴的作用在内。康德看出范畴与一般概念有所不同，它们在认识中很重要。这比某些逻辑实证论者认为这些抽象概念、范畴毫无用处，应予废除，要高明得多。马克思主义也重视范畴在认识中的能动意义和枢纽作用。如列宁所指出，"范畴……是帮助我们认识和掌握自然现象之网的网上纽结"[2] "人对自然界的认识（="观念"）的各环

---

1. 康福斯：《马克思主义与语义哲学》，第 3 部分第 1、第 2 章。
2. 《哲学笔记》，1974 年版，第 90 页。

节，就是逻辑的范畴"[1]"这些范畴反过来又在实践中……为人们服务"[2]。当然，因果范畴的具体形态将随着科学的发展而变化，它可以是古典式的线性单一途径，也可以是现代具有反馈功能的网状结构体。可以有古典型决定论的因果，也可以有现代概率型和非机械决定论的因果。它的具体形式将不可能是一定不变的先验，只是它作为抽象哲学观念则具有某种特定的守恒性，这如同物质概念的具体形态可以有变化而哲学的实体范畴将有守恒性一样。

构架更是如此。构架具有依据规律进行形式构造的特征。它们作为上升到纯粹科学理论的必要阶梯，或作为付诸现实的中介设计（如模型、蓝图、表格），在认识中是非常重要的一环，在科学理论、发明以及设计中，都有极重要的意义，甚至占有中心的地位。像门捷列夫那种化学元素周期表本身不仅是构架，而且是理论，它突出地表现了这一点。在实验现象与严格理论之间，作为桥梁和中介的各种现代"物理模型"，也是这样。理论模型是现代科学方法论的重大问题[3]，它比经验观察远为重要，康德归之于"创造的想象力"所产生的构架，理应将其看作与此题目密切关联，很需要深入探讨。它与现代科学认识论的能动性特点（由感知经验论走向模型结构论）有关。

范畴的构架为何只是时间？康德未加任何清楚的说明。有人

1. 同上书，第212页。
2. 同上书，第87页。
3. 可参看内格尔（Ernest Nagel）的《科学的结构》（1961年）。

认为，这是思想（知性）只占时间的缘故。康德也的确认为，时间只是内感觉的形式，这样，外在对象的存在就依存于内省的时间感知中。这正是有些人把康德等同于贝克莱的重要依据。其实作为所谓"先验构架"的时间，实质上乃是由于人类实践活动将客观活动过程空间化和内化为人们认识形式的"网上的纽结点"（范畴），这一过程必须通过漫长的实践历史才能实现。时间之所以在康德（认为动物只有外直观而无内直观，所以没有变化的意识，即无时间）、黑格尔（认为自然界没有时间中的发展，只有空间的重复）的哲学中，占有比空间远为重要的地位，这实际上都与人（社会）有关。好些哲学家以神秘的形式来强调时间，其秘密就在这里。时间是一个深刻的科学和哲学问题[1]。例如，时间与数学的关系、时间与数学在构架中的重要意义、时间的同质化和纯粹的量的同一性的关系、部分与整体的关系等，都确乎具有重要的科学和哲学内容。

康德以唯心主义形式把问题颠倒了：本来是人类的社会实践将客观世界的规律，通过漫长的历史，内化为范畴，却被康德说成"先验的"范畴，经过时间构架，应用于感性。黑格尔也是这样，不是人类在历史实践中形成了辩证法的各种范畴，而是人类历史成了绝对理念在时间和各范畴中的展开了。唯心主义把认识的能动性与人类实践的漫长历史分割开来，将其变成了无源之

---

1. 章太炎说，"人类所以异鸟兽者，正以其有过去、未来之念耳"（《驳中国用万国新语说》）。《论语》《庄子》中即可说有此。时间是一个古今中外的哲学课题。

水、无本之木。

由此可见，马克思主义实践论要把先验论颠倒过来，以找出它的现实的物质根基。康德的先验论认为，范畴是先天理性的产物。实践论认为，范畴是客观世界的历史性的产物。先验论认为，构架是用以联结感性或组织经验的先验想象。实践论认为，它作为感性的抽象，仍然是某种创造性的客观概括。这也就是说，是神秘地解说认识的能动性呢，还是把它追溯到实践的能动性？这是马克思主义实践论与唯心主义先验论的根本分歧。这个问题在所谓"自我意识"——康德认识论的核心环节上，以最集中的形态表露出来。

第五章

认识论（四）：“自我意识”

一 “自我意识”是康德认识论的核心

"自我意识"即所谓"统觉的原始综合统一"，是康德认识论中的关键问题，也一向被认为是《纯粹理性批判》一书中最难懂的部分，被称为康德认识论之"谜"。这个问题主要包含在"先验分析论"的所谓"范畴的先验演绎"[1]中。康德自己说："我知道关于我名之为知性的能力及规定其使用规则界限的探讨，没有比我名之以'知性纯粹概念的演绎'的'先验分析论'的第 2 章中更为重要的了，这种论述也尽了我最大的努力……"[2]

---

1. 所谓"演绎"，如康德自己所解释，并非逻辑学的意义，而是法律学的意义，即推演证实之意。"先验演绎"就是证实范畴有应用于对象的权利。
2. 《纯粹理性批判》Axvi，参看蓝译本，第 5 页。

这个部分之所以如此难解而又重要，是因为康德用唯心主义方式集中提出了认识的能动性问题，这个问题又是作为对认识客观性的解决而被提出和论证的。所谓范畴的"先验演绎"，如同空间时间的"先验阐明"一样，就是要论证范畴在经验中的使用为什么会具有普遍必然的客观有效性。这个论证通过"自我意识"来进行。"自我意识"成为上章所讲的"知性纯粹概念"（范畴）的基础和根源，知性范畴的运用不过是它的具体实现。这个所谓"自我意识"的"先验统一"（或又叫作"纯粹统觉[1]的综合统一"），被康德看作认识的"最高点"。康德一再说："统觉的综合统一是最高点，我们必须把知性的所有运用，甚至整个逻辑以及先验哲学都归属于它。统觉的功能实即知性自身。"[2]"统觉综合统一的原理是知性所有运用的最高的原理。"[3]"统觉的原理是整个人类认识范围内的最高原理。"[4]等等。康德认为，时、空因为与感性直接关联，所以具有客观性。范畴并不与感性直接关联，它的客观有效性有赖于"自我意识"。

康德的"先验演绎"分为"主观演绎"和"客观演绎"两个方面。这两方面经常交织在一起，很难截然划分。所谓"主观演绎"，简单来说，就是从主观心理方面探究知识所以可能的条件，

---

1. "统觉"一词来自莱布尼茨。莱布尼茨用它来指对感知自身内在状态的意识或反思。如他说："感知是单子表现外在事物的内在状态。统觉则是对这种状态的反思或意识。"（《自然和恩赐的原理》§4）康德用"纯粹统觉"与之相区别，即强调不是经验的自我意识或反思。详后。
2. 《纯粹理性批判》B134注，参看蓝译本，第101页。
3. 同上书，B136，第102页。
4. 同上书，B135，第102页。

从人们知识发生的进程来说明"自我意识"。许多涉及想象的部分就属于主观演绎。它以意识首先表现为"时间意识"这个事实为出发点，描述所谓主体能动性的三种综合，即"直观中把握的综合""想中再造的综合"和"认知中概念的综合"，心理学成分相当突出。[1] 所谓"客观演绎"，主要是直接探究：先验范畴既发祥于纯粹理性，如何又能对经验具有客观有效性？这里着重提出了对象意识问题，从哲学角度论证了自我意识的"本性"。《纯粹理性批判》第 1 版偏于"主观演绎"。但第 1 版序文中，康德已指出，"客观演绎"是更有力量的。康德还指出，他要探讨的不是经验如何发生、如何来源之类的问题（这大都是心理学问题），而是经验如何可能的哲学问题。随着他回答批评并注意与贝克莱划界限，第 2 版这部分作了全书仅有的极大改动，去掉了许多心理学的论证，突出了"客观演绎"。与某些康德研究者的看法相反，"客观演绎"实比"主观演绎"远为重要和深刻。康德本人的意见是这样，以哲学史的角度来看也是这样。关于这两种"演绎"，研究注释家们作过大量的议论、分析。对这个所谓枯燥、单调、步履艰难的"巨大的沙漠"[2] 和"有如阿拉伯图案花纹似的"[3] 缠绕不清的行文，许多人也有过逐段逐句的推敲梳理。本书不打算再讲这些，下面只作一个综合性的简述，然后加以评论。

---

1. 尽管一些康德研究者企图完全否认这点，但事实是哲学认识论与心理学纠缠搅杂在一起，成为近代哲学一定历史时期的规律性现象，正如当代哲学与语言学的纠缠一样。
2. 帕顿：《康德的经验形而上学》。
3. 威尔顿：《康德的〈纯粹理性批判〉》。

上章已说过，康德把感性与知性截然二分，二者互不相干。那么，在认识过程中这二者究竟是如何连在一起的呢？康德认为，对象只能给予我们以杂多的感性表象，要把这些杂多的表象联结起来，不是感性本身所能做到的，这要靠想象力；想象力又要把所联合的归属于概念，概念才使综合成为统一。康德说，"一般杂多的联结，永远不能通过感官得来，从而不包含在感性直观的纯形式中。……一切联结，不管我们意识与否……都是知性的一种活动，一般可名之为'综合'。……在一切观念里，联结是唯一不能由对象给予的。由于综合是主体的自我能动性的活动，所以，它除由主体自身外不能执行"[1]。虽然联结意味着杂多的综合和统一，但统一并不能来自联结。"正相反，恰好由于统一把自身加到杂多的表象上，才首先使联结的概念成为可能。"[2]这就是说，感性只能提供一堆杂乱无章的表象（如颜色、声音等），而把这些杂乱无章的表象联结综合起来构成一个对象（如椅子、树……），却只有靠主体意识的一种主动的统一性。必须先（不是时间在先）有这种统一性，杂多才可能联结起来。那么，这个统一性是什么呢？它从哪里来呢？康德认为，它不是从任何范畴如"统一""实体"等得来。相反，它是使这些范畴成为可能（也就是使知性可能运用）的前提、基础或条件。它是一种更根本的综合统一性，康德叫它"本源的综合统一"。在这里，"综合"

---

1. 《纯粹理性批判》B130，参看蓝译本，第99—100页。
2. 同上书，B131，第100页。

便是关键所在。如本书第二章、第四章中所陆续指出，"综合"是认识真理的前提，是范畴的基础，康德也正是在范畴之后紧接着提出"先验演绎"，引向构架和知性原理的。"先验演绎"的核心，其实也就是讲"综合"——首先是所谓"本源的综合统一"，即所谓"统觉的综合统一"。康德晚年有封信对此说得很简要："综合概念一般本身不是一个特殊范畴，它倒是包含在每个范畴之中。因为被综合的（复杂的）是不能即此被直观，为了去思考作为统一在一个意识中的直观的杂多（被给予的），综合（是一种功能，如统觉的综合统一，是所有范畴的基础）的意识或概念必须是前提。换句话说，为了思考作为已被综合为某物的对象，我必须以综合的功能为前提，并通过判断力的构架而完成之。"[1]

二 "主观演绎"

康德从时间意识开始论证这种统一。康德说："……所有我们的知识最终都从属于内感觉的形式条件，实即时间。在时间中，它们被整理、联结和带入一定的关系中。"[2]首先，感性杂多所以能够表现为杂多，其前提就有"继续"的时间意识在内。否则，一刹那中的任何表象，孤立起来，只能是一个绝对的单一体，没

---

1. 康德 1797 年 12 月 11 日给梯夫屈克的信。
2.《纯粹理性批判》A99，参看蓝译本，第 122 页。

法构成认识。可见，一个简单的知觉表象就已经包含了杂多感觉的汇集和统一，就包含有时间意识于其中，在时、空直观中，已把杂乱无章的感性众多构成为一个知觉。这也就是说，从人们感知一开始，就有一种统一性于其中，把杂多的感性表象联结起来，否则这些杂多就只能永远是些孤立的、零碎的、乱七八糟的感觉。这种联结综合杂多的统一性，并不是被动接受的感性本身所能具有，而必须有心灵的主动综合作用才行。这就是所谓"直观中把握的综合"。

其次，表象还必须保存在记忆中，由想象（康德称之为"盲目而不可缺少的心灵的功能"）使之再现出来。这样才能使前后的感觉印象（感性杂多）连成一定的系列，使一个知觉到另一个知觉能衔接统一起来。否则，如后者起而前者忘，也就不能有任何完整表象可言了。这个想象过程明显地与时间意识有关，它是在时间（内感觉）中进行的。这就是所谓"想象中再造的综合"。实际上，前面的所谓"直观中把握的综合"也与想象不可分。[1]

最后，也是最重要的，就是"概念中认知的综合"。因为，"如果没有我们现在所想的与前一刻所想的是相同的这一意识，那所有的表象系列的再现也是无用的"[2]，这就需要有一种概念的

---

1. 想象是个异常复杂的心理学问题。康德在《人类学》中把想象又分为：（1）造型的想象，即空间形象，如梦（未控制的）、艺术想象（控制的）。（2）联想。（3）亲和性的想象，即发自同一对象的杂多而联结在一起的想象。"再造想象"可说属于（2）。作为认识，康德认为（3）最重要。
2. 《纯粹理性批判》A103，参看蓝译本，第124页。

同一性的引导，把想象所唤起的表象，与当下知觉表象的系列相
联结综合，把前后感知的和想象的印象杂多，看作同一个正在进
行认识的对象。这才可能形成对一个对象的认识。没有这个概念
同一性的引导，众多知觉和想象不可能构成一个对象而为我们所
认识。这也就是说，必须将上述杂多的表象和想象赋以一定的概
念，将前者综合统一于后者（概念）之下。康德说："概念这个词
本身即提示这种意义，因为正是这个统一的意识，将相继直观到
的和再现出来的杂多，联结在一个观念中。"[1] 通过概念，才可能有
对象在意识中的同一性，一个被意识到的对象才可能出现或存在。
实际上，概念从感知一开始，便在起综合统一作用。在想象中更
是如此，通过概念，想象得到比较和进一步的综合。康德非常重
视概念在认识中的巨大作用，认为它是人与动物的根本不同之处。

　　总结上面，康德认为，我们之所以能由知觉、想象、概念而
认识一个对象，杂乱无章的感觉印象之所以能够通由知觉、想
象、概念的综合而形成一个统一的对象，完全是由于主体意识中
有一种所谓主动的统一性将它们联结综合起来。对象的统一来
源于构造它们的主体意识的综合统一性。这个意识的统一性就是
"我在思维"，即"我思"。即是说，在整个综合活动和过程中，
"我思"保持了它的连续性、同一性。必须有这个"我思"为基
础，才可能有上述各种综合活动的一贯和不变。也就是说，必须
有一个常住不变的"我思"来作为所有知觉、想象、概念进行综

---

1. 《纯粹理性批判》A103，参看蓝译本，第 124 页。

合的根基。这就是所谓"统觉",所谓"本源的综合统一性",即
"自我意识"。

康德反复强调,没有这个"统觉的综合统一"("自我意
识"),则一切概念的综合、想象的综合、知觉的综合都不可能,
所有直观杂多只能是些莫名其妙的感知,一堆零碎的色彩、软
硬、轻重等,不能联结综合而成为认识对象。从而,任何经验对
象便不可能存在,任何知识也不可能获得。康德说:"'我思'必
须伴随我的一切观念……一切直观的杂多,在它们被把握的那同
一主体里,与'我思'必然的关系。但这种'我思'观念是种主
动性的活动,即不能看作属于感性的。我叫它纯粹的统觉……"[1]
从直观感知一开始,就必须使这些感性材料联结、综合、统一起
来。这些感性材料不会自动地这样做,可见有一个能动的主体始
终保持在这个综合统一的过程中,使感知(声、色、香、味等)
能够上升到概念,形成一个经验对象(糖、花、桌子等)。这样
一种功能的主体和主体的功能就是"我思",即"自我意识"。这
个"我思"即认识过程的统一性,是动物所没有的。"动物有理
解,没有统觉,因之不能把它们的表象变为普遍的。""动物的理
解是没有意识的。"[2]在康德看来,这种"自我意识"便是人的认
识的根本特点,而所谓想象力、知性都不过是主体这种自我意识
在不同情况下的表现。在知觉、想象中,这个自我意识还是盲目

---

1. 《纯粹理性批判》,B131—132,参看蓝译本,第100—101页。
2. 转引自康浦·斯密:《康德〈纯粹理性批判〉释义》导言。

的，在概念中则是自觉（意识到）的。

"主观演绎"就是这样企图由内感觉—时间意识的经验事实出发，从心理学角度论证经验的自我意识，从而再进一步论证先验的自我意识。这个部分值得注意的是，它强调了在人的认识的心理过程中，主体具有重要的能动作用。即使是最简单的知觉，也包含认识的主动性在内，它常常是一种构成物，而决不是纯被动的反映。现代心理学的许多材料，也说明了这个方面的种种特点，例如人的感知有巨大的选择性，又如感知经常在概念支配下进行，又如所谓"人只看到他所知道的东西"[1]，等等。其中，特别值得提出来的是"自觉注意"问题，康德讲的感知中杂多的联合，"直观中把握的综合"，都在某种意义上与这问题有关。所谓"自觉注意"不是由外界对象对主体本能需要的吸引而引起，这样产生的"注意"是"自发注意"。我以为，"自觉注意"恰恰是抑制了这种注意和本能要求而产生的最早的人类能动性的心理活动。这种注意的对象与动物性的本能欲望、利益、要求无关。[2] 它经常不是如食物等的外界对象，而是人的主体实践活动——如劳动操作自身，即在最早的劳动操作的实践活动的漫长过程中，对这种活动、操作自身的自觉意识和强迫注意，视觉在这里与动觉—触觉获得联结、综合和统一。也只有这样，才可能使自己的

---

1. 关于狼孩（由狼或其他动物抚育的人类小孩）的报告很能说明这点。狼孩对许多事物没有感觉，即使刺激很大，也丝毫不引他注意。
2. 可参看里波（Th. Ribot）《注意心理学》（1890年）。遗憾的是，现代心理学在精密化的科学条件下，反而没有重视这个问题，也未做出多少新的成果。

劳动操作逐渐严格符合客观规律（物理的、几何的等）而达到为
族类生存服务的目的（如猎取食物），所以这种人所独有的最早
的能动心理特征正是产生在使用工具、制造工具的劳动创造人类
的过程中，是这一过程所获得的最早的心理成果，是人不同于动
物的最早的"理知状态"。正是在这一基础上，劳动操作中的客
观因果联系（如利用工具去取得食物）才有可能在漫长的历史过
程中，逐渐反映和最终内化为主观的因果观念。猿类在自然条件
或实验室的条件下都可以产生使用甚至制造"工具"的活动（参
看科纳的著名实验等），但由于这种活动只是个体偶发性的，并
非具有历史必然性的大量的族类活动，不能在心理上留下和产生
像"自觉注意"这样一些能动的心理活动和能力，不能最终形成
因果的观念联系，即不能领悟使用工具在"主体获取食物"这个
因果链中的地位、意义和作用，从而也就不去要求保存或复制工
具，用完了就丢。所以就人类意识来说，对主体自身使用工具、
制造工具活动的"自觉注意"，即持续地联结、综合、统一感知
以保持对对象的同一性的意识，使之成为对一个客观对象的自觉
感知，这才是要害所在。这不是什么"先验统觉"，对人类来说，
它恰恰是人类劳动的产物，并通过原始巫术礼仪等模仿活动而提
炼保存下来（实验证明，猿类只有对对象的注意，不能形成对自
己活动的自觉注意）；对儿童来说，则是在社会环境和教育下所
形成的能力。（所以从婴儿起，培养这种与本能需要无关的注意
力就是重要的教育内容，它与人类的另一特有能力——自制力也
密切相关。）认识（包括感知）的能动性历史地来源于实践（人

类劳动）的能动性（参看本书第二章）。

在"自觉注意"之后，想象便是人类心理能动性的第二个重要特征。它既是与个别事物有关联的感性意识，同时又是具有主动支配性质的综合统一的感性意识。它的内容极为复杂，这里不能谈了。至于再进一步，到概念、语词的认识能动性，则是人所熟知，不必多谈。至此完成了以能动性为特征的人类独有的心理发展道路。

我以为，研究人类心理，应不同于研究动物心理，应从这些由社会实践产生的心理结构和特征出发，回过头来研究考察感觉、知觉。由于人的实践不同于动物的生活活动，人的感觉知觉才不同于动物的感觉知觉。现代心理学在这方面已积累了不少原始素材，但由于哲学观点的谬误，不但没能进一步说明问题，反而走向相反的方向，把人类心理生物学化，或忽视、或抹杀人类能动性的心理特点，不能重视区分和处理在语言阶段之前的人与动物在心理上的本质差别。包括巴甫洛夫的两种信号系统学说，也有这个缺点。它们大都脱离开人类社会历史的根本基础来解释人类心理，未注意从人类社会实践活动（特别是人类起源时期和原始社会这一漫长的数百万年甚至更长的历史中）去探求人类心理的最终基础和具体起源。我愿再次指出，人类的心理特征的原始根源在于使用工具、制造工具的劳动活动，并且是通过一系列极为复杂和重要的巫术、礼仪等社会意识形态的活动，在群体中固定、巩固起来，最终才转化为心理—逻辑的形式、功能和特点的。离开了人类学，不可能解决心理学的问题。在这里值得一提

的是以怀特（L. White）为代表的文化学的基本观点。怀特正确
地反对了把文化归结为心理的错误潮流[1]，强调了工具和符号（语
言）在形成超个人、超心理的社会文化中的根本作用，指出了技
术（例如能量和工具）的基础地位，但他混淆了物质生产与物态
化的精神生产（意识形态、符号的生产），同时也没有重视制造
工具、使用工具的物质生产与形成人类特有的心理结构的重要关
系，这就使他的文化人类学具有庸俗化和片面性的特征。总之，
康德的"主观演绎"从心理学角度提出人的认识的能动性，这仍
然是今天并未研究清楚的重要问题。

三　"客观演绎"

任何心理学也代替不了认识论。单从"主观演绎"来论证
"先验统觉"（"我思"），说明综合统一全部认识过程的心理功能，
并不能解决认识的客观真理性的哲学问题。于是，康德在第 2 版
上突出"客观演绎"。"主观演绎"基本上是从如何形成一个认识
对象的过程来论证必须有纯粹统觉的能动"我思"作为全过程的
基石。"客观演绎"则抛开这个过程来论证知性如何能与对象相一
致，范畴如何可能具有客观性，也就是提出人的认识形式与经验
内容、意识统一与感性杂多、自我意识与对象意识的关系问题。

---

1. 参看怀特《文化的科学》（1949 年）。

基本封闭在心理领域之内的"主观演绎",从哲学上简单来说,亦可说只是"我是我"这样一种"分析的统一",它说的是"我所有的表象都是我的表象"。更重要的是"综合的统一",即不同于"我"的直观杂多如何能被联结统一在我的意识中,并获得真理的性质。作为判断,人的认识建立在知性范畴之上,这是上章所已说明(康德称之为"形而上学的演绎")的。这里就要说明,这些范畴如何可能适用于经验,即先验知性如何可能具有经验的效力(康德称之为"先验演绎")。光是心理学的论证并不能解决这个问题,必须说明与主体自我意识的统一性相对应有一个对象的统一性,杂多表象必须被了解为属于一个对象的统一才行。也只有在这种综合的统一即客观的统一中,才可能具有自我意识自身的分析的统一或主观的统一。"综合的统一""分析的统一"是康德认识论中的复杂概念。任何概念,就其把不同表象中的共同东西抽象出来以形成来说,都是分析的统一,即从具体到抽象;但就其把不同表象杂多联结统一在思维中来说,则是综合的统一,即从抽象到具体。例如"这是一所房屋"这个判断把杂多表象联结统一在"房屋"这一概念之下,"房屋"概念(抽象)才有具体内容,即在认识里抓住即理解到它们的杂多(具体表象),这就是综合,诸直观杂多通由概念而构成一个认识对象。康德重视和反复强调的就是这个综合。在康德看来,先有综合的统一把不同表象联结统一在一起,才可能有分析的统一(抽象出概念),综合是分析的基础和条件,认识起源于综合。这个意思如果联系上章讲的"判断先于概念"等,就更清楚了。康德终于由这种心理的说明进到哲学的说明，转入了所谓"对象意识"的探讨。

所谓"对象意识"，是指意识中所建立起来的对象，也即是对象出现在意识中。康德认为，这并不是主体的联想等心理过程所能任意产生出来的，而是有一种客观的秩序和统一性，来使人的意识超出动物的联想之类的自然心理过程，获得普遍必然的认识。康德在这里直接提出了"意识与存在"这个主客观关系的认识论基本问题。康德说："综合自身不是被给予的，相反，它须由我们做出……把握给予的杂多，在意识的统一中接受它，与构造表象（即是说，只有通过综合）是同一回事。如果在把握中我的表象的综合和作为概念的分析，产生同一的表象，这种一致便适应于对所有人均有效的某物，此物不同于主体，这就是说，一个对象。因为它既不只在表象中，也不只在意识中，却对所有人均有效（可传达的）。"[1] 这是说，认识的统一不是从主体来的，应从客体对象方面着眼。这是康德认识论一个很重要的观念，但康德在论证这个问题时，却陷入了主体—对象摇摆不定、纠缠不清的重重矛盾之中。

由知觉、想象进到概念，产生认识，与作为客体的"对象意识"的出现，即认识到客体，是同一过程的两个方面。对一个对象的意识（认识），就是自我将知觉、想象的综合置于一定概念之下，令其与对象相一致。这便是康德的所谓"客观演绎"的基本内容，即所以设立这样一个作为"统觉"的"自我意识"，是

---

1. 康德 1794 年 7 月 1 日给贝克的信。

为了论证知性认识与对象相一致的客观性。康德说：

> 统觉的先验统一是那种统一，通过它，所有在直观中被给予
> 的杂多，联结在一个对象的概念中。所以它叫客观的统一，必须
> 把它与意识的主观的统一相区别……[1]

后者是一种经验的统一，只是表象之间一般的可联结性。例
如，一张桌子，作为人的感知，不过是一堆硬的、黄色的、有重量
的等感觉表象的联结和集合。康德认为认识一个对象并不就是这种
种感觉、表象的联结集合而已，这是贝克莱的观点，康德把这看作
只是"观念的游戏"和"白日梦幻"。他要论证的是，人们的知觉、
想象和认识具有客观的基础，必须把它和这种个体主观感知的偶然
性的凑合区别开来。康德在《导论》一书中对此讲得比较简要明
确。他在那里强调区分所谓"知觉判断"与"经验判断"[2]。前者是
只对个体有效的主观的判断，就是刚才讲的这种感知的偶然联结；
后者才是客观的即普遍必然的对所有人都有效的判断。康德说：

> 思维联结诸表象于一个意识中，这个联结或者仅仅关于主体，
> 从而是偶然的和主观的；或者是无条件的，从而是必然的和客观
> 的。联结诸表象于一个意识中就是判断……判断或者仅仅是主观

---

1. 《纯粹理性批判》B139，参看蓝译本，第 104 页。
2. 《导论》§18—20。

的，即诸表象只在一个主体内与意识有关并联结在其中；或者是客观的，诸表象是一般地即必然地联结于意识中。[1]

它（经验判断）表现的不仅是主体的有关感知，同时是对象的一种性质。因为没有理由要求别人的判断同于我的判断，除非别人的判断与我的判断所涉及的对象是同一的，它们都同这个对象符合一致，因而它们才一定彼此一致。[2]

所以，客观有效性，与（对任何人的）普遍必然性，是相等的词汇……当我们认为一个判断是普遍的和必然的，也就是了解它具有客观的有效性。[3]

"知觉判断"则不同，它只有主观的有效性，即它只是知觉联结在我的精神状态中，与对象无关。[4]

在这里，康德与洛克以及贝克莱、休谟等经验论者有一个很大的不同，即强调认识的能动性，并把这种能动性与认识的普遍必然的客观有效性联系起来，认为恰恰是被动的接受（感知），形成没有普遍必然性的主观的判断。看来似乎是从客观的感觉、知觉等经验出发，结果反而只能得出主观的"知觉判断"，进而在理论上便可以走向贝克莱的主观唯心主义和休谟的怀疑论。所以客观有效性并不来自对对象的当下直接的感知，而是来自构

---

1. 《导论》§22。
2. 同上书，§18。
3. 同上书，§19。
4. 《纯粹理性批判》§20。

成这种普遍有效的诸条件，这也就是以"先验统觉"为基础的知性功能，它表现为上述"经验判断"，即客观的认识、判断。康德说：

> ……通过知性概念，由我们的感知所给予的对象诸表象的联结，被规定为普遍有效的。对象通过这个关系被规定，这就是客观的判断。[1]

说一个判断是真的，照康德看来，等于说它能够按照某些条件构造起这个对象，因此，客观真理不在消极的感知反映中，而在思维的能动构造中。感性本身不能保证认识的客观性，这种客观性必须由理性（知性范畴）作用于感性材料才可能获得。这就是说，真理的客观性来自以知性综合为特征的人类的认识能动性。正是由于人把像量、质、因果、实体等先验范畴用来综合统一感性杂多，认识才具有了普遍有效的客观性。关于这些范畴如何具体地应用于感性，建立起经验对象和经验规律，上章已说明（构架与原理）。这里说的是这些知性范畴所以具有这种功能，所以能联结、综合、统一感知，则是以所谓"统觉"即"自我意识"（"我思"）为其根本基础的。

康德举例说，如"太阳晒在石头上，石头变热了"，这只是

---

1. 《导论》§19。

"知觉判断"[1]，没有必然性，它仍处在内感觉的"经验统觉"的水平上，即不过是我主观感知间的联结。但如我们说"太阳晒热了石头"，这就大不相同了。这个判断以"先验统觉"为基础，用上了知性纯粹概念——因果范畴，这个范畴将"日晒"与作为它的必然结果的"石热"联结了起来，便具有了普遍的客观有效性。又如"物体是重的"，康德认为，它不只是说两个观念联结在我的知觉中而已，而是不管我们主体的情况怎样，它都是在对象中的联结。像"是"这种联结词和这种判断就不能等同于"我感觉是"，它有客观的性质和意义，因此才叫"经验判断"，不同于"知觉判断"。[2]

作为自然科学家，康德与主教贝克莱确乎有所不同，他追求知识的普遍必然和客观有效。这样一来，他就不得不承认对象有一种不以人们的意志为转移的秩序和性质，康德称之为现象对象之间的一种客观的"亲和性"[3]，它强迫我们只能按一定法则、秩序或方式去想象和思维它，而不能去任意想象和思维它。康德说，如果朱砂时红时黑，时轻时重，毫无客观的秩序和稳定性，那我

---

1. 康德前后的一些讲法并不一致。例如，他在《纯粹理性批判》中认为，知觉并不能有任何判断，凡判断就有知性范畴使用于其上。并且，没有知性，连知觉也不可能，因为知觉已是感觉杂多的联结综合了。康德还说过，如没有想象的先验活动，也不可能有任何确定的直观。关于这些问题，历来的研究者们也有不同解释。开尔德认为，没有知性，则甚至连感觉材料也谈不上，不过是一堆无形式、无关系的杂多。林赛（Lindsay）、伊文等人认为，无知性仍可有意象、图画，虽然不能构成认识对象。

2. "举例说，当我触及石头时，我感到热，这是一个知觉判断；石是热的，便是一个经验判断……"（康德：《逻辑讲义》§40）

3. 亲和性，特别是"先验亲和性"，又是康德说得非常模糊的问题，它也可以解说为主体而非客体方面的，是先验想象的综合结果，想象力的先验综合是亲和性的根源等，这里均从略。

们的想象就无法把红与重联结起来构成综合的表象，也就根本无法有对它的任何认识了。现象对象的"亲和性"产生与主观统一相区别的客观的统一，决定了主观意识。杂多之所以能被联结综合为一个对象，直观之所以能与意识相联系、构成认识，都必须有这种客观的统一。显然，这种所谓客观的统一指的便是对象在意识中所呈现出来的客观规律性的结构特征。康德企图把这个客观的统一归结在这个所谓"对象意识"上。

四 "自我意识"与"对象意识"的相互依存

在"客观演绎"中，与"对象意识"相对应的是"自我意识"。那么，这个"自我意识"是什么呢？康德指出，它不是经验的自我意识，而是先验的自我意识。所谓"经验的自我意识"就是自己意识到自己在思维、感知、想象，即主体的感知、想象、记忆……自身。"先验的自我意识"与此不同，它不同于任何具体经验中的自我意识，不等于具体意识到自身的那种自我意识。后者即经验的自我意识，康德认为这种经验的自我意识与所有其他的经验材料一样，也只是变动不居的杂多，这种经验的自我意识中的"我"，也不过是随灭随生的一种感知经验。先验的自我意识，却是人类特有的、常住不变的意识的同一性的形式本身。它逻辑地先于任何确定的思维，而又只存在于一切具体的感知、想象、思维、意识之中。很明显，康德说的"自我"，并非个体的感知经验，而是指人类的认识形式，康德因之把它说成所谓"先验自我"。感知、感觉都总是个人的，它们之所以能建立一个共同的客观的认识，正在于有这个人类的"先验自我"，即认识形式。但这个先验的自我意识又决不能离开各种具体的经验意识而独立存在，它只是作为一种形式，存在于经验意识之中，并具体地为经验中的对象意识所决定。之所以说它是先验的，是因为它普遍必然地适用于一切经验认识和认识的全部过程，具有客观的效力。

这样，就到了康德全部论证的最关要害的部分，这就是"对象意识"与"自我意识"的相互依存。一方面，先验的自我意识只是一种纯形式，它本身不能独立存在，只存在于经验意识中，即有关对象的意识中，可见自我意识具体地为对象意识所决定；另一方面，只有先验统觉将知性的概念范畴运用于感官经验之上，对象意识才有可能，可见对象意识又原则性地为自我意识所决定。一方面，只有一个被思想所指向、有着内部必然联系的对象意识的存在，作为本源统觉的自我意识才能现实地存在，否则它只是空洞的虚无，如果没有通过对象意识的综合同一性，心灵不可能先验地思维它自身的同一；另一方面，客观对象作为现象世界之所以是一种能理解的统一，又正在于它们从属和服从于自我意识的统觉形式，对象意识是由自我意识用感性材料构造和建立起来的。一方面，客观对象迫使我们如此这般去思维；另一方面，先验的自我意识把范畴运用于感性杂多才可能有对象的客观规律。一方面，不同于经验论，康德指出普遍必然的客观真理的认识，不在感觉，而在知性，正是能动的知性保证了认识的客观性和真理性，这是自我意识提供的；另一方面，不同于唯理论，这个能动的知性并不能够脱离感性经验而独立存在，它不是天赋观念之类的内在的东西，相反，它必须存在于经验意识之中，依存于一切具体对象的认识，离开了后者也就没有什么能动的知性，也没有什么客观认识和真理标准，因之是种种具体对象及其客观秩序和统一性，具体地规定了主体自我意识的综合统一。这样，一方面，自我意识不能脱离对象意识，依存于对象意识；另一方面，对象意识又由自我意识所建立。[1] 自我意识与对象意识彼此对立而又依存，交相决定而又并无干系，构成了这样一个巨大的矛盾。认识的客观性和能动性的关系问题不但没解决，实际是更突出了。

这个巨大的矛盾的具体表现，我们在上章的实体、因果等原理中，已经看到。这个巨大矛盾本质上是康德二元论的基本观点所导致的。简单来说，康德一方面承认有不依附于自我意识活动的感性杂多，任何具体认识——一件事、一件物、一个对象、一个过程，都首先必须要有给予了的即提供了的感性材料。正如经验概念有其对应的特殊的对象一样，整个自我意识也有其对

---

1. 参见爱因斯坦："客体这个概念是用以考虑某些经验的复合在时间上的持久性或连续性的一种手段。因此客体的存在具有概念的性质，而客体概念的意义完全取决于它们与原始感觉经验的复合（直观）的联系。但这联系产生一种错觉，好像原始经验直接把物体的关系告诉了我们（但这种物体只有在它们被思维时才存在）。"（《空间—时间》，《英国百科全书》，1955 年版）

应的对象，这就是先验对象。这个先验对象作为不确定的"某物"是所有经验判断的前提（参看本书第七章）。例如，我们判断这"是"一朵花，也就是判断给予我们的直观杂多"是"一个不依存于我们心灵主体的客观对象，而不只是些红、香等观念的主观联想和感知。这正是由于在我们所有的认识中，有这么一个对象"某物"先验地存在，才有可能使人的意识与对象、认识与现实产生互相一致的客观性。康德认为，没有经验表象给思维提供材料，"我思"活动就不会发生，他说："只有我们的感性的和经验的直观能给予概念以实体和意义。"[1]另一方面，却又必须有一个统觉（综合统一的自我意识）作为知性以主动联结、整理、安排感性原料，才能构成对象，形成认识。"某物"之所以成为被认识的事物，对象之所以成为主体的对象，又是自我意识即统觉综合统一的结果。"意识的综合统一性是一切知识的客观条件。"[2]"只有在不同于'我'的直观中，杂多才能被给予，只有通过联结在一个意识中，杂多才能被思维。"[3]多样性来自感性对象，统一性来自知性心灵。经验作为一个对象被认识，靠知性范畴；但作为什么对象被认识，仍然要靠感性材料。康德说："的确，经验规律决不能从纯粹知性中找到根源，正如不能仅仅从感性直观的纯形式就推出理解无穷尽的现象丰富性一样。但是所有

---

1. 《纯粹理性批判》B149，参看蓝译本，第109页。
2. 同上书，B138，第103页。
3. 同上书，B135，第102页。

经验规律又只是纯粹知性规律的一种特殊规定，从属和依据这种规定，经验规律才成为可能。"[1]如前章所说，例如因果范畴作为形式，来自知性；具体因果规律和关系，则又仍依存于客观具体事物的对象。这样，一方面是先验的自我意识，另一方面是先验的对象，它们二者互相映对，是知识的两大基础。这两大基础，康德认为都是不可知的。这些将在本书第七章中详细讲到。

康德论证自我意识，是要反对莱布尼茨唯理论的"先定谐和说"，即认为对象所以与我们的认识相一致，是一种上天安排的预定的谐和。在康德看来，这是根本无法证实的形而上学，是超经验的思辨，不能成立。同时康德也是为了反对洛克经验论的认识论，这种认识论认为人的认识、范畴都来自经验，所以能与对象一致。在康德看来，范畴根本不能来自经验，所以这不能成立。因此，只有第三条路可走，这就是认识与对象的一致，是由概念—认识所构造出来的。康德把这称为认识论上的"哥白尼式革命"（详后）。但康德虽然反对莱布尼茨所主张的对象与概念之间的先定谐和，实际却代之以知性与感性之间的先定谐和，即人们主体意识内部功能之间的谐和一致。对象意识中的"对象"，通过主体意识的这种谐和才能建立。在自我意识与对象意识的相互依存中，前者是矛盾的、主要的、起决定作用的方面。"对象"是我们意识的统一性在杂多上的出现，是意识中的对象，形成知识的条件与知识对象的条件完全是同一的。主体关于对象的知识

---

1. 《纯粹理性批判》，A128，参看蓝译本，第136页。

与知识的客观对象变成完全同一的东西。自我意识的综合统一，如康德所说，"不仅是在认识一个对象时我自己所需要的条件，并且是每个直观为了成为我的对象必须从属的条件"[1]。一切都是在"我"的意识领域中进行的。康德把为莱布尼茨所"客观地采用"（事物之间）的"先定谐和"改变为"主观地采用"（认识功能之间）的"先定谐和"，"……是同一事物的两种不同能力的谐和，即在这同一事物里，感性和理性彼此一致而构成一个经验认识"[2]。至于两者的来源及谐和，则是先验既定而不可知的。莱布尼茨唯理论的本体论变成了康德先验论的认识论。

五 康德反对"自我"心灵实体

如前所指出，康德认为，这个能动的、主要的、起决定作用的方面，即自我意识，作为起着综合统一功能的统觉形式，不能离开对象意识和感性经验而独立存在。康德在论证自我意识建立知识对象的同时，特别强调自我意识绝非实体的存在：它不是内感觉，不是笛卡尔的"我思"，也不是当时流行的"理性心理学"所说的心灵实体。统觉之所以不同于内感觉，是因为统觉（"我思"）只是一种先验的功能（形式），它没有任何感性直观的性

---

1. 《纯粹理性批判》B138，第103—104页。
2. 1789年5月26日给郝尔茨的信。

质，是超时空的；内感觉则属于经验的自我意识。先验"我思"
（统觉）是经验的自我意识所以可能的条件，经验的自我意识是
它的具体运用，由此它才展开为内感觉及内感觉中的表象杂多。
而内感觉（时间）中对自我的经验意识，则是以对外部世界（空
间）的意识为前提的。所以，笛卡尔讲的"我思"也不是先验的
自我意识。后者只是纯形式，前者却有经验内容。

康德在反对笛卡尔"我思故我在"时指出，我意识"我在思
维"这一所谓不容怀疑的内在经验，实际上却只有先假定有非我
的外在经验才可能。关于我的意识恰好只是关于在我的意识之外
的客观对象的意识。

康德说："我意识我自身的存在，是时间中所规定的。时间
的一切规定都以知觉中永恒的某物为前提。但这永恒者不能是我
内部的某物，因为只有通过这个永恒者，我在时间中存在此事本
身才能被规定。所以对此永恒者的知觉，只能通过在我之外的一
物，而不是只通过在我之外一物的表象而可能；所以我在时间中
的存在的规定，只能通过我知觉在我以外的现实事物的存在才可
能……换句话说，我存在的意识同时也就是对在我之外的其他事
物的存在的直接意识。"[1] "以上的证明，已说明外的经验是现实
地直接的，内的经验……只由此外的经验才可能的。"[2] "要规定
主观，外的对象决不可少。从而可以推论，内的经验自身所以可

---

1. 《纯粹理性批判》B276，参看蓝译本，第 198 页。
2. 同上书，B276—277，第 199 页。

能，乃是间接的，并且只有通过外的经验才可能。"[1]"除非通过相对于空间中永恒者的外在关系（运动）的变化（例如相对于地球上的事物的太阳运动），我们不能知觉时间的任何规定。"[2] 这些都是说，"我在思维"这一内的经验，只可能以"我思维了什么"的外的经验为前提。由"在思维的我"不同于所思维的东西这一点，并不能推出这个"思维的我"能够自身生产出所思维的东西来，后者必须由感性经验提供材料才可能，而没有后者，前者只是一种空无内容的形式。可见，经验的"我思"或经验的"在思维的我"，是以感性直观的经验材料为前提的。必须有外在经验对象的存在才可能有内在的经验的"我思"，也才可能有"我在"的意识。思维的"我"本身作为形式，并不是感性直观的对象。所以不能由"我思"推论出"我在"来，即不能从思维推论出存在。任何存在都必须有"物自体"所提供的感性直观。康德说："这个'我'固然在一切思维中，但此观念并无丝毫使'我'与其他直观对象相区别的直观痕迹。从而我们固然能感知此观念不变地表现在一切思维中，但并不能感知它是一个思想在其中作为转换者彼此接替的常住而连续的直观。"[3]"我并不是通过意识我在思维而认识我自己，而只在当我意识……我自身的直观时才认识我自己。"[4]"所以，我的存在不能像笛卡尔那样，从'我思'的命

1. 《纯粹理性批判》B277，参看蓝译本，第199页。
2. 同上。
3. 同上书，A350，第287页。
4. 同上书，B406，第272页。

题中推论出来……"[1]

在"先验辩证论"里，康德又以很大篇幅驳斥了论证有灵魂（心灵）实体的"理性心理学"。这种"理性心理学"，是莱布尼茨唯理论哲学的引申。莱布尼茨在《单子论》中说："也是凭着关于必然真理的知识，凭着关于这些真理的抽象概念，我们才提高到具有反省的活动。这些活动使我们思想到所谓'我'，使我们观察到这个或那个在'我们'之内；而由于我们思想到自身，我们也就思想到存在、实体、单纯物或复合物。非物质的实体和上帝本身……这些反省的活动给我们的推理提供了主要的对象。"[2]康德则强调"我思"——自我意识不是这种由反省而得的实体。因为没有感性直观，就不能将"实体"范畴运用于其上。康德说，"作为范畴基础的意识的统一，在这里被误成作为对象直观的主体，因而把实体范畴用于其上。但是，这种统一只是思维中的统一。不能只借助这种统一，对象就被给予。因此，以被给予的直观为前提的实体范畴就不能应用于其上"[3]。先验的"我思"本身并没有感性直观，它本身不是经验对象，与经验的"我思"不同。经验的"我思"本身是经验对象，先验的"我思"则是指在我们关于对象的认识过程中，永恒包含着一个"自我意识"。即是说，认识中时时刻刻有"我思"的存在和活动。这句话的主宾

1. 《纯粹理性批判》同上书，B422，参看蓝译本，第281页。
2. 莱布尼茨：《单子论》30，见《十六—十八世纪西欧各国哲学》，商务印书馆，1975年版，第488页。
3. 《纯粹理性批判》B422，参看蓝译本，第280页。

词接近于同语反复，因为认识或认识过程也就是自我意识及其过程。人类认识本身也就是"我思"。可见，所谓先验的自我意识（"我思"）不过是意识的一般形式，康德用它指所有经验意识的先验能力或先验的可能性，从而它本身并不是任何经验意识。它只有一种逻辑的意义，而不能有任何实体的性质或存在。它指的实际上是思维的活动，而不是思维的主体。"理性心理学"在推论中将"我思"实体化，是犯了形式逻辑四名词谬误推论。

华特生（J. Watson）有几段话将康德对"我思"实体化的反对解释得相当清楚："在一切关于对象的确定中都包含有自我意识这事实，并不证明在这主体的持久性的基础上有一单个持久不可毁灭的实体……自我意识的统一性只说明：只要有对象的意识就有自我意识，它永远不能推论出有一个永恒而不可毁灭的思维实体。""这个'我'本身是什么，我们不可能知道，因为它总离不开它借以确定对象的思想而被给予出来……它是获得关于对象的知识所通过的一切观念的一般性形式。把这个形式看作能不依靠经验而存在的一个对象，并认为它能为人所认知，纯系谬误推理。"[1]康德一直强调"我思"——先验的自我意识（先验统觉）只具有一种纯形式、纯逻辑的功能意义，这个"我思"中的"我"永远离不开它所思维的具体事物、内容即经验对象、经验概念，

1. 华特生：《康德哲学解说》。也可参看康浦·斯密："第一，'我思'虽是知性的，但只能在经验判断中找到它的表现，也就是说，它自身只是形式的，它的应用以被给予的一定内感官杂多为前提；第二，所谓包含在'我思'中的'存在'，并非存在的范畴。"（《康德〈纯粹理性批判〉释义》，第324页）

所以它不是内感觉（经验的自我意识），不是具体的心理过程，它们都有感性经验的实际存在。如果让"我思"（先验统觉）脱离开这些被思维的东西，脱离开具体实际的经验的思维，即是说，自我意识脱离开对象意识，那它本身究竟是什么，就根本不可能知道了。那只是一种完全空虚的"我"，不但毫无客观实在性，而且是"一切表象中最空虚的表象"。这个"我思"概念决不能特有所指，因为它只是用以引导我们的一切思维从属于意识而已，"……我们甚至不能称它为概念，而只能称它为伴随一切概念的纯意识而已"[1]。

总之，康德的"先验自我意识"只是一切经验意识的前提和条件，是指一种形式、能力或功能，决不是任何独立的实体或存在。[2] 可见，康德从认识角度提出"自我意识"的巨大功能，用"自我意识"来统一认识，构造对象，保证认识的普遍必然的客观有效性质，而不认为它是一种实体性的独立自存的东西，并坚决反对种种把"我思"——"自我意识"实体化，即把它看作一种精神性的存在（也不管是主观式的存在还是客观式的存在）的观点。这一观点和倾向是康德哲学中重要的唯物主义因素。

---

1. 《纯粹理性批判》A346 = B404，参看蓝译本，第 271 页。
2. 现代语义学派用澄清应用的语言的方式对一些传统哲学命题做了驳斥，与康德有相似处。例如，"……说一个人的心灵，并不是说一个允许装东西而禁止装所谓物理世界的仓库，而是说这个人的在日常世界中做事的各种责任和倾向……"（赖尔：《心灵的概念》）。又如，奥斯汀（Austin）对"自我""我"等词用法的分析。但这种对传统哲学的所谓"最新"的"革命"，其深度实际上比康德要差。

六 黑格尔的"自我意识"

康德这个"自我意识"的提出，在哲学史上起了很重要的作用。不同的哲学流派从这里引导出不同的方向。紧接着康德，并不顾康德的反对，费希特提出了纯思维的"自我"建立"非我"（感性自然及整个世界），"非我"建立在"自我"之中的本体论的论点，从而把康德看作认识形式的主动功能的"我思"，改说成思维实体在行动中建立整个对象世界，并且与超感性的世界沟通会合起来。这当然就不是认识如何可能的问题，而是存在如何可能的问题了。费希特说："唯心主义从理知的行为中说明意识的规定……理知是一行为，绝对不再是什么……应该从这种理知的行为中引申出……一个世界的表象来，这就是说，引申出一个没有我们的助力而存在着的、物质的、占据空间的世界等表象，大家都知道这些表象是出现在意识中的。"[1]这不是笛卡尔的"我思故我在"，而是"我行故我在"。这个"行"只是思维，是一种开始并无客体的主体思维。

这样，思维第一性、存在第二性的问题十分突出了，康德二元论的"自我意识""对象意识"被取消了，被代之以彻底的主观唯心主义。费希特说："无条件地绝对确实的物质，今后是消失了。我将用下列公式来表述它：自我在自我之中设定一个可分割

---

1. 《知识学引论》第 1 篇，见《十八世纪末—十九世纪初德国哲学》，商务印书馆，1975 年版，第 199 页。

的非我，与可分割的自我相对立。"[1]"……物完全不是别的什么东西，只不过是通过想象力把这一切关系综合起来罢了。"[2] 费希特将康德认识论中的自我意识实体化（康德是反对这种实体化的），构成一个绝对的作为思维实体的自我本身。

黑格尔接着费希特，从客观唯心主义方向修正和发展康德[3]，把康德的认识论的自我意识推移为绝对精神，把先验自我从认识论提高到本体论，原来仅仅作为思维的功能被赋予了现实的力量。概念在认识中的客观性变而为本体的客观性，认识的客观有效性被等同于思维的普遍必然性。[4] 在康德，能动性与客观性紧紧连在一起是在认识范围内；在黑格尔，这二者是在本体论内连在一起，于是思维具有了真正现实的客观性。客观性与对象化由在

1. 费希特：《知识学基础》第 1 部 §3，见《十八世纪末—十九世纪初德国哲学》，商务印书馆，1975 年版，第 174 页。

2. 费希特：《知识学引论》第 1 部，见《十八世纪末—十九世纪初德国哲学》，商务印书馆，1975 年版，第 201—202 页。

3. "自我"在康德那里已不是个体的含义，由康德、费希特到黑格尔，经由谢林的客观唯心主义，这一点更为突出。谢林说："自我这个概念内包含某种比个体这个单纯术语更高的东西。""一般自我意识的行为本身并不包含任何个体的成分。然而个体的意识都必然地和自我意识同时发生出来。"（《先验唯心论体系》）

4. 黑格尔派的康德的研究者们把这一点表述得最明白，可以参考。在他们看来，康德的所谓主观演绎与客观演绎，可以作为一个过程来表述，即认为康德那个尚未与对象相结合的自我意识（所谓分析的统一），实际是一种潜在的综合（对象已潜在地在其中），以后逐步实现，以产生（不只是构造）经验及经验的规律、秩序和统一性。对象不在自我意识之外，而是潜在地在其中，然后由自我意识把它实现出来。这个过程也即是自我（心灵）在自己的外化的对象世界中寻求自己的统一，以认识自身的过程。认识对象就是认识自身，对象完全放在意识领域之中了。康德在认识论中提出了意识能动性保证真理的客观性，它在这里具有了本体论的含义。意识不再是能动地认识世界，而是去能动地创造世界。于是康德强调的客观有效性被完全等同于意识的普遍必然性，它必须有物自体提供感性材料的方面被抹杀。从而，康德只是由普遍性达到客观性，这完全把康德加以黑格尔化了。参看开尔德《康德的批判哲学》。

意识（认识）中的同一，即主体意识构造认识对象，变为在历史（现实）中的同一，即主体意识构造现实对象。这样，思维也就不再封闭在主观认识的范围内，范畴也不只是认识的规定，而且还是客观自然和社会发展的法则。康德那里作为认识论（认识如何可能的要素之一）的先验逻辑，变成了世界历史的客观行程。康德讲的感性杂多（客）与自我同一（主）的矛盾，变成了理念（主）外化（客）又恢复到自身的矛盾统一的历史辩证法。康德所强调的自我意识不能离开对象意识，知性不能离开感性，即必须有感性经验才可能有客观有效的经验知识等认识论中的唯物主义成分被否定了。它把康德所反对的形而上学本体论重新建立起来，认识功能实体化，自我意识成了上帝式的绝对理念：它牢笼百态，宰制万物，陶铸世界，与神齐一。这固然将唯心主义贯彻到底，但同时也就走到它的反面——处在为唯物主义彻底批判的前夜。

黑格尔说：

康德曾用很笨拙的话来表述这个意思，他说，"我"伴随着我的一切表象……"我"从我的表象、情感，从每一心灵状态，从每一特性、才能和经验里抽离出来。"我"在这意义下，是一个完全抽象的普遍性的存在，一个抽象的自由的原则，因此可见，作为思想的主体，是用"我"这个词表现出来的："我"在我的一切感觉、概念和意识状态中，即思想无所不在，是贯串所有这些形态的范畴。[1]

　　自我乃是那原始的同一性……凡是与自我的统一发生关系的事物，都必受自我的影响和融入其中。自我犹如洪炉烈火，吞并销熔那散漫的杂多感性而将它融为一体……纯粹统觉乃被康德认为……是将外物自我化的动力。这种说法至少正确道出所有意识的本质。一切人类的努力的趋向是去理解这个世界，适应并宰制世界，为此目的，世界的积极的实在必须好像被打碎砸烂，换言之，加以理想化。同时我们得注意，并不是我们个人的自我意识的活动，使感觉的杂多导致一个绝对的统一，毋宁说，这同一性即是绝对自身。[2]

　　列宁在《哲学笔记》中说："黑格尔在转过来对康德主义进行批评时，认为它的伟大功绩就是提出了关于'统觉的先验统一'（意识的统一，概念是在这个统一中形成的）的思想，但是他斥责康德的片面性和主观主义……（黑格尔把康德的唯心主义从主

---

1. 黑格尔：《哲学全书·逻辑》§20，见《小逻辑》，商务印书馆，1962年版，第82—83页。黑格尔还说，"思想是构成外在事物的实质，也是精神事物的普遍实质。思想也存在于人类一切感知中，存在于所有认知和回忆活动中，总之，它是任何精神活动、意志、愿望等中的普遍性……在这种意义下，思想就不是与其他功能同列，与感知认识、意志同一水平的东西了……人是思想者，从而是普遍，但只有因为他感到他的普遍性时，他才是思想的。动物也有普遍性，但这个普遍性不是被它所意识到的普遍性，它只感到个体性……只有人使自己有双重性，能成为一个意识到普遍性的。当人知道他是'我'时，这便发生了……'我'似乎是意识的不可分解的最终的成分，'我'与思想是同一回事。它明确地说，我是作为思想者的思想，凡在我意识中的，即是'我'的，'我'是接受任何事物和一切事物的虚空的容受器……它不只是一单纯的普遍性，而是包容一切在其中的普遍性"（§24）（见《小逻辑》，商务印书馆，1962年版，第91—92页）。由认识论推移到本体论，踪迹宛然。
2. 黑格尔：《哲学全书·逻辑》§42，参看贺译本《小逻辑》，商务印书馆，1962年版，第133页。

观的提高到客观的和绝对的)。"[1] 列宁继续指出:"康德承认概念的客观性(概念的对象是真理),可是他仍然把概念当作主观的东西。他把感觉和直观当作悟性的前提。"[2] 列宁引黑格尔的话:"在这里……应当把概念当作不是自我意识的理知的活动,不是主观的理知,而是既构成自然阶段又构成精神阶段的自在自为的概念。概念出现在生命或有机界这一自然阶段上。"列宁在黑格尔这一段话旁加以评论说:"客观唯心主义转变为唯物主义的'前夜'。"[3]

黑格尔把思维作为概念和现实的统一,强调思维与存在的同一性(相互依存和转化),驳斥康德将思维与存在割裂的二元论,驳斥康德认为知性范畴(思维)只是主观方面的东西。黑格尔的抽象的知性范畴可以超越感性,以接近对对象的本质认识。但这个所谓对对象本质的认识,在唯心主义者黑格尔那里,归根结底是对上帝的认识。这也就是理念自己认识自己,即是"自我意识"。重要的是,这个"自我意识"必须经历一个由对象化而复归的辩证过程才能达到。因此它就有一个与物质世界如何相对立而统一的关系问题。这样,康德的主观唯心主义的先验统觉的"自我",变成了黑格尔的客观唯心主义的绝对理念的"自我"之后,自我与对象就不但是在认识中(认识论)互相依存而已,而

---

1. 《哲学笔记》,1974 年版,第 178—179 页。
2. 同上书,第 179 页。"悟性"即"知性"一词的另一中译名。
3. 同上。

且是在客观现实中（本体论）成为互相转化的矛盾统一的逻辑学了。在康德那里，自我与对象是对立和依存的关系，缺乏彼此转化的辩证联系。在黑格尔这里，突出的就是这种辩证法的转化，强调物是我之物，我乃物之我，即人（思维）的对象化，对象的人（意识）化。这样就达到了德国古典唯心主义哲学发展的顶峰。

德国古典哲学唯心主义将人等同于神（上帝），将自我意识作为认识世界（康德）和改造世界（黑格尔）的原始动力，极大地高扬了人的价值和地位[1]，它代表当时处于上升阶段的资产阶级反封建的意识形态，有重要的进步意义。但同时，它的"高扬"却又是唯心主义的、抽象的。首先，这是抽象的人，不是历史具体地属于一定社会时代的人；其次，这是思辨（精神）的人（自我意识），不是现实的人。在黑格尔，"自我"与思维是同一之物，一切皆蕴藏于"自我"之中。作为被高扬的主体，"自我"只是思维。能动的"自我"，只是思辨的精神。物与我、存在与思维的依存与转化，通通只是精神—思辨领域内的活动，而不是感性现实的活动。劳动、生产都只是思辨，历史只是思维的自我即自我意识的异化和复归。马克思说："黑格尔认为，人的本质、人等于自我意识。从而，人的本质的异化不过是自我意识的异化。"[2]"唯

---

1. 如拉克鲁瓦（Lacroix）认为，康德三大批判都是围绕"人在宇宙中的地位"这个问题展开的（康德的先验自我也是伦理学的本体，参看本书第九章）。
2. 《经济学—哲学手稿》，参看何思敬译本，1963 年版，第 129 页。

心主义却发展了能动的方面，但只是抽象地发展了，因为唯心主
义当然是不知道真正现实的、感性的活动本身的。"[1] 一般地说，
它用抽象的人代表历史具体的人，表现了资产阶级意识形态的共
同特征；特殊地说，它用思辨的"人"即人的思辨来统治现实世
界，反映了当时德国新兴思想猛汉的独有特征。

唯物主义者费尔巴哈企图恢复人的感性和感性的人。费尔巴
哈指出，唯心主义就在于把一般、思维、名称、语言当成上帝，
说成是普遍必然的永恒本质，而将感性等同于个别的、偶然的、
暂时的现象。他指出，"康德哲学乃是主体和客体的矛盾，本质和
现象的矛盾，思维和存在的矛盾"[2]。费希特、谢林、黑格尔则将这
矛盾统一于思维、自我、绝对。费尔巴哈认为，"只有人才是费
希特的自我的根据和基础，才是莱布尼茨的单子的根据和基础，
才是'绝对'的根据和基础"[3] "因此新哲学的认识原则和主题并
不是'自我'，并不是绝对的亦即抽象的精神。简言之，并不是
自为的理性，而是实在的和完整的人的实体。实在、理性的主体
只是人。是人在思想，并不是我在思想，并不是理性在思想……
因此，如果旧哲学说，只有理性的东西才是真实的和实在的东
西。那么新哲学则说，只有人性的东西才是真实的实在的东西。

---

1. 《关于费尔巴哈的提纲》，《马克思恩格斯选集》第 1 卷，1972 年版，第 16 页。
2. 费尔巴哈：《未来哲学原理》§22，见《费尔巴哈哲学著作选集》上卷，三联书店，1959 年版，第 151 页。
3. 费尔巴哈：《关于改造哲学的临时纲要》，见《费尔巴哈哲学著作选集》上卷，三联书店，1959 年版，第 118 页。

因为只有人性的东西才是有理性的东西"[1]。费尔巴哈的所谓"新哲学"，是企图以现实感性的人来代替唯心主义的思辨精神的"自我""绝对"，用感性的普遍性来代替理性的普遍性。费尔巴哈说："新哲学是光明正大的感性哲学。"[2]"思维与存在的统一，只有在将人理解为这个统一的基础和主体的时候，才有意义，才有真理。"[3] 所以，费尔巴哈的哲学的确是对从康德到黑格尔高扬理性自我的普遍性的批判。费尔巴哈强调的是，超感性的神来自感性的人，理性的东西来自感性的东西，只需要不将"理知与感觉分开，便能在感性事物中寻得超感性的东西，亦即精神与理性"[4]。"不但有限的、现象性的东西是感觉的对象，真实的、神圣的实体也是感觉的对象"[5]，即是说，感性自身便能认识真理。

但是，费尔巴哈这个所谓恢复感性地位的"新哲学"，在根本上并没有超出洛克和法国唯物主义多少。所谓"理性的东西必先在感性中"等，几乎讲的是与洛克（见本书第一章）同样的话。它与康德以前的唯物主义并无本质的不同。"他把人只看作'感性的对象'，而不是'感性的活动'……他从来没有把感性世界理解为构成这一世界的个人的共同的、活生生的、感性的活动……当费尔巴哈是一个唯物主义者的时候，历史是在他的视

---

1. 《未来哲学原理》§50，见《费尔巴哈哲学著作选集》上卷，三联书店，1959年版，第180—181页。
2. 同上书，§36，第169页。
3. 同上书，§51，第181页。
4. 同上书，§42，第174页。
5. 同上书，§39，第171页。

q

野之外。"[1] 费尔巴哈的"人"仍然是非社会、超历史的自然生物的存在，他的所谓人的感性仍然是被动的感知，是"离开人的社会性"的静观（"离开人的社会性"与所谓静观、被动的感知是一回事）。这种感性是否有普遍性，或这种感性普遍性具有何种意义，便大成问题。康德的出发点正是揭露旧唯物主义从感觉出发不可能理解认识的能动性，不能保证认识的普遍必然和客观有效，由此建立了其先验唯心主义。费尔巴哈使哲学从唯心主义回到唯物主义，从自我意识回到感性的人，但由于他的这个感性的"人"仍是这种性质，就仍然不可能解决人的认识所特有的主观能动性，以及由之而来的科学知识的真理性——它的普遍必然的客观有效性问题。费尔巴哈这种"直观的唯物主义，即不是把感性理解为实践活动的唯物主义"[2]，是不能说明人的认识的能动性的。对康德来说，费尔巴哈没有前进，反而倒退了。

七 "问题在于改变世界"（马克思）

这个问题的解决历史地属于马克思主义实践论的范围。

马克思指出，"费尔巴哈不满意抽象的思辨而诉诸感性的直

---

1. 《德意志意识形态》，《马克思恩格斯选集》第 1 卷，1972 年版，第 50 页。
2. 《关于费尔巴哈的提纲》，《马克思恩格斯选集》第 1 卷，1972 年版，第 18 页。

观；但是他把感性不是看作实践的、人类感性的活动"[1]。其实这两种感性的不同，正是人与动物的根本不同。动物的生活活动与其对象是同一个东西，受同样既定的自然规律所支配。马克思说，"动物和它的生活活动直接是一个东西"[2]"动物不对什么东西发生关系，而且根本没有'关系'。对动物来说，它对他物的关系不是作为关系存在的"[3]。所以，主客体之分对动物是没有意义的，从而动物是不可能有人所特有的认识能动性的。以使用工具、制造工具的活动为特征的原始人类的实践，突破了这个限制。它不再是原来动物性的既定的族类生活活动，而是在特定的社会结构的制约下，通过对客观自然界种种事物日益广泛和深入的掌握，从而具有无限发展可能地去支配自然、改造自然的客观性的现实活动。这就与动物适应环境的本能性的生存活动有了根本的区别。在这里，主客体之分才有真正意义。社会实践面对着自然，区别于自然，利用自然本身的规律（如因果关系）以作用于自然，使自然屈服于自己。同时，它自身的存在和发展也有不同于自然的独特规律（社会发展的规律）。这样就构成了与客体自然相对立的主体。像费尔巴哈那样"把人的本质理解为'类'，理解为一种内在的、无声的、把许多个人纯粹自然地联系起来的共同性"[4]，是不能解释区别于客体自然界的人的主体性的。而把作为生物体

---

1. 《关于费尔巴哈的提纲》，《马克思恩格斯选集》第 1 卷，1972 版，第 17 页。
2. 《经济学—哲学手稿》，1963 年版，第 58 页。
3. 《德意志意识形态》，《马克思恩格斯选集》第 1 卷，1972 年版，第 35 页。
4. 《关于费尔巴哈的提纲》，《马克思恩格斯选集》第 1 卷，1972 年版，第 18 页。

的人群塑造为区别于自然界的主体，正是以使用工具、制造工具的实践生产活动为中心的社会存在和以使用语言和符号系统为特征的社会意识。离开这个根本讲实践和语言，实践就会等同于动物生活活动和动物心理意义上的感知状态，而语言则成为无所由来的神秘结构和生物性的先验本能了。

在当代马克思主义哲学中，"实践"一词已经用得极多，它泛滥到几乎包容了一切人类活动，从日常生活、饮食起居到理论研究、文化活动，等等。在马克思早年手稿以及《关于费尔巴哈的提纲》等著作中，的确强调的是理论与实践相统一的感性的人的活动即 Praxis（实践），Praxis 一词也确乎包括了人类整个生活活动。但也是从早年起，马克思同时强调了劳动、物质生产、经济生活在整个人类社会中的基础地位和决定性的意义，日益认定物质生产是整个社会生存、社会生活即社会存在的根本，特别是自马克思历史具体地探讨了社会生产方式诸问题，确定基础与上层建筑的理论，明确提出历史唯物主义学说后，马克思的实践哲学便进一步加深和具体化了。我以为，马克思的实践哲学也就是历史唯物主义。因之，应当明确在形态极为繁多的人类实践活动中，何者属于基础的即具有根本意义的方面，我以为这就是历史唯物主义强调的经济基础，而其中又是以生产力为根本的。生产力——这不正是人们使用工具、制造工具以进行物质生产的实践活动吗？正是有了这种活动，才有人类的发生和发展（恩格斯：《劳动在从猿到人转变过程中的作用》）。这是第一性的、根本的方面。人类的这种活动从历史总体来说，是由非意识、非目的的偶发性进到有意识、有目的从而具有必然性的过程，也是在这个过程中，产生了语言、意识、符号、思维，等等。而如何由工具到语言，以及物质工具与符号工具（语言）之间的发生学的关系等，都是很需要进一步探索的要点所在。我之所以在本书再三提及皮亚杰，正是因为他从儿童心理学的微观角度接触和阐明了操作对逻辑、思维的基础意义，对实践哲学的人类学本体论的宏观理论大有启迪。我之所以几次提到维特根斯坦，也是因为他晚年明确论证了社会生活和实践对语言、个体心理意识的决定功能。所有这些，作为科学成果，都恰好是有助于说明马克思主义实践哲学的，尽管他们本人并未这样认为。

联系康德哲学的"自我统觉"，如果倒转过来，则可以说，不是意识的"先验自我"，而是历史（物质现实）的人类实践，才是真正的伟大的主体"自我"。实践作为现实活动的感性，虽然也呈现为个别的存在，但其本质却是普遍的。它之所以是普遍的，不但是因为它总是某种社会结构的活动，普遍地作用于自然，具有改造世界的普遍的能动作用；而且，就整体来说（不是部分或暂时），人类实践生产活动是以符合和掌握客观自然规律来改造自然为特征，它本身就是一种理性（符合客观规律）的力量。因之，它就具有一定范围内的客观有效性和普遍必然性。从而在总体历史上，它必然具有能够实现自己的现实性格。（非理性的冲动、盲动，也是感性现实的力量，但它的本质是动物性或个体性的，并不具有这种实现自己的历史必然性。）

列宁说，"实践高于（理论的）认识，因为它不但具有普遍性的品格，而且还有直接现实性的品格"[1]。这个现实性，不只是指一般实践具有感性的物质力量，而且更是说明：符合客观规律的实践活动具有必然实现自己的现实性。它使主体的存在不仅有现实的普遍性（能够普遍地作用于现实），并且还有普遍的现实性（合规律的主体目的能够实现）。而人们主观意识、思维的普遍性，不过是这一物质现实的主体实践的普遍性的表达罢了。知觉表象之间、意识之间的必然性的相互联系和秩序，正是实践将客观自然的这些联系发现出来，反映到思维、意识中。因之，康德所谓"对象意识"，所谓对象思维中的"重建"，即思维综合感性材料构成有关对象的能动认识，正必须以上述实践能动地改造对象的现实为基础和前提。如同在本书第二章中所指出，所谓"综合"是以实践活动改造对象为现实前提，康德在论"先验统觉"时所极力强调的"自我意识"的综合作用和功能，仍然不过是实践的"自我"主体感性现实地改造对象的反映。康德所谓必须有一个先验的"常住"的"我思"，作为统一意识、贯串认识的不变的基础和形式，不过是现实的"常住"的人类主体实践，不断将客观自然的统一性发现出来的表达。认识的能动性来源于实践，认识的客观性和真理标准仍然是实践。康德强调的能动性和客观性相统一这种自我意识的本质特征，实际来自人类实践的能动性和客观性。

恩格斯在批判掇拾康德牙慧的杜林认为思维把存在变为统一

---

1. 《哲学笔记》，1974年版，第230页。

体、一切思维的本质就在于把意识的要素联合为一个统一体时指出，存在的统一决不在思维里，而在于它的物质性。事实上，首先有物质世界的统一性，才可能有思维中的统一性，而这个物质世界的统一性，正是通过人类实践才过渡为意识、思维的能动的统一性。包括思辨、意识的形式的统一性也是如此。前文讲"主观演绎"时，便讲到这种心理、意识的统一性如何来自实践（劳动活动）的统一性，同样，具有普遍性的高级逻辑思维形式（如辩证范畴和形式逻辑）和自由直观，也是具有普遍性形式的实践本性所内化和积淀而成的。本书第二章到第四章中已就形式逻辑、数学、时空构架和因果观念等作了一些说明。这样一些人类所特有的认识形式是人类认识能动性的表征，它们根本上是来源于人类实践的。至于具体的思维内容，则人所共知，更是历史具体地决定于一定社会时代的实践内容。总之，不能把实践等同于感知经验（逻辑经验主义）或语言活动（维特根斯坦），也不能把实践看作无客观物质规定性的主观活动，即不能让实践囊括一切、无所不包（西方马克思主义），而应还它以物质结构的规定性，即历史具体的客观现实性。这才是真正的实践观点，本书之所以不嫌重复，再三强调使用和制造工具，原因即在此。现在讲马克思主义实践论的很多，但对这点都不够重视（参看第九章）。

费尔巴哈和一切旧唯物主义从感觉出发，实际是从个别或个体出发，讲现实性，但无普遍性。康德、黑格尔从普遍出发，实际是从思维出发，讲普遍性，没有现实性。只有从实践出发，才既有普遍性，又有现实性。立足于感觉或一般的感性？或者立足于理性即抽象的思辨？还是立足于实践、立足于具体历史的社会活动？这就是马克思主义实践论与旧唯物主义认识论和唯心主义认识论的根本分歧之处。旧唯物主义（包括洛克、法国唯物主义和费尔巴哈）从感觉出发（静观的存在），德国古典唯心主义从意识出发（思辨的活动），马克思主义则从实践出发（物质的活动）。从实践出发，也就是历史具体地从社会生产方式出发，从亿万人民群众的衣食住行出发。所以说，马克思主义的历史唯物主义才是科学的认识论的哲学基础。马克思主义奠基人在批判直观的唯物主义，批判不懂得历史唯物主义的自然科学时一再指出："费尔巴哈特别谈到自然科学的直观，提到一些只有物理学家和化学家的眼睛才能识破的秘密，但是如果没有工业和商业，哪里有自然科学？甚至这个'纯粹的'自然科学也只是由于商业和工业，由于人们的感性活动才达到自己的目的和获得材料的。这种活动、这种连续不断的感性劳动和创造、这种生产，是整个现存感性世界的非常深刻的基础……"[1]"工业是自然和自然科学对人的现实的历史的关系。如果工业被看作人的本质力量的外在显现，那么，我们就好理解自然的人的本质或人的自然本质了。"[2]"自然科学和哲学一样，直到今天还完全忽视了人的活动对他的思维的影响；它们一个只知道自然界，另一个又只知道思想。但是，人的思维的最本质和最切近的基础，正是人所引起的

---

1. 《德意志意识形态》，《马克思恩格斯选集》第1卷，1972年版，第49页。
2. 《经济学—哲学手稿》，1963年版，第91页。

自然界的变化，而不单独是自然界本身；人的智力是按照人如何学会改变自然界而发展的。"[1]马克思、恩格斯的思想，都在指明只有从人的能动的社会实践活动中去理解客观世界和人本身，才能理解人的认识，才能理解人的感性和理性。这个能动的实践，不是费希特那种无客体的纯思维的主体行动，而主要是以自然存在为前提，使用和制造工具，利用客观自然的人类工艺学的物质生产活动。从原始石斧到现代自动化机械，工具开辟着使人类从动物式的生存、活动和"劳动"中彻底解放出来的道路。人将不是以自然赋予他的那有限的体力、器官和心理意识，即自然生物族类的本能和能力（动物也有这些）来征服世界，人类的"自我"具有由工具武装起来的主体意义。人之所以是万物的尺度，正在于他有工具。马克思说："工艺学会揭示出人对自然的能动关系，人的生活的直接生产过程，以及人的社会生活条件和由此产生的精神观念的直接生产过程。"[2]马克思特别重视工艺学，称之为"社会人的生产器官的形成史"，比之如达尔文研究"自然工艺史"，即"在动植物的生活中作为生产工具的动植物器官"的形成史。[3]

马克思说："环境的改变和人的活动的一致，只能被看作是并合理地理解为革命的实践。"[4]革命实践作为活生生的伟大的现实

1. 《自然辩证法》，《马克思恩格斯全集》第20卷，1971年版，第573—574页。
2. 《资本论》第1卷，《马克思恩格斯全集》第23卷，1972年版，第410页。
3. 同上书，第409页。
4. 《关于费尔巴哈的提纲》，《马克思恩格斯选集》第1卷，1972年版，第17页。

物质力量，才是陶铸自然、统一万物的主体"自我"。这个"自我"主体具有真正客观的力量。这种力量到近代大工业机器生产出现，到现代自动化、计算机、核能等的出现，更直接以可无限发展的智力、认识、科学来征服世界。科学直接转化为生产力。物化智力的生产形态，将日益成为人类"自我"的突出特征。在这种意义上，这一"自我"的精神意识方面，才具有真正巨大的意义。康德的"先验自我意识"，不过是这个真正雄伟的人类实践的"自我"的一种唯心主义的预告罢了。康德所谓"先验综合统觉"在思维中作为形式的无处不在，只不过是实践的"我"在现实中作为变革世界的物质力量的无处不在的折射罢了。实践的"我"在现实上统一万物，才有可能让思辨的"我"在意识中统一万物。所以，不是思维的"我"，而是实践的"我"，不是任何精神思辨的"我"，而是人民群众集体的、社会的"我"，才是历史的创造者，才是客观世界的改造者，也才是科学认识的基础。这才是群众创造历史的唯物主义"反映论"，也就是马克思主义的实践论。有这样一首中国现代民歌："天上没有玉皇，地下没有龙王，我就是玉皇，我就是龙王，喝令三山五岭开道，我来了。"正是这个"喝令三山五岭开道"的"我"，这个历史的创造者、社会实践的主人翁，这个集体的"我"，才是认识论的真正的主体自我。在这个客观的自我的基础上，人类主观自我的一切能动认识形式才有产生的可能。康德所要求确立的知性、判断力、理性，的确是动物所不能具备，只有人类才有的普遍必然性的东西，这些东西却又只有历史地从这个实践中才能产生出来。由动物性和主观性的五官感知进到具有客观性和能动性的认识形式，由个人的所谓"知觉判断"到共同性的"经验判断"，都是以人类的物质实践作为基础和前提的。在这里，本体论与认识论才真正是统一的，人类学与心理学、历史与逻辑才真正是一致的。自我的真正的唯物主义的意义就是如此。在现代科学、技术、工业基础上，这个改造世界的"自我"人类主体已日益突出。与此同时，作为个体的"自我"的地位、作用、意义和独特性、创造性、多样性、丰富性等问题，也日益突出和重要了。

八 "哥白尼式的革命"

可见，用思维的能动性来囊括一切，这是由康德到费希特、黑格尔的道路。用物质生产活动的社会实践作为人和自然统一的基础，来构建心理和逻辑，这是由马克思主义到康德的道路。

康德提出"自我意识"作为认识的主观能动性的轴心，否定了旧唯物主义的静观反映论，他曾自比是哥白尼式的革命[1]。哥白

---

1. 康德《纯粹理性批判》第 2 版序言中谈到此时说，"如果直观必须符合于对象，那我不懂我们如何能先验地知道对象，但如果对象（作为感觉对象）符合于我们的直观能力，便很容易看到这种可能性……或者假定为我借以得此规定的概念与对象相符合……这就仍然陷于我如何能先验地认识对象的困扰中。或者假定为对象或经验（这是同一的，因为对象只有在经验中才成为给定的对象而能被认知）与概念相符合。在后一假定中，解决变得容易得多"（《纯粹理性批判》Bxviii，参看蓝译本，第 13 页）。就是说，知性范畴直观形式先验地存在于"自我"，即先验统觉的自我意识使科学知识（普遍必然的"先天综合判断"）成为可能。

尼认为，不动的星球却在运动，是由于观察者（在地球上）在运动；康德认为，本身并没有时空、因果等的"物自体"看起来有这些经验现象，是由于人心在动。康德把认识围绕对象（自然）而旋转，改变为以"自我意识"为轴心而旋转。人的认识不随外界旋转，而是外界随人的先验意识形式而旋转。这是以物质自然为本体转到以人的精神意识为本体，由以自然为中心转到以人为中心的所谓哲学中的哥白尼式的革命[1]，即把洛克和法国唯物主义的认识论变革为德国古典哲学唯心主义的认识论，以唯心主义的先验论反对旧唯物主义的反映论。

但如前所述，康德的先验"自我意识"又必须依存于具体"我思"中的客观经验内容，"自我意识"又必须与"对象意识"相互依存，才可能存在，这个"哥白尼式的革命"就并未彻底实现。只有到黑格尔的"绝对理念"，虽然它也必须通过展开为经验世界的万事万物，完成其理念发展的精神历程，才达到自我意识——对自身的认识，但黑格尔却明确地把精神、意识高扬为第一性的决定性的东西。康德的"哥白尼式的革命"，即唯心主义对唯物主义的否定，到黑格尔才算得到真正的完成。

物极必反。绝对唯心主义发展到了极点，也就为把这种颠倒了的过程再颠倒过来准备了条件，从而走到了更高一级的唯物

---

1. 关于康德的哥白尼比拟，有一些争议。有人认为，哥白尼推翻了以人（地球）为中心的托勒密体系，与康德以人为中心恰好相反。但康德是以原来以为不动的方面（地球、人）的活动，即以人（精神）的能动性，来比拟地球的能动性的。

主义的转变前夜。青年黑格尔派正是从自我意识展开了对黑格尔
的批判。青年马克思在其博士论文中，也正是从自我意识来处
理和重视伊壁鸠鲁的原子偏斜观念。自我意识本是当时黑格尔
学说解体的中心议题。进一步，马克思在对青年黑格尔派这种精
神性的自我意识的批判中，走向了历史唯物主义。"即便他们把
哲学、神学、实体和全部废物都消融在'自我意识'之中……
'人'的'解放'仍然不会因此而前进一步；真正的解放不可能
是别的，只能在现实世界中并通过现实的手段加以实现。没有
蒸汽机、珍妮机——走锭精纺机，工业奴隶制就不能废除；没有
改良的农业，农奴制就不能废除；只要人们还不能使自己的吃、
喝、住、穿在质上和量上得到充分供应，就根本不能使人获得解
放。'解放'是一种历史的活动，而不是思想的活动……"[1] "自我
意识"成了由黑格尔到马克思，由唯心主义到唯物主义，由思维
的主体自我到历史的、物质现实的主体自我的一个关键环节。通
过费尔巴哈的媒介，马克思对黑格尔的批判改造终于完成了。无
论是从德国古典哲学发展和解体的具体历史来说，还是从哲学认
识论的一般逻辑来说，都是如此。而由洛克、法国唯物主义到康
德、黑格尔，再由康德、黑格尔到马克思，这便是具有深刻意义
的人类认识史上的辩证法：否定之否定，由物质到精神，再由精
神到物质。它成为整个近代哲学史的终结和完成，螺旋形地上升

---

1. 《马克思〈德意志意识形态〉手稿片断》，载荷兰《国际社会主义思想史评论》第 7 卷，第
   1 册（1962 年）。

了一级。正如列宁所指出："哲学上的'圆圈'：……近代：霍
尔巴赫——黑格尔（经过贝克莱、休谟、康德）。黑格尔——费
尔巴哈——马克思。"[1] 但这个圆圈并不是思想的直接转化和抽象
继承，而是以社会斗争和科学发展为基础的哲学路线的否定。唯
物主义由静观的反映论到能动的实践论，由洛克和法国唯物主义
的静观地观察自然（感觉），以自然为中心，到能动地改造世界
（实践），以历史的阶级的人为中心，这是唯物主义发展史中的一
个巨大的飞跃。在旧唯物主义那里，人只作为自然的一部分，屈
从于自然。[2] 马克思主义实践论强调了人的能动作用，人成了包括
自然界在内的整个世界的主人，这才真正实现了"哥白尼式"的
伟大的哲学革命。这个革命又正是批判了康德、黑格尔的古典唯
心主义的虚假的"哥白尼式的革命"才可能实现的。法国唯物主
义把人从属于自然，德国古典唯心主义把自然从属于人的精神，
马克思主义的唯物主义则把自然从属于人对世界的能动的物质改
造。这也就是由自然本体论（法国唯物论）到意识本体论（德国
古典唯心论），再到人类学本体论（马克思主义）。人类的大我和
个体的小我，特别是它们之间的关系，在这过程中不断发展和变
化，个体自我的存在意义、性质、权利、地位和丰富性将日益突
出，"自我意识"也将具有更新的觉醒意义。

---

1. 《哲学笔记》，1974 年版，第 411 页。
2. 霍尔巴赫便强调说过，人不要自以为了不起，是宇宙之王，"人决没有理由自以为是自然中
   的一个有特权的生物；他同自然的一切其他产物一样，服从于同一的变易"（《自然的体系》
   上卷第 6 章，商务印书馆，1964 年版，第 82 页），等等。

因为只有在这种能动改造自然的基础上，作为个体的自我才有可能获有和发展出他的独特的存在价值、特征和性格。动物虽然也有生理禀赋以至气质、才能的差异，但谈不上什么真正的个性。个性的丰富性、多样性是随着人类总体即社会存在和社会意识的发展而发展和扩充的，正如皮亚杰论证儿童的个性是随其社会性、他的个性主观性是随着他的认识的客观社会性的发展而发展的一样。而个性的被压抑、被漠视以及个体的小我被淹没在总体的大我中，则又是共产主义到来前的人类史前期所难以避免甚至必然要大量经历的现象。正如失去个性、只有普遍性形式的符号系统和物化智力成为大我的见证一样，小我的见证最初只能表现在具有各种个性独特性、多样性和丰富性的审美—艺术结构中，它在社会各领域的真正充分展开，则有待于人类史前期的结束。这一问题在本书第十章结尾时还要触及。

总起来看，前面几章依次讨论了时空直观和知性范畴，本章论述了康德把这一切归结为"自我意识"，经由黑格尔，马克思从"自我意识"走向历史唯物主义。在这里，奠定了人类主体性的文化—心理结构的客观基础，即作为历史总体的人类社会实践，这也就是人类主体性的客观方面即工艺—社会结构的方面。人类主体性的"自我"由这两个方面（工艺—社会结构和文化—心理结构）组成，而工艺、社会物质生产这一方面是基础，是"第一性"的方面，这就是本章在批判和颠倒康德后所要说明的。

第六章

认识论（五）："二律背反"

一 "先验幻相"与辩证法

康德的"先验辩证论"是《纯粹理性批判》一书中比较好读的部分。"分析论"说明知识（真理）如何构成，"辩证论"则说明谬误如何产生，它是"先验逻辑"的第二部分。康德认为，认识论的根本任务，在于防止认识闯入本不是它所能达到的领域。批判哲学之所以叫"批判"，也正是这个缘故。康德说："一切纯粹理性的哲学的最大也许是唯一的效用，只是消极的；因为它不是用来扩大纯粹理性的工具，而是限制纯粹理性的原则；它不是去发现真理，而只有防止谬误的功劳。"[1]（这与现代逻辑

---

1. 《纯粹理性批判》A795 = B823，参看蓝译本，第 544 页。

实证论和语言分析论的某些论点表面上非常相似。）在"辩证论"里，康德通过给知性划定界限，指出灵魂、自由意志、上帝这些形而上学的实体，由于没有感性直观的经验基础，即感性经验不能提供有关这些实体的任何材料，超出了知性所能适应的范围，因而不是认识的对象。对一切证明灵魂、自由意志和上帝的理论学说，即当时流行的所谓"理性心理学""理性宇宙论"和"理性神学"，康德逐一加以驳斥诘难，指出它们都是不能成立的，其中特别是对上帝存在的神学（安瑟尔谟）—哲学（笛卡尔）的"本体论证明"，以及"宇宙论的证明"和"自然神学的证明"，予以详细讨论和批驳。这在当时宗教具有极大势力的情况下，是有突出的进步意义的。如本书第一章所说明，在法国发生政治革命的同时，在德国发生了哲学革命，它革了十七世纪形而上学的命，革了论证上帝存在之类的神学的命。恩格斯着重提到，诗人海涅注意到了德国的哲学革命。海涅在《德国宗教和哲学的历史》一书中正是把康德的《纯粹理性批判》比作法国大革命恐怖时代的国民议会。海涅说，罗伯斯庇尔将法王路易十六送上断头台，康德将上帝送上了同一场所，从此以后，企图论证上帝存在的任何理论便完蛋了。康德认为，上帝存在根本不能证实，它纯然是个主观信仰问题。但我们知道，人是有理知的，人的理知能够加强或减弱人的信仰，教会和宗教的维护者之所以总要用种种办法来"论证"神的存在，就是这个缘故。现在康德将上帝逐出认识领域，客观上便能削弱人们对上帝的信仰。尽管康德本意并非如此，但客观上所起的不利于宗教的作用，仍然是很明显的。革命的诗人海涅欢呼它是革命，同样，敏感的天主教会却将其视为大逆不道。其实康德认为，这些不能认识的对象——灵魂不朽、自由意志、上帝存在，虽然不能证明它们存在，但也不能证明它们的不存在。它们除了作为信仰对于人们的实际生活、道德伦常有利、有益之外（参看本书第九章），还是知性认识追求的趋向和目标。作为"范导原理"（详后），它们对认识有积极的意义。可见"辩证论"与"分析论"一样，康德哲学中的唯物主义与唯心主义两种倾向在这里仍然有着深刻的对峙，只是不像"分析论"那样呈现为直接的矛盾。这里表现出的是一种典型的折中形态。这是因为，"辩证论"一方面是康德整个认识论的完成，另一方面又逐渐跨向道德伦理领域，实际上是思辨理性（理论理性）向实践理性的过渡。

"先验感性论"主要谈感性，"先验分析论"主要谈知性，"先验辩证论"主要谈理性。感性、知性、理性，这是从康德到黑格尔对人的认识功能的区分。感性是感觉、知觉等接受的功能和时、空直观形式。知性就是理知、理解等功能。理性在德国古典唯心主义哲学中，则具有一个特殊位置。它不同于感性，也区别于知性，指的是一种更根本、更高级的东西，有时带着十分神秘的意味，有时又完全与知性同义。康浦·斯密解释康德所用的"理性"一词说："'理性'一词在《纯粹理性批判》一书中有三种不同的意义。在上述标题里（按：指书名标题，即《纯粹理性批判》中的'理性'一词。——引者），它是用于最广泛的意义上，作为一切先验因素的源泉。它包括着感性的先验和知性的先验。在其最狭的意义上，它甚至和知性区分开来，指那促使心灵不满足于其日常的和科学的知识，而指引它去要求在经验范围内永不能发现的完全性与无条件性的功能。知性决定着科学，理性产生形而上学。知性有诸范畴，理性有其理念。第三，康德常常把'知性'与'理性'作为同义词使用，把心灵只划为两种功能：感性与主动性。"[1] 康德的第三种用法，即把"理性"看作"知性"的同义词，与我们今天的习惯用法即区分认识为感性认识与理性认识，约略相当。但对康德（以及黑格尔）来说，重要的并不是这种用法，而是理性不同于知性、区别于知性的用法。这个用法包含非常复杂、多样和含混的内容，在本书第九章中还要讲。这里只讲康德认识论中的"理性"。康德认识论的"理性"，指的是"纯粹思辨理性"，也叫"纯粹理论理性"，以区别于伦理学领域的"纯粹实践理性"。在"辩证论"中，它并不是指另一种与知性不同的思维功能或能力，而是就理性有一种与知性不同的思维对象和内容而说的。即是说，知性的对象和内容是感性经验，理性的对象和内容不是感性经验，而是知性自身。理性与感性无关，只与知性的活动和使用有关，因之它也可以说是关于思维的思维。康德说："纯粹理性决不直接与对象有关，而只与知性关于对象所构成的

---

1. 康浦·斯密：《康德〈纯粹理性批判〉释义》，第 2 页。

概念相关。"[1] "……理性决不直接应用自身于经验或任何对象，而仅应用于知性，它要用概念给予知性的杂多知识以先天的统一。"[2] 纯粹知性的概念是范畴，纯粹理性的概念则是理念。纯粹知性范畴具有综合统一感性的功能，通过想象将感性杂多纳之于知性的轨道。纯粹理性的理念则以其"范导原理"对知性具有统一的功能。知性予感性以统一，理性则予知性以统一。理性由于只统一知性，与感性无关，所以不是经验的统一，而只是概念的统一，是一种应用概念构造系统的统一。范畴是规范感性以用于经验，理念则恰恰针对非经验的东西。这样，理性的统一性便只是主观的，没有任何客观意义和效力。这即是说，不能把统一知性的理性的理念看作客观存在的对象，或具有客观规定性和实在性。可见，它与知性的范畴、概念很不相同。

理性概念与知性概念在外表上是看不出什么分别的。两者都是抽象概念，它们的区别是在上述实质上。知性的对象是感性经验，任何感性经验都是有条件的、有限制的具体存在。但是，人们总是不能满足于对这些有限、有条件的感性经验对象的认识，而要不断地追求、认识无条件的、无限制的统一整体，即所谓绝对总体。但这种无条件、无限制的绝对总体，是任何具体的感性经验所不能给予的。"所有经验的绝对总体自身是不能经验到

---

1. 《纯粹理性批判》A335 = B392，参看蓝译本，第265页。
2. 同上书，A302 = B359，第247页。

的。"[1] 例如，世界如作为一个总体，便不是感性经验所能给予或提供的。任何感性经验总是有条件、有限制的。知性只能从这些有条件、有限制的感性经验出发，去推论和肯定一个无条件的、不受限制的绝对总体的存在对象，这便是知性超越感性对象（材料）的一种扩充，即由有条件的统一扩充到无条件的统一，由受限制的部分扩充到无限制的总体……从而越出了人们可能经验的范围，于是产生了理性的理念。灵魂、自由与上帝，就是这种客观并不存在，但由于知性超经验地追求无条件、无限制的统一而产生的先验理念。"理性概念是关于完整性的，即关于全部可能经验的集合的统一性的。"[2] 知性是管经验的，理性则通过知性追求一种全部经验的完整统一体。

康德用形式逻辑作类比，以判断与推理相当于知性与理性。康德认为，正如每种形式逻辑的判断都蕴含着一个纯粹知性概念——范畴一样（参看本书第四章），形式逻辑的每种三段论式（推理）都蕴含着一个纯粹理性概念，即理念。[3] 十二个判断蕴含着十二个范畴，三种三段论式的推理（直言推理、假言推理、选言推理）便蕴含着三个理性理念：由直言推理最后追溯到一个自身不是宾词的主词，即灵魂；由假言推理最后追溯到

---

1. 《导论》§40。
2. 同上。
3. 康德的"Idee"因指非经验的主观观念、想法（特别是在"辩证论"中），不同于一般的观念，故不译"观念"。但康德的理念并无柏拉图或黑格尔那种客观存在之意，柏拉图那里则以译"理式"为妥。

一个不再以任何其他事物作为条件的前提，即自由；由选言推理最后追溯到一个自身不再是部分的总体，即上帝。知性范畴不能由感性得来，只能从判断得出；理性理念不能由判断得来，只能通过推理得出。因为判断是直接论断，推理则有大小前提，即是有条件的，于是由有条件的不断追溯到一个无条件的，便是上述三个理念。[1]

康德说，"一切先验理念可列为三类：第一类包含思维主体的绝对（无条件的）统一；第二类包含现象的条件系列的绝对统一；第三类包含一般思维的一切对象的条件的绝对统一"[2]。第一类是推论一个主观思维的绝对统一（不朽的灵魂）；第二类是推论客观对象的绝对统一（形成所谓宇宙论的二律背反）；第三类是推论一个一切主客观条件的绝对统一，这就是上帝。康德指出，这实际上是"我们把对知性有益的概念联系的主观必然性，当作物自体的规定中的客观必然性"[3]，就是说，把主观思维中（通过概念的无限推移联结）追求的东西，看作客观存在的东西，构成了虚假的对象，即所谓"先验的幻相"。这种"先验的幻相"，不是逻辑错误，逻辑错误一经发现便可避免或纠正；它也不是经验的幻相，因为它是理性的。但正如看到月大日小、水天相接的经验幻相是无可避免的，是感官本身所必然产生的一样，"先验的

---

1. 与由判断形式得出范畴有所不同，康德这种所谓由推理形式得出三个理念，是为了体系结构搞的所谓"建筑术"，其实妨碍了思想内容的准确表达。
2. 《纯粹理性批判》A334 = B391，参看蓝译本，第264—265页。
3. 同上书，第244页。

幻相"也是理性进行认识必然要产生出来的。它们是幻相，但必然要产生。经验幻相是感官影响我们的知性，发生判断的错误。"先验幻相"则是知性本身超经验使用的结果。而之所以如此，则是因为追求形而上学是人的一种自然要求，是思维进程不可避免的趋向，每个人心中都有一种形而上学倾向，都要求对这种超经验的总体有所认识和把握。

康德认为，这种以假为真，以概念为事实，以主观理念为客观对象的"先验幻相"，既是认识进程所必然产生的，因之，任务就在于研究这种幻相，暴露出它的谬误和矛盾。这种暴露认识进程所必然产生的"先验幻相"的矛盾谬误的操作，就叫作辩证法。辩证法就是"先验幻相"的逻辑。幻相之所以为幻相，在于将主观（认识）的必然性当成了客观（存在）的必然性，辩证法就是要揭出这个矛盾。康德说："我们必须与之打交道的是一种自然和不可避免的幻相，这种幻相栖身在主观的原理之上，而欺骗我们好像是客观的……所以存在一种纯粹理性的自然和不可避免的辩证法……这是与人类理性不可分离的辩证法。"[1]

二 四个"二律背反"

这种认识进程中的辩证法，最充分地体现在第二类先验理念，

---

1. 《纯粹理性批判》A298 = B354，参看蓝译本，第244—245页。

即宇宙论的四个"二律背反"之中（"二律背反"就是矛盾对立的意思。或译"先验矛盾"，亦可）。这是三个理念中最为重要的部分。作为第一类先验理念的灵魂实体在上章中实际已讲过，第三个先验理念的上帝在第九章中再讲。[1]

康德说："我把所有先验理念在它们有关现象综合中的绝对总体，叫作宇宙概念，部分是因为这个无条件的总体也是世界整体概念建筑于其上的基础，部分是因为它们只与现象综合即经验的综合有关。"[2] 人们认识中的二律背反，是由去追求和推论这个宇宙的绝对总体而引起，即从部分的、有条件的、有限制的经验对象进而追求完整的、无条件的、不受限制的绝对总体的宇宙，即把宇宙作为一个总体（完整、无限、绝对统一……）来追求，从而引起无法解决的矛盾，产生"先验幻相"。这幻相因为涉及感性经验的现象综合，康德说，所以仍可用范畴的四项——量、质、关系、模态来表示它们。相当于"量"的，是时、空有限无限的矛盾。相当于"质"的，是物质能否无限分割的矛盾。相当于"关系"的，是有否不同于自然因果的自由。相当于"模态"的，是能否有宇宙万物的最后原因或根源的存在。这四个"二律背反"的正反题如下：

---

1. 也只讲涉及上帝与道德伦理等有关的部分。关于对上帝存在的几种神学、哲学证明的反驳，如第一章所说，将不予论述。
2. 《纯粹理性批判》A408 = B434，参看蓝译本，第319页。

第一个"二律背反"[1]

正题	反题
世界在时间上有开端，在空间上有限界。	世界并无开端，也无空间限界。就时、空言，它是无限的。

第二个"二律背反"[2]

正题	反题
世界中任何组集的实体，都是由单纯的部分构成的，除了单纯的事物或由单纯部分所构成的事物以外，世界上别无他物。	世界中组集的事物不是由单纯部分所构成，世界中没有任何单纯的事物。

第三个"二律背反"[3]

正题	反题
按照自然规律的因果，不是世界的所有现象全能由它得出的唯一的因果性。要解释这些现象，必须假定还有另一种因果，即自由的因果。	没有自由，世界中任何事物都是按照自然规律而发生的。

第四个"二律背反"[4]

正题	反题
有一个绝对必然的存在属于这个世界，或作为它的部分，或作为它的原因。	世界中或世界外都没有一个绝对必然的存在来作为世界的原因。

---

1. 《纯粹理性批判》A426 = B454，人民出版社，2017 年，第 277 页。
2. 《纯粹理性批判》A435 = B463，人民出版社，2017 年，第 280 页。
3. 《纯粹理性批判》A445 = B473，人民出版社，2017 年，第 285 页。
4. 《纯粹理性批判》A452 = B480，人民出版社，2017 年，第 290 页。

　　康德用反证法（证明对方无理）论证了这四个正题和反题都
能成立，从而认识就陷于严重矛盾之中。其之所以如此，康德认
为，就是因为把宇宙世界作为一个统一整体（或绝对总体）去追
求认识，从而超出感性经验的范围。感性直观并不能把宇宙世界
作为整体呈现给知性，即感官不可能感知作为整体（或总体）的
宇宙世界。由感性直观提供的经验世界，总是有限制的、不完备
的、部分的、联系于其他事物而存在的，即有条件的、受自然因
果关系所支配的。一个超出这些的"现象综合的绝对不受条件制
限的总体"，是经验所不能提供的。所以，上述正反双方就都不
是经验所能证实的，经验所提供的对象与正反双方都是不相适
应、不能符合的（所以都只能用反证法来证明）。康德指出，对
运用于经验范围、使世界被我们认识到的知性概念来说，宇宙论
的理念不是过大就是过小。如果说世界没有起点、无限可分、没
有最初原因等，这就超出一切经验和知性概念所可能提供的，所
以过大。如果说世界有起点、由不可分的单纯部分组成、有一个
最初原因等，则又过小，因为知性和经验还能够继续前进，科学
还能继续发现发明，决不停止在任何一个具体的有限之内。这就
是说，前者（没有起点、无限可分等）是经验所永远无法提供证
实的，后者（有起点、不可分等）则已由经验予以否证。

　　那么，如何解决这个矛盾呢？康德说："先验的唯心主义是宇
宙论的辩证论解决的钥匙。"[1]康德认为"二律背反"证明了先验

1.《纯粹理性批判》A490 = B518，参看蓝译本，第368页。

的观念论即划分不可知的物自体与经验认识的现象界的"正确"。因为从物自体与现象界的划分来看，第三、第四个"二律背反"的正题和反题都是对的。作为物自体，正题肯定上帝和自由意志的存在，它们不是认识的对象，不是感性直观的对象，而是属于道德伦理领域的实体，这是对的。作为经验世界的现象界，反题又是对的，因为否定上帝、否定自由意志的存在（没有什么与自然因果不同的另一种因果），是与我们的感性直观和经验相吻合一致的。在感性时、空直观和经验世界中，是没有这种超自然、超因果的自由和作为万事万物的原因的上帝存的余地的。

第一个和第二个"二律背反"，康德认为，无论就物自体或就现象界说，都是错的。就物自体说，它根本不是认识的对象，时、空根本不适用于它，从而根本不存在什么有限或无限的问题，也不存在单一或非单一（有限可分还是无限可分）的问题，说物自体有限或无限可分都是错误的。就现象说，第一、第二两个"二律背反"的正题和反题仍然是错误的，因为对现象界的认识离不开我们主观的直观形式，如上面所已指出的，它们作为现象系列只能存在于经验的不断追溯之中，它们既依存于人的经验认识，因之就不能作出这种对经验认识来说是或过大（无限）或过小（有限）的肯定结论。说时、空是有限的，物质不是无限可分的，不符合经验认识，因为经验认识还可以继续扩展伸延；说时、空是无限的，物质无限可分，也不符合经验认识，因为经验并未也永远不能告诉我们这一点。所以，正反题对经验都是没有意义的。康德说："因为世界不是独立于我们表象的追溯系列而自身存在，世界自身的存在既非无限的整体，也非有限的整体。世界只存在于现象系列的经验追溯中，不能作为某某物自身而遇到。从而，如果这种系列经常是有条件的，决不能作为完成的系列被给予，世界就不是一个无条件的整体，并不作为无限的量或有限的量的整体存在。"[1] "……一个被给予的现象中的部分的数量，其自身既非有限，也非无限。因为现象不是自身存在的某物，它的部分首先是在分解的综合的追溯中并通过这追溯给予我们的，而追溯决不能作为有限或无限的绝对完成给予我们。"[2] 这种时、空数量的经验追溯本身也不能说是有限或无限地进行，而只能说是不定地进行下去，就是说，我们认识的不断综合本身也不能以有限或无限规定，因为综合并没有这样一个有限或无限的绝对的完成体。如肯定追溯可以无限地进行，也就等于事先假定时、空本身是无限的，"就是以世界具有无限量为前提"；如肯定追溯只能有限地进行，那"这种绝对的限界在经验上同样是不可能有的"，对于经验又太小了，因为经验仍然能够不断继续下去。所以，解决这个有限无限的矛盾，就在于指出经验可以不定地进行下去。这两个背反是形式逻辑的反对判断，还不是矛盾判断，即可同假，从而可以有这种第三条（不定进行）出路。所谓不定进行，也就是说可以一直进行下去，它既非有限，也非无限。

康德这四个"二律背反"的正反双方，标明着康德哲学的两

---

1. 《纯粹理性批判》A505 = B533，参看蓝译本，第 376 页。
2. 同上。

种来源和两种倾向。正题是传统的唯理论，它符合于神学和宗教，是唯心主义路线。反题是经验论的，它不符合神学教义和当时统治阶级的所谓道德风尚，肯定时、空无限，否定上帝和非因果的自由，是接近唯物主义的。康德自己明确指出，这两方面是古代希腊柏拉图路线和伊壁鸠鲁路线的对立。康德说："上述的二律背反构成了伊壁鸠鲁主义与柏拉图主义之间的对立。这两种哲学类型所论断的都超过他们所知道的。伊壁鸠鲁主义鼓励和促进知识，但对实践有偏见。柏拉图主义提供优良的实践原理，但又纵容理性对自然现象作理想的解释……而忽视物理的探讨。"[1]康德自己则动摇在这二者之间，时而倾向反题，承认它更符合经验事实，对于当时为唯理论统治的哲学界不能评价反题颇为遗憾，"经验论之普遍不为人欢迎，实在令人惊异"[2]。但是，他又遵循当时的宗教教义和统治思想，指责"……经验论……坚决否定超越直观认识范围以外的一切，暴露出自身也缺乏中庸之道。这种错误使理性的实践利益受到不可弥补的损害，所以更应予以谴责"[3]。从认识论来讲，康德推崇伊壁鸠鲁，说他从不以推论超出经验界限之外，"表现出比古代其他任何哲学家更具有纯正的哲学精神"[4]。从伦理学来讲，康德更推崇柏拉图。但整个来说，本体高于现象，伦理高于认识，所以，从体系上讲，康德的唯心主义的

---

1. 《纯粹理性批判》A471—472 = B499—500，参看蓝译本，第357页。
2. 同上书，A472 = B500，第357页。
3. 同上书，A471 = B499，第356页。
4. 同上书，A471 = B499 注，第357页。

正题仍然占了优越地位。

由于符合事实，康德对反题的论证一般比较清楚，对正题的所谓论证则相当拙劣。这里只举第一个"二律背反"的正题和反题，即时、空有限的论证为例。康德论证道：

反题的证明虽然啰唆，但由于合乎经验和常识，还是好懂的。这个论证简单说来，便是：世界如有开始，则开始前有虚空的时间，而无事件的虚空时间，任何时候均是类似的，因之也就无法区分哪一点是世界的开始，从而世界无开始，时间是无限的。正题的证明则不然。在那里，空间的有限是由时间的有限推论得来的，时间的有限又是从"时间作为序列的起点必然有限（任何一点作为开始），从而就不能说时间是无限"来推论的。这个推论语义含混，似是而非，因为它把往后追溯的"流逝"说成是到此（计算起点）为止的完成与终止，显然是不能成立的，这完全变更了时间—矢量的根本性质，把指向未来的"开始"与过去系列的"完成"完全混同，待证明的"开始"变成了证明的前提。这实际上是把现实上的无限与数学上有数字为起点的无限序列混为一谈了。

三 "不能避免矛盾"（恩格斯）

恩格斯在批评杜林"一字不易地"抄录康德这段论证时指出，

正题	反题
世界在时间上有开端，在空间上有限界。	世界并无开端，也无空间限界。就时、空言，它是无限的。
证明：	**证明：**
如果我们假定世界在时间里没有开端，那么在任何一个被给予的瞬间上，永恒已经逝去，因而一个彼此相继的事物状态的无限序列在世界上流逝了。但是，序列的无限性正好在于它永远不能由连续的综合来完成。因此，无限的世界序列已经流逝是不可能的，所以世界的开端是世界存在的必要条件。这是需要证明的第一点。	我们假定有开端。由于所谓开端就是一个存在，在它以前就有时间，在那时间里，这东西还没有，那么，就必须有一过去的时间，在这时间里，世界还不存在，那就是说空的时间。而一个东西不可能在空的时间里发生，因为这种时间的任何部分同任何别的部分比较，都不具有存在而非不存在的特殊条件，不管我们认为这个东西是自己发生的，还是出于其他某种原因发生的，都是这样。在世界里，许多个事物系列固然能有开始，但是世界本身不能有开端，所以在过去的时间方面是无限的。
关于第二点，我们再假定相反的情形：世界是一个由同时存在的事物所构成的无限的给予的整体。对于不在任何直观的某种限界内提供的量的大小，我们只有通过它的各部分的综合才能设想，并且对于这种量的总体，只有通过完成的综合即通过单位自身的不断相加才可以设想。为了把充满一切空间的世界设想为一个整体，必须把无限世界的各个部分的连续综合看作已完成的东西，就是说，在计算所有同时存在的事物时，无限的时间必须被看作已经流逝了的，但这是不可能的。因此现实事物的无限聚集不能被看作一个给予的整体，也不能被看作同时给予的东西。所以，世界就其在空间的广延来说，不是无限的，而是有限界的。此即争论的第二点。	关于第二点，我们先假定反面，即世界在空间中是有限的、有限界的，从而就是存在于一种无限界的空的空间里面。因此，各样东西不只是在空间中关联着，并且是同空间关联着。可是由于世界是一个绝对的整体，在它以外没有直观的对象，因此就没有世界与它关联的那个相关的东西，世界同空的空间相关联就是它对没有对象的关联。但是这种关联导致世界为空的空间所限定，从而都是空无。所以，世界不能在空间中有限界，也就是说，世界在广延方面是无限的。

时、空的"这种无限性和无限序列的无限性完全不同，因为后一种无限性总是开头就从一，从序列的第一项开始。这种序列观念不能应用于我们的对象……"[1]"如果没有数学上运用无限序列的习惯，全部错觉都不可能有了。因为在数学上，为了达到不确定的、无限的东西，必须从确定的、有限的东西出发，所以一切数学的序列，正的或负的，都必须从 1 开始，否则就无从计算。但是，数学家的观念上的需要，决不是对现实世界的强制法"[2]。现实的时、空本来不会有什么起点和终点，康德在这里显然是以从 1 开始（从有限开始）的数学序列的无限性替代了现实时、空的无限。所以，康德关于时、空有限的这个论证是不能成立的。

但重要的是，康德提出了无限与有限的辩证关系，提出了这是理性—思维所必然碰到的矛盾，虽然他的解答是错误的：他把这种矛盾看作只是主观认识的幻相，是不能适用于经验的虚假的理性理念的，辩证关系屈从在形而上学之下。然而这在哲学史上却起了重要作用。黑格尔再三谈到康德的"二律背反"。黑格尔指出，"康德对二律背反，给了这样的概念，即它不是诡辩的把戏，而是理性一定会必然碰到的矛盾。这是一种很重要的看法"[3]；这"是造成近代哲学进程中的一个最重要的步骤……但似乎矛盾的污点不应污染世界的本质，而只能把它归诸思想的理性即精神

1. 《反杜林论》，《马克思恩格斯选集》第 3 卷，1972 年版，第 89 页。
2. 同上书，第 90 页。
3. 黑格尔：《逻辑学》上卷，商务印书馆，1966 年版，第 200 页。

的本质"[1]，没有更进一步发现二律背反的真正的积极的意义。黑格尔肯定康德将矛盾作为理性必然要"碰到"的问题，但驳斥了康德认为矛盾只是主观的幻相，指出"二律背反的真实的积极的意义，乃在于任何实在的事物都是包含相反成分的共存。因此认识或把握一个对象，就等于要意识到此对象是一个相反成分的具体统一"[2]"的确不错，我们可以超出每一个确定的时、空；同样不错，只有确定性的时、空（如此时此地）才是真实的""以自由与必然为例，真正讲来，知性所了解的自由与必然实际上只构成真自由与真必然的抽象环节，将自由与必然截分为二，则皆失其真实"[3]。这些都说明，现实事物本身都存有矛盾，从而，真理不是逃避或撇开矛盾，而是在把握矛盾的对立、统一、推移、转化之中，即应在知性抽象概念的片面性的不断扬弃之中来获得真理。黑格尔把认识看作概念的辩证运动过程，这个过程就是矛盾的发展，"二律背反"的展开。黑格尔说："……只要对理性的二律背反的性质，或者更正确地说，辩证的性质，深入观察一下，就会看出每一个概念一般都是对立环节的统一……有多少概念，就可以提出多少二律背反。"[4]"康德指出了四个矛盾；这未免太少了，因为什么东西都有矛盾。在每一个概念里都很容易指出矛盾

---

1. 黑格尔：《哲学全书·逻辑》§48，参看贺译本《小逻辑》，商务印书馆，1962 年版，第142—143 页。
2. 同上书，第 144 页。
3. 同上书，第 145 页。
4. 黑格尔：《逻辑学》上卷，商务印书馆，1966 年版，第 200 页。

来。"[1] "二律背反的真正解决，只能在于两种规定在各自的片面性都不能有效，而只是在它们被扬弃了，在它们的概念的统一中才有真理……"[2] 这个统一是通过概念的推移运动，在认识的过程中来取得的。黑格尔说，认识应当以自身的运动来解决自己的有限性，从而解决自己的矛盾。

黑格尔对康德的批判是深刻的。这个深刻倒不在于指出任何概念和事物都包含矛盾，因为这一点康德并非不知道。从其五十年代的处女作，到六十年代的《论负数》，以及到八十年代讨论历史等，康德是非常重视事物和概念的矛盾双重性。矛盾和否定在康德那里也并不都是消极的。相反，康德经常指出它的积极的意义，强调自然界的斥力、反作用力、社会中的丑恶（参看本书第九章）等的重要作用，这是康德哲学的一个重要因素。但是，问题在于康德把矛盾和否定作为发展过程的总体，不是肯定它，而是否定它。他不能把作为总体进程的世界本身看作矛盾，从而不了解人的认识进程也必须通过这种矛盾运动来接近世界。列宁《哲学笔记》摘录了黑格尔讲认识应当以自己的运动来解决矛盾的这句话，批注说："认识的进程使认识达到客观真理。"[3] 这个过程在黑格尔是概念的运动过程，是理念的辩证发展的过程。列宁指出，"人的概念就其抽象性、隔离性来说是主观的，可是就

1. 黑格尔：《康德哲学论述》，商务印书馆，1962 年版，第 41 页（原文在《哲学史讲演录》第 3 部分内）。
2. 黑格尔：《逻辑学》上卷，商务印书馆，1966 年版，第 200—201 页。
3. 《哲学笔记》，1974 年版，第 222 页。

整体、过程、总和、趋势、泉源来说却是客观的"[1]。"康德把认识和客体割裂了开来，从而把人的认识（它的范畴、因果性，以及其他等）的有限的、暂时的、相对的、有条件的性质当作主观主义，而不是当作观念（＝自然界本身）的辩证法。"[2]康德把"二律背反"当作先验的幻相、主观的矛盾而予以避开和否定。黑格尔肯定"二律背反"到处皆在，是概念本身的辩证法。马克思列宁主义强调，人的理性认识是通过概念来进行的，而任何概念总是凝固的、僵硬的，它们只能部分地、抽象地、片面地反映和把握客观现实。只有以实践为基础，在概念与其他概念不断联系、过渡、推移和转化的过程中，不断扬弃这种片面性、凝固性，才能生动地、全面地、具体地反映客观世界，才能获得对客观世界的正确认识，使主观认识符合于客观实际即获得真理。有限与无限，连续与非连续，因果与机遇，自由与必然……这些康德视为严重的"二律背反"，视为超出感性经验范围之外的主观先验的幻相，实际上完全现实地存在于自然界和人类历史之中，从而也存在于人类的主观思维的发展进程之中。从最简单的机械运动的位移到有机体的生存发展，从为相对论所揭示的宇宙宏观世界到为量子力学所揭示的微观世界，从劳动二重性、商品二重性到复杂激烈的社会生活、阶级斗争，无不如此。如恩格斯所指出：

---

1. 《哲学笔记》，1974 年版，第 223 页。
2. 同上书，第 222 页。

运动本身就是矛盾；甚至简单的机械的位移之所以能够实现，也只是因为物体在同一瞬间既在一个地方又在另一个地方，既在同一个地方又不在同一个地方，这种矛盾的连续产生和同时解决正好就是运动……[1]

……生命首先正是在于：生物在每一瞬间是它自身，同时又是别的东西。所以，生命也是存在于物体和过程本身中的不断地自行产生并自行解决的矛盾；矛盾一停止，生命也就停止，死亡就到来。[2]

在思维的领域中我们也不能避免矛盾。[3]

一方面，人的思维的性质必然被看作是绝对的。另一方面，人的思维又是在完全有限地思维着的个人中实现的。这个矛盾只有在无限的前进过程中，在至少对我们来说实际上是无止境的人类世代更迭中才能得到解决。从这个意义来说，人的思维是至上的，同样又是不至上的；它的认识能力是无限的，同样又是有限的。按它的本性、使命、可能和历史的终极目的来说，是至上的和无限的；按它的个别实现和每次的现实来说，又是不至上的和有限的。[4]

马克思主义哲学肯定矛盾的普遍性和绝对性，不仅因为矛盾

---

1. 《反杜林论》，《马克思恩格斯选集》第 3 卷，1972 年版，第 160 页。
2. 同上。
3. 同上。
4. 同上书，第 126 页。

普遍存在于任何事物，而且因为矛盾存在于事物发展的一切过程中，又贯穿于一切过程的始终。

康德发现了认识的必然矛盾，是一大功绩；企图逃避它，则是错误。不能把辩证法彻底用于认识论，是康德的弱点。恩格斯说"要从康德那里学习辩证法，这是一个白费力气和不值得做的工作"[1]，列宁说"康德主义＝形而上学"[2]，也只是这个意思。马克思主义之所以特别重视黑格尔在哲学史上的作用，就在于黑格尔克服了康德的这种形而上学，把康德提出的辩证法观念和"二律背反"加以"纠正""扩大"和"加深"，成为一整套矛盾统一的辩证发展规律，尽管是在唯心主义的形式里。

四　四个"二律背反"的特殊性

如上所述，康德既从早年处女作开始，便一直注意现实事物的矛盾，他在好些论著中广泛谈到各种事物的矛盾，但为什么他最后只提四个"二律背反"作为辩证幻相呢？显然，这有特殊意义，这四个"二律背反"的正反面的意义显然还有不同于一般概念的矛盾正反面的地方。不能把这四个"二律背反"的具体内容，像黑格尔那样，掩盖在概念一般的对立统一的辩证法的解决

1. 《自然辩证法》，《马克思恩格斯选集》第20卷，1971年版，第386页。
2. 《哲学笔记》，1974年版，第110页。

之下，还应该研究它们的矛盾的特殊性。光讲矛盾的普遍性并不能解决这四个矛盾的特殊性问题。

本书第一章已指出，康德自己说，是这四个"二律背反"把他从独断论的迷梦中唤醒，迫使他为了消除这种所谓人类理性的"丑事"，而寻求和最终提出他的先验观念论的批判哲学，即用物自体与现象界的原则性区分来解决这四个矛盾，摆脱"先验幻相"。《导论》说，"这个纯粹理性超验应用的产物是一个最卓越的奇迹了，它好像一个强有力的使者，把哲学从独断论的迷梦中唤起，激起它去从事理性自身批判的艰苦工作"[1]。《纯粹理性批判》说："然而由这种二律背反，我们能获得绝非一种独断的而是一种批判的、学说上的好处。它提供了现象的先验观念性的间接证明。这个证明应使那些不满足于先验感性论中的直接证明的人信服。这个证明在于下述二难论证：如果世界是一个自身存在的整体，它将或是有限的，或是无限的；但二者皆假（如有关反题与正题的论证所显示），所以'世界（现象的总和）是自身存在着的整体'就是假的。从这里便可以得出，现象一般不是在我们表象之外的东西——这就正是先验观念性的意思。"[2]

康德"批判哲学"是在概括当时科学成就的基础上，在与唯理论的斗争中形成的。这四个"二律背反"便正是与这种概括和斗争直接相关。首先，时、空有限无限，不只是从希腊以来哲学

---

1. 《导论》§50。"产物"指宇宙理念。
2. 《纯粹理性批判》A506—507＝B534—535，参看蓝译本，第377页。

史长期争议的问题（如巴门尼德主张空间有限，原子论、毕达格拉斯的空间则是无限的；柏拉图的时间可说是有限的，亚里士多德则不然；等等），更重要、也使康德更注意的，是它成为当时科学争论的一大问题：牛顿认为有限世界存于无限时、空中，而对莱布尼茨来说，两者都是无限的。康德多年来一直研究这个问题，关于空间写过好些论著，一直到"批判哲学"才自认解决了它。其次，关于无限可分问题也如此，希腊原子论与亚里士多德、牛顿与莱布尼茨各执一端。第三、第四个"二律背反"，则更是康德长期苦恼的科学与宗教、形而上学的异同问题（参看本书第一章）。正是这两大问题，即有限与无限、自由与因果的尖锐矛盾，使康德突破唯理论的先验实在性的教条，提出先验观念论的"批判哲学"。所谓"先验实在性"，主要指唯理论认为世界（包括上帝和自然界）如实存在，这便会发生有限、无限问题，也发生上帝、自由与自然因果的关系问题。但如按康德的先验观念论来看，世界作为人的认识对象，只是现象，而非独立自在的物自体，因此它的所谓有限无限不过只存在于我们认识的不断进展之中，它本身无所谓有限无限。同时，通过划分现象与物自体，康德认为也解决了因果与自由的矛盾，现象界为必然因果（机械力学）所统治，不存在自由。自由只在本体（物自体），但这又是经验所不能证实的，它只是一种逻辑上的可能和存在，而不是现实的可能和存在，它只是"可思"而不是"可知"的。这样，就不至于像唯理论那样把二者混为一谈，从而陷入不可解决的矛盾之中了。

可见，康德这四个"二律背反"的提出，有其特殊性。这特殊性在于它们与他的整个"批判哲学"的建立密切相关。"解决"这四个"二律背反"，构成了他的"批判"的基本拱石。[1]

有限与无限，作为科学和哲学问题，来源的确很久，至今也仍在争论。古希腊芝诺"飞矢不动"等几个著名的"诡辩"，中国先秦哲人的"一尺之棰，日取其半，万世不竭"以及"至大无外，至小无内"等著名思想，都是谈的这个问题。今天，所谓"宇宙有限抑无限""基本粒子能否再分"等，仍是讨论的这个问题。

因果（必然）与自由，也是如此。它自古至今，一直是社会领域内争论很多、斗争激烈的重大问题。今天的存在主义和所谓"西方马克思主义"仍在这问题上做文章。这又是四个"二律背反"的特殊性的另一方面，即不同于一般矛盾，始终具有重要现实性。

通过从哲学上正确提出和解决这四个"二律背反"，应该说，黑格尔对辩证法有所贡献。一般关于无限与有限，比较简单的看法，是把无限看作有限的量的不断的延伸或积累，如1、2、3、4……或1、1/2、1/4、1/8……黑格尔把这种无限叫作坏的无限，因为这种无限是有限永远不能达到的"彼岸"。如列宁指出，这

---

1. 所以《纯粹理性批判》一书可说有一种逻辑与历史的一致：先是"感性论"（关于时、空的论点作为出发点，在《论文》中已成熟），然后是"辩证论"（"二律背反"等的提出），最后才是"分析论"（结局于现象界与本体的区分）。这是经后人研究发现的康德写作时的次序，非指该书现有结构。

种无限"在质上和有限性对立，和有限性没有联系，和有限性隔绝……似乎无限站在有限之上，在有限之外"[1]。牛顿的宇宙观就是这种无限，康德暴露了这种无限的困难和缺点，黑格尔则以"真"无限来解决这个矛盾。黑格尔认为，无限与有限是相互转化的，有限中就包含了无限。坏无限有如一条无止境的蔓延的直线，真无限则是一个封闭的圆圈，"没有起点也没有终点"[2]。现代所谓四度球形体的宇宙空间，也可以说是这种黑格尔式的无限，但这种"无限"算出了宇宙的空间半径和存在的时间，实际上仍然是有限。无限与有限的矛盾并没有获得解决。

康德以理性矛盾的形式突出地提出了有限无限这个问题，反映着唯物主义与唯心主义两种倾向的尖锐矛盾，反题是唯物主义的，正题则是唯心主义的。前者符合科学也服务于科学，后者符合宗教也服务于宗教。这个哲学史的教训对今天自然科学的争论，仍有着借鉴意义。

关于时、空等的前两个"二律背反"是康德所谓"数学的"，只涉及量，如无限有限、可分不可分。后两个是所谓"力学的"，涉及的不是量而是所谓"存在"。"理性的力学概念……不与看作量的对象有关，而只与对象的存在相关。"[3]所谓与存在相关，就涉及因果律所展示出来的客观世界作为总体存在的本质。在这

1. 《哲学笔记》，1974年版，第114页。
2. 黑格尔：《逻辑学》上卷，商务印书馆，1966年版，第149页。
3. 《纯粹理性批判》A535＝B563，参看蓝译本，第393页。

里，康德所提出的第三、第四两个"二律背反"实际是一个问题，因为所谓宇宙是否有一个最后的超自然的原因和作用，即是否有不同于自然因果的自由因，亦即是否有一个最后的必然存在（上帝）。

我认为，把客观世界作为存在"总体"来追求其原因，必然走向神秘主义。因为，人们的因果范畴以及"为什么"等概念，本都来自这个客观物质世界，是这个客观物质世界中事物的因果规律等的反映，它们本身不能离开这个客观物质世界。如果把这些范畴、概念抽取出来又加在它们的来源总体上，去追问这个客观物质世界整体如此存在的原因，硬要去寻求宇宙世界"为什么"存在，这不仅仅是语言使用的过错（如逻辑实证论者所认为），实质上是唯心主义不把概念、范畴归结于客观物质实践所必然带来的"假"问题，从而也造成了种种神秘。维特根斯坦说："神秘的不是世界是怎样的，而是它是这样的。"[1]也可以说，神秘的不是宇宙世界的种种规律、现象，而是宇宙世界作为总体为什么就这样存在着。维特根斯坦尖锐地提出了这个"形而上学"问题。康德所提出的第三、第四两个"二律背反"也是如此。

可见，康德提出包括宇宙论的二律背反在内的理性理念，其要害仍在"总体"问题。这个问题构成了自康德到黑格尔的辩证法的一个重要特征。如前所述，在康德，作为客体方面的总体，

1.　维特根斯坦：《逻辑哲学论》6、44。

有四个"二律背反";主体方面的总体是灵魂,主客体的总体则是上帝。灵魂与上帝不过是二律背反这个"总体"的一种神秘表现方式。继康德之后,黑格尔也紧紧抓住了这个"总体"观念,把它与辩证法密切联系起来,这样就取得了一种前所未有的巨大意义。黑格尔认为,"总体"只是在辩证法的全过程中才真正存在和能被认识。总体是过程,是辩证发展的全程。如果改用现代语言,我们也可以说它(总体)是一个系统(system)。由康德开头而黑格尔总其成的近代辩证法之不同于古代的辩证观念(矛盾、阴阳等),也在这里。它所反映和处理的是整体过程,是历史行程,而不只是点明事物或思想中存在对立双方(矛盾)而已。这也才是不同于古代矛盾观念的黑格尔那种一整套的辩证逻辑。在这套逻辑里,对立统一(矛盾)是辩证法的核心,但非它的全体。它的全体乃是对立统一这个核心通过各个范畴和环节的相互联系、过渡而全面展开或完成,以构成一个系统——总体。所谓否定之否定,便是对这一行程的总体的概括。它构成黑格尔辩证法的独特表征。否定之否定决不是一种外在的"正反合"呆板格式,像好些人所误解的那样。它的实质是对立统一通过不断否定而发展,在一个总体行程即系统结构的全面展开中,去获得或达到真理性的成果。它是对立统一所展现出来的历史形态。马克思主义经典作家都十分重视黑格尔否定之否定的思想,因为所谓矛盾的斗争及其解决(对立统一)便是否定,否定其实也就是康德重视的"综合"。否定不是简单的扔弃,而是扬弃,有所吸取,有所批判,即吃掉对象、消化对象,这样才能前进。这是辩证法的发展。[1] 马克思把黑格尔的辩证法看作"否定的辩证法"。恩格斯对辩证法作规定时，强调"……由矛盾引起的发展，或否定的否定——发展的螺旋形式"[2]。列宁说，"从肯定到否定——从否定到与肯定的东西的'统一'——否则，辩证法就要成为空洞的否定，成为游戏或怀疑论"[3]。可见，否定之否定的要点不在于外表形式的正反合，特别不在于把这种形式半神秘化或僵固化，而在于必须将真理了解为在一个系统的有机结构中，通过多种矛盾运动的全部行程的总体才能获得。"现在，真理是包含在认识过程中，包含在科学的长期历史发展中。"[4] 总体、系统大于局部、事实之和，总体注重从历史（纵）和全面（横）来了解和认识，例如从过去、未来把握现在，这就超出了可观察到的事实经验。这就是辩证法的方法区别于种种仅仅抓着或着眼于局部事实、微末细节的所谓精密科学方法或实证主义经验论方法的地方。辩证法是总体把握的理性方法，实证主义是片面把握的知性方法，它只抽取了某种属性、方面、因素。同时也正因为辩证法着眼于总体，所以它就不会是预成论。在这里，因果不是线性的机械决定论，系统的复杂结构形成了多元和网状的因果，可能性的可选数目极大，而任一选择对整体系统和结构均将产生影响。所以不能把总体过

---

1. 皮亚杰把否定看作"辩证理性"，说"在逻辑和数学中，通过否定而构造实际已变成一种标准的方法"，他强调了操作的可逆性，看出通过否定去生产的重要意义。见皮亚杰《结构主义》第 7 章。

2. 《自然辩证法》，《马克思恩格斯全集》第 3 卷，1972 年版，第 521 页。

3. 《哲学笔记》，1974 年版，第 245 页。

4. 《费尔巴哈与德国古典哲学的终结》，《马克思恩格斯选集》第 4 卷，1972 年版，第 212 页。

程当成是机械决定论的必然，必须极大地注意偶然性、多样的可能性和选择性。

总之，辩证法如果缺乏这个"总体"观念，便得不到真理的客观性的规定，而成为主观地玩弄矛盾，即抓住任何一种矛盾（这是到处都有的）而大讲一分为二或合二而一，这就成为"空洞的否定"，即不是历史地、全面地从总体出发，而是任意抓住一个问题或一个阶段来讲对立统一，辩证法便常常成为变戏法。主观地运用对立面的统一，运用这种概念的灵活性，如列宁所指出，等于折中主义和诡辩论，只有客观地即"反映物质过程的全面性及其统一的灵活性"[1]，才是辩证法。所以列宁一再强调，"真理是过程"[2]"现实的各个环节的全部总和的展开（注意）＝辩证认识的本质"[3]。也只有这样，对立统一（矛盾）才获得一种历史的（经过时间的）展开和解决，辩证法才取得一种历史的性格。黑格尔辩证法的特色、它的伟大的历史感正在这里。否定之否定是逻辑与历史的高度统一。人创造工具和各种物质的和社会的机器以征服世界，又沦为上述机器的配件和附属品，再从这种种异化中解脱出来而成为世界的真正主人。这个人类自由的史前史的历史行程，是黑格尔唯心主义化了的否定辩证法的真实基础。

所以，黑格尔这种以否定之否定为特征的辩证法，又不仅是

---

1. 《哲学笔记》，1974 年版，第 112 页。
2. 同上书，第 215 页。
3. 同上书，第 166 页。

一种历史观，而且是本体论，是精神的外化和复归史。黑格尔的
本体是绝对精神外化（或对象化）为自然，再回到自己这样一个
曲折复杂的总体历程。这个总体过程被看作真理自身，是有机的
整体，是历史全程。正是在这个外化和复归的全程中，精神囊括
了一切，从而使自己获得了全部的丰富性、现实性和深刻性。总
体行程的意义其实正在于此。也就是说，"总体"在康德那里，
只是作为统一系列的主观理念和辩证幻相；在黑格尔这里，却得
到了这种本体论意义的客观实存的巨大力量和必然展现的历史行
程。在康德，理性理念只是一种主观的范导原则；在黑格尔，其
就变成了一种具有能动统摄力量的客观原则。在康德，理性理念
只是为了保证知性（认识）的统一和系统，是方法论；在黑格
尔，其则是保证现实（存在）的统一和系统，是本体论。黑格尔
的理念（理性），是将康德的理念（理性）予以斯宾诺莎化即实
体化，同时又予以费希特自我建立非我的那种能动化。"把实体
了解为主体，了解为内部的过程，了解为绝对的人格。这种了解
方式就是黑格尔方法的基本特征。"[1] 不是像斯宾诺莎那样把一切
都融入实体之中，而是主体外化又复归，不断经过正反合（否
定之否定）全过程而辩证展开。康德视为主观理性的对立面的自
然，也被黑格尔纳入这个理性行程之中，成为它的一个环节和契
机。人的精神作为客观的创造力量吞并、改造了自然。在黑格尔
看来，真的无限（"好"的无限）只是在人的这种精神发展历史

1.　马克思、恩格斯：《神圣家族》，《马克思恩格斯全集》第 2 卷，1957 年版，第 75 页。

中。黑格尔的具体共相、思维与存在的同一性、主客观的统一都
建立在这个基础之上。所以说黑格尔这种否定之否定的历史观，
又正是精神改造世界的本体论。黑格尔就这样用唯心主义化了的
历史的逻辑来替代了康德的辩证幻相论的先验逻辑，唯心主义
的客观历史辩证法替代了主观认识中的形而上学。辩证法、认识
论、逻辑学、历史观、本体论，在黑格尔这里便融成了一个整体
体系。这个体系是唯心主义的。

马克思说："当黑格尔认为否定之否定从其肯定方面看是唯一
真实的肯定，从其否定方面看是一切存在的真实活动和自我实现
时，他不过只是发现历史运动的、抽象的、逻辑的、思辨的表现
而已，这个历史过程还不是人的现实历史……"[1]人的现实历史是
生产斗争、阶级斗争等社会实践活动，是这个活动通过改造自然
而丰富自己的不断前进发展的过程。这个过程经常表现为一种往
复曲折的螺旋形上升的圆圈。反映在思想上、哲学上，也经常如
此。这也就是为什么列宁非常重视黑格尔的圆圈论思想。所谓圆
圈论也就是否定之否定，正反合的螺旋形不断上升的发展运动。
在上一章中已引用过列宁标明的哲学史上的"圆圈"，这个否定
之否定的"圆圈"运动，从马克思主义的唯物主义来看，它的基
础不是客观的精神、自我意识，如黑格尔的逻辑学与本体论那
样，而只能是人类主体的社会实践。马克思主义的实践论和历史
观完全连在一起，马克思主义的逻辑学、辩证法、认识论和人类

---

1. 《经济学—哲学手稿》，参看何译本，1963 年版，第 123 页。

学本体论是在这个历史唯物主义的基础上统一起来的。

历史过程展现在客观的时间中。时间是现代哲学激烈争论的要点之一。从柏格森到海德格尔，都以主观体验的时间为真实，排斥由社会规定的客观时间，从而他们讲的"历史"，实际是非辩证法的、歪曲客观总体进程的个体体验。关于整体的思想，现代结构主义也相当重视，例如强调全体大于部分的和，等等。但结构主义的根本问题之一，也正在缺乏历史观点；它没有总体的历史概念，而只有一种非历史的平面整体模式。它的一些具体方法和概念，如反馈、自我调节、部分与整体之间的有机联系、定量、形式化、引入数学等，可以批判地吸取和采用，但它的哲学基础并非历史的辩证法，而仍然是先验的形而上学。只有在过程中展开的辩证法，才真正可作科学的历史的结构分析。"西方马克思主义"、实践学派的"马克思主义"以及他们的先驱，也强调"总体"，但他们所谓"总体"概念异常模糊（如卢卡奇），他们用"总体"反对历史唯物主义，实际是用一种主观、个人、文化、心理性质的东西，抹杀了"总体"的客观进程含义（参看本书第九章）。本章通过对辩证法作为总体系统的方法论的阐述，指出它的历史性质，而这一性质归根结底仍然来自人类实践的客观现实进程。

关于康德"先验辩证论"中由辩证幻相提出的一系列有关"总体"的问题，就简略地讲到这里。

最后要说明的是，康德的三个理性理念（灵魂、自由、上帝），又不只是知性追求统一和系统化的总体理念，同时还有比认识更高一层的力量和地位。它们不只是认识论中先验逻辑的幻相，而且更是伦理学中的实践理性的公设。这就要由康德的认识论讲到康德的本体论了。

康德的理性理念本具有"消极"的和"积极"的双重作用和含义。"消极"方面在于警告知性不能超经验地使用，不可越出经验范围；"积极"方面在于阐明它作为知性的统一和趋向，由现象过渡到本体，而这两个方面都归结为"物自体"问题。

康德说："一切人类认识以直观始，由直观进到概念，而终于理念。"[1]《纯粹理性批判》通过理性理念的第四个"二律背反"与紧接着它的关于先验理想（上帝）到"辩证论"的附录（"纯粹理性所有理念的范导使用"与"人类所有自然的辩证性质的终极意向"[2]），已经走到了认识论的终结，再到"先验方法论"的"法规"部分，康德实际上提出了他的道德伦理的本体论观点，它们已经包含《实践理性批判》的基本思想与《判断力批判》中有关目的论部分的基本思想，只是还未充分展开。可见，"二律背反"的后两个"背反"是通由物自体过渡到道德本体去的重要环节，它们以物自体为自己的最后归宿，这一点即将在下章讲到。

---

1. 《纯粹理性批判》A702 = B730，参看蓝译本，第 491 页。
2. 《纯粹理性批判》的这两个附录（还有另一个分析篇后的"反省概念的歧义"），常为研究者所忽略或甩开。一些康德选本［如华特生、格林耐（Greene）、茨威格（Zweig）等］也略去不选。其实康德这三个附录以及同样不为研究者重视的"先验方法论"部分都特别重要，其中有许多重要的论点。

第七章

认识论（六）："物自体"

"自我意识"（所谓"先天综合判断"的基础）是康德认识论的中心。"物自体"[1]学说则是整个康德哲学的中心，它贯穿康德的整个哲学体系。在《纯粹理性批判·先验分析论》的最后，康德专门写了"对象区分为主体与现象"一章来谈"物自体"。海涅认为这是全书最重要的部分。其实，在这章前后的许多地方，康德都大量谈到或涉及"物自体"问题，例如"先验演绎"、"谬误推理"、第三个和第四个"二律背反"、"先验理想"、"辩证论附录"，等等。康德的"物自体"理论，实质上作为其他许多论点的基础而到处出现。它是康德哲学认识论的归宿，又是通向伦理学的门户。

---

1. "物自体"一词一般译为"自在之物"，本书沿用"物自体"译名，因为在康德哲学中，它突出了与"现象界"区分这一根本含义，不同于黑格尔突出"自在"与"自为"的区别。

正因为"物自体"在康德的整个哲学中处在这样一种枢纽地位，它的内容和含义便十分复杂。在认识论上，它基本有三层意思：一是感性的源泉，二是认识的界限[1]，三是理性的理念；最后由此通向"道德实体"的伦理学领域。这三层意思交织在一起，相互包含，并沉入"不可知"这个总的含义之中。第一和第三是"物自体"的两个对峙的方面，第二是第一向第三的过渡。[2]

一 "物自体"作为感性的来源

"物自体"首先和基本的含义是认识中感性材料的来源。康德认为，由于"物自体"的存在，对象才提供刺激，为感官所遭遇，才产生我们的感觉。"物自体"独立存在于我们之外，我们的感觉、感性由物体作用于感官而引起。没有"物自体"，感性无从发生，经验材料无从提供，从而认识也无从开始。"物自体"在这种意义上，实际指的是不依存于人们的意识而独立存在的客观物质世界。如果剖析《纯粹理性批判》全书，结合《未来形而上学导论》《自然科学的形而上学基础》等著作，全面分析康德

---

1. "物自体"作为本体概念是用来限制感性经验的。但如康德自己所说，这概念同时也限制了知性自身。详后。

2. 有人把"物自体"归纳为以下五点：(1) 不能从感觉材料中表现出来；(2) 非时、空的；(3) 本质不可知；(4) 同一事物可以归于现象，也可以归于"物自体"；(5) 不从属于范畴(《哲学与现象学杂志》第 37 卷，第 499 页)。这是一种现象学的描述，但可供参考。

的认识论，便可看出：尽管康德未能自圆其说，但"物自体"作为感性经验的来源，是现象界的基础，独立存在于我们的意识之外，并且指的并不是如贝克莱的上帝那种精神性的东西，这一点仍然很明显。

康德在《未来形而上学导论》中声明，他对于客观事物的存在，"从来不加怀疑""'先验'一词不是就我们的认识与物的关系而言，只是就它与认识能力的关系而言。……把实在的事物（非现象）化为表象，乃是讨厌的唯心主义"[1]"对这个永恒者的感知，只有通过在我之外的一物才可能，而非仅通过在我之外的一物的表象"[2]。康德的"物自体"一词经常用复数，实际就可说等同于占有空间的物理性的各种物体[3]。它们作为感觉的来源，并不是指单一的某种精神实体。复数本是"量"的范畴，来源属于"因果范畴"，只用于现象界，不能用于"物自体"，康德却偏偏这样描述了"物自体"，也可见"物自体"的真貌。但这些还不能说明"物自体"的唯物主义方面，因为用复数可以了解康德用以区别于"惰性"的物质，更可解释为将众多物体（复数）当作"物自体"看待。同样，因果用于"物自体"，可以解释为伦

---

1. 《导论》§13，附释3。
2. 《纯粹理性批判》B275，参看蓝译本，第198页。
3. 参看普里查德《康德的认识理论》："有意思的是，由于康德所用的语言，这至少似乎意味着，在空间中的诸物体是物自体。"（第319页。又见第77页注2）。康浦·斯密说："他把'物体'用作'物自体'的一个名词，也同样是没有论证的。"（《康德〈纯粹理性批判〉释义》第30页）帕顿也说："如果我们不能应用范畴于物自体，为何我们能用复数说物自体？……为何能说感觉是由物自体所引起？"（《康德的经验形而上学》第1卷，第2章，第4节）

理学的自由因，这种因是可以作用于现象界的（参看下章）。因此，"物自体"学说的唯物主义方面，我认为，更重要的是康德在整个认识论领域内，强调知性决不能脱离感性，强调知性不能超经验地使用。例如，《纯粹理性批判》中的知性原理的"知觉预定""实体范畴""经验思维的准则"等部分，再三强调是经验而不是理念、是直观而不是概念，才能证实知识的现实性和真理性（参看本书第四章），以及康德对笛卡尔的"我思故我在"的批评责难，对莱布尼茨唯理论的坚决反驳，与贝克莱、与费希特（康德指出费希特的哲学是"没有实在对象"的纯逻辑）划清界限（参看本书第五章）的要求，凡此种种，都是与康德的"物自体"的唯物主义方面的含义相吻合一致的。这些观点正是"物自体"的唯物主义方面的含义在认识论的许多环节上的具体表现。康德肯定"物自体"作为感性来源，不依存于人们的意识而独立存在。康德认为，被直观的感性杂多，是独立于、不依存于知性活动而被给予的，并且还是认识的现实性的"唯一标准"。康德说，"……有一个特点不能忽略，即被直观的杂多，必须先于和独立于知性的综合而被给予"[1] "唯心主义认为除思维的存在体外无别物，认为直观所感知的不过是思维之内的表象，外界并无任何对象与之相应。我的看法相反。我认为，作为我们感官对象在我们之外的东西是存在的，这些东西本身是什么，我们毫无所知，我们只知道它们的现象，即当它们作用于我们的感官时在我

1.《纯粹理性批判》B145，参看蓝译本，第107页。

们之内所产生的表象。因之，我承认在我们之外有物体存在。即是说，存在这样一些东西，这些东西本身怎样固然不可知，但由于它们作用于我们的感性，我们便知道它们，我把这些东西叫作'物体'，这个名称虽然指的只是我们所不可知的东西的现象，但它意味着实在的对象是存在的"[1]。这算比较鲜明地表白了"物自体"学说的唯物主义方面。先验知性概念（范畴）之所谓"先"，只是就逻辑的可能性而言，认识的现实性是必须由感性来提供的，这一点在本书第四章中已讲得很多了。康德"物自体"的这一唯物主义方面，使许多哲学家，从费希特、黑格尔和叔本华到形形色色的有名或无名的哲学史家，都用各种方式来取消它。[2] 有的认为，"物自体"作为不依存于人们意识的客观存在，对康德哲学的体系和基本观点完全多余，是一种不必要的累赘。有的认为，康德讲的"物自体"实际上是上帝、精神、意识或意志[3]，并非客观物质世界。翻开许多哲学史，这种种解释到处可见。为了取消"物自体"的这个唯物主义方面，康德哲学的一些注释家以各种方式把康德与贝克莱尽量等同起来，例如通过把问题烦琐化的方式，强调"康德与贝克莱的关系仍然部分是个没有解决的秘密"，这一点"几乎为每一个讨论过这两个哲学家的关系的人所

---

1. 《导论》§13，附释 2。
2. 现代所谓"本体论派"的康德研究则是反对新康德主义取消"物自体"的，但他们坚持的"物自体"只是一种道德形而上学，并不是它的唯物主义方面。详后。
3. 如伊文（A. C. Ewing）的《〈纯粹理性批判〉简释》，第 189—191 页。

支持"[1]。他们把康德对贝克莱的明显不满和驳斥，说成是康德对
贝克莱的故意曲解，或是康德只读过第二手材料而对贝克莱有所
误解，实际上与贝克莱还是一致的，等等。这种看法，从《纯粹
理性批判》初版问世起（如加尔夫的批评），直到今天，仍非常
流行。我不同意这种看法。康德的"物自体"实际相当于物体作
为现实对象存在，不能够把康德与贝克莱等同起来。

康德的"物自体"虽然作为感性来源而存在，但其最著名的
特征，却在它不可认识。正由于这个特征，康德才得到"不可知
论者"的称号。康德的"物自体"并不就是可认识的物质，而是
物质后面（用个形象的说法）的不可知的"本体"。康德认为，
物质指的是现象，是占有空间（广延）的外感官的对象，它虽不
能归结为主观概念，但也不能等同于"物自体"。康德说，空间
是"我们用来感知位于我们的内部自然界之外的物体形式，这些
物体为我们所不知，但其现象我们称为物质"[2]。康德用的"物质"
一词，不是指"物自体"而是指质料，即逻辑判断的材料和构成
经验的要素。可见，不是物质，而是"不可知"，才是"物自体"
的最本质的含义。

关于"物自体"不可认识的思想，来源很远。它不但是唯心
主义反对唯物主义的一种武器，同时还是旧唯物主义自身的一个
内在缺陷。

---

1. 《康德与贝克莱》，《康德研究》，1973 年第 3 期，第 315 页。
2. 《自然科学的形而上学基础》。

　　著名的唯物主义的经验论者洛克关于"实体"的思想，就是如此。洛克认为，"实体"作为事物各种属性的基础，不依存于人们的主观意识而独立存在，但这个存在即"实体"本身究竟是什么，洛克认为，那是"我们不知道的某物"，即不可知的。他说，"物质实体或物质这个观念和精神实体或精神这个观念一样，都是远非我们所能了解和认识的"[1]。十八世纪法国唯物主义也有这种观点。霍尔巴赫说："我们不知道任何一物的实质，如果'实质'一词是指该物的本性的话。我们只凭事物作用于我们的方式，即唤起印象、表象和观念，以对事物的性质有所认识。"[2]这些旧唯物主义者的主要代表都有物质世界的"实体""实质"不可知的思想或观点，说明这个观点对旧唯物主义并不是一个偶然出现的过错。旧唯物主义从静观的感觉、知觉出发，只看到人对外界事物的认识受着人们静观感知制约的一面，如霍尔巴赫说我们只凭物所唤起的我们的印象、表象和观念知道物质，至于离开这些印象、表象和观念的物质本身究竟怎样，即这些事物的"实质""本性"是什么，就是不可能知道的了。旧唯物主义只懂得静观的感知印象，单纯从感觉、知觉出发，必然会得出这种结论。这种结论给唯心主义留下了方便。贝克莱便从洛克的感觉论发展出客观世界依存于人们感知的主观唯心主义。但是，旧唯物主义与贝克莱仍然是根本对立的，

1. 《人类理解论》第 2 卷，第 23 章。
2. 《自然的体系》第 2 卷。

因为前者尽管认为"实体""物的本性"不可知，但仍肯定它们是不依存于人们的主观意识而独立存在着的某种客观物质；后者却认为，世上并无物质，有的只是人们的感知和引起这种感知的最终原因——上帝。

康德的"物自体"比较接近于前者（洛克），而不同于后者（贝克莱）。在对旧唯物主义这一重大弱点的利用和发挥上，康德与贝克莱也有所不同。贝克莱是直接而简单地引申出彻底的主观唯心主义和有神论，康德则是间接而复杂地从二元论逐步过渡到先验唯心主义。这个过渡远为曲折，康德的主观唯心主义比贝克莱主义也精致、重要和深入得多。

二 "物自体"作为认识的界限

康德的"物自体不可知"是说，"物自体"虽存在，但属于超经验的彼岸，为我们的认识所不能达到。因此，它的存在意味着认识的一种界限，是认识不可逾越的标记，而这也就是所谓"本体"。"本体"这个词，如康德在《纯粹理性批判》一书中所着重指出，正是为了给认识规定这个界限而使用的。这应是"本体"一词在认识论中的首要含义。"本体"与"现象"相对立，人只限于认识现象，整个"批判哲学"就是为了说明这一点。康德说："要防止感性直观扩大到物自体和限定感性知识的客观有效性，本性概念实所必需。这种留存的事物而为感性知识所不能适应者，叫作'本体'。"[1] 康德认为"本体"这个概念的作用，在于它指出感性经验所不能达到、不能获得任何材料的"消极"界限。但是，知性使用这个概念不但限制了感性，同时也限制了知性自身，即任何知性范畴、原理，如实体、因果等，也同样不能行使、应用到这个"物自体"上去。因为，既然"物自体"不是感性经验的对象，知性范畴应用其上就没有意义，没有任何客观效力，不能产生任何认识和知识。"物自体"作为"本体"概念，实质上"……只用作经验原理的界限，自身不含有或启示超越这些原理范围以外的任何其他知识对象"[2]。这就是康德"物自体不可知"的消极的——仅仅作为经验、认识界限的标记而无所肯定的一层含义。这也是"物自体"基本的含义。因之，所谓"物自体"与现象界的区分，倒不是讲有两种东西，一可知一不可知，而毋宁是指同一对象，一就其可认识而言（现象界），另一就其不可认识的"自身"（物自体）而言。

分析起来，康德的不可知的"物自体"实际又有两个方面。一个是属于对象—客体方面的，即上述的客观物质世界的本质。除了这一个之外，还有一个主体方面的，即"先验演绎"中与

---

1. 《纯粹理性批判》A254—255 = B310，参看蓝译本，第 217 页。从而，"本体"一词是指"物自体"在人们思想中的表现，即用以说明"物自体"的性质的概念。"本体"与"物自体"二词并不相等，但康德经常将二词等同使用。

2. 同上书，A260 = B315，第 220 页。但康德又认为，用范畴如实体、原因等去思考上帝还是必要的，等等。康浦·斯密说，康德在这问题上先后观点并不一致，先说知性范畴可用于本体但无意义，后认为根本不可能用于本体。帕顿说，如果它们能应用于物自体，那必须是无时间构架的范畴。例如，用于"物自体"的原因范畴，便不能包含时间次序在内，因此这种应用仍无多少意义可言，只是一种与经验的类比而已，不能成为认识。

"先验对象"相对峙的"先验自我"，亦即作为"统觉综合统一"的"自我意识"。如本书第五章所指出，这个先验的"自我"只能出现在经验的意识中作为形式和功能；它本身究竟是什么，即这个作为认识主体的先验的"我思""纯我"究竟是什么，也是不可知的。康德说："……很明显，我不能作为一个对象去认识那必须以之为认识任何对象的前提的东西……"[1]"先验自我"是时间的根源，但它本身不在时间之中，从而也就不属于任何经验现象领域，所以它也是一个"物自体"。如恩格斯所指出，康德"在'自我'中，同样找出一个不可认识的自在之物"[2]。这个"不可认识"即不是认识对象的"自我"，正是伦理道德的"本体"，这在本章结尾和下两章中要再讲到。

这里要注意的是，"物自体"作为感性来源和认识限界的独立存在，固然在认识范围之外——在这意义上，它本是一种超验（transzendent）对象；但康德在《纯粹理性批判》的许多地方，又把"物自体"说成是或等同于"先验（transzendental）对象"。两者的含义是有区别的。"物自体"在康德那里作为认识界限这一层含义还有好些用法，但"超验对象"与"先验对象"是其中最重要的两种，它们也就是所谓本体论和认识论的不同用法。就认识论说，重要的是后者（"先验对象"）。作为不可知（不可认识）者，二者是相同的，但前者（"超验对象"）是就超乎认识

1. 《纯粹理性批判》A402，参看蓝译本，第316页。
2. 《自然辩证法》，《马克思恩格斯全集》第20卷，1971年版，第585页。

的所有对象而言，后者（"先验对象"）是就超乎特定对象而言。就是说，所谓"先验对象"，意味着必须先肯定有一个不能具体确定的对象某物 x 的存在，作为认识的前提和条件，以成为主体的表象杂多在意识中统一的依据。这个不能确定的未知物（也永不可知）x 便是"先验对象"。因之，"先验对象"作为与主体认识相对立的、主体意识统一的对象上的依据，实际已进入人的认识过程，与上面那个超乎一切认识的"超验对象"便很不相同了。"先验对象"不是任何特定的经验对象，而是认识这些经验的必要的前提和条件。康德说："统一概念便是那个等于 x 的对象的表象。"[1]"现象不是物自体，它们只是表象，从而反过来有它们的对象，这是其自身不能为我们所直观，因之可说是非经验的对象，这即是先验的对象 = x。"[2]"现象一般与之有关的对象，叫作先验对象，这是关于某物一般的完全未确定的思想。它不能称作本体，因为我对于其自身毫无所知，除了作为一般感性直观对象，从而对所有现象是同一的存在而外，我对之没有概念。"[3]等等。因此所谓不同于"超验对象"的"先验对象"，是要求在认识领域肯定一个未确定也不可认识的某物 x，作为认识在对象方面的必要条件。[4]

---

1. 《纯粹理性批判》A105，参看蓝译本，第 125 页。
2. 同上书，A109，第 127 页。
3. 同上书，A253，第 223 页。
4. 关于"物自体"与"先验对象"的关系问题是相当复杂的，有许多不同的观点，如卡西尔、康浦·斯密、伯尔德（Bird）等。

把"先验对象"与"超验对象"区别开了，便可以看到，作为"先验对象"的"物自体"，实际上是指人类认识的必要条件，包括主观（先验自我）与客观（先验对象）两个方面。在这里，"先验自我"也可以说是另一个作为"先验对象"的物自体。总之，它们是两个需肯定其存在以作为认识条件，而其本身又不可知的 x。这两个 x，一个是感性的来源、基础和进行认识必先设定的对象，一个是知性的来源、基础和进行认识必先设定的主体，都是人们进行认识的必要条件，它们本身都超出人们的经验范围和认识可能。康德认识论的主题本是"认识如何可能"，但终于归结到这两个不可知的 x 上，由"先验对象"的 x 提供感性材料和相应的认识对象，由"先验自我"的 x 提供知性范畴和统一综合的意识，从而构成认识。但第一个 x 如何能提供感性材料？第二个 x 如何能提供一整套知性范畴和原理？前者有关客体本身，后者有关主体本身。它们的实质、来源和存在，如康德所坦率承认的：他不能解答。这两个 x 的关系，当然仍是 x，也是不可知，超出人们经验的范围。这两个不可解答的先验的 x，作为笼罩康德整个认识论的巨大阴影，构成了包含许多环节的一系列"不可知"，在《纯粹理性批判》一书中的许多章节和关键之处都可以找到："……被直观的杂多，必须先于和独立于知性的综合而被给予。这是如何发生的，这里仍未规定。"[1] "我们知性的这种特性，即只有通过范畴才能产生统觉的先验统一，并且范畴

---

1. 《纯粹理性批判》B145，参看蓝译本，第 107 页。

限于如此和一定的数目，其理由不能进一步解释，正与不能解释我们为什么恰恰有这些而没有别的判断功能，或为什么只有时、空是我们可能的直观形式一样。"[1]"……正如为什么我们外感性直观的先验对象只在空间中给予直观，而不是别的什么直观方式一样……超出我们理性能力所能解答。"[2]"外直观（空间和空间中的形象、运动等的直观）如何在思维的主体中可能，这个问题没人能解答。"[3]康德在另一处说得更清楚："……我们不能够说明为什么我们有这样的感性和这样的知性，它们的联合就使经验成为可能。我们同样也不能解释为何知识的这种迥然不同的来源结合起来，就不但一般地保证了经验的可能性，而且使我们现在实际有的对自然的经验成为可能。这些自然经验具有许多为数众多的、独特的、仅仅是经验性的规律，这些规律是知性所不能先天地告诉我们的。这也就是说，为什么不经由经验我们便对其一无所知的自然，却与我们的知性相一致，好像它（自然）是有目的地适应于它（知性）一样。"[4]如此等等。

但是，两个平起平坐的 x——"先验对象"与"先验自我"，无论在其自身体系中，或者是在哲学史的发展上，都是不能持久的，总是一个要吞并另一个，由一个推演出另一个。二元论总要为一元论所替代。

1. 《纯粹理性批判》B145—146，参看蓝译本，第 108 页。
2. 同上书，A557 = B585，第 405 页。
3. 同上书，A393，第 311 页。
4. 《评埃贝哈德的所谓发现……》。

康德自己最后便看到：为他所截然分开的感性与知性，也可能有一个共同的根基，虽然他认为人类完全不可能探索和找到这个基础和根源。康德认为，双峰对峙的"先验对象"与"先验自我"，这两个不可知的 X，也可能是同一个东西；尽管这同一个东西非人类所能掌握，是属于神—知性直观的范围（参看第十章）。康德在《纯粹理性批判》一书绪论结尾时说："人类知识有两个源泉，即感性与知性。它们大概来自一个我们所不知道的共同的根基。"[1] 在另一处，康德又说："……即使自然全部能为我们所知，我们还是永远不能回答超自然的那些先验的问题。这是因为我们除内感觉外，没有其他直观能观察我们自己的心灵，正是在那里潜伏着我们感性功能的根源的秘密。感性与对象的关系，和这个（客观）统一的先验依据，对毕竟只能通过内感觉来认识自己从而只能获得现象的我们，隐藏得如此之深，以致不能用感性作为发现任何除现象之外的东西的探究工具，尽管我们非常热心于去探讨它们的非感性的原因。"[2] 这表明，康德看到，可能有一个共同的根源作为我们认识的基础，但人类由于只具有静观的感性能力，是没法去超越经验认识这个"非感性的原因"的。只有具有知性直观的上帝才能获得这个心灵的秘密。所以，康德一再说："……提出一个问题，即我们知性功能与物自体相一致的根源何

1. 《纯粹理性批判》A15 = B29，参看蓝译本，第44页。
2. 同上书，A278 = B334，第233页。

在，仍然处在晦暗之中。"[1] "如果我们想要对感性和知性的来源作判断，那么我只能眼看这种探索完全超出人类理性的界限。"[2]

以两个对峙的不可知的 x 为特征的康德"物自体"学说，不断遭到各种批判和反对。从康德的同时代人到费希特和黑格尔，从现代的存在主义到康德学的各种研究家，都是想要统一这两个对峙的 x，或者用形而上学的精神实体如理念之类，或者用实证体系的心理解释如想象之类，作为两者的"共同根源"。实际上，他们都是把这个不可知的所谓"共同根源"说成是精神、意识、意志或信仰。实际上，他们也都是以不同方式用"先验自我"的 x 来合并、推演、派生出"先验对象"的 x。我们可以来看一下。

从一开始，康德的"物自体"便遭到同时代人如迈蒙（S. Maimon）、雅各比（F. H. Jacobi）等人的非难和批判。他们大都认为，"物自体"不能在感知来源的意义上作为现象界（人们认识）的根据和原因。雅各比说，根据康德哲学，因果只能用于现象界，"物自体"作为感性来源即作为感知的原因，那就自相矛盾，说不通了。弗里斯（J. F. Fries）则企图结合康德与神秘主义者雅各比，认为"物自体"是信仰的对象。[3] 雅各比对"物自体"这一

---

1. 1772 年 2 月 21 日给郝尔茨的信。当然要注意，此时康德还在《论文》开始向《批判》的思想转变之中，其中含义有所不同。但正可看出这个过渡中的一个共同的方面。

2. 1789 年 5 月 26 日给郝尔茨的信。

3. 雅各比虽也认为认识限于感性经验，理性不能超越感性，但他主张有一种直接的直观能把握超感性的实质。他认为，只有斯宾诺莎哲学是唯一逻辑上自成体系的哲学，但接受斯宾诺莎即等于接受无神论，那是不成的。因之他强调上帝并非理性的事情，而是心灵的事情，应当抛弃斯宾诺莎而代之以信仰。他说："我们心中充满光明，但当我把它置于理解时，它就消失了。"（转引自宇伯威格《哲学史》第 2 卷）雅各比是著名的"信仰哲学家"、神秘主义者。

著名的反驳，其实并无道理（因康德有自由因的学说，也明确说过"物自体及其因果性是不可知的"，等等），却仍为后代所不断援用。迈蒙则已开费希特的先河。[1] 所以，尽管康德一再表示不满，当时他的追随者[2]却都在否定康德"物自体"的唯物主义的第一层含义，而要求从主体、从"先验自我"推演出客体、"先验对象"来。这一趋向到费希特，便十分突出了。费希特说："物自体是一种纯粹的虚构，完全没有实在性，物自体并不出现在经验里，因为经验不是别的，而是有必然性感觉相伴随的思想。"[3] 在费希特看来，只有思维才有真正的实在性，再没有别的实在性。他说康德是"独断论"，认为"独断论者固然想保证物自身的实在性，这就是说，作为一切经验的根据的必然性……""彻底的独断论者必然也是唯物论者。我们只能从自由和自我的独立性的设定出发来驳倒他，这些正是他所否认的东西"[4]。黑格尔接着费希特，虽然认为哲学不能从主观的"自我"出发，但又以客观的"绝对理念"来吞并、推演和派生出一切，彻底取消了作为感性来源的"物自体"。在黑格尔看来，"物自体"是与理性系统相对立的非

---

1. 费希特在 1795 年给莱因霍尔德（Reinhold）的信中说："我对迈蒙的天才予以无比评价，我坚信并准备证明，通过迈蒙的著作，整个康德哲学将反转过来……"迈蒙否认"物自体"（包括客体自身或主体自身），认为人心乃是一无限的世界精神的一部分，等等。
2. 如康德的追随者、亲密朋友 J. 贝克（J. Beck）也否认"物自体"，认为应以主体的先验统觉的主动性作为"出发点"。有人认为，康德在《遗著》中表现的某些思想（参看本书第五章）正是受贝克影响所致。迈蒙也一度被康德视为同道。
3. 费希特：《知识学引论》第 1 篇，见《十八世纪末—十九世纪初德国哲学》，商务印书馆，1975 年版，第 188 页。
4. 同上书，第 188、190 页。

理性的东西，必须纳入理性—逻辑中。这也仍然是发展了康德的第二个 x——"先验自我"，让它作为本体吞并了第一个 x 的"先验对象"，统一了康德这两个 x，彻底贯彻了唯心主义路线。

稍后于黑格尔的叔本华，则以与现象世界（认识）相对立的"求生意志"作为"物自体"，构成世界及人的本质的便是这种反理性的意志。他把柏拉图、印度哲学的双重世界与康德讲的"物自体"与现象界的划分等同凑合在一起，构造了一个意志主义的反理性哲学体系。费希特、黑格尔、叔本华是康德之后赫赫有名的哲学大家，他们都批判康德的"物自体"学说。

继承这些哲学家的，是康德哲学现代注释者们的解释。康浦·斯密在解释康德"感性与知性两枝可能是同根生的"这一论题时，说："康德有时似乎暗示想象就是这个共同的根源。它既属于感性而又属于知性，它是被动的而又是主动的。这样看来，想象确是被当作一种未知的超感性力量，'隐藏在灵魂深处的'。这个超感性的东西就是我们人类的不同种类的功能的联合点，正如它是自然与自由、机械论与目的论的联合点。"[1]这就是说，应该把想象看作感性与知性的共同的根源。

存在主义代表海德格尔也写过关于康德的专著。他认为"先验想象"是康德整个哲学的中心，它远不只是感性与知性的桥梁，而且是纯粹理性与实践理性的共同的根源。海德格尔认为，直观与思想的统一，并不只是在认识过程中，而是在"先验想

---

1. 康浦·斯密：《康德〈纯粹理性批判〉释义》，第 77 页。

象"造成的本体论的综合中。由"先验想象"产生的"构架",被海德格尔看作整个批判的中心。"构架"又不过是原始时间的先验规定,原始时间不只是直观形式,而是知性、想象、直观所有认识的前提条件。这就是"存在"的最早名称。因此,所谓形而上学的根本问题,在海德格尔看来就是"人的心灵的基本能力的统一"问题。对世界的了解依存于我们去了解的方式,依存于对对象为了我们(人)而存在的了解。从而,康德的先验对象被等同于想象的存在物,而超时间的先验自我则是过去、现在、未来的统一。

康德哲学的现代研究者威尔顿认为,发展康德有两个方向:第一个是黑格尔所采用的形而上学态度,另一种则是所谓实证的科学态度,即用心理学来解释康德哲学。威尔顿也认为,占据康德认识论的中心地位,联结感性与知性,具有二者特征又不同于二者的便是"想象"。他认为,对这个既能直观(感性)又起综合作用(知性)的中心环节,康德只是含混带过,并未清楚交代。它既可以从形而上学出发来解释,也可以纯粹看作心理学的经验规定。威尔顿显然主张第二种方式。他企图将康德提出的哲学认识论课题还原为实证的心理学问题。[1]

由此可见,在这种种康德研究中,无论是康浦·斯密、海德格尔或威尔顿,现代哲学把"想象"突出为康德哲学认识论的核心,企图以形而上学的或实证科学的对想象的规定和解释,来解

---

1. 威尔顿:《康德的〈纯粹理性批判〉》,牛津,1948 年第 2 版。

除康德的不可知论的矛盾，来找到感性与知性的"共同的根源"，即找到这个不可知的"物自体"。康德的不可知的"物自体"被他们所驳斥和消灭了，代替的是精神性的"自我"（黑格尔）[1]和"想象"。于是，如前所述，精神成了认识的根源和本体，康德这两个 x 的二元论终究为唯心主义一元论所代替。

由费希特、黑格尔的理性主义到叔本华、海德格尔的现代反理性主义，学者明显以自我、绝对理念、求生意志、先验想象来解释、规定"物自体"，做出对康德哲学的修正。同样，沿着逻辑实证论的路线，取消康德提出的"物自体"问题，用所谓实证科学来解释和解决它，也是一种修正。除了"想象论"之外，逻辑实证论所谓"可证实性"原理也如此。这个"原理"认为，人们的知识来自经验，而经验总必须与一定的观察、测量等相联系。这便是科学所整理的可观测的世界。至于离开我们观测之外的客观世界究竟是怎样的，以及它与可观测的世界是否一致，则是不可知的；甚至连它是否存在，也是没有意义的形而上学问题。很明显，这不仅是重复康德，而且是回到休谟了。

总之，不管是费希特、黑格尔或叔本华，用精神或意志是没法解决康德的"物自体"问题的。不管是康浦·斯密、海德格尔或逻辑实证论，用"想象"，也不管是本体论的或心理学的想象，

---

1. 现代也仍有人强调"物自体"乃是"我自体"，前者不过是后者放置在对象之中而已。"我自体乃本原始的实存的实在，物自体是从属的实在。"而所谓"我自体"就是"思想的我"。见米勒（Oscar W. Miller）《康德的物自体或创造的心》。

同样没法解决康德的"物自体"问题。精神、意志或想象并不是
解开康德所提出那许许多多的"不可知""不可解"的钥匙所在。

三 "人应该在实践中证明自己思维的真理性"（马克思）

那么，这个钥匙是什么呢？什么是康德提出的种种"不可知"
的正确解答呢？什么是康德所朦胧意识到而无法解答的那个"感
性与知性的共同根基"呢？它不是绝对精神，也不是"想象"。
尽管想象是值得深入探讨研究的重要课题，但决不是解答"物自
体"和认识论问题的最终基础。这个最终基础仍然只能是实践。

实践是人们谈论很多的当代哲学中的时髦词语，但什么是实
践？它有没有规定性？它与五官感知、与动物性的生活活动有什
么区别？这些都需要弄清楚。如前几章所连续说明，实践作为认
识的基础和真理的标尺，是历史具体的。无论是感性或理性，无
论是时、空观念或数学，无论是形式逻辑或辩证法，作为它们的
基础的实践是具有历史具体的客观社会性的实践。我以为，"认
识如何可能"只能建筑在"人类（社会实践）如何可能"的基础
上来解答。只有历史具体地剖析人类实践的本质特征，才能解答
人类认识的本质特征问题。认识的主体不是个人，从而出发点不
是静观的感觉、知觉。认识的主体是社会集体，出发点只能是历
史具体的、能动的社会实践活动，正是从这里生长出人所特有的
本质。"人是制造工具的动物"与"人是能思维（或理性）的动

物"这两个著名古典定义的秘密，在于二者在社会实践基础上的统一。人所独有的感性能力（时、空观念）和理性能力（形式逻辑、数学、辩证范畴），其根源不是什么"先验"的或"不可知"的东西，而是通过实践，在漫长历史时期中，客体产生、构成、反映、积淀为主体的认识结构。主体是以实践的规律和形式去认识、重构和把握客体，从而就不存在不可知的"物自体"。康德的两个不可知的 x 应该撤销，两个 x 互不相关、双峰并峙的局面可以统一，它们统一于实践。实践揭示第一个 x（作为"先验对象"的"物自体"）的本质，并以之构成第二个 x（所谓"先验自我"的"物自体"）。正是实践，使一切"物自体"（"自在之物"）成为"为我之物"，使一切所谓"不可知"成为可知。因之，所谓实践就决不是空洞、抽象、主观、个体的活动。

马克思说，"人应该在实践中证明自己思维的真理性"[1]。恩格斯说，"在康德所处的时代，我们对自然界事物的知识确实是十分零碎的，所以他很可以猜想在我们关于每一件事物的少许知识背后存在着一种神秘的自在之物。但是这些不可理解的事物，已经被科学的巨大进步逐一地理解、分析，甚至重新制造出来了；而我们能够制造的东西，我们当然不能认为是不可认识的"[2]；他又说，对不可知论的"最令人信服的驳斥是实践，即实验和工业。

---

1. 《关于费尔巴哈的提纲》，《马克思恩格斯选集》第 1 卷，1972 年版，第 16 页。
2. 《〈社会主义从空想到科学的发展〉英文版导言》，《马克思恩格斯选集》第 3 卷，1972 年版，第 387—388 页。

既然我们自己能够制造出某一自然过程，使它按照它的条件产生出来，并使它为我们的目的服务，从而证明我们对这一过程的理解是正确的，那么康德的不可捉摸的'自在之物'就完结了"[1]。马克思主义经典作家的这些论断，对于我们理解从洛克到法国唯物主义，到康德"实体""物自体""不可知"的思想，是有启发的。它说明了，从认识论的原因上说，这种思想是一定时代的工业和科学发展水平（人类社会实践的一定历史水平）的反映。洛克曾说："人在自己理知这个狭小世界中的统治，与他在可见事物的广大世界中的统治几乎是一样的。在事物世界中，他无论借什么奇能妙法，都不能超出把手头现成的材料加以综合或分离的范围，他决不能做出半点新的物质，也不能毁掉现存事物的一个原子。"[2] 当然，人只能改变物质的形态，而永远不能生灭哲学意义上的物质，永远不能从虚无中创造出新的物质来。但重要的是，洛克的思想，客观上反映了他那个时代的社会实践（工业和科学）的水平和局限。当时的确还不能"创造"多少新的物质，的确还只能在手头现有的材料的范围内分离或组合，也的确不能"消灭"一个现实的原子。人们对自然界事物的了解的确十分零碎而表面，当时的工业和科学还处在初步阶段。因此，当时的唯物主义重视的只能是观察，立足点只能是感觉、知觉，而这正是在哲学上产生所谓不可知的"实体"（洛克）、"物的本性"（霍尔

---

1. 《费尔巴哈与德国古典哲学的终结》，《马克思恩格斯选集》第 4 卷，1972 年版，第 22 页。
2. 《人类理解论》第 2 章。

巴赫）和"物自体"（康德）的重要原因。现代雄伟的工业和科学的步伐已远远不是"用手头现成的材料来分离或组合"，不但已经能够击毁原子核，并且能通过改变物质的形态，"创造"出千百种新的物品和物质来，如各种有机化合物。而像使用加速器之类的科学实验，更大大超出了一般以感觉、知觉为基础的个体日常活动和古典式的观察、归纳等认识方法。现代工业和科学日益展示出社会实践的本性，通过利用客观世界本身的力量对客观世界（如原子、中子）的主动的"干扰"，来指引观察，不断深入对客观世界的认识，从而日益展示出"物自体"变成"为我之物"的这个认识论的真理。恩格斯的上述论断，正具体地说明了马克思在《关于费尔巴哈的提纲》中讲的"人应该在实践中证实自己思维的客观真理性""即自己思维的现实性和力量，亦即自己思维的此岸性"[1]。这个实践正是社会实践，即工业和科学，而"此岸性"也正是相对于康德的不可知的"彼岸"而言的。所以，不能庸俗地解释恩格斯对康德的批判，认为恩格斯对不可知论的这种批判没有哲学意义和价值，从而否定、取消这种批判，如现在国外好些号称的马克思主义者那样。恩格斯这一批判的要点，正在于指出是社会实践，而不是个体感知经验，才能摧毁"物自体"不可知的观点，才能合理解决把康德哲学引向信仰主义去的神秘东西（不可知的"物自体"）。本书第四章已说明，恩格斯强调只有人的实践活动才能证实因果必然的客观性。这里恩格斯又

---

1. 《关于费尔巴哈的提纲》，《马克思恩格斯选集》第 1 卷，1972 年版，第 16 页。

强调，只有人的实践活动才能从根本上批判所谓不可认识的"物自体"。这两点是紧密相连的，实际上是一回事。只有从实践观点出发，才能看出康德的"物自体"的第二层含义——作为感性、知性的界限是有问题的。再重复一次：我所说的这种实践，首先是指社会物质生产等基本活动。从而实践不等于感知经验，不等于观察、语言，它具有历史总体的客观特点。不是感知、观察、语言，而是实践（如科学实验），才是认识的出发点，观察、感知倒毋宁是结果和验证。这就是历史唯物主义和旧唯物主义与唯心主义、可知论和不可知论的根本分歧的基础。

所以，应该重视人类学本体论问题，因为它可以与以经验、语言或逻辑为本体的唯心主义对立起来，而强调人类作为本体对世界的实际征服和改造。人类学本体论即是主体性哲学。如前所述，它分成两个方面：一个方面即以社会生产方式的发展为标记，以科技工艺的前进为特征的人类主体的外在客观进程，即物质文明的发展史程。另一个方面即以构建和发展各种心理功能（如智力、意志、审美三大结构）及其物态化形式（如艺术、哲学）为成果的人类主体的内在主观进展，这是精神文明。两者以前一方面为基础而相互联系、制约、渗透，而又相对独立自主地发展变化。人类本体（主体性）的这种双向进展，标志着"自然向人生成"即自然的人化的两大方面（参看本书第十章），亦即外在自然界和内在自然（人体本身的身心）的改造变化。康德哲学的贡献在于它突出了第二方面的问题，全面提出了主体心理结构——包括认识、伦理和审美的先验性（普遍必然性）问题。本书的目的就是要揭示康德所提出的这个问题的现代意义，以及马克思主义了解和解决这个问题的方向。这正是康德的"批判哲学"的批判。

四 "物自体"作为理性的理念

康德的"物自体"又不只是一种不可知的认识界限。如果"物自体"只是认识的界限，那是否需要肯定"物自体"自身存在，也就成了问题。康德便说过，所谓"本体"（物自体）存在的可能性与不可能性都不可认识，"这种对象不能绝对的否定"，也"没有这种对象的确定的概念"，"它只能是一个用不定态度答复的问题……"[1] 但由于康德坚持物自体尽管不可知，却总存在，因之，这里就包含有第三层含义，即"物自体"虽然不能认识，但可以作为思考对象而存在。在《纯粹理性批判》第 2 版序言中，康德在强调"我们不能认识作为物自体的任何对象，而只能认识它作为感性直观的对象，即现象"的同时便指出，"必须铭记在心：虽然我们不能认识，但至少可以思维作为物自体的它们"[2]。康德认为，在我们区别"现象"与"本体"时，已包含有将后者只作为知性思维的对象，与前者作为感性直观对象相区别，

1. 《纯粹理性批判》A288 = B344，参看蓝译本，第 239 页。
2. 同上书，Bxxv，第 17 页。

从而"便叫后者为知性存在物（本体）"[1]的意思。即是说，"物自体"作为一种被理知肯定的思维存在物，这种存在是与作为现象的感性存在体相对峙的、作为现象基础的知性存在体，即与现象相对峙的、作为现象基础的"本体"。康德在这里便提出"本体"除"消极含义"外，还有一种所谓"积极含义"。

所谓"消极含义"（也可称"否定含义"），是指"物自体"不是感性直观的对象，这就是上述作为认识限界的第二层含义。所谓"积极含义"（也可称"肯定含义"），则是指"物自体"可以是一种非感性直观的对象。它"可以"是，而不"一定"是。第二层含义如果说是强含义，这里便是弱含义，就是说，可以允许有一种知性直观的认识对象作为"物自体"而存在。但人并没有这种知性直观，于是便只能把它作为思维的对象，即把人的知性范畴超经验地使用于其上的对象。尽管这种使用并不能获得任何认识，但它对认识却有颇为重要的意义和作用。

康德说，"如果我们用'本体'指一物不是我们感性直观的对象，并完全脱离我们直观的方式，这是该词的消极含义。但如果我们用它来理解一个非感性直观的对象，从而假设有一种特殊的直观方式，即我们所不具有，甚至也不了解其可能性的知性直观，这即是'本体'一词的积极含义"[2]。康德否认能认识"物自体"的存在，但认为可以思维它存在，假定它存在。从而，这种

---

1. 《纯粹理性批判》，B306，参看蓝译本，第 215 页。

2. 同上书，B307，第 215 页。

存在就根本不同于提供感性来源的第一层含义的存在，而且恰恰是第一层含义的对立面。它也不是第二层含义的认识界限，而恰恰是对这种界限的扬弃。于是，它不再是那个提供感性来源的唯物主义的"物自体"（不依存于人的客观物质存在），也不只是那个纯粹作为感性—知性认识界限的消极的"物自体"（它是否存在不可知），而是一个"不能知之，只可思之"，却仍积极存在的"物自体"了。就是说，这是个知性不能把用在感性经验领域中的范畴原理（实体、因果、现实性，等等）用于其上，但又必然要用这些范畴去思考（将知性范畴超经验地使用于其上）的对象。在这里，"物自体"成了一种引导知性永远追求而无法达到的"积极的"假定对象。这也就是上章"二律背反"中讲到的理性的理念。

康德在"二律背反"和"先验理想"等章节提出上帝、自由、灵魂等理性理念，就是这样一种统一知性和引导知性去追求，从而使认识在经验领域内达到最大限度的统一和系统化的动力或功能。这也就是"物自体"在认识论上的第三层含义。康德说："……它们有一个卓越的、实乃不可缺少地必然的范导使用，即指导知性趋向某个目标……这一点只是一个理念，一个想象的焦点，它在可能经验范围之外……"[1]"系统的统一（仅作为理念）只是一种计划的统一，自身非给定，它应看作只是一个课题。这种统一，有助于我们使知性在其杂多和特殊使用中

---

1. 《纯粹理性批判》，A642 = B672，参看蓝译本，第 458 页。

去发现原理，指引知性去注意那些还未给定的事例，并使之更为条理一贯。"[1]康德认为，例如化学家将一切盐类归于酸、碱两类，并进而追求更根本的同一物质，以及所谓"节约原理"（由神学、经院哲学的"基本事项不应增多"的原理而来），就像它们都是以一个理想的理论概念指引、诱导人们深入研究自然而大有益处一样，上述的上帝等理性理念也是如此。假定一个理性理念的上帝（以及灵魂、自由）"好像"存在着，以作为世界的最高原因，并展示出世界万事万物的目的性，以获得经验的最大系统的统一、完整和秩序，这对于研究自然是有益的事。[2]这就是与知性作用于感性以构成认识的"构造原理"相区别的所谓"范导原理"。

所谓"范导"是相对于"构造"而言的，"构造"是知性作用于感性以构成知识，"范导"是理性作为规范指引知性。康德这种对"范畴"与"理念"、"构造原理"与"范导原理"的区分，是"批判哲学"认识论极其重要的基本思想。前者即范畴与构造原理是作用于感性经验以构成知识的科学原理，后者即理念与范导原理是指引、规范认识，本身并不能作用于感性经验以构成知识，它并不是科学的原理，而是一种非常重要的方法论的哲学原理。"……理念是唯一能给予知识的统一性的，没有这种系统性，

---

1. 《纯粹理性批判》A647 = B675，参看蓝译本，第459—460页。
2. 可参看本书第十章目的论部分。

我们的认识就会是破碎支离的。"¹ "和范畴不同，理性理念对知性的经验使用毫无用处……它所要求的只是知性使用在经验的总和里的完整性……理性把它设想为对于一个客体的认识……但这个客体不过是一个理念，只用它使知性认识得以尽可能地接近它而获得完整性。"² 所以，在指出"范导原理"和理性理念有益于认识的同时，康德强调指出，不能用它们来代替具体的科学研究："在研究领域内，如果代替在物质机械性的普遍规律中探求原因，而直接诉之于最高智慧的不可探究的命令……那就使我们对原因的探求变而为极容易的事，因之，这使我们认为理性的工作已经完成，但这实际只是废弃理性的使用而已……"³ 康德认为，虽然我们"有一个目的论联系的系统统一的范导原理"，但"我们可以认定去做的，仍是遵循普遍规律，坚持探究物理—机械的联系"⁴。

可见，康德强调理性理念只是"范导"原理，不是"构造"原理，是为了区别理性理念与感性直观形式、知性范畴原理，指明包括上帝在内的所有理性理念，都不是认识，不是科学。康德说，"系统统一的理念只能用作范导原理以指引我们依据自然的普遍规律在事物的联系中去寻找这种统一"⁵，因之，科学寻找的

1. 《导论》§56。
2. 同上书，§44。
3. 《纯粹理性批判》A691＝B719，参看蓝译本，第485页。
4. 同上书，A691—692＝B719—720，第485页。
5. 同上书，A692＝B720，第485页。

仍然只是自然的因果决定论的联系。包括"最高存在者的理想"
（按：指上帝），也不过是理性的范导原理而已。这种范导使我们
把世界的一切联结看作好像都由一个充足的必然原因而产生。但
任何理性的"理念"都只能作为一种假定的"好像"存在的最后
原因或最高智慧，用以指导经验的探求，而不能代替这种探求，
不能从这种所谓最后原因、最高智慧中推演出或直接论证经验世
界的知识，或将其作为经验知识的现实来源或基础。康德在自己
的科学研究和论著中是忠实于这一原则的。在《月球上的火山》
（1785 年）中，他说，"不能允许放弃科学思想，在绝望中诉诸神
意来解释"；讨论作为整体的自然时，可以"假设某种神意安排，
但这不能解除尽可能远地寻找自然原因的责任"；等等。所以，
一方面，康德认为"世界是现象的总和，所以要有现象的某种先
验的根据"[1]，即需要一些不是感性所能到达、只能由纯粹知性去
思维的某种超验的对象，来作为现象世界的根据；这是第三层含
义下的"物自体"，即是理性理念。但另一方面，康德认为，上
述这个现象世界的先验根据又不是实体，不能将这种假定的"好
像"存在的最高原因加以实体化。从而，"物自体"的这种"积
极含义"的存在，也就只是"理念"中的对象，而不是实在的对
象，"因为没有理由可以证实在自然之上有这种性质的存在者"[2]。
这样，康德所谓"物自体"与现象界的对立，到这里也就远远

1. 《纯粹理性批判》A696 = B724，参看蓝译本，第 488 页。
2. 同上书，A700 = B728，第 490 页。

不是不可知的客观物质世界与由知性范畴作用于感性材料的现象世界的对立，而变成无条件、无限制的绝对总体的理性理念与知性、感性的有条件、有制限的经验之间的对立；这也就是促使我们去不断寻求经验的最大限度的统一性、系统性、秩序性、完整性的理想和对有限性的现实经验知识的要求之间的对立，是认识进程本身中目标与现状的对立。而这，正是"物自体"的第三层含义的关键所在。

康德在这里提出作为经验知识的统一和目的的理性理念，实际是用唯心主义方式提出了世界统一性的问题。这个统一性在康德那里不在于它的物质性，而在于某种假定的理性理念的存在，世界的物质性的自然科学的探究反而要在这种先验理念的"范导"下进行。可见，这个所谓总体的理性理念（"物自体"）与有限经验认识（现象界）的对立，实质上是绝对真理与相对真理之间的对立。

因之，康德的"物自体"，最后是作为被唯心主义所宣告的绝对真理，即作为现象界万事万物统一性的依据和科学追求的目标而出现的。他把认识的不断前进和知识的系统统一，说成是上帝、自由、灵魂之类的理性理念的"范导"。这种理念可望而不可即，可思而不可知。绝对真理作为"物自体"，仍然是认识永远不能到达的彼岸。

"物自体"在认识领域内的三层含义，大体就是这样。

黑格尔对康德的"物自体"的各个方面都做了批判。上面已经讲到用先验自我来吞并"物自体"，这种吞并也恰恰是抓住这个第三层含义来进行的。黑格尔尖锐地批判了康德这种主观性的理念，指出康德的"物自体"是一种空洞的抽象，是抽象思维的产物。在黑格尔看来，"理念"必须是概念和客观性的统一，"理念"在黑格尔《逻辑学》里是最高的"总念"，是超越和扬弃本质论诸范畴（实体、因果、交互等）的更高一级的认识阶段。所以，它不是认识的趋向、目的和永远达不到的"彼岸"，而恰恰是现实与概念（认识）的一致、统一，这也就是具体的真理。与康德相反，黑格尔强调人的认识能够获得客观真理。这个真理，据黑格尔的看法，又恰恰是对上帝的认识，也就是绝对理念的自我认识。黑格尔批判康德的"物自体"不可知论，强调理性理念是可知的，但这个"知"（认识）不过是对上帝的"知"。所以，列宁指出，"康德贬低知识，是为了给信仰开辟地盘；黑格尔推崇知识，硬说知识是关于神的知识"[1]。

康德的"物自体"的第三层含义是一个重要问题，不同哲学派别都在此大做文章。新康德主义者如柯亨、纳托普（Natorp）等人，抓住康德"物自体"的这层含义，夸大康德关于"物自体"不过是经验无限远的界限概念的观点。他们认为，感觉材料之后并不存在什么"物自体"，"物自体"不过是我们认识不断前进的无限遥远的目标罢了。"物自体"有如数学中的"无穷远的点"一样，并不是任何固定的存在，而只是一个指示的方向，使认识无穷地运动以接近它，而永远不能达到它。这样，我们也就

---

1. 《哲学笔记》，1974 年版，第 181—182 页。

把"物自体"作为感性来源这个第一层含义完全抹掉，把第二、第三两层含义合在了一起，"物自体"被看作只是思维本身的一种要求和规定。颇受西方哲学界推崇的实用主义者皮尔士（C. S. Peirce）之所以对康德的辩证论大感兴趣，也是因为依据所谓"范导性原理"可以把所有最基本的科学规律都看作只是一种假定。这些都可说是"物自体"第三层含义所引导的结论。

表面看来，康德提出"物自体"不可知但又存在，则感性材料可以永远提供（第一、第二两层含义），"物自体"作为理性理念不断引导知性去追求（第三层含义），便又可使认识无止境地永远进行。这似乎比肯定"物自体"是可知的客观世界，从而经验和知识将有止境，要有意义。静观的唯物主义也的确遇到了这个困难。从马克思主义实践论来看，人类实践和工业本身不断发展变化，将无穷无尽地提供新的对象、新的课题等待人们去认识、去解决；人类社会历史领域更是如此。而客观世界也不仅是存在（being），而且是生成（becoming），从而认识不可能有止境。人们总是不断从相对真理接近绝对真理，永远不能穷尽它。马克思主义设定绝对真理的客观存在，设定人们的认识能够不断地接近它，在相对真理的总和中（在人类的世代连续的系列中）去"达到"它。因之，人们认识（科学知识）的系统的统一、秩序和目的性，并不在于康德那个作为理性理念的"物自体"，而在于社会实践。实践本身是现实的物质活动，是它造成了知识的统一性和意识的统一性。为认识（相对真理）所不断追求、接近的绝对真理，正是这个具有统一性的物质世界的客观真理。如列宁一再指出："人从主观的观念，经过'实践'（和技术），走向客观真理。"[1]"人以自己的实践证明自己的观念、概念、知识、科学的客观正确性。"[2]人的认识通由实践的检验不断地日益符合客观对象，即通过实践，人是可以获得客观真理的认识的。所以，不存在什么可望而不可即、可思而不可知的"物自体"（理性理念），而只存在着不以人们的意志为转移而独立存在、可以通过实践而为人们认识、不断发展变化着的客观物质世界。康德"物自体"的第一（作为感性来源）、第三（作为绝对真理）两层含义应该在唯物主义实践论的基础上批判地统一起来。

五　由认识论到伦理学

康德的"物自体"，由感性的来源到知性的界限，到作为"范导"原理的理性理念，经历了复杂的变化过程，最后便迈出认识论的范围，而到达道德实体，进入所谓实践理性的领域。

康德说："……没有理性就没有知性的一贯运用，没有知性的一贯运用，就没有经验真理的充足标准。"[3]感性的统一靠知性，知性的统一靠理性，理性理念和先验理想（上帝）成了真理的最

---

1. 《哲学笔记》，第215页。
2. 《哲学笔记》，1974年版，第204页。
3. 《纯粹理性批判》A651 = B679，参看蓝译本，第462页。

后标准和认识的永恒趋向。这样，一切就统一于先验的理性。但是理性理念作为"范导原理"，只有引导知性以寻求经验知识的最大限度的统一性的"积极的"功能，还不能作用于感性经验界；从而，在这个意义上，又可说它仍保留了某些作为消极限定的含义。它虽然已经十分逼近，但还不是康德心目中的积极的"本体"，还不是对"本体"的真正具有积极内容的规定。

康德认为，这个真正积极的"本体"不能是认识，而只能是人的实践理性，这就是不同于科学知识的道德。[1]上述康德的"本体"的积极含义是"不能知之，只可思之"的对象，在这里"思维"不是认识，思维的对象不能由感性直观来予以证实，于是它的存在，就包含着只能由信仰来保证的意思了。康德的"物自体"由这种思维的对象自然而然地成了信仰的对象，而这也就由认识论的先验理念和理想迈入了伦理学的实践理性。康德认为，这才真正是"物自体"的"本体"自身。自由、灵魂、上帝等理性理念，只有在实践理性领域，才是作为其本来面目的实体。这个实体，虽然始终不能是经验现象界的认识对象，却不但可以作用于经验现象界，并且还是整个经验自然界的趋向和归宿。[2]一个

---

[1]. 所谓本体论学派与新康德主义的分歧，在这意义上也可表述为对"本体"的积极含义与消极含义的着重不同。

[2]. 有人因之将康德与贝克莱等同起来，认为"物自体"既然最终作为上帝成了可作用于现象的本体，从而也可作为认识的来源，以取消"物自体"的第一层含义，这就与贝克莱完全一致了。但康德在这里讲的已是实践理性，与认识无关（详下章），所以并不能完全取消"物自体"的唯物主义含义。

超感性世界作为本体与作为现象界的感性世界相对峙，[1]前者不但高于，而且也作用于后者。康德在《判断力批判》一书中，用目的论把机械性统治的自然与道德、文化的人联结起来，认为文化的人即道德的人，是自然的最终目的。[2]《纯粹理性批判》中的"先验方法论"也说："很明显，自然在为我们所做的聪明准备中，即在我们理性的构造中，其最终意向的确只是指向道德的。"[3]自然的最终目的是人的世界，是超出自然的道德的人。康德的"物自体"，由认识论的理性理念，就这样最后变而为伦理学的道德实体；由一个引导知性在思维中统一经验但并无现实存在的目的概念，变而为支配实践、在现实上影响经验（道德行为）的实体存在；由一个不可认识、没有实际用途也无客观有效性质的非经验的制限设定（认识论的第三层含义），变而为一个有极大现实用途和客观有效性质的积极规定（伦理学的含义）了。理性的理念在认识领域内不能作用于感性经验和现象世界，但在实践领域内不但作用于感性经验世界，而且是这个世界的立法者和命令者。康德说："……理念能够具有也必须具有对感性世界的影响，尽可能使感性世界与理念相一致。所以道德世界的理念具有客观有效性……"[4]在这里，"本体"作为现象的根据和原因，就

---

1. 康德在 1797 年 12 月 11 日给梯夫屈克的信中说："感性世界缺乏一个非感性世界作为它的对应物，这是我们分类中的逻辑缺陷。这个非感性世界不是完全空虚的，虽然它从理论认识角度讲，必须被看作超于经验。"
2. 参看本书第十章。
3. 《纯粹理性批判》A801 = B829，参看蓝译本，第 547 页。
4. 同上书，A808 = B836，第 552 页。

远远不是"A 作为 B 的原因"这种现象界和认识论上的意义，而是道德高于认识、实践理性优于理论理性的意义了（详本书第八章、第九章）。所以，康德在《纯粹理性批判》的最后部分一再指出："理性预感有对它拥有巨大利益的对象。但它遵循纯粹思辨的途径去接近对象时，对象却在它面前飞逸无踪了。也许在还留给理性的仅有的另外途径中——理性的实践使用中，可以指望有较好的成就。"[1]"甚至在理性所有超越出经验限界的巨大尝试失败之后，从我们的实践的观点看，仍然留有足够给我们以满足的余地。"[2] 理性在思辨理论领域内企图寻求对绝对实体如上帝、自由、灵魂的认识，不能达到，是失败了；但可以在实践领域内获得成功。"物自体"作为引导人们不断去努力追求的对象和课题，由认识论转到伦理学，便具有更重要的含义。康德一方面送走上帝（在认识领域宣布不能证实上帝存在），另一方面又将他接了进来（在实践领域又宣布上帝必然存在）。《纯粹理性批判》的第 2 版序中明白声称："必须舍弃知识以为信仰留地盘。"[3]"物自体"作为"本体"在认识论上的"消极含义"（不可认识的界限），正是为了"本体"在伦理学上的"积极含义"，即为了使它成为实践中的主宰。"批判哲学"的整个体系就过渡到这个道德的实体，过渡到信仰主义。"批判哲学"认识论上的二元论和先验唯

1. 《纯粹理性批判》A796 = B824，参看蓝译本，第 545 页。
2. 同上书，A828 = B856，参看蓝译本，第 563—564 页。
3. 同上书，Bxxx，参看蓝译本，第 19 页。

心主义，最终是从属于其伦理学的先验唯心主义的。康德的"物自体"学说，作为整个"批判哲学"的枢纽，就这样把科学与道德、认识与行为、自然与人分离开来。

存在主义和逻辑实证论这两个当代哲学中最流行的派别，可说是把康德的这种分离进行了发展。雅斯贝尔斯（Karl Jaspers）认为，信仰是人的存在的所谓绝对本质，这种本质永远不能以知识来代替。所谓本体论学派的康德研究者正是在海德格尔的强烈影响下，强调康德的"自我意识"并非纯逻辑的，而是《实践理性批判》中的道德伦理的"自我"[1]，"自我"的意义就在自由意志、自由选择、自由地决定自己与外界的关系，等等。这样，所谓"先验自我"吞并"先验对象"便具有了本体论的反理性主义的神秘意义。另外，逻辑实证论也否认伦理、道德属于认识、科学领域。在这派强烈影响下的康德研究者则解释称，康德的"物自体"与现象的区别，不是两类不同实体的区别，而是关于谈论方式的区别，即两种语言的区别：一种语言用于科学认识领域，另一种用于实践、伦理领域。又说，康德的功绩在于澄清了科学语言所能涉及的范围和对象。[2] 其实，本体与现象是两种不同讲法或两个不同世界，这一点康德自己早说过，[3] 逻辑实证论和存在主

---

1. 马丁：《康德的形而上学与科学理论》第 5 章。
2. 如威尔顿的《康德的〈纯粹理性批判〉》第 2 版，第 147 页。而波普尔的事实（科学）与规范（道德）的二分，在根本上也不超出这个思想范围。
3. "两个世界"说，见康德著名的就职论文；"两种讲法"说，见 1783 年给加尔夫的信，以及贝克当时的解释。并参看《纯粹理性批判》Bxviii—xix 注、Bxxvii、A45—46 = B62—63 等，蓝译本，第 13、17—18、65—66 页。

义在这里并没有提出什么特别新鲜的东西。问题的实质在于，人
作为认识主体和实践主体的关系究竟是怎样的？康德意识到并用
唯心主义方式提出了这个问题，但他没有（他也知道没有）解决
这问题。他一再表示解决它的困难。无论是柏拉图式的解决（两
个世界）或亚里士多德式的解决（一个世界的两种不同角度即
两种语言），都不是出路。有人说，康德的"物自体概念力求获
得一种变动不居的、随问题而向前发展的意义"，有点像能变出
种种形态来的希腊神话中的海神。[1] 这种变动——如前所述，由感
性来源到认识界限到理性理念，再迈入道德实体，客观上是走向
费希特、黑格尔的方向。一些人指出，在康德的《遗著》中，作
为"先验对象"的"物自体"已不重要，突出的倒是由能思维、
行动的自我建立起一切。"物自体"成为思维设定自己、将自身
客体化以建立的对象。这当然正是费希特"自我建立非我"的思
想。但是，康德晚年又公开地激烈反对费希特这种思想和倾向，
并强调自己的理论毫未改变。[2] 许多人对康德的这种矛盾态度感到
为难，认为很难断定康德对"物自体"的主张到底是否有所改
变。[3] 在我看来，康德并未改变他的二元论思想，也就是说，并未
放弃"物自体"作为独立于意识的外界实在作用于感性的思想。
但由于不能解决实践与认识的关系问题，尽管康德自己并未意识

---

1. 克罗耐。
2. 见康德 1799 年 8 月 7 日的"公开信"。
3. 可参看柯普利敦（Copleston）：《哲学史》第 6 卷，第 16 章；《康德的遗著》；伏雷肖尔：《康德思想的发展》；马丁：《康德的形而上学与科学理论》第 5 章 §28，等等。

到，思维发展的内在逻辑却把他实际上引向费希特和黑格尔。

也只有黑格尔用绝对唯心主义把认识看作逻辑与历史的统一，从而遭到马克思主义历史唯物论彻底批判之后，康德提出的问题才可能有真正的解答。认识与实践、科学与伦理，只有在具有客观发展进程的社会实践的基础上才能统一起来。没有不可知的"物自体"，也没有作为道德实体和理性理念而存在的"物自体"；只有在社会实践基础上人类主体对自然和社会的认识、掌握与人类主体的自由意志和自觉活动的统一（参看本书第九章、第十章）。

可见，康德的"物自体"最终与社会伦理的根本问题联系在一起。西方现代哲学大家维特根斯坦说："我们觉得即使一切可能的科学问题都能解答，我们的生命问题仍然没有触及。当然不再有其他问题留下来，而这恰好就是解答。"[1]维特根斯坦认为，哲学的任务就在于给思想划定界限，指明什么是不可言说的。他认为，传统哲学误用语言，把哲学也作为科学命题来谈论，成了无意义的"胡说"。但维特根斯坦并不反对形而上学，而是把它"放逐"到艺术、宗教、诗歌等领域中去，认为它们所展示的是十分重要的"生命"之谜，但这是不可言说的，不是科学认识的对象。维特根斯坦这些观点从根本上讲，与休谟、康德无本质差别，差别在于维特根斯坦的整个哲学直接由这里归宿为唯我论和神秘主义。他最终强调的是"无为"："让任何事物如它本来

---

1. 《逻辑哲学论》6、52。

那样""对不能言说的东西，就应当保持沉默"[1]。这个现代西方哲
学大师倒是深刻地表达了对社会规律和客观前途的典型态度，要
求避开和"不去谈论"它们。尽管他在后期强调了语言与社会
生活的紧密关系，强调了语言的社会性的实践本性，但也只是停
步在语言之前了。因之在一定意义上，它也可说是康德"物自
体"不可知学说这一本质特征在现代西方哲学中的变形表现。与
此相反，马克思主义实践论哲学正是要求深入探讨社会领域和历
史发展，以认识世界和改变世界，这也就是马克思主义的历史唯
物论。

---

1. 《逻辑哲学论》7。

第八章

伦理学(上):道德律令

一 反对经验论幸福主义

伦理学是康德整个哲学体系的另一个方面。康德在思想发展行程中，由牛顿转向卢梭，由自然科学及其哲学意义的探求转向人的精神世界的探求。康德在构造"批判哲学"时，虽然先着手于认识论，但已经把伦理学摆在高于认识论的地位。

康德哲学主要是认识论还是伦理学，是一直有争论的问题。例如，今天所谓大陆（指西欧大陆）本体论学派与在英美影响很大的以卡西尔为代表的新康德主义的分歧便如此。马丁说："新康德主义将哲学的体系工作限制在认识论，并扩展此限制于康德哲学及其解释。本体论学派反对这种限制。它一般地反对哲学能在认识论中穷尽自己，特殊地反对康德哲学是如此。"[1]在英美，贝克等人也强调康德的伦理学。我认为，就康德个人主观来说，伦理学显然高于认识论；但客观上，康德在认识论中提出的问题和涉及的内容，比伦理学要更为广泛，与现代科学关系更密切。

上章已说，康德的"物自体"在认识论中是感性来源、认识界限和理性理念，处于不可到达的"彼岸"。这个"彼岸"在道德实践领域，却是康德认为能对现实起作用的"此岸"。"限制"知识是为了"高扬"道德。彼岸之难以到达，显示出此岸的无上"尊严"。纯粹理性不能在客观经验世界中、在认识论中实现其无限、完整、统一的理想，以论证上帝、自由和灵魂不朽的存在，于是就在主体精神世界中、在伦理学中实现。"理论理性"的"批判"是强调认识不能脱离经验。"实践理性"的"批判"是强调道德（原则）必须脱离经验。理论理性在现实应用中并不纯粹，书名标上了"纯粹"；实践理性在应用中要求纯粹，书名却没有标上"纯粹"。按形式的对称说，似应是"理论理性批判"与"实践理性批判"，或"纯粹理论理性批判"与"纯粹实践理性批判"。但理论理性不能越出经验范围，如越出，就应受检讨批判，这正是前一书的主旨。对于实践理性，任务恰恰是要论证和指出纯粹理性是有实践能力的，并无越出自己范围的问题。所

---

1. 转引自斯柯特-塔加特（Scott-Taggart）《关于康德哲学的近著》一文，见贝克：编《今日康德研究》。

以康德说，叫它"实践理性批判"就行了。[1] 实际上，《纯粹理性批判》虽然主要是讲认识论，但已经包括了康德伦理学的基本旨意，所以不用理论理性而用一个与实践理性非对称的名称（纯粹理性），倒也是更合适的。

无论是理论理性或实践理性，虽然彼此完全割裂，却仍是同一个"纯粹理性"，是这个"纯粹理性"的两个方面。康德说："……只能够有一种并且是同一的理性，不过在应用上要分别罢了。"[2] 它们都是要在自己的领域——认识和伦理中规定所谓普遍必然的先验原则，在本质上是相同的。但在论述上，理论理性是由感性到知性到理性；实践理性则刚好相反，是由原理（道德律令[3]）到善恶概念再到感性情感。如果列一个表，那就是：

理论理性	实践理性
感性（时空直观）→概念（范畴）→理性（二律背反，等等）	理性（道德律令＝自由）→概念（善恶）→感性（道德感情，等等）

1. 贝克认为，康德对实践理性也有检讨批判的方面，如二律背反，所以康德自己这种解释并不恰当。本书不从此说，因这里的二律背反与理论理性的二律背反毕竟性质不同。
2. 《道德形而上学基础》序言，参看《道德形而上学探本》，唐钺译，商务印书馆，1959 年版（以下简称唐译本），第 6 页。
3. "道德律令"亦译"道德法则"，如《实践理性批判》（关文运译本）。"法则"易生客观规律义，不符康德原意，故本书不从。

康德说:"在现在的场合下,我们是从原理出发,进向概念,随后再从这里进向感觉……反之,在思辨理性方面,则我们不得不先从感觉出发,而停止在原理上。"[1]为什么有这种不同呢?这是因为伦理学首先考察的应是理性与意志的关系,康德要求它不受任何经验制约,并且要完全摆脱种种感觉经验,从而就与理论理性必须研究理性与对象的关系、受感性经验的制约有所不同。这也就是一开头所说的,一个(理论理性)要求联系经验,一个(实践理性)要求脱离经验。但是,在"理论理性",康德提出"先天综合判断如何可能"这个问题,以寻求知识的普遍必然的客观有效性,要求与主观的经验习惯或"知觉判断"区分开。在"实践理性",康德同样追求具有普遍必然有效性质的客观道德律令,要求与任何种类的主观准则(Maxime)区分开。在认识论,康德以"先天综合判断"的经验存在为前提(如数学、物理学)来探究其如何可能。在伦理学,康德首先肯定自由作为普遍必然的道德律令,虽然是超经验的,但却大量呈现和存在于日常道德经验之中,因之来论证它的性质和表现。可见,在经验现象中去追求寻找一种先验的普遍原则,二者在这里又仍然是共同的。而如果把康德有关认识论和伦理学的几部主要著作合起来看,可以发现一个有趣的对称,即:

认识论:《未来形而上学导论》(1783年)——《纯粹理性批

---

1. 《实践理性批判》,关文运译,商务印书馆,1960年版(以下简称关译本),第14页。

判》（1781 年、1787 年）——《自然科学的形而上学基础》（1786 年）——《从自然科学的形而上学基础过渡到物理学》（未完成）

伦理学：《道德形而上学基础》（1785 年）——《实践理性批判》（1788 年）——《道德形而上学》（1797 年）——《人类学》（1798 年）

这也就是康德哲学由抽象到具体的整个行程。上下二栏，前面两种讲的都是基本原理，即先验哲学或批判哲学；后面两种都是讲这些先验原理如何应用在现实生活中。例如，《道德形而上学》是将所谓普遍理性的道德律令应用于人，"用从经验得知的人的特殊本性作为对象，以展示普遍道德原则的应用"。它是实践理性的分析与经验概括的中介，与认识论的《自然科学的形而上学基础》一书相当，其中包含如法学、心理学等一般内容，而不是"纯粹"的了。到《人类学》，就更是这样。它进一步与各种具体经验内容的概括相联系，如涉及具体的种族、个人，等等。所以，前两书才是集中提出和论证作为普遍原理的先验的道德律令，它们与认识论的前两书构成康德"批判哲学"的基本著作。

《道德形而上学基础》大体与《未来形而上学导论》相当，基本上是用所谓分析法写的，即从日常道德经验出发，追溯其先验前提。《实践理性批判》则与《纯粹理性批判》相当，是用所谓综合法写的，即从分析先验原理出发。《道德形而上学基础》包含的内容比《实践理性批判》要更为通俗、混杂，所以受到后人更多的注意（这与《未来形而上学导论》与《纯粹理性批判》的情况刚

好相反)。但像叔本华、西尔柏（J. R. Silber）那种认为《实践理性
批判》比《道德形而上学基础》远为低劣的看法，是不能成立的。
除"人是目的"这一重要思想未做突出论述外，《实践理性批判》
的内容和结构比《道德形而上学基础》更严谨有力。本章将以
《实践理性批判》为主，参照《道德形而上学基础》，加以论述。

上面是写作形式的对照。在内容上，与认识论的状况相对
应，康德伦理学的批判的矛头同样指向传统的唯理论和经验论。
但与认识论更多指向唯理论相反，这里更多是指向了经验论。因
为，与认识论状况不同，在伦理道德领域内，康德认为经验论为
害最大，它"把道德性连根拔去"，取消了道德之为道德的特征。
并且，即使是崇奉上帝的唯理派伦理学，最终也仍然落脚在经验
上。所以康德要求首先必须与种种经验论划清界限。康德说："这
里第一个问题就是：是纯粹理性自己就足以决定意志呢，还是只
有在它被经验所制约的条件下，才能成为决定意志的动机呢？"[1]
就是说，在伦理学，要彻底探究的首先便是：到底是经验还是理
性在根本上决定道德？

《道德形而上学基础》把经验论与唯理论的各派道德理论分为
"从幸福引出"的经验原理与"从完满引出"的理性原理两种。
在《实践理性批判》中，康德进一步把它们通通列入"实质的"
道德原理。所有各种"实质的"道德原理被列如下表：

---

1. 《实践理性批判》，参看关译本，第13页。

主观的		客观的	
外在的	内在的	内在的	外在的
教育 （蒙台涅） 社会组织 （蒙德维尔）	自然感情 （伊壁鸠鲁） 道德感情 （哈奇森）	完满 （沃尔夫和斯 多葛派）	神的意志 （克鲁修士和别的神 学道德论者）

　　道德原理中实践的实质的动机如下：

　　康德评论说，左边"所列各项统统是依靠经验的，显然完全不足以作为普遍的道德原理"[1]，因为它们或由外在的习俗、教育、政府、立宪制度等决定；或由人本身的一般自然天性即快乐、痛苦等本能需要、生理欲求所决定；或由某种特殊的道德感情（英国莎夫茨伯里、哈奇森等人认为人有一种内在的"第六官能"，即无功利的道德感、美感，能直接分辨和判断美丑善恶）所决定。所有这些，在康德看来，都是把道德原理或直接或间接地归结为经验（包括上述道德感情也只是感性经验），令其成为一种主观任意的东西，不可能有普遍必然的客观有效性。另外，右边所列的唯理论，虽然要求一种客观普遍性，如所谓"完满"，但康德认为这并没有什么规定性。如道德完满，就是用道德完满来规定道德，没有意义，无异空洞的同语反复。所谓"完满"，一般本是指对某种目的的完成或达到，因而作为人类内在性质言，

---

1. 《实践理性批判》，参看关译本，第41页。

指的是一般才能或技巧的完满发展。[1] 而"才能或对才能的培养所以
能成为意志的推动原因,只是因为它们有助于生活的利益"[2],即还
是归结到经验的幸福。甚至把神的意志作为道德原理也一样,"是
因为我们期望由于契合神意就会得到幸福"[3],信神乃是为了求福,
如此而已。说穿了,康德认为,所有这些唯理论所谓客观的道德
原理,仍然最终可以还原到经验论的主观幸福上来。所以批判的
矛头只要集中指向经验论就行,特别是作为公开的经验论的幸福
主义。在《纯粹理性批判》颇得称赞的伊壁鸠鲁,在这里成了主
要的批判对象。但伊壁鸠鲁不过是康德借用的靶子,箭其实是射
向倡导幸福主义的法国唯物主义的。在《反思录》和《伦理学讲
演录》中,康德也列了与批判上述实质原理类似的表,而占据伊
壁鸠鲁位置的,赫然正是法国唯物主义在伦理学方面的主要代表
爱尔维修。可见康德驳伊壁鸠鲁是幌子,反法国唯物主义,才是
当时哲学斗争的现实。

　　法国唯物主义从感觉论出发,认为所谓善恶好坏,归根结底
不过是以感觉为物质基础的快乐或痛苦。去苦求乐,乃人之"本
性",此亦即利益(interest)。人之所以作恶,是由于恶、坏事对

---

1. "完满"与道德的关系,在康德思想发展中是有所变化的。前批判期,康德把沃尔夫学派与
   英国内在感官论结合,提出"做你能做的最完满的事"。作为道德原则,这里"完满"已开
   始是种形式。1770 年后,纯形式的自我立法代替了"完满",同时拒绝了道德感官说。在
   《道德形而上学基础》,"完满"作为他律,是空洞的同语反复。在《实践理性批判》,"完
   满"被列入幸福原理而受批判。但到《道德形而上学》,又讲道德实践的"完满"等,"完满"
   与道德又联系起来了。
2. 《实践理性批判》,参看关译本,第 41 页。
3. 同上书,第 42 页。

他有利。而所谓人，在这里指的就是具体现实的个人。所以伦理道德应该归结到个人利害上来。霍尔巴赫说："人从本质上就是自己爱自己，愿意保存自己，设法使自己的生存幸福。所以，利益或对于幸福的欲求就是人的一切行动的唯一动力。"[1] 而所谓道德并不是别的，只是联系在一起的人们的共同利益而已。爱尔维修说："利益支配着我们对于各种行为所下的判断……把它们看成道德的或罪恶的……"[2] "如果爱美德没有利益可得，那就决没有美德。"[3] 在他们看来，以个人利益为基础的社会公共利益就是道德原则。法国唯物主义者要求人们抛开一切宗教、灵魂之类的虚构，以现实生活的利益为基点，建立起具有与自然科学同样严格的因果关系的伦理科学。爱尔维修说："应该像建立实验物理学一样建立伦理学。"[4] 他们企图以感官生理的感受性为基础，从苦乐、幸福、利益出发，建立起道德原则。这就是经验论幸福主义的道德理论。

康德反对这种理论，强调指出所谓幸福是没有客观标准的。不管是哪种幸福、快乐、愿望，"低级的"也好，"高级的"也好，感官的也好，理知的也好，作为经验，它们可以随意比较和任意选择："同一个人，能够把他生平仅见的一部好书，不经阅读，就还给人，以免耽误打猎；能够中途抛开一段妙论，去赶着赴

1. 《自然的体系》上卷，第 15 章，商务印书馆，1964 年版，第 273 页。
2. 《精神论》第 2 篇，见《十八世纪法国哲学》，商务印书馆，1965 年版，第 457 页。
3. 《论人的理知能力和教育》第 4 篇，第 12 章，见同上书，第 512 页。
4. 《精神论》序，见同上书，第 430 页。

宴……能够因为当时手头的钱只够买张喜剧门票，而把自己原本乐意周济的穷人撵走"[1]"因而他的幸福概念也随他的需要而定"[2]。一个人认为是幸福，另一个可以恰恰认为相反。对幸福的欲求、理解和享受，人各不同，时各不同，可以由种种偶然的经验条件所影响和决定，根本没有也不可能有普遍必然的客观内容和共同标准。康德进而指出，所谓幸福，说到底，不过是动物的求生愿望，幸福论讲的所谓"去苦求乐"的"人的本性"，实际乃是动物的本性或人的动物性。即使所谓高级的幸福、快乐，归根到底还是建筑在这种动物性的自然感性的经验基础之上。所以，如求幸福，本能比理性更为可靠。经常可以看到，劳神苦求的人反而没有浑浑噩噩自得其乐的人来得幸福和愉快。所以，把追求幸福作为普遍必然的道德律令和伦理本质，没有客观的普遍有效性，是不能成立的。任何幸福、任何快乐以及才能、健康、财富、权力等被视为幸福的要素或标志的，康德认为，实际与伦理道德无关。才能、品德、幸福都没有无待乎外的自身固有价值，它们丝毫不是道德的善本身。

既然任何受经验制约或与经验有关的"实质的"原理，都不能作为普遍必然的道德标准，于是康德认为，只有形式——"成为普遍立法的形式自身"，才是道德律令的最高原理。"立法形式"成了道德律令本身，它舍弃了所有"实质的"道德原理所具

---

1. 《实践理性批判》，参看关译本，第 21—22 页。
2. 同上书，第 24 页。

有的这样那样的经验性质和感官内容。康德说："一个只能以准则的单纯立法形式作为自己律令的意志，就是一个自由意志……一个自由意志既然不依靠于律令的实质，就只有以律令为其动机了，但是在一条律令之中，除了实质，也只含有立法形式，别无他物。"[1] 康德为此反复做了各种论证。这种论证以与经验论幸福主义的多方面的对峙为轴心而展开。如果甩开一些细节的出入，可以把这种种对峙开列如下：

幸福主义：主观准则 —— 经验的 —— 幸福 —— 实质的 —— 人性 —— 假言命令 —— 欲望 —— 效果 —— 工具 —— 他律 —— 必然因果 —— 现象界

康德：客观律令 —— 先验的 —— 道德 —— 形式的 —— 理性 —— 绝对命令 —— 义务 —— 动机 —— 目的 —— 自律 —— 自由意志 —— 本体

经验论幸福主义把道德归结为追求快乐，认为这是人的"本性"。但在康德看来，任何诉诸所谓"人的本性"的做法，自然的也好，社会的也好，先天的也好，后天的也好，都不可能确立普遍必然的道德律令。只有诉诸超人性的纯粹理性，才能建立这种普遍必然。因为幸福可以各有不同，而道德却没价钱可讲。道德律令作为对任何有理性者都适用的原理，对于有感性血肉存在

---

1. 《实践理性批判》，参看关译本，第 28 页。

的人来说，是一种无条件的、强制性的、必须服从的"绝对命令"。这与以人的利益、幸福为基础的、有条件的、相对的"假言命令"便根本不同。康德说："如果行为所以善，因为它是得到什么别的东西的手段，那么，这个命令就是假言的；如果这行为被认为本身就是善的，从而为与理性相一致的意志原则所必需，那么这个命令就是绝对的。"[1] 康德举例说，如我们对一个人说，他应当在幼时勤劳节俭，以免年老饥寒交迫；又如你为得到人家称赞，或得到物质好处，或得到精神满足等，而如此这般行为，这种行为原则便只是有条件的"如果……那么"式的"假言命令"。只有根本没有任何这种经验的要求、情感、愿望混入其中作为前提或条件，而必须如此行为，这才是无条件的、先验的、纯粹理性的"绝对命令"。前者是由人主观决定的，从而也可以不执行不服从，例如宁肯老来饥寒也不愿当下节约，宁肯不得好处也不去如此行动等，所以这是有条件的、相对的，后者却是无条件的"命令"，它要求"应当"（或"必须"）服从或执行。即使在现实上没实现，或还没人顺从，也不失其为在客观上普遍有效的道德原理。它之所以能有这种力量，康德认为，正是因为它不是来自经验、感官，不是来自个人幸福，而是来自纯粹理性，是纯粹理性的实践力量。

因之，这种作为道德律令的根源的实践理性，不是某种认识意义上的抽象的原理、法则，而是表现为人们活生生行动中依据

---

1. 《道德形而上学基础》第 2 章，参看唐译本，第 29 页。

这原理的意志。所以康德经常把实践理性与意志等同起来使用。在康德，意志的根源在理性，从而这意志也是理性的。它不是后来叔本华所鼓吹的那种作为宇宙本体的盲目的、神秘的、实际是生物性质的"求生意志"之类。康德的意志恰恰是超生物性质的人的特征所在。康德在伦理学上的所谓"哥白尼式的革命"，正在于把道德基础从经验的外在的对象（物）转移到先验的主体（人）的意志中来。《道德形而上学基础》第 1 章开头便说："无论在这一世界内或外，没有什么东西可以称作无条件地善的，除了善的意志。"[1]"善的意志"是什么呢？这就是人们对于源于纯粹理性的道德律令的绝对顺从。康德认为只有探求在这种善的意志形式中体现的道德律令，才能了解伦理的实质所在。

要了解所谓"善的意志"，就要讨论"义务"这个观念。正是在"义务"中包含着"善的意志"，而与以幸福论为归宿的"欲望""爱好"相对立和区别。"义务"就是做所应该做的，就是执行"绝对命令"，一个为了"义务"而行事的意志就是善的意志。但如果只是符合"义务"或与"义务"相一致而行事，则不是。康德举例说：一个商人不卖高价，童叟无欺，并不是为了"义务"，而只是为了自己的长远利益，尽管行为是符合"义务"或与"义务"相一致的，但这并非道德。又如，保存生命是种"义务"，但同时也是一种自然需要，大多数人爱惜生命只是出于后者，所以并无道德意义。但如痛苦和灾难使人生成为负担，让人宁愿死

---

1. 《道德形而上学基础》第 1 章，参看唐译本，第 8 页。

去，人却仍然坚强活下来，决不自杀，这就是为"义务"而不只是符合"义务"而生存，从而便有道德价值了。再如，因同情心（爱）而对人仁慈，或为了某目的而做好事，或某种行为产生好的结果等，都并不是为了"义务"自身，因之，都不算是道德。

可见，道德伦理上的所谓"义务"，不仅与任何爱好、愿望、效果无关，而且正是在与后者的对峙和冲突中，才显示出道德伦理的崇高本质。道德律令对人之所以是带有某种强制性质的"绝对命令"，是人所特有的意志，也正在于人作为有理性的存在必须对自己生物性的存在，也就是愿望、幸福方面加以克制、压抑和战胜。康德说，"自然中万事万物均依照法则而活动。只有有理性的存在者有能力依照对法则的概念而行为，也就是按原则而行动。这就是说，有一个意志"[1]。道德的根源不在人性，例如爱憎、幸福等；恰恰相反，道德之所以为道德，正在于它经常是自觉地牺牲幸福、爱憎、生命，不顾利害、效果，不屈服于自然的需要、欲求和愿望，不等同于动物性的求生本能或任何享乐愉快，总之是牺牲人作为感性血肉的存在而显示出来，令人钦佩，令人仰慕和敬畏。牺牲自己的肉体生命，既不是为了精神上的名誉、愉快或满足，如法国唯物主义者所认为的；也不是为了上帝的恩宠或报答，如神学家或唯理论者所认为的。它只是为了服从或执行所"应当"服从或执行的道德律令而已。在这里，任何经验的喜怒哀乐、利益欲望、目的效果都应摒弃。为康德所紧紧抓住并

---

1. 《道德形而上学基础》第 2 章，参看唐译本，第 27 页。

极力突出的，就是这种道德行为、道德意识的一般形式特征。这
也是康德伦理学的全部核心所在。康德自己说得明白，卢梭教育
了他尊重普通人。其实，所谓哲学、理性不是指有多高的学问，
而是指控制了情欲愿望的道德即意志。在康德看来，人能自觉控
制自己，"有所不为"，便最能表达这种意志。动物没有这种意志，
神则无需这种意志（因没有情欲需要控制），只有具有感性血肉
躯体的人的行为使这种意志突出出来，这也就是所谓使纯粹理性
具有的实践力量充分证实出来。道德不是幻想，而是人人遵守、
天天碰到的大量事实。"……任何人心里都有这样一个形而上学，
虽然经常处在晦暗的状态中。"[1] 康德认为，一般人虽然不在抽象
和普遍的形式里，却经常是在生活应用中以之为决定的标准。[2] 康
德反对天生的内在道德感官，但又以人人可以"不学而能"地辨
识道德作为其立论的真正基础，这实际相当接近内在感官说。不
同在于，内在感官说归之于天生的良知良能的，康德却归之于超
感性的理性。不是个体、良知、本能、人性、自然感情，而是更
具有自觉性、普遍性、客观性的理性为康德所突出。比起幸福主
义来，康德确乎更为准确而抽象地把握了道德与非道德的形式上
的特征区别，这构成了他其他一切推论的基础。在《实践理性批
判》一书最后的方法论（实乃道德教育论）和结论中，康德一再
把这点凸显出来：

1. 《道德形而上学》，"道德的形而上学要素"序。
2. 《实践理性批判》，参看关译本，第 37 页。

……德性之所以有那样大的价值，只是因为它招来那么大的牺牲，不是因为它带来任何利益。全部仰慕之心，甚至效法这种人品的企图，都完全依据在道德原理的纯粹性上。而只有当我们把人们视作幸福成分的一切东西都排除于行为的动机以外的时候，这种纯粹性才能被确凿无疑地呈现出来。由此可见，道德愈呈现在纯粹形式下，它在人心上就愈有鼓舞力量……[1]

……在这个人格中，道德律令就给我呈现出独立于动物性，甚至独立于全部感性世界以外的一种生命来。这一层是至少可以从这个律令所指派给我的有目的的命途所推断出来的。这个命途不是限于今生的条件和限制，而是达到无限的。[2]

二 "普遍的立法形式"

那么，康德的这个形式的道德原理，这个道德律令、绝对命令究竟是什么呢？康德规定了这样最基本的一条："纯粹实践理性的基本法则：不论做什么，总应该做到使你的意志所遵循的准则永远同时能够成为一条普遍的立法原理。"[3] 在《道德形而上学基础》中表述得通俗些："……到底是什么样的律令，它的概念必须

---

1. 《实践理性批判》，参看关译本，第 158 页。
2. 同上书，第 164 页。
3. 同上书，第 30 页。

决定意志，不顾及从中获得任何效果，使这个意志能称作绝对的无条件的善呢？由于从意志中剥去了一切服从任何特定律令的冲动，这里就只剩下行为与律令的普遍一致，只有这给意志提供了一个原则。这就是：我一定如此行为，使我能意愿我的准则成为普遍律令。"[1]"所以，只有一个绝对命令，这就是：只照你能意愿它成为普遍律令的那个准则去行动。"[2]这里的"准则"指的是实质的经验原理，这准则要成为道德的，则必须在"它能成为普遍的"这样一个立法形式下才有可能，否则就不行。如同任何逻辑推理必须符合形式逻辑的形式（如三段论式）才能保证其推理的正确性一样，任何道德准则必须符合这个"立法形式"才能保证它是道德的。可见，所谓道德律令、绝对命令就是要求任何经验准则必须有普遍有效性。康德总是用先验形式来规范经验内容，普遍性的道德律令就成为立法形式。人的行为要成为道德的，在康德看来，就决定于这种行为能否成为普遍的原则而不自相矛盾。康德在《道德形而上学基础》一书中举了几个例子。在举例之前，康德把上述原则改述为："照好像你的行动准则能经由意志变为普遍的自然律令而行动。"[3]紧接着便是四个著名例子。第一个是，有人因痛苦绝望，感到生活已无乐趣而思自杀。这是否道德呢？康德认为，这要看自杀这个行为准则能否成为普遍律令

---

1. 《道德形而上学基础》第 1 章，参看唐译本，第 16 页。
2. 同上书，第 2 章，第 35 页。
3. 同上书，第 2 章，第 36 页。

即普遍的自然律。"我们立刻看到：假如一个自然系统用本是专门促进生活的感情去毁灭生活是个定律，那么这个自然系统本身就自相矛盾，从而就不能作为一个自然系统而存在，因此上述准则便不可能成为普遍的自然律。"[1] 第二个例子是，有人明知不能偿还而借债，却许诺归还，即说谎话，这是否道德呢？康德说："它决不能作普遍的自然律，否则一定会自相矛盾。"[2] 许诺变成了它的反面，所以是不道德的。第三例是，人不发展自然赋予自己的才智而纵情享乐；第四例是，看见别人穷苦，自己有能力去帮助而袖手旁观。它们都不道德，因为它们都不能成为普遍的自然律。对于第三例，虽也可设想有这种自然律，即允许浪费自然禀赋；但康德认为，这决非理性的存在者所意愿。第四例尽管并未否定人类生存，但作为普遍自然律则自相矛盾，因为人总是需要别人帮助的，如不帮助别人成为人人遵循的普遍定律，也就不可能得到别人帮助了。

康德举的这几个例证，成了后代注解评论家们长篇累牍、聚讼纷纭的题目。例如，康德所要求的普遍一贯性，到底是纯粹形式逻辑上不自相矛盾还是别的，便是经常讨论的问题。显然，至少第一、第三两例并不符合纯逻辑矛盾的标准；但是如果不是纯逻辑矛盾，岂不是加进了实质的、经验的东西作为普遍性的标准，从而与康德的基本思想相矛盾？即以讨论最多的第二例关

---

1. 《道德形而上学基础》第2章，参看唐译本，第36页。
2. 同上书，第37页。

于说谎的问题而言，功利主义者约翰·穆勒也说："人的说话之可信不特是一切现在社会幸福之主要基础……因此我们为眼前的利益而违犯这么一个绝世的利益并不是利益。"[1] 即是说，为符合眼前利益而说谎之所以不道德，是由于它不符合社会的最大的根本利益。这种功利主义即幸福论的道德观，当然与康德的观点是正相反对的。康德认为说谎不道德，是因为它如作为普遍自然律便自相矛盾，即允诺偿还而不偿还。但是这真是纯粹逻辑的矛盾吗？显然不是。此例与其他三例一样，都不是什么纯逻辑矛盾的问题。康德在这里实际上不自觉地暗中运用了实质的（心理学的和目的论的）原理。例如，为何不发展自然禀赋或毁灭自己，便是不道德？康德并未公开说明，实际上是目的论的实质原理在暗中起作用（参看本书第十章）。这条普遍立法的道德律令本身改述为"普遍的自然律"，也有这个问题。康德口口声声强调，"职责的基础必须不从人性或人所处的世间环境来寻求，而只先验地求之于纯粹理性的概念中"[2]，要求与一切经验的实质原理划清界限，实际上根本没做到，也不可能做到。康德的道德律令原来说是绝对超经验，也超任何自然律的形式规定，但只要它稍一涉及具体社会现象或问题，就无可避免地暗中输进了非纯粹形式的规定。

所以，这四个例子使康德的注释评论家们至今迷惑不解、纠

---

1. 《功用主义》，商务印书馆，1957 年版，第 23 页。以边沁、穆勒为代表的英国功利主义是法国唯物主义幸福论的英国化，详下章。
2. 《道德形而上学基础》序言，参看唐译本，第 3 页。

缠不清，做出各种各样的辩护、解释，但总难自圆其说。在我看来，这四个例子的意义恰恰不在于如何能与康德道德律令相一致，而在于与它的不一致，即暴露了它的形式主义的致命弱点。《实践理性批判》由于专讲理论，就比《道德形而上学基础》的这种"通俗"解说，在矛盾上要隐晦得多。此外，康德又把上述四例作为"义务"分为对人、对己、完全、不完全四种。所谓完全的，如不说谎、不自杀，是否定形式。不完全的，如发展才智、帮助别人，是肯定形式。用现代的语言来讲，前者是强命令，后者是弱命令。所谓对人，即说谎与帮助。所谓对己，即自杀与发展自然禀赋。康德还把假言命令、绝对命令又分为疑问的、纪实的、自明的以及技巧规则、明哲忠告和道德命令等，这都是些形式分类、烦琐细节，无关大体。

总之，康德的这条道德法则强调的是"立意"，即立意的动机必须能普遍化。说康德伦理学是动机论而非效果论，不是如流行理解的那样，认为康德的动机论是讲要从好的动机出发，这恰恰是康德所坚决排斥的"实质"原理；康德讲的只是普遍立法的动机的形式，即只要你相信你的行为准则能普遍立法（有普遍的客观有效性），那就是道德的。道德既不在于任何实际的功用效果，也不在于是否从"爱人""敬神"等动机出发。

这种纯形式的动机论当然极其空洞，有人说它最多也只是必要条件（无之必不然），而非充分条件（有之必然）。光这么一条，显然不能解决问题。因之，紧接着，康德提出了实际成为他的伦理学核心的第二条。

三　"人是目的"

　　这个第二条是："这样行动，无论是对你自己或对别的人，在任何情况下把人当作目的，决不只当作工具。"[1] 在康德看来，人是"客观的目的，他的存在即是目的自身，没有什么其他只用作工具的东西可以代替它。否则宇宙间就绝无具有绝对价值的事物了。假如所有价值都是有条件的、偶然的，那么也就没有什么理性的最高实践原理了……假如真有一个最高实践原理或对人的意志来说的绝对命令，那么它必须构成意志的客观原则，从而能提供普遍的实践法则……这个原则的基础是：理性的自然作为目的自身而存在"[2]。康德认为，有理性的人所以服从绝对命令，是有客观根据的。因为，服从绝对命令的善的意志并不与任何主观目的相关，这种主观目的与行为者的自然倾向欲望联系而具有价值，这种价值是相对的。善的意志只与客观目的相关，这个目的就是人作为有理性的存在自身，这才是具有绝对价值的。绝对命令与作为理性存在者的意志之间的这种先天综合联系，才使"义务"成为可能。也就是说，人之所以必须服从超人性的绝对命令，是由于人作为目的与道德律令有一种必然的先天综合关系。

　　康德的道德律令本是一条，由第一条推到这个第二条，以及这两条之间的关系是否一致等，是相当晦涩和很有争论的问题，

---

1. 《道德形而上学基础》第 2 章，参看唐译本，第 43 页。
2. 同上。

这里不讲。因为重要的只是，康德极端抽象的形式主义的道德律令，终于要围绕着人来旋转。超人性的"绝对命令"的形式终于要落实在这个"人是目的"具有一定内容的原则上。结果，还是人成了"绝对命令"、道德律令的依据。事实上，康德是认为，人作为感性血肉的动物，只有相对价值；但人作为理性者的存在，本身就是目的。"人是目的"就是这样一种普遍有效、适用于任何经验条件的先验原理，即道德律令。绝对命令所要求的普遍立法，其所以可能，正在于人作为目的是一律平等的，因而才有普遍有效性。所以人只对人有道德义务，对动物或对神没有这种义务。康德又以第一条中的四例，说明如自杀、说谎、不去发展自己才智、不去帮助别人，都违背"人是目的"的法则，即把自己（如自杀、自弃）或别人（如说谎、骗人）仅仅当作工具。康德强调，物品有价格，人只有人格，他不能因对谁有用而获取价格。人作为自然存在，并不比动物优越，也并不比动物有更高的价值；但人作为本体的存在，作为实践理性（道德）的主体，是超越一切价格的[1]。因之也不应以他的自然存在作为工具，好像它与内在目的无关。人的价值不是用利害功用所能计算和估价的，任何物质财富、珍宝贵器都不能与人的存在相比拟，即使就功用利害说，有时前者可能更为重要。功利主义者穆勒认为迫害屠杀野蛮人是合乎道德的，因为目的是"进步的"，而手段是有效地服务于这目的的。康德也说到同一个问题："似乎有充分理

---

1. 《道德形而上学》，"道德的形而上学要素"§11。

由用暴力（去反对野蛮人），因对人类有利……所有这些好的动机仍不能洗刷使用这种手段的不正当的污点。"[1] 在康德看来，由于不符合"人是目的"原则，所以这是不道德的。可见，康德讲人是目的，强调它不含任何功利意义，仍是从突出纯理性的抽象规定出发的。

但是，康德这个伦理学命题的重要意义倒恰恰在于：它实际上并不"纯粹"，而是强烈地反映了一定社会时代的要求和动向，反映了法国革命时代的课题和呼声。康德打出这个纯理性的作为目的的"人"的旗号，实质上是向封建主义要求"独立""自由""平等"的呼声。当时统治阶级的君主、诸侯把下层人民视同草芥、牲畜、工具，如康德所指出的，甚至为个人细小事务或爱好而可以随意发动战争，残杀人民，士兵完全被当作工具一般使用。康德为此曾慨叹："许多统治者认为他们的人民好像只是自然王国的一份。"即不是自由—目的王国的成员，把理性存在者（人）仅仅当作自己欲望的工具。[2] 正是在这种历史背景下，康德才提出"人是目的"的理论，它具有人权、民主的实质内容。下章讲康德的政治观点时还要讲这些问题。[3]

道德律令第一条可以有两种含义。如依照"使你的行为能成为普遍立法的原则"来行动，这个原则便是伦理行为的前提，

1. 《道德形而上学》§62。
2. 《永久和平论》。
3. 值得注意的是，康德把这样一些伦理学的抽象原理贯彻到像教育学这样一些具体经验中去了。见康德《教育学讲义》。

它本身是超乎伦理行为之上的（客观的）。另一种是"你立意使你的行为成为可普遍立法的行为"，那么，此原则便属于伦理本身，而并不超乎其上（主观的）。康德对此两种含义或说法并未严格区别，但从其将道德律令作为超人类的纯粹理性这一基本思想来说，应更倾向于前一种。同样，"人是目的"也可以有两种含义，即作为整体的人类与作为个体对待的人。康德在伦理学著作中显然指的是后者，虽然作为潜在历史观念的第一种实际上更为重要。从而，这两条道德律令——第一种含义下的第一条与第二种意义下的第二条，便有某种矛盾：作为与人无关的纯粹理性的道德律令的本质特征，是要求人必须无条件地服从，人在这里可说是道德律令的"工具"；但道德律令的原则又要求人是目的。对这两条的片面侧重，使有些人把康德说成是军国主义、集权主义，要求绝对服从；另一些人则把康德说成是自由主义、个人主义，强调人格独立。[1] 实际上，康德自己是用第三条道德律令来结合这两个方面的。

四 "意志自律"

第三条："……意志的第三个实践原则（它是与普遍实践理性相谐和的最高条件），就是：将每个有理性的存在者的意志当

---

1. 现代对卢梭也有这两种解释：集权主义与自由主义。

作普遍立法的意志。"[1] 这就是康德著名的"意志自律",即自己为自己立法。也就是说,将被动的"我必须(应当)如此行为"变为自觉的"我立意如此行为",服从变为主动。康德说,"现在自然的结论就是:在目的国度中,人(连同每一种有理性的存在者)就是目的本身。那就是说,没有人(甚至于神)可以把他单单用作手段,他自己总永远是一个目的。因而那以我们自己为化身的人的本质对我们自身来说,一定是神圣的。之所以得出这个结论,乃是因为人是道德律令的主体,而这个律令本身就是神圣的……这个道德律令就建立在他的意志自律上。这个意志作为自由意志,同时就依照他的普遍法则必然符合于他原当服从的那种东西"[2]。康德在《实践理性批判》分析篇的原理部分提出四个"定理",由 1. 非经验,2. 非幸福,3. 非实质到 4. 非他律,即由肯定道德律令的 1. 先验性,2. 义务性,3. 形式性到 4. 自律性,这达到了康德伦理学原理的顶峰。

所谓"自律",是相对"他律"而言的。"他律"是指意志由其他因素决定,这些因素也就是本章开头康德列举的那些"实质动机",即环境、幸福、良心(内在感官)、神意,等等。这些在康德看来通通都是让意志行为服从于外在因素的"他律",而不是法由己出的"自律",因而不是道德的。就拿所谓"道德良心"来说吧,如先从某种特殊道德感情出发,就还是用感性

1. 《道德形而上学基础》第 2 章,参看唐译本,第 45 页。
2. 《实践理性批判》,参看关译本,第 134 页。

来分辨、判断和规定道德，结果仍然会把全部道德归结到满足、快乐和幸福上去，从而便不是"自律"，仍然是"他律"了，尽管这个"他律"是天生的"良心"。康德认为，人的自律意志则既不是情欲（动物性）的奴隶，也不是神的工具，既不受快乐、幸福、欲望的驱使，也不受神意、天命、良心的支配。人不是物（只知服从），也不是神（只知立法），而是服从自己立法的主人。道德律令是绝对服从又法由己立；它以人为目的而普遍有效。这就是"意志自律"，也就是自由。康德指明，道德律令这三条原理是同一的，它们是从不同角度指向一个中心。这个中心便是"自由"。康德对道德律令的所有这许多分析、论证，最后都集中到"自由"这个概念上。康德伦理学的自由与其认识论的必然是正相对峙的两方，理性给自然立法就是自然的必然，理性给自己立法就是人的自由。自由是纯粹理性在伦理道德上的表现。

道德律令作为超感性经验的理性力量，是普遍必然的绝对命令（第一条），它的本质是自由。人是目的不是工具（第二条），人作为理性的存在，是自由的。意志自律（第三条）则是这种自由的直接表现。"自由这个概念是解释意志自律的关键。"[1]《道德形而上学基础》一书通过所谓分析的方法，由日常道德经验最终归结出第3章的"自由"概念。所谓用综合法写的、从抽象基本原理出发的《实践理性批判》一书，则开门见山在序言和引论中

---

1. 《道德形而上学基础》第3章，参看唐译本，第60页。

便提出：自由是纯粹理性体系的"整个建筑的拱心石"，是灵魂不朽、上帝存在等"其他一切概念"的依据。[1]

在前二章中，我们已看到，康德在《纯粹理性批判》中对自由的论述，即"自由"在理论理性中是不可企及的彼岸理念，它是感性经验所不能具有或证明的。人作为血肉之躯的自然现象也永远隶属在必然因果的铁链之中，毫无自由可言。但另一方面，康德在自由与必然的二律背反中也说明了，这并不否定自由能作为本体理念的可能。现在，在《实践理性批判》中，在脱开一切经验欲望、感性因素的道德领域，自由就出现了，这就是"意志自律"。"在这里就初次说明了批判哲学中的一个谜，就是，我们何以否认在思辨中运用各种范畴于超感性界的客观实在性，而在纯粹实践理性的对象方面又都承认这种实在性。"[2] 即在道德律令中，肯定了在理论理性领域中所不能肯定其实在性的自由。但是，这个自由又并不是从道德行为的经验事实抽取或推论出来的。经验的事实中只能抽取和推论出必然的因果关系。道德行为的经验事实只是证实了自由的实在性，即自由不只是与人无关的先验理性而已，它还实实在在体现、展示在大量的日常道德事实之中。正是在善的意志——人们对道德律令的绝对服从的行为中，展示了"自由"的无比尊严。所以，一方面，自由是绝对命令的根源和依据，是道德律令的基础和前提；另一方面，道

---

1. 《实践理性批判》序言，参看关译本，第 1 页。

2. 同上书，第 3 页。

德律令又是自由体现出来的途径，自由离开了道德便永远不能被人感到。正因为此，自由才能对现象世界起现实的原因作用，它是"一条完全不能归在感性世界的自然法则之列的法则，而含有一种原因性"[1]。"原因"本是认识论的范畴。不受经验制约的"原因"，在理论上、认识上是无意义的空洞概念，这在前面几章已经讲到。但在这里它却有重大意义，即自由作为"本体原因"，可以有实践上的实在性。"'具有自由意志的存在者'这个概念就是'本体原因'这个概念。"[2]它不受经验制约却能对现实起作用。认识论中只适用于现象界的因果范畴，现在在伦理学中可用于本体。这是一种非认识对象的本体原因，这也就是超脱因果限制的人的自由因，即道德上的意志自律。在整套"批判哲学"中，道德高于认识，实践理性先于理论理性，不可认识的本体能对现象界发生作用，作为理性存在者的自由的人（本体）高于作为自然因果存在者的人（现象），全在乎此。人在行为中的"自由意志"，自觉决定和选择，正是道德高于认识、本体高于现象之所在。所谓超出因果，"知其不可而为之"以符合理性的要求，也即在此。这是康德批判哲学中的一个极重要的思想。它不但对费希特强调自我在行为中建立非我、对黑格尔强调理念在过程中生产出世界等基本观点起了先导作用，而且对后代的伦理学也尖锐提出了这个道德的本质特征问题。

---

1. 《实践理性批判》，第51页。
2. 同上书，第56页。

　　正如《纯粹理性批判》中一些基本概念经常具有多种含义一样，康德在这里所用的"意志""自由"这些基本概念，也具有至少两种含义。《道德形而上学》中曾明确指出意志的两个含义：一个是 Wille，指实践理性自身。一个是 Willkür，指行为的自觉意志。前一个是普遍立法的意志，后一个是个体执行的意志。前一个无后一个，等于只有立法而无执行，便是空洞的；后一个无前一个，便失去其道德意义而不能成立。只有 Willkür 将 Wille 当作法令接受而执行时，意志才成立。但康德在《实践理性批判》《道德形而上学基础》等书中并未如此严格区分，两层含义经常合在一起。同样，"自由"一词，也有作为整体道德律令与作为个体意志行为两层含义在内。[1] 本来，在《纯粹理性批判》中，"自由"就有两方面的含义：一方面作为不可认识的物自体，超出自然因果之外（这是消极含义）；另一方面作为高出现象的本体，成为不同于自然因果的自由因即本体原因（这是积极含义）。这两方面也交错地展现在《实践理性批判》《道德形而上学基础》中：作为道德律令的自由，强调的是它超出自然因果的先验性质；而作为个体行为的自由，强调的则是它主动决定的特点，即可以在经验的自然因果系列中，作为自由的本体原因产生效果。因之，作为道德律令的自由是实践理性本身，这是纯形式的，与感性经验毫无关系，没有任何现实性。作为个体行为的自由呈现为实践能动性，它作用于感性经验，

1.　参看贝克《〈实践理性批判〉释义》，第9章。

具有现实性，但它的本质又仍在前一方面。前一方面的先验普遍抽象原则，落实在后一方面的经验个体行为中，这才是"意志自律"。两方面总起来说，自由或意志自律乃是纯粹理性自身具有的先验的实践能力（普遍形式的道德律令）绝对必然地在个体行为中为自己立法。

可见，康德伦理学尽管把自由—道德律令说成是超感性存在的纯粹理性，但它总得在有感性存在的人世间落实。如果人是神，一切行为都"一定会"是道德的，没有"应当"的问题。作为服从绝对命令而执行的义务的"应当"，正是说明人属于感性世界的存在"应当"（"必须"）执行本体世界的命令，这也才有道德问题。如上所说，道德来源于自由（理性），但又"只有道德才让我们初次发现出自由概念来"[1]。普遍与个体、先验与经验、理性与感性，在理论理性中是截然割裂开来的东西，在实践理性中却始终交织纠缠在一起。康德讲纯粹理性自身具有实践力量，力量来自普遍、先验的理性；但实践却总得依靠具有感性经验的血肉之躯的个体，才使前者现实地获得客观实在性。这就是出现上述两种不同含义和它们纠缠混同在一起使用的根本原因。在认识论，康德强调先验范畴不能脱离经验，但结果却仍然指向超乎经验的辩证幻相；在伦理学，康德强调道德律令必须脱离经验，但结果却仍然落脚在感性经验的个体行为上。康德的这个深刻矛盾，通过费希特、谢林、黑格尔才获得一种唯心主义的解决，这

---

1. 《实践理性批判》，参看关译本，第29页。

在下章谈历史观时要讲到。

要注意的是，康德所谓自由，并非说在现实世界中有超出自然因果关系的自由。任何行为作为理论理性的对象，即作为思维、认识的对象，是探求其因果性的问题，即探求这件事发生的原因和规律，是对事实的表达或预测，受着严格的因果律的规定和支配，这里丝毫没有自由之可言。这一方面也正是法国唯物主义强调的方面。法国唯物主义认为，人的一切行为都机械必然地受因果规律所制约，根本没有什么自由。霍尔巴赫认为，一个人被人从窗口抛下与自己跳下去完全一样，都是必然的。所谓意志，受同样必然的因果规律所制约。康德认为，如根据这种观点，便可以得出一切道德、法律等都无意义的结论，因为责备一件不道德的行为就等于责备一块石头为何落地伤人一样。康德曾举例说，如果这样，那任何犯罪的人都可以用他的行为是受因果律支配，即他的行为有客观原因来为自己辩护。一切不道德或犯罪都是由环境、条件、个性、习惯……所必然决定的，自己并无责任，那么一切刑罚责难便没有必要存在了。康德的自由理论就是为了与这种机械唯物主义相斗争。在康德看来，作为认识的客观对象，一切行为的确均有原因，是在时间中进行从而受因果律支配的。但对于有理性的主体，康德强调，这同一件行为就有很大不同，存在着是否服从道德律令的问题。人在做任何一件行为时，只要不是精神失常，都是在具有自觉意识的意志支配下去做的，这里便面临着"意志自律"，具有决定和选择的自由。可以做也可以不做，可以这样做也可以那样做。尽管最终怎样做了是可以从因果律中找到原因的，但在当时，决定和选择却是自由的，是可以决定和选择遵循或不遵循道德律令的。因此他对自己的这个行为便负有道德上的责任。因为他可以不管情况如何，不管任何内在或外在的条件制约和压迫，而决心按道德律令行事，"他由于觉得自己应行某事，就能够实行某事，并且亲身体会到自己原是自由的"[1]。人不同于机器，不同于自然界，不同于动物，不是盲目地或机械地受因果律支配，全在于他的行为是经过自己的自觉意志来选择决定的。意志也就是对自己行为的抉择，自由选择便成了问题要害所在。这也就是自由。康德强调，人作为感性现象界的存在，从属于时间条件，他的任何行为、活动和意志不过是自然机械系统的一个部分，遵循着严格的因果规律；但人作为本体的理性存在，可意识到自己是不属于时间条件的，他的这同一行为、活动和意志只服从于理性的自我立法。而道德优于认识，本体高于现象，自由可以作为原因干预自然，所以康德强调，我"能做"是因为我"应做"。"能做"属于自然因果，"应做"就属于自由。康德讲的这种自由，完全不包含心理学的内容和意义。任何心理、意识也仍然是在时间中受自然因果支配，而不是康德提出的这种超时间的、与一切因果律截然分离的先验的自由。这种自由就是康德全部道德伦理学说的最高原理。

---

1. 《实践理性批判》，参看关译本，第30页。

五 "康德只谈善的意志"（马克思、恩格斯）

如康德自己所承认的，现象与本体、必然与自由的上述安排解决，"仍然困难重重，难以明白陈述"[1]。不过康德认为，再没有其他更好的解决办法了。在我们看来，这种完全脱离经验、因果的自由，建立在这种自由上的道德律令和义务，不仅具有某种神秘意味，而且缺少足够的具体内容。黑格尔尖锐地批判了康德伦理学的这个缺陷。黑格尔指出，康德"提出义务和理性应符合一致，这一点是可贵的"[2]，肯定了康德提出理性的自由作为道德律令的基础，"……这个原则的建立乃是一个很大的进步，即认为自由为人所赖以旋转的枢纽，并认自由为最后的顶点，再也不能强加任何东西在它上面。所以人不能承认任何违反他的自由的东西，他不能承认任何权威"[3]。但是，"……这种自由首先是空的，它是一切别的东西的否定；没有约束力，自我没有承受一切别的东西的义务。这样它是不确定的；它是意志和它自身的同一性，即意志在它自身中。但什么是这个道德律的内容呢？这里我们所看见的又是空无内容。因为所谓道德除了只是同一性、自我一致性、普遍性之外不是任何别的东西"[4]。黑格尔把康德伦理学称为"空虚

1. 《实践理性批判》，参看关译本，第 105 页。
2. 黑格尔：《法哲学原理》，商务印书馆，1964 年版，第 136 页。
3. 黑格尔：《康德哲学论述》，商务印书馆，1962 年版，第 51 页（原文在《哲学史讲演录》第 3 部分内）。
4. 同上。

的形式主义"："……为义务而不是为某种内容而尽义务，这是形式的同一，正是这种形式的同一排斥一切内容和规定。"[1]对于康德讲的道德律令、绝对命令的普遍性（无矛盾性），黑格尔认为是缺乏内容的，并嘲讽地指出，"什么东西都没有的地方，也就不会有矛盾"[2]。黑格尔要把康德的先验的本体、自由、形式与经验的现象界、必然、内容，唯心主义地结合沟通起来，把康德那种超时间的先验道德原理的规定，与占有时间的经验伦理现象如家庭、社会、国家等，在唯心主义的绝对理念的逻辑行程支配下，联系统一起来。黑格尔甩开了康德抓住的道德特征，侧重从历史角度来看伦理道德。

黑格尔从唯心主义对康德的这种批判，比后来许多评论家要优越，这些评论家经常斤斤于争辩康德不是形式主义者。其实，康德的形式主义根本不在于没有谈各种具体的道德规定。康德在《道德形而上学》一书中专门做了法权和伦理的许多具体说明规定，并把它叫作应用道德论或实质的伦理学。但我们批判康德的形式主义，也不同于黑格尔。我们认为，康德的形式主义对道德律令的基本规定完全脱离了具体的社会历史条件，抽去了时代阶级等内容，从而成为一般的形式。例如自杀、说谎等例证，并不如贝克所硬要辩护的那样，认为讲的只是一定文化领域内的普遍性，康德知道和承认伦理在不同种族文化中具

1. 黑格尔：《法哲学原理》，商务印书馆，1964 年版，第 138 页。
2. 同上。

有相对性的事实，等等。我们认为，所有离开具体的社会时代内容和时空经验条件的、抽象的所谓普遍性并不能成为道德标准，因为并没有这种抽象的普遍性，普遍性总是在一定历史社会的具体范围之内的。恩格斯说："一切已往的道德论归根到底都是当时的社会经济状况的产物。而社会直到现在还是在阶级对立中运动的，所以道德始终是阶级的道德。"[1] 只有历史具体的社会道德，它们常常彼此不同或根本对立。形式的类似性并不等于或保证道德的普遍性。因为就道德的形式特征说，当个体的自然存在与集团的利益要求发生矛盾冲突时，每个阶级、集团为其自身的整体利益，一般都要求其成员牺牲一己，以维护其阶级或集团利益。革命的阶级是这样，反革命的阶级也经常是这样。革命者为了历史的进步事业，赴汤蹈火，宁死不屈。反动的伦理教义甚或是现代法西斯主义，也都以"杀身成仁"等道德训条来约束和要求它的成员，其中也确有自殉于其集团利益的忠实成员。这两种形式上有类似处的道德，难道真是同一个"先验普遍性"吗？难道不恰好是互相尖锐冲突着的吗？康德所谓"普遍性"的立法形式，在这种具体的社会对立和阶级斗争中，便是"空洞的"，即没有什么具体历史规定性的东西了。但康德的贡献及其伦理学的重要性却也正在这里，他以形式主义的方式提出了一个具有普遍必然性（客观社会性）的文化—心理结构问题。这结构是专门属于人类的，由文化而历史

---

1. 恩格斯：《反杜林论》，《马克思恩格斯选集》第3卷，1972年版，第134页。

地积淀而成。它表现为认识的时空直观和知性范畴，也表现为这里的道德律令。这一方面却为黑格尔和马克思所忽视了。

黑格尔指出康德道德法则的空无内容，但这种脱离具体内容本身也反映出一种内容。马克思、恩格斯深刻指出，康德"把法国资产阶级意志的有物质动机的规定变为'自由意志'，自在和自为的意志，人类意志的纯粹自我规定，从而就把这种意志变成纯粹思想上的概念规定和道德假设"[1]。康德说得如此庄严玄妙的道德律令、绝对命令、自由意志等，正是法国资产阶级革命意志的德国抽象版。

例如，作为康德伦理学核心的"意志自律"和"人是目的"，实际上是卢梭思想的德国化。这一点，黑格尔也明确指出了："卢梭已经把自由提出来当作绝对的东西了，康德提出了同样的原则，不过主要是从理论方面来处理它……（法国人）很实际地注重现实世界的事务……在德国……只是在理论方面得到了发挥……让思维自由地在头脑内部进行活动。"[2]法国在干政治革命，德国只干哲学革命。卢梭的自由和意志与人的感性情感还直接关联，康德的自由、意志则完全是超人的"纯粹"了。实际上，它的本质乃是：法国革命的政治宣言在康德手里化成了抽象思辨的德国道德理论。如果把卢梭的《社会契约论》与康德的《实践理

---

1. 马克思、恩格斯：《德意志意识形态》，《马克思恩格斯全集》第 3 卷，1960 年版，第 213 页。
2. 黑格尔：《康德哲学论述》，商务印书馆，1962 年版，第 17 页（原文在《哲学史讲演录》第 3 部分内）。

性批判》对照，可以清楚看出这个转化和不同的两个国家两个阶级的各自特征。卢梭在《社会契约论》中强调人民反统治的自由权利，要求建立一个在公共契约基础上的人人平等的共和政体，"我们每一个人都共同地把自己的人身和全部力量放在总的意志的最高指挥之下"[1] "人由于社会契约失去的，是他的天然自由……无限制的权利；他所获得的是公民自由" "……添上精神的自由，只有这种自由才能使人真正成为自己的主人；因为单纯欲望的冲动乃是奴役，服从自己制定的法律才是自由"[2]。人民立法，自己服从；反对奴役，要求平等，这些卢梭的基本观点正是康德"绝对命令" "人是目的" "意志自律"的真实背景和内在含义。但是在法国，无论是对于提倡感觉论幸福主义的百科全书派的唯物主义者，还是对于提倡良知良能的自然人的卢梭，在当时激烈的阶级斗争中，所有道德伦理问题都集中归结为政治课题，有如普列汉诺夫所说，"道德在他们那里，全部变为政治"[3]。在德国，却刚好倒转了过来，"……软弱无力的德国市民只有'善良意志'。康德只谈'善良意志'，哪怕这个善良意志毫无效果他也心安理得……康德的这个善良意志完全符合于德国市民的软弱、受压迫和贫乏的状况"[4]。法国的政治要求在这里变成了道德律令。不是道德从属于政治，而是相反，政治倒成了道德的一个部分；具体

1. 卢梭：《社会契约论》第 6 章。
2. 同上书，第 8 章。
3. 普列汉诺夫：《论一元史观的发展》第 1 章。
4. 马克思、恩格斯：《德意志意识形态》，《马克思恩格斯全集》第 3 卷，1960 年版，第 211—212 页。

的反奴役、求人权，变成了抽象的伦理学说；卢梭讲的"公共意志"（政治）变成了普遍立法形式（道德）；卢梭讲的"人民立法""公民自由"（政治）变成了"意志自律"[1]。所以，正如马克思所指明："十八世纪末德国的状况完全反映在康德的《实践理性批判》中。"[2] 作为政治革命的先导的哲学革命在法、德两国的巨大差异，康德哲学作为"法国革命的德国理论"，在伦理学中表现得最为典型和突出。但是，法国在政治上所做出的贡献却又未必能与德国在思想上所做出的贡献，对人类总体的长远历史更为重要。

六　善恶概念与道德感情

如果说，"真"（对象与认识的符合）是康德认识论——《纯粹理性批判》所要探讨的问题；那么，"善"（道德律令与行为的符合）就是康德伦理学——《实践理性批判》的问题。道德律令只是超感性的纯粹形式，它涉及现实行为，就有善恶。所以康德说，善恶是实践理性的对象（客体）概念。这个对象（客体）不是指时空中自然事物、因果等，而是指"作为通过自由而可能得

---

1. 在以后的政治、法权论著中，康德也以温和的改良主义方式正面表述了卢梭这些思想，详下章。《道德形而上学基础》《实践理性批判》都写在法国革命之前。
2. 马克思、恩格斯:《德意志意识形态》，《马克思恩格斯全集》第 3 卷，1960 年版，第 211 页。

到的一种结果来看的那一个客体观念……意志对可以实现那个对
象（或其反面）的那种行为的关系"[1]。这就是说，善恶乃是自由
在决定人的行为时所产生的效果，所谓对象（客体），主要是指
行为自身，其次才指行为所产出的结果。这里的问题便是，善恶
概念即行为的善恶是从哪里来的呢？康德认为，善恶不是来自对
现实经验的比较、概括和提取，只能来自先验理性、道德律令。
先有道德律令才有善恶概念，而不能倒过来。康德说："善恶概
念不当在道德律令之前先行决定……而只当在它之后并借着它来
决定。"[2]"并不是善（作为一个对象）的概念决定道德律令，并使
之成为可能，反而是道德律令首先决定善的概念，并使之成为可
能（就其绝对配称为善而言）。"[3]因为如果是前者，那么就又必
然归结为经验的幸福主义，即善恶最终又与快乐、痛苦的感觉经
验联结起来，"把引起愉快的手段称为善，把不快和痛苦的原因
称为恶"[4]了。所以，善、恶不是福（乐）、祸（苦），也不属于事
物对象或性质，它首先属于行为本身，是指行为作为客体（实现
对象）是否体现了道德律令而言。康德的伦理学反反复复地论证
的便是这个道理。比起认识论，如本章开头所说，其内容是单薄
的。原因在于认识论是与他的自然科学具体研究密不可分的，而
伦理学却离开了具体社会历史的内容。康德以古希腊斯多葛派哲

1. 《实践理性批判》，参看关译本，第58页。
2. 同上书，第64页。
3. 同上书，第65页。
4. 同上书，第59页。

学家"在剧烈痛风病发作起来时，曾经狂呼说：痛楚，不论你怎么磨难我，我永远不会承认你是一种恶……他说对了。他确实感觉到一种祸患，他的呼叫就吐露了这一层，但是他并没有任何理由承认他由此就陷于邪恶，因为痛楚丝毫减低不了他的人格的价值"[1]作为例子，来证实行为的善恶与经验的祸福是根本不同的两回事。这比起黑格尔来，便是相当肤浅的。

总之，在康德看来，人作为感性现实的存在，有为其自然生存和发展而需要讲求的祸福的方面。他的理性为这个祸福考察，也是必要的。但人毕竟不只是生物存在，意志如何决定自己的行为，是服从道德律令还是完全追随自然需要的苦乐祸福，正是区别人与动物、自由意志与受自然因果支配的关键所在。康德说："人类，就其属于感性世界而言，乃是一个有所需求的存在者，并且在这个范围内，他的理性对于感性就总有一种不能推卸的使命，那就是要顾虑感性方面的利益，并且为谋今生的幸福和来生的幸福（如果可能的话），而为自己立下一些实践的准则。但是人类还不是彻头彻尾的一个动物……只把理性用作满足自己（当作感性存在者）需要的一种工具。因为理性对人类的用途如果也与本能对畜类的用途一样，那么人类虽然赋有理性，那也并不能把他的价值提高在纯粹畜类之上。在那种情形下，理性就只是自然用以装备人类的一种特殊方式，使他达成畜类依其天性要达成的那个目的，而并不会使他能实现一种较高的目的。自然，人类

---

1. 《实践理性批判》，参看关译本，第 61 页。

在一度赋有这种才具以后，他就需要理性，以便时时考虑他的祸福，但是除了这个用途以外，他所具的理性还有一个较高用途，那就是，它不但要考察本身为善或为恶的东西（只有不受任何感性利益所影响的纯粹理性才能判断这一层），而且要把这种善恶评价从祸福考虑完全分离开，而把前者作为后者的最高条件。"[1]

上面之所以引用这么长的一大段康德原文，除了由于它难得如此通俗明白，可以替代我们的叙述外，也是因为它比较集中地暗示了下章紧接着要讲的"至善"问题，例如人既须服从道德律令而又追求生活幸福的矛盾。

善恶与祸福截然分开，康德把它看作人畜的分野。可见，不仅"善"，而且"恶"，也不是感性经验的自然属性。"善"是对道德律令的服从，"恶"则是有意选择了违反道德律令的行为原理。康德说，"人是恶的，只能解释为：他意识到道德律令，但采取了背离它的原则。人性本恶……但不是一种自然属性"[2]。"恶"是人的反社会的个体倾向，这在下章论述康德的历史观时要讲到。这里要注意的是，康德强调道德、善行与幸福、快乐毫不相干，甚至要在贬抑后者中以显示出前者的光辉。中国儒家的宋明理学（Neo-Confucianism）以"天理"为善，以所谓"人欲"为恶，也强调作为"天理"的善与作为感性幸福的"人欲"不但无关，而且敌对。这与康德有形式相似之处，但其社会阶级的本质

---

1. 《实践理性批判》，参看关译本，第 62—63 页。
2. 《理性限度内的宗教》第 1 篇。

内容则并不相同。程朱理学把"天理"（道德律令）与封建主义
的纲常秩序等同起来，封建制度的社会秩序和标准便构成了"天
理"的善的具体内容；康德哲学却是以资产阶级的"自由""平
等""人权"来构成道德律令的真正核心的。[1]

但康德哲学所具有的德国特征，使它把矛头主要对准了法国
唯物主义的幸福主义、经验主义，从而就使他与神秘主义寻求
某种妥协。康德认为，"以对于无形天国的一种现实的，但又非
感性的直观作为道德概念运用的基础"[2]的神秘主义，虽然"漫游
到超越"，但比起彻底把"道德性连根拔去"的幸福主义经验论
来，这种"神秘主义与道德律令的纯粹性和崇高性是可以互相
融合的"[3]。

在认识论中，康德以"形式（先验）的唯心主义"区别于
"实质的唯心主义"。在伦理学中，康德也以"形式的唯理论"区
别于"实质的唯理论"。高扬理性旗帜以反对经验论是相同的。
但是，在认识论，康德毕竟还要求从感性出发，由感性到知性概
念（范畴）再到理性；在伦理学，却要求先从理性（道德律令＝
自由）出发，到概念（善恶）再到感性即道德感情。[4]道德律令表

---

1. 关于中国理学与康德哲学的对比，可参看拙作《宋明理学片论》（《中国社会科学》1982 年
   第 1 期）。
2. 《实践理性批判》，参看关译本，第 72 页。
3. 同上。
4. 《实践理性批判》在《论纯粹实践理性对象的概念》章还有一张关于善恶概念的自由范畴表，
   此表及其解释纯系为其写作结构的"建筑术"需要而设立，既晦涩难通，又无甚意义，省
   去不论。

现在客体概念是善恶，道德律令对主观心理的影响则是道德感情。正如善恶不能在道德律令之先，而是道德律令必须在善恶之先一样，康德强调，道德感情不能在道德律令之先，而道德律令必须在道德感情之先，是道德律令自身作为意志动机在心灵上才产生道德感情。与前面要求区分善恶与祸福一样，康德在这里也强调区分道德感情与包含同情、良心之类的其他感情。这些感情作为道德感情，是似是而非的。

康德认为，人们的一切爱好憎恶和一切感性冲动都建立在感情之上，归总说来，无非是利己之心。这种利己心又可分为"自爱""自负"，等等。康德指出，这种种都不可能是道德感情。所以，"主体预先并没有倾向于道德的任何感情"[1]。道德律令恰恰是要把这种种"自爱""自负"等感情压抑平伏下去。只有压抑了这种种感情，才会产生出另一种由理性原因所产生的积极的感情，"这种感情就可以称为对于道德律令的一种敬重感情……也可以称为道德感情"[2]。这种感情建筑在理性判断之上，它是认识到客观道德律令比一切主观感性冲动要远为优越而产生的敬重之心。所以，它不是天生的感官、良心，也不是自然的情欲冲动，而是道德律令在人们心理上的一种影响和结果。

从而，"敬重"这个道德感情的特点便根本不是快乐，相反，它还带着少量的痛苦，包含着强制性的不快。因为它必须把人

---

1. 《实践理性批判》，参看关译本，第77页。
2. 同上书，第76—77页。

们的各种自私、自负压抑下去，让人在道德律令之前自惭形秽。另一方面，人们又因为看到那个神圣的道德律令耸然高出于自己和自己的自然天性之上，产生一种惊叹赞羡的感情，同时由于能够强制自己，抑制利己、自私、自爱、自负而屈从道德律令，就会感到"自己也同样高出尘表"而有一种自豪感。一方面压抑各种自私利己感情产生出不快、痛苦，另一方面又因之而感到自豪、高尚，这样两种消极、积极相反相成的心理因素，康德认为，便构成了道德感情的特征。它不是自然好恶，而是有意识的理性感情。与经验论把理知看作感情的奴隶相反，在康德，是理性而不是任何情欲支配人的道德行为，是理性而不是人性（自然性）成为道德的渊薮和根源。因此，人的道德感情，也正可说是理性战胜人性（自然性）、道德战胜情欲在感情上的产物（在法国唯物主义那里，人性实质上就是自然性）。

神没有也不需要这种道德感情，只有作为有限的理性存在者的人的心中，才可能有这种道德感情，因为只有人才有必要强制自己以屈从道德律令。同时，敬重这种感情也只施于人，而不施于物；只对于人的人格，而不对于人的别的什么。物可以以其宏伟、繁多、辽阔，人也可以以其才能、知识、勇敢、福禄、地位而引起惊羡、恐惧或爱慕，但只有人的道德品格，才能引起"敬重"这种道德感情。

康德说："一个人也能够成为我所钟爱、恐惧、惊羡甚至惊异的对象。但是，他并不因此就成了我所敬重的对象。他的诙

谐有趣，他的勇敢绝伦，他的膂力过人，他的位重权高，都能
拿这一类情操灌注在我心中，不过我的内心对他总不起敬重之
感。芳泰奈尔说：'在贵人面前，我的身子虽然鞠躬，而我的内
心却不鞠躬。'我可以还补充一句说：如果我亲眼见到一个寒微
平民品节端正，自愧不如，那么，我的内心也要向他致敬，不
论我愿意与否，也不论我怎样趾高气扬，使他不敢忽视我的高
位。这是为什么呢？正是因为他的榜样在我面前呈露出一条可
以挫败我的自负的律令（如果我把自己的行为与这个律令作一
比较）……"[1]

康德指出，即使在外表上可以不表露出这种敬重，"但是在
内心仍然无法不感觉到它"[2]，因为这种敬畏尊重的道德感情正是来
自道德律令、绝对命令和义务的无比崇高。康德进而赞叹人的道
德"义务"道："……你丝毫不取媚人，丝毫不奉承人，而只是
要求人的服从，可是你并不拿使人望而生厌、望而生畏的东西来
威胁人……你只提出一条律令，那条律令就自然进入人心……一
切好恶不论如何暗中抵制，也都得默然无语！呵！你的尊贵来源
是在哪里呢？……这个根源只能是使人类超越自己（作为感性世
界的）部分的那种东西……这种东西不是别的，就是人格，也就
是摆脱了全部自然机械作用的自由和独立……"[3]

1. 《实践理性批判》，参看关译本，第78页。
2. 同上书，第79页。
3. 同上书，第88—89页。

这些句子是康德干枯抽象的批判哲学中罕见的富有情感和感染力的文笔,[1] 它表达了对世俗权贵的轻蔑和对自由独立的向往,反映了资产阶级革命时代的精神,尽管它完全甩开了一切具体内容来谈这种感情。据说,康德讲授伦理学时,曾使听众落泪,康德讲的道德律令、道德感情打动了人们。《实践理性批判》发表于 1789 年前一年,在法国,如火如荼、一浪高一浪的革命斗争快开始了。

康德在伦理学方面的巨大贡献,在他毫不含糊地坚持道德不是根源于感性的人(总是以个体存在为现实基础)的幸福、快乐和利益,它是超越于这种经验感性之上的先验的绝对命令,人不得不服从于它而行动。这实际是在唯心主义形态里展示了道德本是作为总体的人类社会的存在对个体的要求、规范和命令。当它与感性个体的幸福、利益处在对立和冲突的情况下,便更显示它的力量,这一思想是极为深刻的,它揭开了伦理道德的本质特征所在。从文化人类学和民俗学来看,禁忌(taboo)可说是原始形态的道德律令。著名古人类学家李克(Richard Leakey)认为,从类猿生物进到人类,关键在于分享食物与工作。[2] 这其实也就是中国荀子讲的"礼"是人禽区分的界限,而"礼"正是为了止争和

---

1. 康浦·斯密对两个《批判》做了如下的对比:"在《纯粹理性批判》一书中,康德小心翼翼、细密周详地检查其论证的每个环节的有效性,不断反复考虑……在《实践理性批判》一书中则不然,其论证有一种严肃的简单性,决不左顾右盼,而是一往直前,由几条简单的原理推到最后的结论……"(《康德〈纯粹理性批判〉释义》导论丙 8,第 ix 页)。
2. 李克、列文(Roger Lewin):《根源》,1977 年伦敦版。

分享。[1]"礼"不正是早期的伦理道德即所谓"克己复礼"吗？而从儿童心理学来看，服从社会指令（普遍性、理性），克制自然需求（个体性、感性），不为物欲（如食物）所动，也正是建立道德意志、培育道德感情的开端。二者从经验事实上论证了为康德所提出的所谓先验的道德本性问题，它是有关心理结构的塑造的。当然，这又涉及所谓绝对伦理主义、伦理学相对主义种种问题，即将在下章谈到。

---

1. 荀子："礼起于何也？曰：人生而有欲，欲而不得，则不能无求，求而无度量分界，则不能不争。争则乱，乱则穷。先王恶其乱也，故制礼义以分之，以养人之欲，给人之求。"（《礼论》）

第九章

伦理学(下):宗教、政治、历史观点

一 实践理性的"二律背反"与"至善"

如上章指出,道德律令之所以是绝对命令,在康德看来,不在于人是理性存在,恰恰在于人是感性生物的存在,需要实践理性来约束自然情欲。这是一方面。但追求幸福即满足自然情欲又是人的"本性",照顾幸福也是人的一种义务,实践理性并不要求人们抛弃幸福。这是另一方面。这两个方面的矛盾和"解决",构成了康德《实践理性批判》辩证篇的主要内容。

在认识论,理论理性作为认识范畴不能超越经验,否则会发生辩证幻相,形成二律背反,但这种超越又是必不可免的趋向。在伦理学,实践理性作为道德律令不能渗入经验,渗入经验也将造成二律背反,因为经验与人的自然存在相联系;但道德律令进入经验又是必不可免的,否则道德律令就对人没有意义,没有客观现实性。正因为道德律令、实践理性必须在人身上落实，而人却是感性自然的存在，于是就发生幸福与德行的二律背反。康德企图以"至善"来解决这个二律背反。

康德认为理论理性为追求无条件的总体而有理念，实践理性同样追求无条件的总体而有"至善"。这是所谓"至上的""无条件的"善，它包括德行与幸福二者在内。德行只是"最高的善"，它作为配享幸福的价值，是与幸福相统一的最高条件，但它只是一个方面，还不是"至善"。"至善"必须是包括幸福在内的无条件的总体。它才是伦理学的最后目标，是"有限的理性存在者"（人）所欲求的对象。

实践理性要求道德与幸福的统一，但经验无法提供二者之间的任何必然联系。它们之间既不是先天分析的，也不是后天综合的。因为如果它们是分析的，那就是逻辑上的同一关系，德即福，福即德，"修德"与"求福"是同一件事。这是不能证实的先验推演。如果它们是综合的，即遵照因果律，其一在现实上引发另一个，这是缺乏普遍必然有效性的经验归纳，也不能成立。古希腊斯多葛派与伊壁鸠鲁派可代表在道德与幸福上的两种看法。斯多葛派认为德行就是幸福，幸福不过是主体自觉有德行，从而把德行看作"至善"。伊壁鸠鲁则把幸福看作"至善"，德行只是获得幸福的手段。他们都把德行与幸福看作同一件事，或有因果关系，康德认为这完全错误。伊壁鸠鲁从经验的原则出发，从幸福推出道德，是康德坚决反对的，这在上章已详细讲过。另外，康德也反对从德行中可以推出幸福。因为幸福是遵循客观因果规律而发生的，道德律令与它完全是两回事，不能干预幸福的存亡。并且，康德指出，经验中可以大量看到，福与德常常彼此背离，远不是携手同行的。有德者未必有福，而享幸福者实多恶徒。所以，一方面不能如伊壁鸠鲁那样，把普遍必然的道德建筑在幸福之上，把幸福当成道德的经验前提；另一方面又不能如斯多葛派那样，把幸福看作道德的必然成果，把德行看作幸福的理性根源。这二者在现实世界中实际是无法联系和结合在一起的，如把它们联系结合，就要造成理性中的二律背反。康德说：

> ……或则是谋求幸福的欲望是德行准则的推动原因，或则是，德行准则是幸福的发生原因。第一种情形是绝对不可能的，因为（如在分析论中所证明的）把意志的动机置于个人幸福要求中的那些准则，完全是不道德的，因而也不能作为任何德行的基础。但是第二种情形也是不可能的，因为尘世上一切实践方面的因果联系，作为意志被决定以后的结果看，并不遵循意志的道德意向，而是遵循对于自然法则的认识，并依靠于利用这种知识追求达到自己幸福的物理能力上，因此，我们纵然极其严格地遵行道德律令，也不能因此就期望幸福与德行能够在尘世上必然地结合起来，合乎我们所谓至善。[1]

对法国唯物主义来说，有如普列汉诺夫指出，"新道德恢复了

---

1. 《实践理性批判》，参看关译本，第116—117页。

肉体的地位，重新肯定情欲为正当，要社会对社会成员的不幸负责……希望在地上建立天国，这是它的革命的方面"[1]。在康德，则恰恰相反，道德与幸福毫不相干，不是在地上建立天国，而是把享受幸福推移和寄托到天上去。

到上述截然区分道德与幸福的二律背反为止，康德还是忠于他的道德律令的纯粹性的；但是，康德却无法逃避现实人生中追求幸福的问题。在上章我们已看到，康德曾经把发展自己的身心才智和帮助别人，作为道德义务的例证而提出。在联系具体经验材料较多的《道德形而上学》中，这点更为突出和明确。在《人类学》中，康德曾提出"形体界的善"，它们被看作自然的善（区别于道德的善即善的意志）。这实际上也就在道德律令的纯粹形式之下，塞进了本为康德所坚决反对的"实质的"道德原理了。康德称之为人类学的幸福原理，即发展人的身心才智、帮助别人使之幸福乃是人类自然存在的目的，它本身也是一种善。从而，可以看出，实际上有两种善：一种是形式，即道德律令、道德的善，这是康德伦理学的核心、主题，它来自纯粹理性；另一种却是实质，即幸福，这是康德远未能明确意识的一个方面，它来自康德对人类历史的某些观点。这一方面是康德本人和后代的康德研究者们大都忽视、轻视的方面。从哲学史的发展上看，它却具有重要意义。正是它，作为破坏康德哲学体系的潜在因素，把康德提出的二律背反，变而为黑格尔的具有深刻历史感的辩证法，消极

---

1. 普列汉诺夫：《唯物论史论丛》，人民出版社，1953 年版，第 13 页。

的主观幻相变而为积极的客观逻辑。这在本章后面要讲到。

康德在《纯粹理性批判》快结尾处题为"作为纯粹理性的最终目的的决定根据：至善理想"一节中说："我的理性，包括思辨理性与实践理性，所关心的，可概括在下述三个问题中：1. 我能（kann）认识什么？2. 我应（soll）做什么？3. 我可（darf）期望什么？"¹ 康德认为，第一个问题是纯理论的，第二个是纯实践的，第三个既是实践的，同时又是理论的。第一个是认识论问题，第二个是伦理学问题，第三个是宗教所要解决的问题。康德承认，"所有期望都指向幸福"²。康德认为，伦理学并不是谋求幸福的，"只有加上宗教之后，我们才能希望有一天依照自己努力修德的程度来分享幸福"³。所以，在《实践理性批判》中，包含幸福并作为德行与幸福相统一的"至善"，终于成为康德整个伦理学的归宿，这个归宿便是宗教。"至善"这概念，并不如西尔柏所认为是康德伦理学的中心。⁴ 康德伦理学的中心仍是那个抽象形式的道德律令。"至善"概念实质上是宗教性质的，它的重要性，在我看来，在于突出地暴露了康德伦理学以及康德整个思想发展行程中的矛盾，即由超感性的纯粹理性逐渐进入感性现实的人类活动及其历史的探求中所必然遇到的矛盾。康德解决这个矛盾的方法是回到信仰和宗教，但这个矛盾自身却通过黑格尔而指向历史的解决。

---

1. 《纯粹理性批判》A805 = B833，参看蓝译本，第549—550页。
2. 同上书，第550页。
3. 《实践理性批判》，参看关译本，第132页。
4. 西尔柏：《至善在康德伦理学中的重要性》，《伦理学》，1963年4月（第72卷第3期）。

　　康德认为，德行与幸福的关系不是后天综合的（为分析篇所证明），也不是先天分析的（如斯多葛派与伊壁鸠鲁企图依照同一性规则来寻求二者的统一），它们只能是先天综合在"至善"之中。在《纯粹理性批判》中，康德以本体与现象的区分来解决自由与必然的二律背反；在这里，康德又同样以这种区分来解决这个二律背反。这就是：幸福决不能产生德行，但德行不能产生幸福则只是就感性世界的因果形式而言才是如此，在超感性世界的本体中却是可能的。"因为我不但有权利把我的存在也思想为知性世界中的一个本体，而且我还在道德律令中有一种关于我的（在感性世界中）原因性的纯粹理智的决定原则，所以意向的道德就不见得不可能作为一个原因，而与幸福（作为感性世界中的一个结果）发生一种纵非直接，也是间接（通过一个睿智的造物主），并且确是必然的联系。"[1]这种结合在感性世界中是少有的，只有在超感性的知性世界或本体中，这种结合和统一才真正可能。康德在这里再一次强调实践理性优于理论理性，就是为了提出作为实现"至善"的必要前提的实践理性的"公设"——灵魂不朽与上帝存在。

　　康德提出，人的道德行为以意志自由为前提条件，人达到神圣以灵魂不朽为前提条件，人获得"至善"则以上帝存在为前提条件。于是，在理论理性中所驱逐出门的东西，在实践理性中都请了进来；在理论理性二律背反中只有可能性（不能证明也不能

1.《实践理性批判》，参看关译本，第117—118页。

否认）的虚幻的东西，到实践理性中都成为具有现实性的必要的东西。尽管这种现实性仍然不是指感性经验的现实，即并不能用感性经验来证实这些实践理性的"公设"，但是康德认为，它们都是人们现实行为中所必需的实践信念："人类知性永远探索不出它们的可能性。但是任何诡辩也不会强使甚至极平凡的人确信它们不是真正概念。"[1]康德这种所谓诉诸常人的信仰观念，实际上是回到宗教。理论上明知不能证实的虚幻理念，却要作为道德的前提而享有实践上的客观现实性；明知这种所谓信仰不成其为知识，却指出它建立在一种"需要"上，认为其确定性不亚于任何知识。所有这些，正是为了护卫宗教，有如康德自己所说，这"不但就现在补充思辨理性的无能力说，并且再就宗教方面说，都是有极大功用的"[2]；"我的目的是公开表明，我怎样相信找到了宗教和纯粹实践理性的可能结合"[3]。

追求道德的完满必须有灵魂不朽的"公设"[4]，而要道德与幸福

---

1. 《实践理性批判》，参看关译本，第136页。
2. 同上书，第125页。
3. 1793年5月4日给斯徒林的信。
4. "至善"是德行与幸福的统一，要达到"至善"，首先要达到德行的"最高的善"，即首先要追求道德的完满。但道德是不能完全穷尽的，它必须无止境地向前进展，而个人总是要死的，所以，只有认为人的人格能无止境地延续下去，即灵魂不朽，才能达到个人意志与道德律令的完满契合。康德说，"希望继续不息，日进无疆，一息尚存，此志不懈，甚至超出今生直趋来世，因而虽不在其尘世痕迹之日，也不在其来世任何刹那，而只在其永存不灭、绵绵不绝之中"来到达之（《实践理性批判》，参看关译本，第126页）。一些注释家责怪康德说，讲现实又讲无限过程，实际是永远不兑现；有人则以数学的无限来辩解说，康德这种无限趋向也就是到达（柯勒：《康德》第7章第3节）；等等。其实康德规定得很明确，"只能包括在一种无止境的进步及其总体中，因而永不能为被造物所圆满达到"（《实践理性批判》，参看关译本，第126页）。

相统一，即由"至善"的第一个因素（德）达到"至善"的第二个因素（福），就必须有上帝存在的"公设"。这就是说，世人追求幸福，但先要有配享幸福的德行；只有德行才能给人以配享的幸福，而这所以可能，则只有通过上帝的手才能实现。上帝存在才是所获幸福能与道德大小相称的原因。本来，伦理学只讲道德律令，排斥幸福。只有宗教，才叫人们希望有一天依照自己的德行来分享幸福。这幸福又常常不是今生现实所能获得的，乃不过是一种对未来天国的向往罢了。而这一切，只有信仰上帝存在才有可能。总之，德、福的统一既不能在有限的感性世界里实现，又不是理论理性所能认识和解答的，于是只有把这个统一寄托于"至善"，这个"至善"却只有依赖对上帝存在的信仰才能保证。所以必须有这个"公设"来作为"至善"可能的条件。康德说："为实践理性所要求的信仰就叫公设。"[1] 于是，上帝存在便成了"纯粹实践理性的信仰"。康德的整个实践理性的研究批判也就到此告终，完全进入了宗教。如他自己所说："在这种方式下，道德律令就通过作为纯粹实践理性的对象兼终极目的的至善这个概念，领到宗教上。"[2] 即领到基督教的传统教义上。康德说："这样，道德不可避免地走向宗教，通由它扩展自己为一个在人类之外的有力量的道德立法者的理念，因为它的意志便是最终目的，这同

---

1. 《什么是摆正思维的方位》Ⅱ。
2. 《实践理性批判》，参看关译本，第 132 页。

时是和应当是人的最终目的。"[1]与黑格尔一样，康德也极力抬高基督教。他把古希腊各派道德理论与基督教相比较后，认为基督教是更高的道德，是比"聪明"（伊壁鸠鲁）、"智慧"（斯多葛派）更高一级的"圣洁"[2]。康德在《纯粹理性批判》中，便讲了认识、信仰与意见三者的区别。在《逻辑讲义》中，他指出：认识是客观有效的必然；意见是主客观均不充分的或然；信仰是客观不充分主观却充分的适然，它因之有主观的约束力。

黑格尔更进一步，从绝对唯心主义立场不满意康德这种只有主观约束力的道德—宗教的信仰论，不满意由"至善"而设定上帝的道德—宗教观。黑格尔认为，康德用"至善"调解道德形式与自然欲望的矛盾是完全缺乏现实性的。"这样一种公设仍然让矛盾原样存在着，只提出了一种抽象的应该，以求解除矛盾……这样上帝只是一个公设，只是一个信仰，一个假想，这只是主观的，不是自在自为地真的。"[3]黑格尔看出康德"认道德在于纯粹为了道德本身而着重道德律令"这一主要思想与这种"公设"是相矛盾的。[4]但黑格尔并不是反对康德主张宗教信仰，而是嫌康德的上帝不过瘾，只是主观信仰上的存在。他要求上帝存在具有真正的客观现实性，不只停留在主观信仰领域内。黑格尔将雅各比

---

1. 《理性限度内的宗教》第 1 版序。
2. 《实践理性批判》，参看关译本，第 130 页。
3. 黑格尔：《康德哲学论述》，商务印书馆，1962 年版，第 54 页（原文在《哲学史讲录》第 3 部分内）。
4. 同上书，第 55 页。

和康德相比，认为用无限、普遍、无规定性来规定上帝，仍然不能解答"什么是上帝"的问题；用一种无规定的直接性（信仰）来崇拜所不能被认识（为康德所始终坚持）的神，是缺乏具体性客观性的空洞思想，而"……宗教的本质尤其是在于知道什么是上帝"[1]。正如政治观点一样，黑格尔的宗教观点也比康德要更保守。他的作为绝对理念的上帝不是主观的信仰，而是客观世界万事万物的主宰和指归。黑格尔强调康德的纯形式的道德律令与设定上帝存在有内在矛盾，做到了从唯心主义批判康德所能做的一切。[2]

二　宗教观点

这里，就要由康德的伦理学中设定上帝存在谈到康德关于宗教的一些主要观点。

一开始，要注意的是，尽管康德把自由、不朽与上帝同看作实践理性的三大"公设"，但自由与后二者实有很大差异。自由与道德律令是二而一的东西：如前章所指出，自由是道德律令存在的先验基础，但信仰上帝等却并不是道德律令存在的基础。

---

1. 黑格尔：《康德哲学论述》，商务印书馆，1962 年版，第 69 页。
2. 黑格尔也是反偶像和迷信的路德新教信徒，他讲过老鼠啃了圣饼是否也就变成应崇拜的圣物的故事，这也是相当出名的。但他比康德更信仰上帝，至少在表面上。

"至善"和人们对天国幸福的向往，并不能作为推动人们行善的原因，它们也并不是道德律令。道德律令与信仰上帝毕竟还是两回事，而不是同一的东西。康德也一再说明："……道德学原理并不是由神学来的（因而也不是一种他律），而乃是纯粹实践理性自身的自律，因为这种道德学并不拿关于神和神意的知识作为这些律令的基础。"[1] 就是对上帝的信仰，康德认为也不能是强加于人的外在命令，而只是由于它可以"促进"道德而又符合理性的"自愿决定"[2]，从而，宗教"不是由外在意志而来的一种任意的偶然的命令，而乃是每个自由意志本身的本质的律令，不过这些律令必须看作最高神明的诫律"[3] 而已。这样，康德一方面与现实相妥协，把道德归结为宗教，对宗教采取了调和、退让的态度；而另一方面，却又把宗教等同于道德，对传统基督教进行了改良和修正。宗教在当时的欧洲是一个尖锐的政治问题，资产阶级反封建也大都从宗教入手。康德有意识地"把宗教事务作为启蒙的中心……"[4]，实际与其政治观点、政治态度密切关联，是他的"批判哲学"的一个重要思想背景。

鲍尔生（F. Paulson）曾说："在某种意义上，康德是路德的完成者。"[5] 路德进行的宗教改革，是用内心信仰代替外界教会；康

---

1. 《实践理性批判》，参看关译本，第 131 页。
2. 同上书，第 148 页。
3. 同上书，第 132 页。
4. 《什么是启蒙》。
5. 鲍尔生：《康德：生平和学说》导论。

德进一步，要求用纯粹的道德律令来替代基督教义。在康德那里，信仰上帝是建筑在道德意识的基础之上，而不是道德律令建筑在信仰上帝的基础上。康德极力反对各种传统神学，提出只可能有"道德的神学"：

> ……在神学中任何仅以思辨方式去使用理性的做法都是完全无效的，其本质是虚幻的，在自然研究中，理性使用的原理决不会达到任何的神学。因之，唯一可能的理性神学是建筑在道德律令基础上或寻求道德律令指导的神学。[1]

这就是说，理性不能在任何其他地方找到上帝，上帝和神学只在道德行为中。这种"道德的神学"并不是神学道德论，因为神学道德论是先肯定上帝存在作为道德的前提，"相反，道德的神学则是一种对最高存在者的存在的确信，这种确信将其自身建筑在道德律令的基础上"[2]。道德律令并不需要宗教和上帝来保证，但宗教和上帝都必须依靠道德律令而存在。中世纪认为善就是上帝的意志，要求相信和服从一个在道德意识之上，甚或与道德无关的外在权威（上帝），这正是康德伦理学所要反对的。传统观念中能行赏罚的上帝，与康德强调的意志自律，也显然是矛盾的。康德一方面设定上帝存在，但康德的上帝又不过是道德的

---

1. 《纯粹理性批判》A636 = B664，参看蓝译本，第453页。
2. 同上书，A632 = B660（a），第451页。

化身:"如果道德在其律令的神圣性中承认一个最伟大的尊敬对象,那么在宗教水平上,它就……作为一个崇拜对象。"[1]因之,康德认为,所有宗教不过是把道德义务当作一种神意而已。康德晚年一再强调:"道德……既不需要高于人的另外的存在者以承认人的义务,也不需要离开道德律令的另外的动机来履行他的义务……"[2]"并非说……有一个在人之外的最高存在者真正存在着,因为这个理念并不是理论所能提供,而只是实践原理主观地提供的。"[3]"不能证明任何理念的客观实在性,除开自由理念外。因为自由是道德律令的条件,它的实在性是(自明的)公理(axiom),上帝理念的实在性只能通过道德律令来证明,因之只有一种实践的意义,这就是,好像有一个上帝那样去行动——这个理念就只能如此证明。"[4]"上帝并非在我之外的存在,而只是在我之内的一种思想。上帝是自我立法的道德实践理性。"[5]康德在《实践理性批判》结语中说:"位我上者灿烂星空,道德律令在我心中。"这两句刊镌在康德墓碑上的名言——自然界因果森严所指向的理念目的(详下章)和人心中同样森严的道德律令,是康德最尊敬的伟大对象,它们就是令康德感到无比敬畏惊叹,从而崇拜的"上帝"。

---

1. 《理性限度内的宗教》第 1 版序。
2. 同上。
3. 《道德形而上学》§13。
4. 《逻辑讲义》§3。
5. 康德:《遗著》。

尽管道德与宗教在康德的理论中变为二而一的东西（道德即宗教，宗教即道德），但实际上，康德以其本人的宗教情感，深知宗教并不能完全等同于道德，它有另一种并非道德所能具有的特殊的情感特征和力量。[1] 康德在其哲学体系中没有对此做理论的发挥，但康德始终不进而否定宗教，却绝非偶然。

如前所述，康德要卫护宗教，要把宗教作为人所必需的主观信仰保留和肯定下来。他说，"……我相信，基督教与最纯粹的实践理性的结合是可能的"[2]。宗教虽已在理论上等同于道德，在实践中却仍有其独立的价值；即使承认了宗教的独立存在，却又要求作某种重要的修正和改良：康德"道德的神学"具体用在宗教上，仍然表现出这种两重性。一方面，他不像法国唯物主义者那样嬉笑怒骂地去揭发、批判、打倒宗教；另一方面，他对传统宗教一些基本教义等又强烈要求改革和修正。他提出所谓"理性的宗教"：既然上帝只是人心中可以体验的道德律令，那么基督教传统教义中的种种奇迹、天启、天宠等一切超自然的神秘，就既不能证明上帝存在，也毫无道德价值可言，根本不应去相信和传播。

所谓"三位一体""基督复活""末日审判"这些基督教的基本教义，在康德看来都超出了理性信仰的范围。康德说，"复活与禁欲……不能用于纯理性的宗教……它们非常适合人的感性表象方式……身体依然死去……人作为精神而受福，这种假设更和

---

1. 参看威伯（J. Webb）《康德的宗教哲学》。
2. 1793 年 5 月 4 日给斯徒林（C. F. Stäudlin）的信。

理性相一致"[1]。这就是说，基督复活是不可信的，永生不朽只能是精神。所谓"末日"——万事万物终结在一个没有时间的永恒中，也是不可思议的、可怖的、超验的神秘。康德说中国的老子哲学把最高的善假设在虚无中，"把自己锁在黑屋中去闭眼体验这个虚无"[2]，人被神的深渊所吞没，实际上没有时间就无所谓终结。基督教十分看重所谓"原罪"，康德却认为："人性恶的根源最不适当的是把它归于最早的父母传给我们。因为不是我们自己所作，不应归于我们，我们不能对之负责。"[3] 关于"三位一体"，康德以为相信三个人头和十个人头在道德实践上并无多少意义的区别，因此《圣经》也应剥去其神话的外衣，从道德的观点上来解释，来发掘具有普遍有效性质的理性意义。

康德坚决反对各种神秘，认为这些或是内在的迷狂，或是外在的巫术，都是超出道德律令和理性信仰的范围的。他说置信仰于道德之上，是迷信而并非宗教。如果德行屈从于上帝的崇拜，上帝便成了一个偶像，宗教便成了盲目崇拜。康德还认为，纯道德的信仰应高于对历史性的教会法规的信仰，理性愈成熟，愈能把握其纯道德的意义，愈不需要后者。可见，教会是人类幼稚时期进行宗教教育的手段，等到人成年长大时，就逐渐成为不必要，甚至成为有妨碍的东西了。事实上，宗教已常常成了追求恩

---

1. 《理性限度内的宗教》第 3 篇，第 2 部分。

2. 《万物的终结》。

3. 《理性限度内的宗教》第 1 篇。

惠、讨好上帝的不光彩的暗中手段，正毁坏了道德。康德欣赏不让儿童熟悉宗教仪式的教育方式 [1]，反对神学学科高于哲学学科和支配哲学，一再提出作为"婢女"的哲学是打着火把走在神学主人的前面还是跟在后头的问题 [2]，甚至还说，因为世上的王侯们喜欢他们的臣民恭维自己、顺从自己的命令，以便于统治，俨如一种神意，"于是拜神的宗教概念代替了道德的宗教概念" [3]。

康德还用他的四范畴（量、质、关系、模态）给教会作了规范，例如其中"质"的一项便是强调纯道德性，非迷信或迷狂；"关系"一项强调成员自由，是自愿的、持久的精神性的联合。教会应是一种人们伦理道德的结合，而不能强迫与要求盲从。他说："置信仰于道德之上……可称为迷信而非宗教；置道德高于信仰……便可拒绝天启。""如果德行屈从于上帝的崇拜，上帝便成了一个偶像，宗教便成了盲目崇拜。" [4] 康德自己不仅终身不去教堂，极为厌恶种种宗教仪式，还宣传这种显然与当时宗教教义和教会、神学大异其趣的理论，这就终于遭到了官方的警告 [5]，康德这些所谓主张理性宗教的作品被禁止出版。宗教的哲学探讨产生了现实政治的后果。

---

1. 1776 年 3 月 23 日给沃尔克的信。
2. 《系科之争》《永久和平论》。
3. 《理性限度内的宗教》第 3 篇（5）。
4. 同上书，第 4 篇。
5. 当时腓特烈二世下谕说："……极为不快地看到你误用你的哲学去毁坏许多极其重要的基督圣典教义……要求你立即做出诚恳回答……如果你继续抵制，必将造成不佳后果。"压力是相当大的，康德被迫停讲宗教问题。参看本书第一章。

可见，一方面，康德的确在"道德的宗教"旗号下，反对了种种宗教有神论、神人同形论，反对上帝作为实体存在，反对宗教叫人屈从于绝对权威，要求把外在的绝对权威变而为内心的信仰律令，把宗教的教义变为道德的教义。康德的伦理学宣传人只服从自己立法的道德，人是自由的，是目的，不能是任何工具，包括不是上帝的工具在内，这与他的宗教观是完全一致的。这种宗教观、伦理观表现了对长期统治封建中世纪的教会和神学的叛离和反抗，是法国革命时代的呼声和反映。

但是，另一方面，康德又反对无神论和泛神论，反对把上帝归结为或等同于自然因果规律支配的物质实体，如斯宾诺莎。康德曾认为，企图用祈祷去影响上帝是不道德的，忠诚的人可以甚或不积极肯定上帝的存在。但是，可以问康德，如果不肯定上帝的存在，又何必去祈祷？如果宗教便是道德，又何必要宗教？显然在康德思想中，宗教与道德毕竟没有完全等同起来，宗教是与"我期望什么"，与"至善"连在一起，仍居于道德之上。康德说，如没有理性信仰，就会去信仰迷信或信仰无神论。[1]可见，保留这种道德的宗教，也是为了反对无神论。在法国唯物主义坚决批判宗教之后，康德仍然要去信仰那个虽已化为道德但毕竟仍是宗教的上帝。所以，康德哲学虽然遭到了旧教的反对，却为新教所欢迎，策勒（Zeller）曾说，康德的哲学在五十年间为德国多数神学家所支持。法国大革命失败后的复辟年代里，康德学说显赫

1.《什么是摆正思维的方位》Ⅱ。

一时，也是这个缘故。它把为法国唯物主义所轰击得摇摇欲坠的宗教重新扶上统治人心的宝座。

鲍尔生说，"康德的道德不过是将基督教的宗教语言翻译成为思辨的语言而已：用理性代替上帝，道德律令代替十诫，用理性的世界代替天国"[1]。这样，虽然把宗教化为道德，但同时又把道德化为宗教。所以，似乎也可以用马克思批判马丁·路德的指示来批判康德：

> 他破除了对权威的信仰，却恢复了信仰的权威。他把僧侣变成了俗人，但又把俗人变成了僧侣。他把人从外在宗教解放出来，但又把宗教变成了人的内在世界。他把肉体从锁链中解放出来，但又给人的心灵套上了锁链。[2]

康德把宗教化为道德，但又把道德化为宗教；他反对传统的宗教有神论，但又反对唯物主义的无神论。并且，值得注意的是，在《纯粹理性批判》中，"最高存在者"是指引理论理性前进的范导；在《实践理性批判》中，"最高存在者"又是这种道德的信念，这都是一种促进人们活动的实践态度和作用力量[3]，都是并无经验证实却又为人所必需的主观要求。这样，这个"最高存

1. 《康德：生平和学说》第 2 篇第 1 节 IV。
2. 《〈黑格尔法哲学批判〉导言》，《马克思恩格斯选集》第 1 卷，1972 年版，第 9 页。
3. 参看瓦尔希：《康德的道德的神学》。

在者"的"公设",便成了人们探究自然总体（认识）与人们整个道德行为（伦理）的最终目标和根本动力，没有它，认识和伦理均将成为难以想象的和难以完成的。这就导致不管康德意愿如何，仍然是神（上帝），而不是人自己，成了最后的主宰。而这，正是把认识与实践彻底对立起来的必然结果。

一方面是科学，另一方面又是宗教。一方面是立法形式的道德，另一方面又是德、福统一的至善。一方面，作为道德理想的"至善"本应无需幸福，道德律令本身便是绝对命令；另一方面，作为感性存在的人的幸福又难以排除，期望幸福是人之常情。但幸福难求，只好指望于"天福"。于是，一方面道德必须完全排斥幸福，另一方面道德的最高概念——至善又必须包括幸福。这种二元的尖锐矛盾，理论根源在于：主观能动性的道德行为只是形式，具有现实内容的客观的幸福被排斥在外，结果反而只好到虚幻的"至善"天国里去寻求统一。

康德的宗教观点与他的政治观点息息相关。宗教是当时哲学与政治的中介环节，康德的政治观点也恰好可作他的宗教观点和哲学思想的真实内容和现实注解。

三　法权、政治观点

康德曾经是法国革命的热忱的关怀者，当德国许多人背离时，康德还信守启蒙观念不渝，因此被称为"最后一个雅各宾派"。

但如第一章所指出的，实际上康德并不是激进的暴力革命的雅各宾，而不过是在落后德国状况中要求变革的改良派。康德那么抽象的伦理道德学说也正是这种政治立场、观点的表现。所以，完全撇开康德的政治立场观点，是不能明了他的哲学、伦理学真正含义的。事实上，康德不但正是在批判时期写了许多政治论文，而且在《道德形而上学》中就把法权政治理论作为开头的第一部分。他把法权理论叫作"政治伦理学"，看作政治的普遍必然的先验原则。康德认为，不是法来适应政治，而是政治要适应于法，它的根基在法。康德在这里并不是讲具体的法，而是讲法之所以为法的一些基本条件，即法的哲学观点。

康德指出，法权乃是道德的外壳，是社会政治生活中的"普遍必然"，从而，法权理论构成康德伦理学的一个组成部分：对自己的义务是道德理论，对别人的义务便是法权理论。康德认为，道德的命令是内在的、自觉的，法是外在的、强制的；道德涉及内在动机，法只管外在行动，而不问内在意图如何。康德曾举例说，我可以不考虑别人的自由，甚或还想侵犯它，这在伦理学上是不道德的，但在法上却是允许的。但它之所以又是伦理学的一部分，是因为它与自由有关。道德是肯定的，推动人们的行为；法是否定的，限制人们的行为，但法的这种限制与强迫，又正是扩充理性的自由。康德认为，强制与自由在这里是完全一致的，因为人自愿放弃其不受任何约束的自由，以服从具有集体意志和权力的法（法不是由君主或任何个人所任意规定的），这样个人也才获得真正的自由，而不被别人侵犯，也就是人各自由而不侵犯别人的自由。[1]康德说："他们事实上完全放弃了野蛮的无法律的自由，但获得了在法律依附的状态中即法权国家中的完整的、没有减少的自由，因为这种依附是他们自己的立法意志所创造的。"[2]"从而，法权是这些条件的总和，在其中各个体的意志依据自由的普遍法则能与他人的意志相协调。"[3]康德的法权、政治基本论点，是建立一种个人自由与其他人自由和平共存、相互联系而统一的政治制度。

在这里，康德与霍布斯、卢梭相同的是，认为原始人那种毫无限制而又彼此侵犯、扰乱不已的状态（霍布斯）并没有真正的自由，只有各人放弃各自一定的自由，在法律下自愿联合起来才能获得真正的自由（卢梭）[4]。康德与霍布斯、卢梭不同的是，他不是从个体之间的契约关系来看这种联合，不是从个体的利益来建立法律、政府与国家，而是认为人从一开始就具有社会性，从而把社会性变作一种先验的理念规定（详后）。康德认为，国家与法必须建立在这种先验的理性原理上，经验不能告诉人们什么是法权。法权的一般原理是"每个人意志的自由与其他人的自由共存"[5]，即如前所述，限制一定的自由以获得"完整"的自由。这虽

1. 康德把这一思想一直灌注到他的教育思想中去了："万不可使约束成为奴性的，儿童应永久使其自觉其自由，而以不侵犯他人的自由为界限。"（《教育学讲义》）
2. 《道德形而上学》法的形而上学，法权理论（二）公法。
3. 同上书，法的形而上学，法权理论导论，§B，什么是法权。
4. 卢梭是继承霍布斯而来的，他称霍布斯为最伟大的哲学家。他同意霍布斯，反对把社会起源美化。人既然只有保持生存的本能，则社会一开始当然是如霍布斯所云。
5. 《道德形而上学》法的形而上学，法权理论导论，§C，法权的普遍原理。

然是人们自己自愿立法做出规定的，却并不是个人之间的社会契约关系，而是一种先验的理性产物，是理性的实践理念。康德认为，公民立法政体赖以建立的原始契约，将私人意志连成一个公共意志，这不必是一个事实。它不能由历史证明，只是一个无疑有实践现实性的理性理念。[1] 所以卢梭模糊的"公共意志"，在康德这里便明确地不等于多数人的意志，而是指理性的意志。它的"普遍必然"也正来自这里，而不是来自经验，也不能还原于经验的幸福。幸福各有不同，自由、平等、独立却具有普遍性。康德指出，一个很少自由的国家，人们也可以幸福，可见自由不来自幸福，而有其自身的理性根源。康德这一观点后来为黑格尔所大力发挥，即认为国家并不建立在契约上，而是以理性为基础，是理念发展的一个特定阶段。黑格尔说："生活在国家中，乃人之理性所规定。""由于国家是客观精神，所以个体本身只有成为国家成员才具有客观性、真理性和伦理性。"[2] 这种把霍布斯、洛克、卢梭的个体间的社会契约论和自然法学说改造成为超个体的先验理性论的做法，也可以说是由康德开其端的。它一方面比卢梭等人更具有历史主义精神，抛弃了把国家起源看作个人契约产物的幼稚观点，注意到它乃是一种发展的必然阶段；但另一方面，洛克等人的天赋人权的明朗的个体主义，又被代之以这种强调集权的晦涩的总体主义，从这里当然可以走向军国专制而为普鲁士王

1. 《论俗谚》II，结论。
2. 黑格尔：《法哲学原理》§75、§258，商务印书馆，1962年版，第83、254页。

朝服务，黑格尔的法哲学在一定意义上就是这样的，这也正是把"自我意识"实体化（见本书第五章）的哲学体系的必然推论。[1]

但是，康德与黑格尔还有所不同，比较起来，康德的启蒙主义和自由派色彩要远为浓厚，他还没有抛弃而是维护天赋人权说。康德说："公民状态，纯粹作为立法状态看，先验地建筑在三个原则上：1. 社会中每个成员作为人，都是自由的；2. 社会中每个成员，作为臣民，同任何其他成员都是平等的；3. 共和政体的每个成员作为公民，都是独立的。"[2]康德非常重视并坚持了卢梭的民主思想，他反对封建特权，反对绝对君主[3]，在理论上反对开明专制，甚至反对一个"爱民如子"的统治政治，认为这是对自由的废弃。他反对一人立法，万众无权，坚决主张代议制，积极宣传卢梭"人服从自己立法才是自由"和"作为公民人人平等"的观点。甚至在自然地理的讲课中，康德也声明要多讲些更长久的现象，如生产、风习、贸易、商业、人口，而不是什么王位继承、国家纠葛，等等。这些都表现出康德整个思想中的反封建启蒙主义的方面。

也就在同时，康德强调个人只有对法忠诚才能自由，表现了

---

1. 康德晚年及以后，浪漫派思潮席卷西欧，一方面是费希特、黑格尔（尽管黑格尔主观上是讨厌浪漫主义的），另一方面是反普遍历史规律的赫尔德、强调直觉的雅各比。康德所信奉的启蒙主义终于被逐出思想舞台。康德正好站在这个转折点上。卢梭的"公共意志"和否定三权分立，可以导致浪漫主义和集权主义，真正典型的自由主义和个体主义的代表应是洛克。

2. 《论俗谚》II。

3. 康德说："霍布斯……认为国家首脑不受契约约束，他永不会做错……是一个可怕的命题……将给予他以神意，抬高到超越人类之上。"（《论俗谚》）

对现存的法律、秩序、制度的服从。康德说，"一切反抗最高立法权……一切诉诸暴力的反叛，在共和政体中是最大和最需惩罚的罪行，因为它破坏了它的基础。这种禁止是绝对的"[1]，即使国家首脑破坏了契约，滥行专制，臣民仍无反抗的权利。康德还认为共和并不等于民主，二者不应混淆，前者是政权方式，后者属统治方式。行政与立法分开或合一，分别叫共和与专制，康德认为重要的是这个政权方式。由一个人、少数人、多数人握有权力，分别叫君主制、贵族制和民主制，这是统治方式。康德主张代议制共和政体，但共和也可与君主制统治共存，只要开明君主实现共和体制，体现"公共意志"，将立法与行政分开就很好："一个国家很可以对自己以共和体制进行治理，尽管它在当前仍是君主的统治方式。"[2]而民主在康德看来却一定是专制暴政，并不能保证符合真正的"公共意志"。总起来看，康德政治思想是反封建，坚决主张代议制，主张"努力用进化来代替革命"，基本要求是三权分立和人民立法，具体路线则是力主改良渐进，反对革命暴力，它从而不是否定现存法律、秩序和君主制度，而是在肯定它、维护它的前提下要求努力改进："在哪种秩序下，才可期望朝着改革前进？答案是：不能靠自下而上的事物进程，而只能靠自上而下的事物进程。"[3]并把希望寄之于教育。

------

1. 《论俗谚》II 结论。
2. 《永久和平论》。
3. 《系科之争》第 2 篇。

康德在伦理学中高唱的自由——"意志自律",落实到法权和政治中,便是:言论的自由,而不是造反的自由;消极抵制的自由,而不是积极反抗的自由;和平投票的自由,而不是暴力革命的自由;作为臣民,必须服从,作为学者,可以批评的自由。所有这些,今天看来并无可厚非,也许比革命思想倒更健康和坚实。所谓平等,也是如此。康德自己便承认,"这个一般的平等,是同人们私有财产在数量等级上极大的不平等共存的"[1],是政治(投票)的平等,不是经济的平等。至于独立,康德更分出所谓"积极公民"与"消极公民",前者在经济上"不依附"他人,是独立的,从而在政治上才有公民权利;后者,如雇工、仆人、妇女、学徒、家庭教师、农奴,这些大多数被剥削被压迫的人们,在康德眼里,却都是因为"需要依赖别人生活和保护",从而"不具有公民的独立性"[2],因之所谓政治(投票)的平等也被取消了。"独立""自由""平等"是启蒙的语言,这种民主精神是可贵的,却又仍然无可避免地具有时代的烙印,现代普选权是经过人民群众的长期斗争才逐渐实现的。康德在伦理学中倡导的"人是目的",一具体化,也成了问题。康德曾说:"非婚生子在法律之外(婚姻是一种法律规定),因此,便不受法律的保护,像违禁的走私货品一样,社会可以无视它的存在,因为它们根本就不

---

1. 《论俗谚》Ⅱ。
2. 1791 年法国宪法中也规定了所谓"积极公民"和"消极公民"(沿袭 1789 年的有关规定),前者享有选举权,但只有向国家交纳一定数额直接税的人,才有此资格。雇佣劳动者都被排除在外了。

应该如此进入存在。"[1]并认为，在所谓法律决定下，一个人即使还保存生命，却可以成为另一个人（国家或另一公民）任意处置的单纯工具。人是商品，是货币，是工具，都只有在资本主义社会中才发展得最为充分和彻底，历史的讽刺便是如此；但比封建主义，却毕竟大进了一步。

康德的法权理论中还有一些观点，如把所有权（财产）作本体（公民社会的法律认可）与现象（经验上的占有）的区分，如刑罚报复说（刑罚并非把人当作工具，也不是为了社会功利，而是侵犯别人的自由所应得的自己自由遭到同等剥夺。杀人者死，不是因为杀人者对社会有害或具有危险性，而是他应受到侵犯别人同样的侵犯，即报复）等，都是直接导向黑格尔的有影响的理论，本书不拟多谈。总之，康德身处法国革命前夕的思想风暴年代，接受了卢梭的进步影响，他把革命的资产阶级的政治理论，翻译成了改良主义的道德体系。上述这些法权、政治观点，则是其抽象的先验道德体系的附庸和推演，同时也是这个体系的时代内涵。

四　历史理念

康德的伦理学不但与其宗教、政治观点密切相关，而且与其历史观点也是紧密联系的，历史观又恰好是其政治观的归宿。

---

1. 《道德形而上学》法的形而上学，法权理论（二）公法，E 罚与恕。

在《纯粹理性批判》中，康德曾提出"我能知道什么"等三大问题，本章前面已讲。晚年，康德在这三问之后，又添加一问："人是什么？"[1]康德说："第一问由形而上学回答，第二问由道德回答，第三问由宗教回答，第四问由人类学回答。归根到底，所有这些可看作人类学，因为前三问都与最后一问有关。"[2]虽然在康德讲授二十年、晚年才出版的《人类学》一书中，大多是一般的和心理学的经验谈，与历史观的内在联系不明显；但值得注意的是，康德由自然科学而伦理学，由伦理学而日益从各个方面具体考虑人作为现实存在的各种问题。[3]其中就有重要的人类历史的问题。这不再是认识论和伦理学中的抽象形式，而包含着一些三大批判中缺少而为后来的黑格尔所极力发展的重要思想。这些思想与康德整个哲学体系的关系、它们所占的地位等，我认为是十分值得注意的问题。也有人说，康德的历史观点是第四个批判。但康德本人没有也不可能有这第四个批判，因为这个批判必须是康德全部批判哲学的扬弃和二元论矛盾的解决。康德的历史观已经蕴含着这个解决的潜在萌芽。

康德的历史观主要和突出地表现在《从世界公民角度看的普遍历史理念》一文中。这篇文章对世界历史进程做了一番哲学

---

1. 1793 年 5 月 4 日给斯徒林的信；1800 年的《逻辑讲义》。
2. 《逻辑讲义》导论Ⅲ。
3. 德彼特（Frederick P. Van Depette）认为，目的论比理性在康德体系中更为重要，目的论才是康德哲学的原动力和关键点，它当然与人类学不可分。人的命运和道德才是目的，思辨理性不过是工具，所以人类学是整个康德哲学的真正基础。见所著《康德作为哲学人类学家》（1971 年）一书。我以为很有道理，值得注意。

的考察，指出在种种冲突、牺牲、辛勤斗争和曲折复杂的漫长路途后，历史将指向一个充分发挥人的全部才智的美好的未来社会。这个社会也就是公民社会，国内生活幸福而自由和国际永久和平融为一体，是这个未来的灿烂前景。这篇文章充满了乐观主义、启蒙主义的精神，今天读来还颇有生气，显然可看作法国大革命前夕的进步思潮的代表。值得重视的是，在这篇文章中，康德进一步发展了自其处女作以来所不断采用的矛盾观点，他强调指出，人类的进步、文明的发展都是在矛盾、冲突中达到的。他概括说："……人有一种社会化的倾向，因为在这种状态中他感到自己不仅仅是人，即比发展他的自然才能要更多一点什么。但是，他又有一种个体化自身的强烈倾向，因为他同时有要求事物都受自己的心愿摆布的非社会的本性，于是这在所有方面都发现对抗……正是这种对抗唤醒他的全部能力，驱使他去克服他的懒惰，使他通过渴望荣誉、权力和财富，去追求地位……从野蛮到文明的第一步就这样开始了……没有这种产生对抗的不可爱的非社会性的本性（人在其自私要求中便可发现这一特征），所有才能均将在一种和谐、安逸、满足和彼此友爱的阿迦底亚的牧歌式的生活中，一开始就被埋没掉。人们如果像他们所畜牧的羊群那样脾气好，就不能达到比他们的畜类有更高价值的存在……这种无情的名利争逐，这种渴望占有和权力的贪婪欲望，没有它们，人类的一切优秀的自然才能将永远沉睡，得不到发展。人希望谐和，自然知道什么对种族更有利，它发展不谐和……"

康德的伦理学本是围绕人来旋转的，他强调提出了"人是目的"。这里又提出"人是什么"的重要问题。"人是什么"呢？
康德的"人"不是自然人（卢梭），不是原始状态的个体。康德
说，卢梭从人的自然状态出发，他则从文明人出发。但这个文明
人并不是某种经验的集团、阶级，而是一种所谓先验的自我，这
个自我实际包含有超生物性的人类种族的含义。康德认为，人先
验地具有联合在一起的社会性，同时又有追求个体欲求、愿望的
非社会性。所谓非社会性，也就是"恶"。"恶"并不是自然人
欲，而是因追求个人利益以致违背普遍立法的个体性。所谓人性
（个体）本恶，指的就是这种劣根性。[1]但是，又正是"恶"，推动
着历史的发展、人类的进步，使人的聪明才智和各种能力在与他
人的竞争、对抗和冲突中不断发生、发展起来。康德举例说，例
如树木，只有在茂密森林中，各为争取阳光而竞相生长，才能长
得高大笔直。如果孤立地生在空旷的地上，让它任意伸枝，就反
而长得低矮弯曲。所以，一方面，人的自然才能只能在种族中发
展，而非取决于个体；另一方面，又只能在与他人的竞争中，才
能得到发展。与亚当·斯密等人一样，康德肯定竞争是社会的基
础，它促进文明和进步。公民社会便是竞争的社会。[2]所谓公民社

---

1. 这种带有神秘性的性恶论，可说是从基督教的"原罪"论到弗洛伊德的心理学所共有的思想，
   是值得进一步探讨的。
2. "唯有在这样一个社会里，其成员有高度的自由，从而成员之间有剧烈的对抗，但社会却使
   这种自由具有精确的规定和保证，使每人的自由与别人的自由彼此共存——唯有在这样的
   社会，大自然的最高目标，它赋予人类的全部才智禀赋，才能获得实现……这也就是一个
   完全正义的公民社会。"（《从世界公民角度看的普遍历史理念》命题四）可与康德的政治思
   想对照，二者明显是联系在一起的。

会也就是资本主义社会。很明显，康德这种思想表达了资产阶级的新兴要求和资本主义自由竞争的基本特征。它为这个将要普遍到来的社会制度预唱赞歌，对它的前景、发展充满了乐观的历史估计。

"恶"是个体性、主观性的，这也是黑格尔的思想。黑格尔说：

> ……人各追求自己的目的……当他极度追求这些目的，他的认识和意志只知道自己，他的狭隘的自我离开普遍，他便陷于恶了，此恶是主观的。[1]

恶推动历史的发展，则是为恩格斯所称许的黑格尔的著名思想，为大家所熟知。黑格尔这些思想可说直接来自康德。它们实际都是以自由竞争的资产阶级社会制度为现实根源和基础的。

康德说："自然的历史从善开始，因为它是上帝的工作；自由的历史从恶开始，因为它是人的工作。"[2] 这就是说，所谓从善开始，是指大自然使人作为族类日益由坏变好，即一开始似乎是有目的、有计划地安排，使人类作为种族不断向前进步。所谓从恶开始，是指作为个体的人，在理性的觉醒下，被引诱脱离《圣经》中所描绘的那种浑浑噩噩的"乐园生活"，开始了自由意志

---

1. 黑格尔：《哲学全书·逻辑》§24，参看《小逻辑》，贺麟译，商务印书馆，1962 年版，第 102 页。
2. 《人类历史起源推测》。

的选择，为个人的私利而奋斗，"由于他运用自己的自由只是着眼
于其自身"[1]，于是有忧虑、有恐惧、有苦恼，所以说自由的历史从
恶开始，而演出一幕幕的愚蠢、幼稚、空虚的世界历史的剧目。
从其中似乎看不出有什么合理的计划，但实际却暗中有着自己的
理性规律。人们活动的结果，并不是人所期望、所意识到的。人
们要求和睦，结果偏是相互的对立和斗争；个体追求幸福，不辞
万险千难，而生命有限，幸福难求。但前者却在无意识中使种族
得到发展，后者也在无意识中为下代创造了幸福。又如，战争给
人类带来极大的损害和罪恶，康德说，"对文明民族的最大灾祸就
是战争"[2]，但战争却又经常成为进步的必要手段。康德说："在人
类文明的现阶段，战争是促进文明发展的必不可少的手段。"[3] 在
《判断力批判》中，康德明白认为："在人的方面，战争是无意识
的举动……可是在最高智慧方面，它是一种深深潜藏着的、可能
也是深谋远虑的企图。"[4] 在人类的活动、行为表面非常幼稚、混
乱、无意识之中，从总体上看，却可以发现一种规律和目的。康
德曾说，尽管人们埋怨现在，但并不真正要求回到过去的原始状
态中去。康德强调科学、文化、教育、政体的革新和进步，并认
为历史的趋向是走向一个内是立宪共和政体、外是国际永久和平
的理想境地，而这正是人的道德特质的外在化。自然既赋予人以

---

1. 《人类历史起源推测》。
2. 同上。
3. 同上。
4. 《判断力批判》§83，参看韦卓民译，下卷，商务印书馆，1964 年版（简称韦译本），第 97 页。

这种理性，其自然的目的就在实现它，所以历史趋向理性。康德说："作为整体的人类种族的历史可以看作实现自然的一个隐蔽的计划，即带来一个完满立宪政治制度以作为人类全面发展其自然才能的唯一可能的状态，也进到国家之间的外在关系完全适合于此目标。"[1] "……建立一个普遍和持久的和平状态，不只是纯粹理性范围内的法权理论的一部分，而且是理性的整个最高目标。"[2] 这种"永久和平"不能由一国吞并各国统一世界来获得（"任何国家都不得以武力干涉其他国家的体制和政权"[3]，是康德的"永久和平论"的论点之一），而只能通由各国普遍建立共和政体（"每个国家的体系都应是共和制"[4]），彼此协商订立国际法律而取得。因而，各国内部的共和政体和启蒙公民便是国际永久和平的前提条件，因为只有人民是不愿意战争的。[5] 同时，国际贸易的经济利益也使各国不得不（虽然不是由于道德动机）促进崇高的和平，并在有战争危险的地方，通过所谓"和平联盟"用调停的方法来防止战争发生。国家的对外政策与对内政策是互相联系的。应当认为，近两百年前康德这些看法是相当卓越的。

　　康德的历史观以所谓"非社会的社会性"开始，以所谓"永

---

1. 《从世界公民角度看的普遍历史理念》。
2. 《道德形而上学》法的形而上学，法权理论（二）公法，第3节国际法结论。
3. 《永久和平论》。
4. 同上。
5. "相反，在臣民不是公民从而不是共和的体制下……领袖不是国家的同胞而是国家的所有者，他的筵席、狩猎、宫苑等一点不会因战争而有损——他就可以像请一次客似的由于微不足道的理由而发动战争。"（同上）

久和平"告终。这也是所谓以"恶"始，以"善"终。经验现象
的历史指向了本体的道德，道德的人成为人类历史的总目标。这
个目标不是通过个体的道德修养，而是通过历史的向前发展、政
体的不断改进使道德日益完善而可望达到。幸福则始终不过是
历史所利用的一种手段，历史进步也根本不能以幸福作为标准来
衡量。

　　然而，康德这种历史观点与其形式主义的道德理论仍是有很
大距离的。道德与历史，一个属于本体，一个只是现象。虽然康
德在《判断力批判》（详下章）中，企图用"自然的终极目的是
文化、道德的人"这一观点沟通二者，企图让在时间中行进的因
果自然与非时间的道德会合在目的论中，但这并未成功。尽管提
出了道德与政治的矛盾统一等问题，[1] 这个统一却是求之于少数统
治者。于是，对于道德与历史的关系，康德便并未做出真正明确
的处理或解释。实质上，两者是背道而驰的，所呈现的一系列矛
盾倒是更为突出的：康德所期望的共和政体并不能由道德来建
立，道德倒只有在好的政体下才能发展。[2] 外在行为的合法也不是
由内在道德所决定的，而常常倒是以恶制恶，本非道德的人在法
的强迫下也完全可以做个好公民。实现"永久和平"是"我们的
道德义务"，但它仍得靠大自然的强制和历史的发展。历史趋向

---

1. "……于是，这时我们所愿望的永久和平……作为由于承担义务而产生的一种状态"（《永
久和平论》），等等。
2. "……良好的国家体制并不能指望于道德，相反，形成良好的道德倒是有赖于良好的国家体
制。"（《永久和平论》）

道德，但道德作为不可知的本体却是因果永远不能到达的彼岸。纯粹理性是善、是自由，但真要达到它，又要通过恶。在《永久和平论》中，战争的积极作用和所谓大自然的巧妙安排讲得极多。说得那么绝对尊贵的道德律令，在历史中实在起不了什么现实作用，在现实中起作用的恰恰是道德的反面——恶。尽管康德提到"道德的政治家"之类抽象的空想，但实际并没有也不能解决这些矛盾。

康德的确强调历史进步，指出人类既不满足也不会愿意回到原始人的状态中去，他对人类文明和未来充满了乐观的估计和信念，"人类的天职在整体上就是永不中止的进步"[1]"对人类族类来说，其历史是由坏到好的前进"[2]"是一条尽管有各式各样的不信任者，但在最严谨的理论上仍然可以成立的命题，即人类一直并将继续朝着改善前进"[3]。但这一切又仍是不能确证的。他上述种种对历史的观点、理论和展望，通通如他自己所认定，不过是并不能由经验证实的"理念"。包括"人类能永恒存在""自然隐蔽的计划"等也都如此。"进步问题不是由经验所能解决的。"[4]康德指出，并不能从经验科学中排除某个星球偶然把地球撞毁的可能。康德认为，从经验并不能证明社会是进化还是倒退，所以上述所有这些历史观点，如同伦理学中的上帝、灵魂等一样，终究

---

1. 《评赫尔德〈人类历史哲学观念〉》。
2. 《人类历史起源推测》。
3. 《系科之争》第 2 篇。
4. 同上。

不是客观规律，而只是主观理念，即不可能由经验证实的。而道
德的理念在康德是高于历史的理念的，历史从属于道德。康德因
之远未能从哲学上把他这些历史观点贯串起来，作为强有力的杠
杆。因为要这样，就必然冲破整个"批判哲学"体系，摧毁和舍
弃那个不可认识的本体世界和形式主义的道德律令。这当然是康
德所不能做到的。康德说，他决不把头脑埋在羊皮纸的陈旧档案
里。康德没有像研究自然科学那样去仔细研究历史。他的历史观
中虽然包含着重要因素，但终究是与其整个哲学体系缺乏充分联
系的，没有形成系统的哲学理论。这个系统化工作是由把康德的
主观理念客观化的黑格尔来完成的。

　　如前所指出，法国唯物主义从明朗的资产阶级个人主义出发，
强调道德、政治、历史的基础最终建立在个人的感性幸福上，认
为历史前进与否应以增进人的幸福为标准和尺度，要求用自然因
果关系来解释它、规定它。康德则祭起超经验的"理性"旗帜，
作为道德律令，要人从属于抽象的理性。这个"理性"已大不同
于启蒙主义所讲的理性即人的理知，而具有超越于人（个体）的
客观意义。以个人为基础的道德观点（洛克、卢梭以及法国唯物
主义）改变为以晦涩神秘的"理性"为基础。感性具体的个人消
失在非个体甚至是反个体的"理性"之中。从而，不再是感性个
体现实的人，而是超感性个体的"理性"，成了世界历史的主体。

　　与认识论的情况一样，由康德开其端的这一转变，到黑格尔
得到了完成。黑格尔把康德的道德律令，即具有实践能力的纯
粹理性，改成绝对理念，使康德的道德"应当"具有了本体论的

意义，使康德的非历史的静止性的"命令"变而为历史性的运动
环节。康德那里与理性相对峙的自然（因果），也通通吞并在理
性之内，成为理性的一个外化的低级阶段。在黑格尔，重要的不
是主观上如何立意的问题，而是客观上如何实现的问题。重要的
也不是去设想或提出一个可望而不可即的历史"理念"，如永久
和平之类，而在于去论证当前现实的伦理、国家等的历史必然性
（合理性）。在黑格尔看来，除非具体实现在某种社会行为、制
度、伦理中，即实现在一定历史阶段的国家、文化、法律中，所
谓道德是抽象而无意义的。理性不仅是自由，而且是自然、因果
的基础。所以，黑格尔不讲抽象的道德理论，而是把伦理学纳入
整个逻辑—历史（包括自然和社会现象）的辩证法之中。与康德
相反，黑格尔认为世界历史的活动的基础高于道德的基础，不是
历史从属于道德，而是道德从属于历史。[1] 因之，所谓人的自由便
不在于意志的选择，而在于对必然（因果规律）的认识。康德的
自由在黑格尔看来便是抽象的空洞的自由，它把各种内容都作
为限制而要求逃离它们，这就完全失去了具体现实性。黑格尔认
为，真正的自由恰恰需要克服和超越这种主观意志的片面性、任
意性和偶然性。康德强调人是目的，但在历史观中已有个人只是

---

1. 黑格尔说："世界历史在一个比道德更高的水平上活动……精神的绝对和最终目的的要求和
完成……高出于诸如个人的道德的职责、责任、义务，等等……作为世界历史的个人的伟
大人物，其行为不但要从它们的内在的、未意识到的意义，而且应从世界历史角度来衡量；
用道德要求的观点来反对世界历史的行为和代表，无疑是不合适的。他们在道德之外……
世界历史可以在原则上不顾道德……它不但可以抑制住道德判断……而且可以不看和不提
个人。"（《历史哲学》绪论，商务印书馆，1963年版，第107—108页）

历史的工具的思想萌芽，在《判断力批判》中也讲到有机体可用来与国家相比，从而国家的每个成员既是目的也是工具，"他的地位和功能由整体的理念决定"[1]，这就有个体成员为整体国家所决定的意思。到黑格尔，个体日益被看成或作为总体理性的工具，并且他明确地企图从人类历史发展的总体上来把握、规定和理解人和人的伦理道德。康德否定了道德伦理的自然因果性，黑格尔回到了因果，但他不是回到法国唯物主义那种建筑在个体感觉经验基础上的自然因果规律，而是回到建筑在总体理性基础上的历史因果。

由康德到黑格尔，德国唯心主义对法国唯物主义的否定在伦理学领域内也完成了。这个否定并不是倒退，而是螺旋形地向前延伸。德国古典唯心主义用"总体"的"理性"代替法国唯物主义的个体感性，是哲学史和政治思想史上一个极其重要的发展。因为这个所谓"总体"的理性，在这里实际上就是被唯心主义抽象化了的超生物种族的人的社会性。康德以主观道德形式提出，黑格尔则以客观历史形式提出，它们都显然不是以前旧唯物主义的自然生物性和个体性（这二者又是同一回事）。所以，与认识论的情况一样，康德、黑格尔既是法国唯物主义的对立面，又是螺旋的向上一环。它们以唯心主义方式突出了人的社会性，即非个体、非自然的特点。因之，伦理领域便不是自然性质（如幸福）和自然规律（如机械力学）所能规定和解释的，而必须由一

---

1. 《判断力批判》§65 注，参看韦译本，第 24 页。

种社会历史性的规律来规定和解释，这在黑格尔，便是绝对精神的逻辑。

这样，以契约论为标志的英法资产阶级的个人主义、自由主义、启蒙主义，就转变成以先验理性为旗号的总体主义、集权主义、历史主义。这是一个很重要的思想转折，康德站在这一转折的枢纽地位上。一方面，他承上启下；另一方面，两种因素又交织在他的伦理、政治、历史思想中。

对康德来说，这里要再次回到康德哲学的中心——物自体问题上。如本书第七章所说明，康德在认识论中提出了一系列的"不可知"，表明认识即理论理性的最终来源、本质和基础不可知。对于实践理性，也如此。对于道德律令的来源、本质和基础，即为什么人是自由的？为什么要有道德？康德认为也是不可知的。他一再说：

……在绝对命令或道德律令，了解它的可能性是一个非常深奥的困难。它是一个先验综合实践命题。关于这类思辨命题的可能性便很难了解，可以设想，这种困难在实践命题也不会更小。[1]

……这个假设（自由）自身何以可能，是任何人的理性始终不能认识的。[2]

---

1. 《道德形而上学基础》第 2 章，参看唐译本，第 34—35 页。
2. 同上书，第 3 章，第 75 页。

如果要去解释何以纯粹理性能成为实践的，这等于要解释自由如何可能，则理性超出了自己的界限了。[1]

纯粹理性何以能是实践的，要解释这个就越出人类理性的能力，所有寻求解释的劳苦都是白费的。[2]

虽然我们不了解道德命令在实践上的无条件的必然性，但我们却了解它的不可了解性。[3]

至于这个道德律令的意识，换言之，就是自由的意识，如何才是可能的，这是难以作进一步说明的。[4]

因为一条律令自身怎样直接能成为意志的动机（全部道德的本质正在于此）的这个问题，乃是人类理性所不能解决的问题，正与自由意志怎样能够成立的问题是同样的。[5]

如此等等。

与认识论相映对，康德哲学展现在伦理学方面，也还是没有失去其不可知论的基本特征。如康德自己所指出，道德律令不可认识是好事而不是坏事。[6] 但归结起来，这也就是说，认识与伦理两大方

---

1. 《道德形而上学基础》第 3 章，参看唐译本，第 72 页。
2. 同上书，第 75 页。
3. 同上书，结论，第 77 页。
4. 《实践理性批判》，参看关译本，第 46 页。
5. 同上书，第 73—74 页。
6. "……人类虽然极其努力奋发，也只能有一个很为模糊可疑的来世展望，而且世界'主宰'，对于'他'的存在和'他'的威严，也是只允许我们加以猜测，不允许我们亲眼观察或加以证明……既是这样，那直接奉献于法制的真正道德心向就有存在余地。"（《实践理性批判》，参看关译本，第 149—150 页）

面的共同根源的"纯粹理性"的本质不可知，即纯粹理性究竟是什么？它是如何来的或如何可能的？为什么有纯粹理性？这是根本无法解答的。康德将理论理性和实践理性做了一些比较后说：

> 这一类比较正当地使人们期望，或许有一天能够洞见到全部纯粹理性官能的统一（理论的兼实践的两方面），并且从一条原理推导出一切结论来。[1]

有人说，"纯粹理性被肯定为实践的，但纯粹理性与实践理性之间的关系，仍然是不可思解的神秘"[2]。有人说，这个"一条原理"，康德指的就是"理性"或"纯粹理性"[3]。我认为，康德不是这个意思，他说的恰恰是：理性或纯粹理性是什么，不可知。他期望或有一天（实际上认为不可能）能够发现这个"理性"的秘密。

前几章已陆续说明，康德哲学的实质是，先验的理性高高在上，决定着人的认识和伦理。在认识论，先验的自我作为意识的形式，在一切经验认识中，成为自然的立法者，使知识成为可能。在伦理学，先验的自我作为理性的存在，在一切伦理行为中构成绝对命令的依据，使道德成为可能。先验自我本是一个不可

---

1. 《实践理性批判》，参看关译本，第93页。
2. 《康德和黑格尔论实践理性》，见《黑格尔哲学史》（1972年）。
3. 如贝克《〈实践理性批判〉释义》。

知的 x（物自体），其实际根源仍在于那个纯粹理性。如前所述，它既不同于启蒙主义的理性，也不同于旧的唯理派的理性，这种独特的纯粹理性是康德在哲学中首先树立的旗帜；紧接着康德，黑格尔进一步用这种"理性"作为本体，吞并了一切，也推演出一切，它主宰、支配和认识着一切，它本身就是一切。但是这个"理性"的准确含义究竟是什么？这却始终笼罩在唯心主义的浓烟密雾之中。它实际包含有规律、真理、本质、行为、思维、统一的力量、事物的基础等多方面的种种内容，它是主体，又是客体，夹杂着一大堆含混模糊的说明，时而突出这一种含义，时而突出另一种，显得十分神秘。远如叔本华曾指出康德的"理性"一词具有多种含义；近如布兰夏德在《理性与分析》一书中便列举出理性一词的多种含义，说它"意味着许许多多东西"[1]。

　　本书认为，由康德开始的德国古典哲学中的"理性"，主要和基本是抽象化了的人的社会本体。在他们那里，"自我""理性"都有着超个体、超自然的某种社会性的意义，从而所谓高于现象的本体，所谓优于科学、认识的伦理、宗教，这个不可知的"物自体"，实际是以唯心主义抽象方式，指向不是作为自然存在而是作为社会存在的人，是唯心主义化的作为社会存在的人的能动性。在认识论，康德强调了人的认识能动性；在伦理学，康德强调了人的行为能动性（自由选择）。在黑格尔，这种能动性则是以唯心主义形式的主客体同一性的辩证法而出现的，它代替中世

1.　布兰夏德：《理性与分析》，第1页。

纪的上帝，成了世界的主人。重要的是，黑格尔把康德那个不可知的"物自体"中所包含的感性根源、知性根源和道德律令，通通统一在以总体历史发展为基础的主客体辩证统一的绝对理念中，从这里推演出一切物质和精神。于是，不可知的"物自体"和纯粹理性，最后终于归结为唯心主义神秘化了的人类历史。从而，康德的"人是目的"的人，便不仅不是自然生物的个体，也不是某种整体的社会，而是作为总体的人类历史了。

因之，康德上述的历史理念实际上成了毁坏其"物自体"并过渡到黑格尔去的重要桥梁。如果把康德在历史理念中提出的问题与黑格尔的观点相联系和比较一下，这就更清楚了。康德说："……个别的人，甚至整个民族，并未想到，当他们在各自依照不同及矛盾的途径追求自己的目的时，在不知不觉中却正在依照他们所不知道的自然意图沿着一个方向前进。他们无意识地在促进一个目标。实现这个目标本来丝毫不会引起他们的兴趣的，即使他们知道。"[1]

这是上文刚详细讲过的康德所谓"自然隐蔽的计划"。黑格尔发挥了康德这一思想，把康德的主观"理念"变为客观理念（精神）。黑格尔说："特殊的东西和特殊的东西相互斗争……那个普遍的理念并不卷入……它驱使热情去为它工作……热情受了损失，遭到祸殃——这可以叫作'理性的狡计'……特殊的事物比起普遍的事物来，大抵显得微乎其微，没有多大价值，每个个人

---

1. 《从世界公民角度看的普遍历史理念》。

是供牺牲的，被抛弃的……"[1]

　　……前述个人和民族的种种生活力的表现，一方面固然是追求和满足它们自己的目的，同时却又是一种更崇高、更广大的目的的手段和工具，关于这一目的，各个人和各民族是一无所知的，他们是无意识地或不自觉地实现了它……这就是理性统治了世界，也同样统治了世界历史。

　　在历史里，人类行动除了产生旨在取得的结果——他们认识并欲求的结果之外，通常又产生一种附加的结果。他们满足了他们自己的利益，但并不是现在他们意识中也不包含在他们的企图中的某种东西，却潜伏在这行动中一起完成了。[2]

　　在黑格尔，理性就是精神、自由，它通过历史进程，借助于人间的欲望、利害冲突来实现自己。

　　马克思、恩格斯、列宁非常重视黑格尔这一思想。马克思在《资本论》中讲到人利用劳动手段（工具）加于劳动对象以实现自己的目的时，引了黑格尔的一段话作为脚注。这段话是：

　　理性强有力，也有狡智。它的狡智，一般地说是间接的活动构成。当它按事物本身的性质互相发生作用、互相发生影响的时

1. 《历史哲学》绪论，商务印书馆，1963年版，第72页。
2. 同上书，第64、66页。

候，它不直接干预其中的过程，但是可以实现自己的目的。[1]

恩格斯说："人们通过每一个人追求他自己的、自觉期望的目的而创造自己的历史……但是……在历史上活动的许多个别愿望在大多数场合下所得到的完全不是预期的结果……""黑格尔所代表的历史哲学，认为历史人物的表面动机和真实动机都决不是历史事变的最终原因，认为这些动机后面还有应当加以探究的别的动力；但是它不在历史本身中寻找这种动力，反而从外面，从哲学的意识形态把这种动力输入历史。"[2]

五　善被理解为人的实践（列宁）

康德把历史进程的关键由个体移到种族，由主观的意识推到客观的"天意"（"自然的隐秘计划"）。黑格尔接着康德，人类总体的伟大历史感构成了他的辩证法的灵魂，但所有这些都完全没有实在物质基础，都是一种唯心主义的猜测和虚构。费尔巴哈批判黑格尔，却缺乏这种总体历史观，他之所以失败，如本书第五章已所指出，在于他想以个体感性的普遍性来替代从康德到黑格尔的总体理性的普遍性。他所理解的感性，仍然不出法国唯物主

---

1. 《资本论》第 1 卷，第 5 章，《马克思恩格斯全集》第 23 卷，1972 年版，第 203 页。
2. 《费尔巴哈与德国古典哲学的终结》，《马克思恩格斯选集》第 4 卷，1972 年版，第 243—244 页。

义的静观感知即个体动物性的范围（这是没有历史的普遍性的），而不能把感性理解为实践——主体的现实能动性，从而也就不能从历史（主体实践的活动总体）的角度来批判黑格尔。只有马克思主义充分估价黑格尔的历史观，并从人类实践这样一个唯物主义根本观点上来批判黑格尔头脚倒立的绝对唯心主义，强调从人类社会本身中去探究历史发展的动力、原因和规律，而不是从外面、从哲学的意识形态把动力强加给历史。因之，无论是抽象的"理性"或先验的"自我"，无论是"绝对理念"或"人的本质"，都必须还原为历史具体的社会生活，这就是为马克思所发现的生产力和生产关系、经济基础与上层建筑的矛盾运动。有些动物也有高度组织化的群体活动和集体生活，甚至有职能的分工协作等，但由于它们没有制造工具以进行生产这一根本基础，就不能构成社会，也就不可能有社会意识和符号语言。人类社会之所以不同于霍布斯、卢梭讲的自然人，不同于任何动物个体或群体组织，关键也正在这里。正因为人以使用和制造工具为根本基础和纽带，原动物群体组织（猿）才被改变为人的社会组织；并通过语言的产生，特别是通过社会意识，逐渐形成人类社会。自此以后，是社会的规律，而不是生物自然的规律，支配着人类集体的发展。"物质生活的生产方式制约着整个社会生活、政治生活和精神生活的过程。"[1] "人们首先必须吃、喝、住、穿，然后才能从事政治、科学、艺术、宗教等；所以，直接的物质的生活资料的生产，因

1.《〈政治经济学批判〉序言》，《马克思恩格斯选集》第2卷，1972年版，第82页。

而一个民族或一个时代的一定的经济发展阶段，便构成为基础。"[1]
广大劳动人民是物质生产的主要担负者，人民群众是社会实践的
主体。"社会生活在本质上是实践的。"[2]正是劳动人民以生产斗争
为基本的社会实践，推动着历史的前进和时代的发展。从马克思
主义的实践论的根本观点出发，才能揭开和批判德国古典哲学中
高扬的"理性"之谜。所以，社会实践不但是认识的根本基础，
而且是伦理、道德、政治、历史的根本基础。前面几章从这个基
础批判了康德的认识论，同样也应从这个基础批判康德的伦理学。

列宁在《哲学笔记》中摘录了黑格尔这么一段话：

这种包含在概念中，和概念相等并且自身包括着对个别外部
现实性的要求的规定性，就是善。善是带着绝对东西的品格出现
的，因为善是概念自己内部的整体性，是客观的东西。这种客观
的东西同时具有自由统一和主观性的形式。[3]

列宁就此指出：

实质："善"是"对外部现实性的要求"，这就是说，"善"被
理解为人的实践＝要求（1）和外部现实性（2）。[4]

---

1. 《在马克思墓前的讲话》，《马克思恩格斯选集》第3卷，1972年版，第574页。
2. 《关于费尔巴哈的提纲》，《马克思恩格斯选集》第1卷，1972年版，第18页。
3. 《哲学笔记》，1974年版，第229—230页。
4. 同上书，第229页。

列宁还摘录了黑格尔的话：

善的主观性和有限性就在于它以客观世界为前提，作为他物的客观世界走着自己的道路，所以从作为善的前提的客观世界这方面来说，善的实现本身就会遭到阻碍，甚至会碰到无法解决的问题……[1]

列宁指出："'客观世界''走着自己的道路'，人的实践面对着这个客观世界，因而在'实现'目的时就会遇到'困难'，甚至会碰到'无法解决的问题'……"[2]

可见，"善"不是来自那个超人间的康德的"纯粹理性"，也不是来自黑格尔的"绝对理念"，而是来自实践。"善"是作为历史总体的人类社会实践的根本性质。这也就是说，社会实践（人类存在与发展的基础）本身就是"本体的善"，其他一切的善都由它派生而来。从而，在阶级社会中，维护社会生存、推动历史发展的社会实践（生产斗争、阶级斗争等）才是道德的根源。所以，道德及其法则、要求、命令等都是历史具体的，它们必须放在一定历史发展的基础上。符合社会发展、推动历史前进的阶级、集团、个人的行为便是善的，它的反面便是恶。被抽象地从道德上视为恶的贪欲、权势等许多特性，也必须放在一定客观历

---

1. 《哲学笔记》，1974年版，第230页。
2. 同上书，第231页。

史阶段和特定阶级利益和社会条件下来具体分析、衡量和估价。如前所述，康德、黑格尔也都看出所谓"恶"常常是推动历史的力量，从抽象道德上视为恶的东西，在具体历史上并不一定就如此。新兴地主阶级或资产阶级及其代表人物当在追求权势利欲以取得统治时，也常常被人从抽象道德上视为恶，其实却推动着历史的进步。人类历史也正是在这种我称之为"历史的二律背反"中前进和发展的。[1] 反动统治阶级常常把一切进步力量对旧制度的叛逆都说成恶，并把抽象的改善"人性"等道德说教说成是推进历史的动力。过去许许多多的伦理道德理论则经常把性善性恶作为超历史的先验本质，包含康德、黑格尔讲的矛盾、对抗以及恶是社会的推动力，也都还是抽象的思辨，其实，人类历史的斗争和发展首先必须建筑在物质生产活动的矛盾发展的基础之上。

马克思发现了不以人们主观意志为转移的人类社会发展的客观历史，非常重视每个历史事件和每个革命行为的客观依据，冷静地、科学地评价和估量历史和现实的发展因果关系。与此同时，马克思主义又十分重视和高度估价人民群众的革命能动性和首倡精神。历史因果与自然因果的一个重大不同，就在于人的活动是有意识、有目的的。因此，一方面，历史进程有如自然因果一样，具有不依人们的主观意志为转移的客观性质；另一方面，人又是经过思考去进行某种有目的的活动。从总体方面来看，先进之人的某些活动尽管可能遇到困难，以致一时失败或失利，但

1. 参看拙文《孔子再评价》，《中国社会科学》1980 年第 2 期。

在长远方面总是符合客观趋势，因而总是主动地创造着历史。它在道德上总是好的、具有善的肯定价值的。

马克思说："如果斗争只是在有极顺利的成功机会的条件下才着手进行，那么创造世界历史未免太容易了。"[1] 列宁说："他（指马克思）懂得，谁想事先绝对确切地估计胜利的机会，谁就是有意欺骗，或是迂腐到不可救药。他最重视的是工人阶级奋不顾身积极创造世界历史的行动。"[2] "历史上的伟大战争和革命的伟大任务都是这样来解决的：先进阶级不止一次两次地进行冲击，取得失败经验以后才得到了胜利。"[3] 所以，不屈从于一时一地的成败得失（局部因果规律），而以社会发展的总趋向为基础，高扬"敢于斗争，敢于胜利"的人民群众创造历史的主动精神，这才是建立在历史唯物主义基础上的马克思主义的伦理学原则。

关于整体与个体的关系，也如此。尽管如何强调个体的人是目的，强调个性自由与发展等，但人总受客观历史所支配，想完全超越历史、挣脱时代，正如想抓着头发离开地球一样，是办不到的事情。在自由王国——共产主义到达之前，作为族类的人（整体）的发展与个体的发展，时常处在尖锐对抗之中，并经常要牺牲后者而向前迈进。自觉认识这一点而采取积极的促进历史发展的态度和行动，便是道德上的善。马克思指出：李嘉图"要

---

1. 《马克思致库格曼》1871年4月17日，《马克思恩格斯选集》第4卷，1972年版，第393页。
2. 《马克思致库格曼书信集》俄译本序言，《列宁全集》第12卷，1959年版，第104页。
3. 《走上轨道》，《列宁全集》第15卷，1959年版，第324页。

求为生产而生产，这是正确的。如果像李嘉图的感伤主义的反对者们那样，断言生产不是目的本身，那就是忘记了，为生产而生产不过是意味着发展人类的生产力，也就是发展作为目的本身的人类本性的丰富性。如果像西斯蒙第那样，把个人的福利与这一目的对立起来，那就是主张为了保证个人福利，种族的发展应该抑制。因而，举例来说，就不得进行任何战争，因为在战争中个人无论如何总有死亡的……这种议论，就是不理解作为族类的人的才能的发展，虽然最初要牺牲大量人类个体甚或一定人类阶级为代价，但最终会克服这种对抗，而与每个个体的发展相一致起来；因此，个性的比较高级的发展，只有经过牺牲个人和历史过程来取得……在人类也像在动植物界一样，种族的利益总是要靠牺牲个体的利益来为自己开辟道路的"[1]。

为了人类自由王国——共产主义的必然实现，个体的自觉牺牲正是为了万代子孙。把这种历史过程当作一成不变的庸俗决定论，从而把人看作工具，是盲目屈从；看不到这个历史客观过程而侈谈"人是目的"、个性自由，是空幻梦想。只有认识到人类社会发展的总体进程，而主动选择和决定自己的行动，以符合、推动、促进这一进程，才是历史具体的真正的个性自由。康德的"意志自律""人是目的"只有放在这种唯物主义历史观的基础上才能得到分析和批判，而成为具有真正深刻历史内容的主观伦理力量。

---

1. 《剩余价值理论》，《马克思恩格斯全集》第 26 卷 II，1973 年版，第 124—125 页。

六　社会理论领域中的康德主义倾向

本书第四章简略讲到了二十世纪三十年代自然科学因果性理论中的康德主义倾向，这里要讲一下今天社会理论领域中的康德主义倾向。但领域是如此广阔，问题是如此复杂，人物和派别是如此繁多，这里也就只能有如电影镜头一闪而过地作极为简略的评述了。由于没有主观能动性与客观历史性的辩证统一，各派哲学经常是以不同方式形而上学地夸张一个方面、抹杀一个方面。黑格尔强调的主要是道德伦理的客观性质和对于必然规律的认识与顺从。康德强调的是人不是"精神机器"，强调人做出行动的主观责任和自由选择。黑格尔强调的是效果、逻辑和因果，康德强调的是动机、意志和自由。如果说，康德的伦理学可流于盲目的主观主义，那么黑格尔的辩证法则可流于庸俗的客观主义（尽管黑格尔本人并非宿命论者，他也强调个人的活动和意志）。

事实发展也确乎如此。十九世纪后半叶，西欧历史学派把伦理道德当作民俗学、社会学来考察研究，实际上是发展了黑格尔的客观主义（尽管不一定直接从黑格尔而来。时常还表现出反黑格尔的实证倾向）。他们着重道德伦理的起源和服务于一定社会历史环境的因果联系，将黑格尔带有神秘色彩的历史观，改变为一般的实证科学的相对主义，一直到当前日益盛行的伦理相对主义，仍可说是这一方向的代表。伦理相对主义与文化类型学说，如本尼迪克特（Ruth Benedict）等人便认为世上并无普遍必然的伦理规范或道德律令，各不同民族、不同文化便有不同的道德标准，其间没有什么优劣高下之分，都是相对合理的。原始部落视借人头以祭祀是理所当然的道德，中世纪有禁欲主义的道德，现代人有今天的行为规范，各服务于其社会生活和社会秩序，都是历史具体地符合理性的。尽管这种学说在政治上可能有维卫弱小民族的文化传统、道德价值以抵制殖民文化的进步性质（当然也有抵制改革和进步的反动作用），但在理论上，却是相当肤浅的，它实质上把伦理学归结为民俗学，完全甩开了道德行为的共同的主观特征，漠视了作为人类历史成果的道德规范的继承性和普遍性的形式意义，失去了重视行为主体的自由选择和能动力量的这一基本实质，这本来恰恰是哲学伦理学所应从理论上加以论证的。

另一方面，与黑格尔的客观主义相反，叔本华、尼采则发展了康德的主观主义，以盲动的"求生意志""酒神精神"作为历史的决定力量。尼采说，他的精神便是叔本华的意志，也就是康德的信仰。他们把康德的实践理性、绝对命令完全变换成反理性的东西。今天的存在主义反对所谓唯物主义把人当作物看待，强调自由选择、自己负责，反对决定论，强调"人是自由的"，也可以说是在复述着康德，这倒确乎突出了人作为主体的伦理本质，但又完全失去了历史具体的客观规定性，在实际生活中便流为空谈（如海德格尔）或蛮干（如萨特）。而在与存在主义倾向不同的逻辑实证论的"元伦理学"（不研究具体的伦理道德原则，只研究伦理语言）中，则表现出康德的形式主义特征。下面想简要回顾一下康德以后伦理学的一些主要发展。

为康德所反对的经验论幸福主义，自回到边沁、穆勒手里之后，以通俗浅薄的所谓"最大多数的最大幸福""功利主义"为口号，成为长久统治资产阶级社会和伦理学领域（特别是英、美）的主要思想和学派。穆勒认为，幸福是道德的标准，他说："承认功用为道德基础的信条。换言之，最大幸福主义，主张行为的'是'与它增进幸福的倾向成比例，行为的'非'与它产生不幸福的倾向为比例。幸福是指快乐与免除痛苦。"[1]但穆勒最终是将人心中的所谓社会感情（"良心""美德"）当作道德行为的推动力，用心理学原则作为道德理论的基础，这就把法国唯物主义的客观利益转换为主观感受。到后来的所谓"关系"学派，这一主观唯心主义的转换更为明朗化了。培里说："事物是由于它们被意愿着而产生价值的。而它们愈被意愿着，就愈具有价值。"[2]"只要是发现有价值时，它们便是跟某种欲念或兴趣关联着的。"[3]

就是说，道德价值和善并不属于事物自身，而只在它们与人们的欲望、需要、意愿、快乐、幸福的"关系"中，即在与人的主观愿望的关联中，这样就把社会领域的道德善恶归结为心理问题。这正是与二十世纪开始的在社会学、文化人类学诸领域内心理学派代替历史学派这一总的思潮相一致的。

西方现代伦理学却以反对这种心理主义开始。摩尔（G. E. Moore）首先提出，善是一种客观性质。它"不可定义"，即不能

---

1. 约翰·穆勒：《功用主义》，商务印书馆，1957年版，第7页。
2. 培里（R. B. Perry）：《现代哲学倾向》，商务印书馆，1962年版，第324页。
3. 同上书，第325页。

由别的东西来规定它，好像要认识"黄"这个性质没法用什么来定义而只能指示它一样，"善"也必须由直觉来认识。但它又不是一种自然性质，它不能由数学分析或经验归纳而得出，只能是先天综合的。但用什么来直观它呢？归结起来，又仍然可以是回到为康德所反对的莎夫茨伯里等人的内在道德感官说去，尽管他们并未如此。其后，经过艾耶尔等人，再加上理查兹（I. A. Richards）等人的影响，十九世纪四十年代以来，以斯蒂文森（C. L. Stevenson）和海尔（K. N. Hare）为代表，这派伦理学成为当时颇为得势而如今已经衰退的思潮。它的特点是对伦理语言进行繁复细腻的分析，得出的结论是伦理语言不同于科学语言。语言有各种不同用法和用途，一种用于陈述事实，这是科学和日常叙述说明等；一种用于指令行动，这就是道德伦理语言。后者不描述而有意义，非逻辑而包含推论，不陈说而产生影响……它表现出情感、态度、指令、要求、劝说、评价、激励，等等。尽管他们之中又有情感主义（斯蒂文森）、直觉主义［罗斯（Ross）、普里查德］、指令主义（海尔）种种分别，尽管有的说成是客观性质，有的说成是主观态度等，但总倾向是一致的，即强调区分认识（科学）与行为（伦理）。因此，可以说这实质上乃是对休谟、康德的回复。因为它不归结于心理，所以说是走向康德。像海尔不管任何内容都只讲伦理语言的无矛盾性、普遍性，以之作为道德标准，更是以貌似精确实更肤浅的样式，表现了康德伦理学的某些特征。它们也可看作康德形式主义伦理学的现代新形态。如果说，边沁、穆勒是法国幸福主义的再现，那么从摩尔开始的现代资产阶级伦理学，则是康德主义的复活。哲学史上的行程又一次以庸俗化的喜剧形态呈现出来。

维特根斯坦则比他们要深刻得多。他区分了日常生活的经验的道德层次（相对价值）和"超自然的"先验的绝对价值，只有后者才是伦理学的对象，而它是难以理解、不可言说、不受任何社会历史制约的神秘，因为世界、生活的存在本身就是神秘的。这暴露出来了一个问题，就是伦理道德具有历史继承性从而似乎具有某种人类普遍性，所以显出一种超经验的神秘性质。伦理相对主义没有看到相对之中有绝对，人类尽管地域不同、民族不同、文化不同，毕竟都循着客观的历史进程日益走到一起，彼此接近。世界在日益缩小，文化在日益渗透融合，道德伦理也如是。现实生活方式共同遵循着物质文明的进展的客观历史而彼此接近、逐渐融合，它积累保存了整个人类文明财富的遗产。难道在伦理道德领域内，就没有积累保存下来的人类共同的规范、准则吗？的确，如上章所指出，伦理规范、道德标准具有具体的时代阶级性，它随社会的变化而变化，没有什么抽象的普遍道德。但这主要是指内容而言，因之，具体内容虽然大有不同，却又可以具有某种共同或近似的普遍性的形式。这形式恐怕不仅是语言的外在相似而已。康德的"不说谎""勿自杀""禁怠惰"和"助别人"，历史具体的社会阶级内容将很不相同，但作为形式的道德普遍性却仍然为各个社会所接受传递下来。那么这个所谓普遍性形式又究竟是什么呢？我以为，这又涉及了文化—心理结构。尽管康德本人和康德的研究者们一直摒斥与心理的任何联系，强

调道德形式的非心理的先验的形而上性质（参看本书第八章），
但他们所指的心理是动机、快乐、愿欲、情感等内容，而本书所
注意的却是道德规范作为意志结构和理性凝聚的心理形式以及它
们作为这种文化—心理形式的继承性质。也许，这就是为维特根
斯坦所神秘化了的具有所谓永恒性和"绝对价值"的个体经验。
也许，这就是康德讲的绝对命令作为形式普遍性的一个重要方
面，即主体性主观方面的意志建构和理性凝聚。

从上世纪起，康德主义也表现在工人运动的社会理论中，与
当时的新康德主义哲学一唱一和。自十九世纪七十年代利伯曼
（Otto Liebmann）喊出"回到康德去"，新康德主义曾成为一股思
潮。由于自然科学的发展，更多是回到康德的认识论，包括黑尔
姆霍兹（Helmholtz）、柯亨等人。但就在同时，柯亨便认为，康
德是德国社会主义的真正创始人，康德的绝对命令只能在社会主
义社会实现，剥削消除了，人就不再是工具，而是目的。第二国
际的领袖们也认为，社会民主党是实现康德伦理学的政党，社会
主义被说成是伦理理想，剥削只被当作伦理的恶来憎恨。以阿德
勒（M. Adler）为代表的奥地利学派的马克思主义，则宣传康德
哲学是现代社会主义的来源，认为社会主义"首先是伦理的必要
性"，它的经济规划不过是道德律令的表现，从而要求从康德式
的信仰中去吸取革命的力量。第二国际的主要代表之一伯恩斯坦
说："必须有一个康德……对传统的教义进行批判……要指出，
这一教义表面上的唯物主义是……引入歧途的意识形态，指出轻

视理想和把物质因素抬高为无所不能的发展力量是自我欺骗。"[1]
从而否定马克思所发现的社会发展理论，认为"伦理因素有比从
前更为广阔的独立活动的余地"[2]，社会主义、共产主义不是经济
发展的不可阻挡的客观趋向，而只是一种伦理道德的理想。"我
实际上并不认为社会主义的胜利要取决于它的'内在的经济必然
性'……我认为给社会主义提供纯粹唯物主义的论证，既不可能，
也不必要。"[3]他认为伦理道德可以离开社会经济基础，后者对前
者并无决定性的作用影响，如此等等。这明显是企图以主观主
义、伦理主义来代替马克思主义。它以否定历史唯物论为主旨，
否认社会发展的客观历史。应该注意到，就在今天，这种伦理社
会主义仍以各种变相形式在流行着，在国内和国外，它们多半以
"左"的形式，以喧哗而空洞的道德义愤来代替科学理论，以主
观的要求和情绪来代替客观的需要和可能。

考茨基、普列汉诺夫曾对伯恩斯坦进行过批判，不过，却
与伯恩斯坦相反相成地发展了一种宿命论的客观主义。他们认
为，无产阶级的伦理理想、道德感情，"与科学的社会主义无
关"。考茨基说："科学社会主义只是科学地研究社会机体的运动
与进化……道德理想的影响有时也突入马克思的科学研究中，但
是他尽可能地避免它。因为在科学中，当把它自身给科学作为目

1. 伯恩斯坦：《社会主义的前提和社会民主党人的任务》，末章。
2. 同上书，第 1 章。
3. 同上书，第 1 章。

标时，道德理想便成为错误的一种来源。科学只涉及必然性的认识。"[1]这种强调所谓"科学"的说法，便经常走到客观主义和实证主义中去。考茨基自称"哲学非其所长"，在哲学上，他恰恰是用达尔文主义来代替和修正马克思主义。例如，在伦理学，他把人的道德归结为一种动物也有的"社会欲"。考茨基说："在群居动物那里，和在人那里一样，已有一种感情、意志和行动，它们与公认人类所具有的道德感情、意志和行动完全相同。"[2]考茨基在"批判"康德时说："那种驱使母鸡和雄狒狒冒生命危险保护自己的小鸡、小狒狒的义务感，又是从哪里来的呢？那种驱使牡马在野地里为了保护它所率领的畜群而与狼做斗争的义务感，又是从哪里来的呢？"[3]考茨基认为都来自所谓"社会欲"。这样就完全抹杀了人的道德是有意识的"自律"这一根本特征，将其变成一种本能性的、动物也有的"良知"。这种所谓"科学"的"社会欲"理论，在批判康德的主观主义口号下，实际是退到康德以前去了。不奇怪，他们强调的所谓科学社会主义之所以成为舍弃了辩证法的庸俗的客观主义、实证主义，根本上仍然是把主体与客体、目的与因果、道德与科学、实践与认识割裂对立起来的缘故。考茨基与伯恩斯坦很快站在一起，不是偶然的。[4]"伦理社会主

1. 考茨基：《伦理学》第 5 章（五）。
2. 考茨基：《历史唯物主义》第 2 卷，第 3 篇，第 3 章。
3. 同上书，第 1 卷，第 3 篇，第 9 章。
4. 哥德曼（L. Goldmann）在《马克思与马克思主义者》中也指出，考茨基反驳新康德主义并无足够信念，实际是倾向于对方观点的。

义"与庸俗进化论携手同行，彼此补充，一个是现象界（庸俗进化论），一个是本体（伦理社会主义），倒恰好有趣地构成了康德主义的全貌，成为第二国际哲学理论的一个标准特征。

围绕着康德的伦理学，就有着这种与现实斗争相关的错综复杂的联系。看来是如此抽象而遥远的康德哲学，在今天也仍可以说，它以变化了的形式扰动着人们。因为迄今为止的许多时髦理论，就其所提的问题和理论本身来说，始终并未在实质上超出康德哲学的范围。所以，本书认为，康德主义伦理学的阴影，如同在自然科学中康德认识论的阴影一样，仍然时隐时显地表现出来。前面讲到有各种变相的"伦理社会主义"，今天在欧美颇为流行的"西方马克思主义"也是一种例证。它的主要特征之一，也正是再一次用主观主义、意志主义、伦理主义、个人主义，对马克思主义基本原理进行解说。它的突出特点之一是分割和对立马克思和恩格斯，例如说马克思是结构主义的多元论、主体实践的辩证法，恩格斯则是经济决定的一元论、客观进化的实证论，主张自然辩证法，等等；同时也分割和对立马克思的早年与晚年，例如说马克思晚年是实证论者，早年才是辩证法者、人道主义者，等等；把后者描述为庸俗的经济决定论、历史实证论、简单的一元论、宿命论、机械论，等等。[1] 他们打着马克思和黑格尔的旗号，特别

---

1. 美国社会学家哥德勒（Alvin W. Gouldner）则干脆提出"两个马克思主义"的观点，其一是决定论的"科学的马克思主义"，其二是实践哲学的"批判的马克思主义"。恩格斯和马克思分别是两者的头儿。这当然是荒谬的，倒正好说明"西方马克思主义"的分裂搞法所获得的资产阶级社会学界的响应。

集中反对恩格斯。主要是两条：一条是反自然辩证法，认为自然界并没有客观规律；一条是反历史决定论，认为历史是人创造的，如果把历史说成生产方式的内在矛盾，就是取消了人的革命能动性；强调历史的因果必然就是抹杀了人的自由；一讲理论，就是脱离了"实践"，是"见物不见人"；是机械论、宿命论、实证论，而不是辩证法。他们的"辩证法"是所谓人的批判的实践活动，只要一离开这种活动便没有"辩证法"，而对这种活动又并没有予以严格客观的分析和科学的规定。实际上，这种所谓辩证法，只是一种主观主义的东西。他们强调人的自由意志，特别憎恶不以人的主观意志为转移的客观历史，极力否认有无可避免的历史进程。他们提出种种激烈而抽象的"阶级意识""希望原则""克服异化"等"原理""理论""哲学"来高谈"革命"和"实践"。以著名的马尔库塞为例，他在马克思主义者的称号下根本否定了历史唯物主义的基本原理，把自然人和动物性的欲求，例如性欲，作为受文明压抑和被异化的主要因素，从而实际上在自然与社会、个体与总体的关系上，在纯粹理论的意义上，倒是回到康德以前去了。他对现代资本主义社会科技发达、生活改善、异化和反异化都加强、个人存在的意义空前突出和增大……种种事实和问题提出了剖析和批判，与其他"批判理论"论者一样，他对现代资本社会的愤怒抗议，是相当尖锐、敏锐和深刻的，但他也一样没有做出真正历史唯物主义的，而是做了一种主观主义的解答。所以他的理论尽管名噪一时，在急进学生中影响颇大，却并不可能持久。它只能起到鼓动学生造反的作用而已。

　　法兰克福学派以及其他某些人声称自己是马克思主义的"实践学派""实践论者"，声称"实践"即批判活动，即辩证法，共同特点是缺乏历史的客观规定性。他们高谈的所谓主体、实践、批判，实际是讲的个人、文化、心理。……他们强调应注意所谓人的精神改造而不是物质生活的进步，实际不是历史具体地去研究人的本质和发展、异化的产生和克服，而是离开这种具体历史的分析，抽象地、主观地去规定和要求人的个体自由和解放。他们强调进行所谓人的改造，实际是用文化的批判替代物质的实践，用意识形态的所谓"觉悟"替代现实的改造，用"日常生活"替代历史的客观发展，从而目标便变成一种超越具体历史环境和条件（客观因果）的康德式的绝对命令。他们拒绝历史的必然因果，斥之为宿命论，实际与当年新康德主义西南学派认为自然科学有因果必然的一般规律，历史则只是不可重复的个性活动，本质似乎并不相差多少。他们宣称要回到黑格尔，实际倒可说是回到了康德，回到了康德伦理学的主观主义和意志主义。[1]

---

1. 可参看卢卡奇、科尔施（Korsch）、葛兰西（Gramsci）、布洛赫（Bloch）、弗洛姆（Fromm）、马尔库塞、阿多诺（Adorno）、霍克海默（Horkheimer）等人的著作。他们之间及与其他人之间又有许多歧异。他们大都打着黑格尔的旗号，其中有可尊敬的伟大革命家（如葛兰西），但作为思潮，有共同处。阿尔都塞的结构主义的马克思主义，表面上表现的是与法兰克福学派相反的反人道主义和客观主义的形态。他反对人道主义的马克思主义，认为这不过是在经济技术主义统治下的丰裕社会中的伦理唯心主义，从而强调历史无主体，非人道，是由社会结构体所决定的。但他把理论也看作实践，这就与法兰克福学派在实质上没有多少区别，而他的"两种客体"理论，则完全近似于康德了。柯连蒂（Colletti）的"新实证主义马克思主义"也采取了客观主义的形态，但他对辩证法的非难公开提出"真正的矛盾"以回到康德，强调社会关系，却忽视创造工具、生产力、基础，等等。他们与法兰克福学派确乎不同，但在他们的理论中，却可以更明显地看到康德的影子。

如果说，当年第二国际的伯恩斯坦躲进康德伦理学中，认为运动就是一切，目的是没有的，那么今天从早年的卢卡奇[1]到六十年代的马尔库塞，则以似乎相反的"左"的形式，同样回到了伯恩斯坦几十年前的反历史性、强调非经济因素的基本立场，也同样与从萨特[2]到波普尔[3]的伦理主义、人道主义合流，来共同反对历史唯物主义。这股主观主义、意志主义、反历史主义思潮之所以在六七十年代风靡一时，是由于为当时学生运动和无政府主义特点所激发，它是对资本统治和异化现象的一种病态反抗，是对正在飞速发展的科技的一种小资产阶级的浪漫抗议。这些理论的倡导者忽视了人的实践活动首先必须是结成一定社会关系的生产活动，只有在这个实践基础上才能生发出一切来。因此首先得科学地研究这个基础的客观因果，而这也正是为这些"实践学派"所

---

1. 卢卡奇自己承认其主观主义错误（《历史与阶级意识》1967 年序），但他的理论仍为许多人奉为经典。不过，在卢卡奇的大量著作中也有好些重要和正确的论断不容忽视。在我看来，撰写了《社会存在本体论》的晚年卢卡奇更值得重视和研究。人们责怪他又回到了"正统"马克思—恩格斯—列宁的路线，但我认为，他在这里强调了制造工具、劳动，并提出了使用价值、目的性等重要问题，已完全不同于早期仅仅强调主观性，这倒表示了这位卓越的思想家经历漫长历史时期，积累大量亲身体会而得出的最后的思想结论。有意思的是，在好些方面，例如强调制造工具和生产劳动，以及人类学本体论与社会存在本体论的提法等，本书与晚年卢卡奇倒有不谋而合、不约而同的地方（因为我当时从不知道卢卡奇的这些著作），当然也仍有许多不同之处，例如本书提出了主体性的文化—心理结构和历史积淀诸问题等，读者可以比较二者的异同。

2. 萨特《辩证理性批判》："如果我们不愿意把辩证法又变成一种神圣的形而上学的宿命论，那么它就应该来自各个个人，而不是来自我所不知道的什么超人的集合体。"辩证法在这里等于"个人实践的本质直观""个人创造生活把自己对象化"等，"具体就是历史，行动就是辩证法"，要以之代替"僵化"了的、"没有个人的"、"非人的"马克思主义（"把生活的一切具体规定性作为偶然性而舍弃，只剩下抽象的普遍性的残骸"，因之"人的存在"的丰富性、具体性消失了）。

3. 《开放社会及其敌人》。它攻击马克思主义，反对历史决定论，强调没有"注定了的"、人必须服从之的历史规律，马克思对资本主义的批判只是道德的批判，等等。

最不喜欢的历史唯物论。这是国外的情况。我国自五十年代后期以来到"文化大革命"中发展为最高峰的"左"倾思潮,从"人有多大胆,地有多大产"(1958年大跃进)到"灵魂深处爆发革命"的种种观点、理论和行动,与这股现代西方马克思主义思潮倒有许多相似之处。所以尽管客观社会条件大不相同,西方有些人仍然将晚年毛泽东的学说与葛兰西相比较,[1]萨特、阿尔都塞以及其他一些"西方马克思主义者"赞扬"文化大革命"等,也都不是偶然的。在理论的总体倾向上,它们是接近的,也共同地表现出某种急躁的小资产阶级的伦理空想。如何更深入地探究这种康德主义或准康德主义,仍是一个重要问题。

"西方马克思主义"强调总体性,强调对现代资本社会的全面批判和否定,有的认为日常生活的批判是变革社会的关键,有的强调思想必须先行,文化革命、理论批判更为重要,他们大都喜用Praxis(实践)一词,以包罗人们的一切活动,从而就与历史唯物主义对立起来。正是这个缘故,本书才再三指出,要以使用和制造工具来界定实践的基本含义,以统一实践哲学和历史唯物主义。

我认为,恩格斯的巨大贡献也正在这里。的确,马克思是由哲学走向历史唯物主义,恩格斯是由经济学走向同一目标[2],他们的气质、性格、学术基础和兴趣、才能都有差异,因之他们在理

---

1. 应该指出,毛泽东反官僚机器等一贯思想仍是非常光辉的。
2. 参看科尔纽《马克思恩格斯传》第1卷。

论倾向上也有差异是并不奇怪的。但夸大他们二人的理论差异是不符合历史事实的，因为他们在创造、发展和坚持历史唯物论这一马克思主义哲学的核心上是完全一致的。恰恰是恩格斯，在这方面做了许多为马克思所赞同的理论工作。恩格斯后来把实践界定为"实验与工业"，写作《劳动在从猿到人转变过程中的作用》等，都是如此。所以，我认为，是 practice 而不是 Praxis，才是马克思主义哲学的基本范畴，而实践哲学与历史唯物主义的统一，也正是建立在这个 practice 之上（参看本书第五章）。"西方马克思主义"的某些人物分裂马克思与恩格斯，分裂马克思的早年与后期，其实质也就是分裂实践哲学和历史唯物主义。在中国，也有惨痛教训，"历史唯物主义就是实践论，这两者不能分割。把两者分割会造成什么后果呢？要么造成抛弃了历史唯物主义的实践论，经常是主观意志论，不承认客观规律。我们对实践可以说讲得不少了，1958 年大干的确是伟大实践，但违反历史规律，结果起了相反的作用。所以一个哲学命题看起来好像离现实很远，而实际上有很重要的现实意义"[1]，"文化大革命"是另一个沉重例子。而西方六十年代的学生运动轰动一时的实践，同样也没有多少结果。

　　伯恩斯坦的康德主义、考茨基的达尔文主义、普列汉诺夫的

---

1. 参看拙文《美感二重性与形象思维》，《美学与艺术问题讲演集》，上海人民出版社，1983 年版，第 57 页。

法国唯物主义¹，以及今天的"西方马克思主义"……它们虽各有颇不相同的方式，但可说在一定意义和程度上，同样地把社会的客观历史，与人有目的、有意识地改变世界的主体实践的自由活动，割裂对立起来。它们没去深入具体地探究历史不依人们主观意志的客观进程和亿万群众以及个人在自由地创造着历史这两者之间的复杂的辩证关系。

如前所说，事实是，从客观进程来看，人的一切行动都从属于因果范畴，都有其逻辑必然的联系。但从主体方面来说，却只有充分发挥人的道德和伦理，才可能更有效地和更自觉地认识和改造世界。人的任何行为和行为时所做出的选择，都可以用因果关系作出事先的预测和事后的说明。但同样重要的是，在人做出行为和行为选择时，是有意识、有目的的，是有服从或对抗、有决定或选择某种因果的自由的，是道德自律的。从而人是自己在主动创造着历史，并对自己的选择和决定负有道德的责任。康德正是提出了这个主客体的矛盾关系，它构成了哲学伦理学的中心课题。从马克思主义哲学来看，社会不仅是客体，同时也是主体；社会又不仅是主体，同时也是客体。所以既不能客观主义，也不能主观主义；不能把历史唯物主义与重视主体能动活动的实践观点割裂和对立起来。历史又有其偶然性的方面（没有偶然的必然是不可解释的神秘），而就总体说，却又有客观历史可寻。

---

1. 如果说考茨基的"马克思主义"的根底是达尔文主义，则普列汉诺夫的根底可说是十八世纪法国唯物主义。

离开这种历史进程来空谈人的实践，实际会把这种所谓实践建立在非历史的心理需求上，不是经济（生产方式）而是心理（主观需求）成了历史的动力。历史唯物主义揭示出社会发展的客观历史，主观能动性不是减少其意义，恰恰相反，其意义是更为突出了。因为在这基础上，自由与必然、主观能动性与客观历史性才可以得到真正现实的统一，自由不再是康德那种超因果的道德意志，也不再是黑格尔那种对因果必然的观念，而是认识必然，去自觉行动，改造世界。这种行动是符合总的历史趋向（因果必然规律）、具有伟大历史责任感的行动，这才是真正的伦理学的自由。马克思主义强调的是主观能动性与客观历史性、革命性与科学性、冲天干劲与求实精神的有机统一。马克思高度评价了巴黎公社的革命斗争，列宁高度评价了 1905 年的俄国革命，但同时又强调革命不是由人们的主观意志而是由客观历史所决定的。列宁说："马克思主义和其他一切社会主义理论不同，它既能从非常科学的冷静态度去分析客观形势和进化的客观进程，同时又能非常坚决地承认群众……的革命创造力、革命首倡精神的意义，并且把这两方面卓越地结合起来。"[1]"唯物主义者运用自己的客观主义比客观主义者更彻底、更深刻、更全面，他不仅指出过程的必然性，并且阐明正是什么样的社会经济形态提供这一过程的内容，正是什么样的阶级决定这种必然性……不会满足于肯定不可克服的历史趋势，而会指出……不自己起来斗争

---

1. 《反对抵制》，《列宁全集》第 13 卷，1959 年版，第 20 页。

就不可能有出路……必须直率而公开地站到一定社会集团的立
场上。"[1] 这正是属于实践哲学或历史唯物论的马克思主义伦理学
的力量所在。[2]

---

1. 《民粹主义的经济内容及其在司徒卢威先生的书中受到的批判》,《列宁全集》第 1 卷, 1955
年版, 第 378—379 页。
2. 历史唯物论当然还有其一般社会学的层次, 即具体地研究生产力、生产关系、基础与上层
建筑以及国家、文化、家庭……问题。与实践哲学相当的是历史唯物主义的哲学层次, 即
贯串着历史唯物主义原理的认识论、伦理学和美学, 其中包含工艺—社会结构 (人类学主
体性的客观方面) 和文化—心理结构 (人类学主体性的主观方面) 诸问题。

第十章

美学与目的论

一 《判断力批判》

　　认识论（真）与伦理学（善）构成康德哲学的两大方面。前一方面讲自然因果的现象界，后一方面讲"意志自由"的本体界。现象与本体，也就是必然与自由、认识与伦理，在康德那里，是彼此对峙、截然二分的。但如前所述，思辨理性（认识）虽不能达到伦理领域，实践理性（伦理）却要作用于认识领域。这种作用的实现使康德去思考和寻求这二者的中介。这个中介成为康德"批判哲学"的终结。上章提到"位我上者灿烂星空，道德律令在我心中"，自然与自由两大领域的沟通和统一，却在《判断力批判》一书之中。

　　康德在这书序中说，"我以此结束我的全部批判工作"[1]。比起前两个《批判》来，后人对这个《批判》的研究很不够。直到现在，关于前两个《批判》的论著有如汗牛充栋，对比之下，关于第三个《批判》的研究，从理论探索到考证注释都远为不够。其实，这个《批判》对康德整个哲学体系来说，正是关键所在。处于卢梭与黑格尔的中间，整个康德哲学的真正核心、出发点和基础是社会性的"人"。它既区别于卢梭、斯宾诺莎和法国唯物主义的"自然"，更区别于中世纪以来的"神"，同时也区别于以后黑格尔完全淹没个体（人）的"绝对理念"。康德的"人"以社会性（尽管还是抽象的）作为"先验"本质（见本书第九章），但又仍是感性个体的自然存在。在认识论，正因为"人"是这种存在，他只有感性直观，而没有知性直观（这种直观只有神才具有），因之才有认识的普遍必然性从何而来的根本问题。在伦理学，正因为"人"是这种存在，他具有感性情欲，而不是纯理性的"天使"，因之才有"应当"服从道德律令的根本问题。可见，围绕着"人"，康德所讲的理性与感性的关系实际乃是总体与个体、社会（普遍必然）与自然（感性个体）之间的关系。康德所谓沟通认识与伦理的截然对峙，其实是企图解决这个根本关系问题。前两个《批判》本身有这个问题，这两个《批判》之间又有这个问题，这使得康德终于写出第三个《批判》。而这第三个《批判》，也就把以"人"为中心这一特点展现得最为明朗和

---

1. 《判断力批判》序，参看宗译本，第6页。

深刻。康德在晚年提出的"人是什么",其实际的答案乃在此处。

康德解决自然与社会、认识与伦理、感性与理性的对峙,统一它们的最终办法,是要找出它们之间有一种过渡和实现这种过渡的桥梁。过渡本身是一个历史的进程:由自然的人到道德的人。但它的具体中介或桥梁、媒介,在康德,却成了人的一种特殊心理功能,这就是所谓"判断力"。康德说,"判断力"并不是一种独立的能力,它既不能像知性那样提供概念,也不能像理性那样提供理念。它只是在普遍与特殊之间寻求关系的一种心理功能。康德又分判断力为两种:一种是《纯粹理性批判》里讲的"判断力",即辨识某一特殊事物是否属于某一普遍规律的能力。在这里,普遍规律是既定的、现成的,问题在于它于特殊事例的具体应用,这叫"决定的判断力"。康德说,这是一种"天赋的能力","只能锻炼而没法教授",常常可以看到一些人博学多识,对抽象的普遍规律(这可以教)很能理解,但就是不能具体应用,不能具体分辨一个事情是否属于这个普遍规律,即不能下判断,这就是缺乏这种决定的判断力。这种判断力只有通过实际活动和实际例证来加以训练培养。[1]另一种判断力叫"反思的判断力"。与前者相反,在这里,特殊是既定的,问题在于去寻找普遍。这就是审美的和目的论的判断力。它不是从普遍性的概念、规律出发来判断特殊事实,而是从特殊的事实、感受出发去寻觅普遍。这是反思判断力不同于决定判断力之所在,也正是审美不

1. 《纯粹理性批判》A134＝B173,参看蓝译本,第140—141页。

同于认识之所在。[1] 这种能力更属天赋，连教育也难奏效。康德说，"判断力是双重的，或者是决定的，或者是反思的。前者由一般到特殊，后者由特殊到一般。后者只有主观的有效性，因为它所趋向的一般，只是经验的一般——仅仅是一逻辑的类比"[2]。康德认为，正是这种"反思的判断力"，能够把知性（理论理性即认识）与理性（实践理性即伦理）联合起来。它既略带知性的性质，也略带理性的性质，又不同于此二者。

在《判断力批判》一书的开头，康德写了一个概括他整个哲学的导论，摆明了判断力批判的地位。他说，"在自然的感性领域与自由的超越性领域之间，一个深不可测的鸿沟是固定下来了。通过理性的思辨运用来从前一领域过渡到后一领域，是不可能的，好像它们是两个世界。前一世界对后一世界决不能施加影响，但后者却应该对前者有影响。自由这概念便应该把它的律令所提供的目的在感性世界里实现出来，从而，自然必须能够这样地被思考着：它的形式的合规律性，至少对于那些按照自由律令在自然中实现目的的可能性，是协调一致的。因此就必须有一个作为自然界基础的超感性和实践地包含于自由概念中的东西的统一的根基。虽然这个根基概念既非理论也非实践地可得到认识，因之没有自己的独特领域，然而它使按照前一原理的思想样态与

---

1. 这实际属于形象思维问题，详后。
2. 《逻辑讲义》§81。

按照后一原理的思想样态的过渡成为可能"[1]。

《纯粹理性批判》研究了知性先验范畴和原理，包括它们的"构造"和"范导"两种作用。《实践理性批判》研究了理性在实践中的先验原理，即道德律令。那么，《判断力批判》要研究的这种"反思判断力"的先验原理又是什么呢？康德认为，这就是自然的合目的性。"这个自然合目的性的先验概念既不是一个自然概念，也不是一个自由概念，因为它并不赋予对象（自然）以什么东西，而仅是表现一种特殊途径，这种途径是我们反思自然诸对象作为贯串联系着的经验所必须在其中进行的，从而它是一个判断力的主观原理（公设）。"[2]"虽然知性对这些对象不能先验地规定什么，它却必须为了探究这些经验的所谓规律而安放一个先验原理，作为对它们反思的基础。按照这些规律，一个可认识的自然的秩序才是可能的。"[3]就是说，用知性范畴去认识自然，自然只是一种量的无穷堆累而已，它们之间只有机械的因果联系，果为因决定，果不能影响和决定因。要把自然了解为部分与整体之间、部分与部分之间有内在的交互联系，即因果之间能相互作用，因不仅决定果，而又为果所影响和决定，就需要有"目的"这样一种理念，即为了果而有因，好像人为了创造 B 而有 A 一样，这就是"目的"。要把某些自然事物（如动植物）和

---

1. 《判断力批判》导论（2），参看宗译本，第 13 页。
2. 同上书，导论（5），第 22 页。
3. 同上书，第 23 页。

整个自然界了解为有机的系统，就需要这种自然合目的性的理念。但是，这种自然合目的性，即把自然看作一个有机的系统，并不能从自然本身中找到经验的证实，并不是自然对象中所客观具有的，而只是人们为了认识自然所必须采取的一种主观的先验原理，是认识自然的主观上的前提条件。这就是说，只是把对象设想为有目的，并不是肯定对象自身确有目的。所以，自然合目的性不是自然本身的原理，也不是决定行为的道德律令，而是人们去探究自然统一经验所必需的引导规范。它既不是知性的（认识），也不是理性的（道德），而只是反思判断力的先验原理。而自然合目的性作为沟通认识与道德两大领域的一种引导规范的先验原理，又正是从现象到本体、从自然到人（伦理）的一种过渡。康德认为，在审美和艺术中，现象（自然）呈现本体（伦理）的意义在于"美是道德的象征"；在自然中，则是整个自然趋向作为伦理的人的存在。

康德把目的判断分成四类：1.形式而主观的，如审美判断；2.形式而客观的，如某些数学命题，比如圆之于三角形；3.实质而主观的，如人的种种目的；4.实质而客观的，即自然目的。目的又分为外在与内在两种。外在目的是本身之外的东西，是相对的目的；内在目的就在自身，是所谓"绝对目的"，它自身既是因又是果，即因果处在一种反馈的有机联系中，它的部分与整体、部分与部分都相互依存、互为因果，这样就构成了生物能不断调节自身、适应环境的自我组织的有机体系统，即生命。艺术作品的结构也具有这种非机械的特点。康德所谓目的，主要是指内在目的，指"统一的系统"。因之，这四类目的判断中，衔接感性自然与理性自由的，只有第一类与第四类，即审美所表现的主观合目的性和自然界有机体表现的客观目的性。所以，《判断力批判》一书分为"审美的判断力"与"目的论的判断力"两部分。前者只涉及对象的某种形式，这些形式因为与人们主体的某些心理功能（知性和想象力）相符合，使人们从主观情感上感到某种合目的性的愉快，但并没有也不浮现出任何确定的目的（概念），是一种"无目的的目的性"，所以称为"形式的合目的性"或"主观合目的性"。后者主要是指自然界的有机体生命（动植物）的结构和存在具有统一的系统性，似乎符合某种"目的"，这是一种"客观的目的性"。前者是自然合目的性的审美[1]（情感）表象，后者是自然合目的性的逻辑（概念）表象。要注意的是，这里所谓客观的合目的性的"客观"，并非如认识论中的客观经验判断那样，说对象本身确有目的，而仍是说，设想对象如有目的。这里所谓主观合目的性的"主观"，也并非如认识论中讲的主观知觉判断那样，只是个人主观感觉，没有普遍必然性；恰恰相反，它要求普遍必然性。这个普遍必然性不涉及任何概念和客观对象的存在，而只涉及客观对象的形式与主观感受（快或不快的情感），这种反思判断力就是审美判断。

---

1. 康德本反对将"Aesthetic"一词作审美之用（这种用法是鲍姆加登创始的），可参见《纯粹理性批判》初版。在第 2 版关于反对"感性"（"Aesthetic"）一词用作"审美"的小注中，加了最后一句话，即已同意这种用法，但指出它是"半先验半心理学的"。到《判断力批判》，康德则已完全同意并采用这一用法了。

审美判断的批判是《判断力批判》的第一部分。这个部分作为沿用知、情、意心理功能三分法的中间环节，是前两大批判的桥梁。另外，这部分又具有相对独立的内容和价值。康德通过它，从哲学上提出和论证了一系列美学的根本问题，涉及了审美心理的许多基本特征。尽管康德对具体艺术作品的审美鉴赏并不一定高妙，[1] 但由于准确地抓住审美经验的形式特征做深入分析，他的理论远远超过了许多精细的艺术鉴赏家。《判断力批判》在近代欧洲文艺思潮上起了很大影响，是一部极重要的美学著作，在美学史上具有显赫地位，远远超过了黑格尔的《艺术哲学》。

二 "美的分析"

康德思想方法上的一个基本特点，是善于捕捉具有本质意义的经验特征加以分析。在认识论，康德抓住几何公理、牛顿力学这种数学和物理学中的所谓普遍必然作为特征，提出"先天综合判断如何可能"。在伦理学，康德抓住道德行为的特征，提出区别于追求幸福的所谓"实践理性"。在美学，康德则抓住审美意识的心理特征提出了美的分析。康德整个哲学中，心理学成分很多，但始终居于次要地位，只有审美分析是例外。尽管康德强调

---

1. 如《判断力批判》一书引为例证的作品便是相当平庸的。这一点不断为后人渲染嘲笑，如说康德辞谢柏林大学请讲诗学是有自知之明，等等。其实这是相当片面的。

与心理学的经验解释根本不同，但这本书的审美判断力部分所谓相对独立的内容和性质，实际正在它主要是对审美心理所作的与前两大《批判》基本无关的形式分析上。

康德所谓审美判断力，也就是一般讲的欣赏、品鉴、趣味（taste）。康德说："趣味判断就是审美的。"[1] 如前所述，判断力既然与知性有关，"在趣味判断里经常含有与知性的相关"[2]，所以可运用认识论中的知性四项范畴（量、质、关系、模态）来考察审美判断力，进行美的分析。康德从而把审美分为：1."质"："趣味是仅凭完全非功利的快或不快来判断对象的能力或表象它的方法，这种愉快的对象就是美的"[3]；2."量"："美是无需概念而普遍给人愉快的"[4]；3."关系"："美是对象的合目的性形式，当它被感知时并不想到任何目的"[5]；4."模态"："美不凭概念而被认作必然产生，是愉快的对象"[6]。

第一点"质"，主要是把审美愉快与其他愉快做重要区分。康德强调，作为趣味判断的审美愉快，一方面不同于其他口味如吃、喝等动物性的欲望、官能满足时感觉上的愉快。这种动物性的官能、感觉愉快只与一定的生理自然需要有关。另一方面，审

---

1. 《判断力批判》§1，参看宗译本，第39页。"taste"译为"欣赏""品鉴""趣味"均不甚好，今从一般译法。
2. 同上书，第39页注1。
3. 同上书，§5，第47页。
4. 同上书，§9，第57页。
5. 同上书，§17，第74页。
6. 同上书，§2，第79页。

美愉快也不同于例如做了一件好事后精神上感到的愉快，这种
纯理性的精神愉快只与一定的伦理道德有关。生理的愉快和道德
的愉快都与对象的存在有关，审美愉快或不快，作为肯定与否定
（质的范畴，详见本书第四章），则只与对象的形式有关。即不
是某个对象的实际用途或存在价值，而只是这个对象的外表形象
（形式）使人产生愉快或不快。康德由此认定，审美乃是超脱了
任何（包括道德的或生物的）利害关系，对对象存在无所欲求的
"自由的"快感。例如，欣赏一件艺术品与占有一件艺术品，所
产生的愉快便根本不同，只有前者才是审美的。又如，使人官能
满足、感觉愉快的"艺术"，也不同于真正给人审美愉快的艺术。

根据康德哲学体系，只有既是感性又是理性的人，才享有审
美愉快，可见审美愉快充分体现人感性与理性相统一的存在本
质。审美既必须与对象的一定形式相关，是由对象的形式引起的
感性愉快，不能仅由主体的纯理性意志所引起，所以必须与一定
的感性对象相联系；又因为审美只与对象的感性形式相关，不是
与对象的感性存在有关，所以，它又不与主体欲望的感性有关，
而只与主体的理性存在相关。但它虽与主体的理性存在有关，又
必须落实在主体的感性形式——审美感受上，是一种与理性相关
的感性愉快。康德说："乐（Angenehm）、美、善，标志着表象对
快与不快的感受的三种不同的关系，由之我们区别出彼此不同的
对象和表象它们的方法……乐也适用于非理性的动物，美却只适
用于人，即既是动物的又仍然是理性的存在——不仅是理性（如

精灵），也是动物的……善则一般适用于理性的存在。"[1] "一个自然欲望的对象，和一个由理性律令加诸我们的对象，都不能让我们有自由去形成一个对我们是愉快的对象。"[2] 欲念（动物性）的乐，伦理的善（理性）都被决定和强制于对象的存在（无论是作为动物吃喝的对象，还是作为道德行为的对象）和主体的存在（无论是作为感性生存的动物存在，还是作为道德行为的理性存在），只有仅涉及对象的形式从而使主体具有一种无功利的自由，才是审美的愉快。[3] 就是说，是对象的和主体的存在形式而不是存在本身，构成审美的特殊领域。康德这个美的分析"第一要点"提出的，实际是我们一开头讲的人与自然这个根本问题，即作为主客体对峙的人与自然、作为主体自身内部的人（理性）与自然（感性）的统一。所以，它既是一个美学问题，又是一个重大的哲学问题。

在前两个《批判》，按分析篇范畴表次序，本是量先质后；在这里则未加论证便把"质"摆在第一。后代的研究注释者也很少说明这是什么道理。我认为，这是由于问题本身所具有的上述重要意义，使康德不寻常地打破了自己立下的常规。康德的《判断

---

1. 《判断力批判》，§5，参看宗译本，第46页。
2. 同上书，第47页。
3. 因此，一些康德研究者干脆认为，康德讲的审美判断根本不是对任何对象做出判断，而只是涉及主观感情而已［如小卡西尔（H. W. Cassier）《康德〈判断力批判〉释义》，第142页］；所谓趣味的"对象"不过是一种语法上的对象而不是由趣味来判断的对象［皮托克（S. T. Petock）：《康德、美和趣味对象》，《美学和艺术评论杂志》1973年冬］；等等。这种说法是不对的，因为审美愉快来自想象力与知性的协调运动，而引起这一运动仍需外界对象的形式。

力批判》之所以比黑格尔的艺术哲学无论在美学上或哲学上影响
都远为深广，从根本上说也是这个原因。然而，康德企图在传统
美学内来统一人与自然、理性与感性、伦理与认识的对立，这是
不可能实现的，在本章后部要详细讲到。

第二点"量"，主要是指出美不凭概念而能普遍地引起愉快。
审美要求一种普遍必然的有效性，如同逻辑认识中的概念判断一
样。但概念认识的普遍有效性是客观的，审美判断所要求的普遍
有效性却是主观的。而恰恰又正是这种主观的普遍有效性，才使
审美作为趣味与其他感官口味的主观判断区别开来。后者是不
要求这种普遍有效性的。例如，你说苹果好吃，我说梨好吃或苹
果不好吃，这可以并行不悖，并不要求统一，即不要求你的这个
判断必须具有普遍有效性。审美则不然，说一个艺术作品美或不
美，就像认识一件事物是否真一样，是要求公认其普遍有效性
的。口味是没有什么可争论的，趣味却有高低优劣之分。审美虽
单称（"就逻辑的量的范畴说，所有趣味判断都是单称判断"），
却必须有普遍性（"趣味判断本身带有审美的量的普遍性，那就
是说，它对每一个人都有效"[1]），正因此，康德称之为"判断"。
审美被称作判断，与判断一词连在一起，这在美学史上是一个独
特的发展。

判断在先还是愉快在先，是由愉快而判断，还是由判断生愉
快，对审美便是要害所在。康德说："这个问题的解决对于审美判

---

1. 《判断力批判》§8，参看宗译本，第52页。

断力的批判是一把钥匙。"[1] 因为如果愉快在先，由愉快而生判断，这判断便只是个体的、经验的、动物性的，只是一种感官愉快。例如，因吃得满意（愉快在先）而认为对象是好吃的，对象"真美"（判断在后），这就不是审美。这里所谓"真美"，只不过是种满足官能、欲望的感觉上的快感而已，并不是美感。只有判断在先，由判断引起愉快，才具有普遍性，这才是审美。因为愉快作为一种主观心理情感，本身不能保证其普遍性，审美的普遍性只能来自判断。但审美判断不同于逻辑判断，它的普遍性不能取自概念，由概念并不能导致审美，产生审美愉快。例如，一个人对一个对象（例如一朵花）感到美，他下了"这花真美"这样一个审美判断。这种判断表面上很像逻辑判断，即好像认识到美是这朵花的一种客观属性，好像这个人运用的也不过是一般的知性概念，并且要求别人同意于他，要求这个判断具有普遍有效性，像一般的逻辑判断一样，但实际上并非如此。审美判断如前所指出，只是人们主观上的一种快感，根本不是逻辑认识，你不能强迫一个人和你一样感到这朵花美，尽管你说上千言万语来启发说服他，或者尽管他口头上、思想上也同意你的判断，但他能否感到这朵花美，能否对这朵花做出肯定的审美判断，即产生审美愉快，便仍然是个问题。显然，并不能从道理上、思想上说服一个人使他感受到美。因此，康德在这里强调的是审美判断要求的普遍性，如大家都感到这朵花美，这在根本上不同于逻辑判断那种

---

1. 《判断力批判》，§9，参看宗译本，第54页。

客观认识的普遍性。逻辑认识纯粹是知性的功能，由范畴、概念所决定。审美判断则不然，它虽然要求普遍有效，却仍然只是一种人们主观上的感性感受状态，不是由范畴、概念所能直接规定的。它包含概念于其中，却不能等同于概念活动，它是多种心理功能的共同运动的结果。康德说："这种判断之所以叫作审美的，正因为它的决定根据不是概念，而是对诸心理功能活动的协调的情感……"[1]"这种表象所包含的各种认识功能在这里处在自由活动中，因为没有确定的概念限定它们在某一特定的认识规则下。因此，在这表象中的心情，必然是把某一既定表象联系于一般认识的诸表象功能的自由活动的感情……"[2]即是说，审美判断不是如一般逻辑判断那样有确定的知性范畴（如因果等）来规范束缚想象，使它符合于一定的概念，产生抽象的知性认识，而是想象力与知性（概念）处在一种协调的自由的运动中，超越感性而又不离开感性，趋向概念而又无确定的概念，康德认为，这就是产生审美愉快的原因。"只有想象力是自由地唤起知性，而知性不借概念的帮助而将想象力放在合规律的运动中，表象这才不是作为思想，而是作为一种心情的合目的性的内在感觉，把自己传达出来。"[3]这才是审美愉快。可见审美愉快是人的这许多心理功能（主要是想象力和知性）处在一种康德所谓"自由"的协调状态

---

1. 《判断力批判》§15，参看宗译本，第66—67页。
2. 同上书，§9，第54—55页。
3. 同上书，§40，第140页。

中的产物,即二者(想象力与知性)的关系不是僵死固定的,而是处在非确定的运动之中。这也就是这种反思"判断"的具体含义。正因为此,它就既不同于任何感官的快乐(这种快乐没有任何判断),也不同于任何概念的认识(这种认识不是反思判断)。"这朵花很香""这朵花很美""这朵花是植物",便分别属于感官"判断"(无普遍性)、审美"判断"(主观普遍性)与逻辑判断(客观普遍性),第一是快感,第二是审美,第三是认识。

前面讲审美的"质"的特征是"无利害而又产生愉快",这里讲"量"的特征是"无概念而又有普遍性"。一般说,愉快总与人的利害相关;一般说,普遍性总与概念相关。审美恰恰与此相反,这样就突出地揭示了审美心理形式的特殊性。如果说,"质"突出了人与自然的关系问题,那么,"量"是突出了这一问题的心理方面。前者更多是哲学问题,后者更多是心理学的科学问题,即审美的心理功能究竟是怎样的,它的特殊性何在,这特殊性正是构成艺术创作和欣赏的中心和关键。所谓想象力与知性处在非确定的自由运动的关系中,中国古代文艺理论也讲得很多,如《沧浪诗话》的"不落言筌,不涉理路"等,都是说的这个道理和这一特征。这个问题也就是后来的所谓形象思维(艺术创作)和审美感受(艺术欣赏)等问题,它是文艺的一个本质特征问题。

第三点,"关系"。本来,目的或合目的性总以一定的概念为依据。它或者是外在的,如功用;或者是内在的,如伦理的善。前两点指出,审美既与伦理、功用、欲望的快感无关,又没有明确的概念逻辑活动,从而就与任何特定的目的无关。但另一方面，作为想象力与知性趋向于某种未确定概念的自由协调，审美又具有一种合目的的性质。它不是某个具体的客观的目的，而是主观上的一般合目的性，所以叫"没有具体目的的一般合目的性"。又由于这种合目的性只联系对象的形式，是一种形式的合目的性，所以，又叫"没有目的的合目的性形式"。康德曾举例说，看见一匹马长得壮健匀称，躯体各部分的构造有机地相互依存，使人觉得具有适应于生存等特定的客观目的，这就不是审美判断，它不是没目的的目的性，而是有目的的。但如看见一朵花，除了植物学家知道它的组织结构各部分的特定的目的功能外，作为欣赏者是不需要也不会觉察这种特定的客观目的的，它所唤起的只是一种从情感上觉得愉快的主观的合目的性。也就是说，对象（花）的形式（外在形象）完全符合人的诸心理功能的自由运动，这就构成了美的合目的性。这种合目的性正是没有特定具体的客观目的的主观合目的性形式，这才是审美判断。康德说："一个对象，一片心境，甚或一个行动，可称作合目的的，虽然它的可能性并不必然地以一个目的表象为前提。""……因而可以有没有目的的目的性，只要我们并不把这个形式的原因归到意志，而只是通过溯源到意志，使它的可能性的解释对我们是可理解的。并且，我们对于所察觉到的事物（关于它的可能性）并不总是要从理性的观点去认定它。我们至少可以依据形式察觉到一种合目的性，而并不去把它归诸某种目的。"[1]这个"没有目的的

___

1. 《判断力批判》§10，参看宗译本，第58页。

合目的性"是康德"美的分析"的中心，正如"关系"范畴是逻辑认识的中心一样。就哲学说，目的与"无目的的目的性"确乎不同，后者对内具有各部分相互依存的有机组织的整体含义，对外又具有并不从属于某一特定目的的广泛可能性的含义，它的确形成了一种独特的"关系"，实际上是人与自然相统一的一种独特形式（详后）。就美学说，所谓"非功利而生愉快""无概念而趋于认识"，也就是"无目的的目的性"的意思，即它既不是目的（功利，有概念），而又是合目的性（与伦理、认识以及感性又均有牵连）。"非功利""无概念"这两个最重要的审美心理的特征，英国经验论美学都已提出过[1]，康德把前人从经验描述上提出的这些审美心理形式特征，集中、突出并总结在"无目的的目的性"这样一个哲学高度上，作为美的分析的中心项，以与《纯粹理性批判》《实践理性批判》相联系，而完成他的哲学体系。也正是在这第三点（关系）内，康德提出了"美的理想"问题，即美作为理想与目的的关系，更使这个中心十分突出。这个中心在后面讲机械论与目的论时，还会更清楚地看到。

　　第四点，"模态"。如前所述，审美既然不是认识，没有概念构造，是一种"不能明确说出的知性规律的判断"，但又要求具

---

1. 朱光潜《西方美学史》："就康德个别论点来说，它们大半是从前人久已提出过的。姑举几个基本论点为例：美不涉及欲念和概念、道德，中世纪圣托玛士就已明确提出，近代英国哈奇森和德国的门德尔松也都有同样的看法。"（下卷，第 12 章）细节可参看斯托尼兹（J. Stonitz）《论审美非功利说的来源》一文（《美学与艺术批评》1961 年冬），并参看汝信、杨宇《西方美学史论丛》中《康德和十八世纪英国美学》一文。

有"普遍有效"的可传达性，那它如何能做到这点呢？就是说，
审美判断究竟是如何可能的呢？它不只是可能性、现实性，而
且要求必然性（模态范畴），其依据是什么呢？这种必然性既不
能来自概念认识，又不能来自经验（经验不可能提供必然，如
认识论所已指明），又如何得来呢？康德最后假定一种所谓先验
的"共通感"，来作为必要条件。他说："只有在假定共通感的前
提下（这不是指某种外在感觉，而是指诸认识功能自由活动的效
果），我们才可以下审美判断。"[1]

　　假设一个"人同此心，心同此理"（此"理"又是非可言说
的）的所谓先验的"共通感"，作为审美判断具有普遍必然性的
最后根基，显然是主观唯心主义的思想。但重要的是，康德把这
种"共通感"与"人类集体的理性"即社会性联系了起来。他
说："但在共通感中必须包括所有人共同感觉的理念，这也就是
判断功能，因它在反思中先验地顾及所有他人在思想中的表象状
态，好像是为了将它的判断与人类的集体理性相比较，从而避开
由个人主观情况（这是容易被当作客观的，对判断可产生有害影
响）而引起的幻觉。"[2]"美只经验地在社会中才引起兴趣。如果我
们承认社会冲动是人的自然倾向，承认适应社会、向往社会，即
社会性，对于作为注定是社会存在物的人为必需，属于人性的

---

1. 《判断力批判》§20，参看宗译本，第76页。康德所谓认识功能即是心理功能，他常常将
　二者混同使用。
2. 同上书，§40，第137—138页。

特质，我们也就不可避免地要把趣味看作判断凡用以传达我们的情感给所有他人的任何东西的一种能力……"¹康德并举出"被抛弃在孤岛上"的个人不会"专为自己"去装饰环境和自己作为例子，来说明审美的所谓"共通感"。显然，康德在审美现象和心理形式的根底上，发现了心理与社会、感官与伦理，即自然与人的交叉。这个"共通感"不是自然生理性质的，而是一种具有社会性的东西。如果联系上章康德讲历史理念时提出的先验社会性，便可看出，康德这里的社会性更为具体了，因为它不只是先验理念，而且还是感性的。感性总与具有血肉身躯的个体（人）相联系。这就是说，它既是个体所有的（人的自然性），同时又是一种先验的理念（人的社会性），它要求在个体感性自然里展示出社会的理性的人。康德这种普遍人性论已经很不同于法国唯物主义的自然人性论，也不同于黑格尔倾向于抹杀个体和感性的精神人性论。它要求自然与人、感性与理性在感性个体上的统一。这一点很重要。当然，归根到底，这也还是一种抽象的空泛的人性论，但康德从哲学高度把审美根源归结为这种社会性，比前人跨进了一大步。

总起来，从美学史角度来看，康德的美的分析如同他的认识论和伦理学一样，一方面反对英国经验论的美学将审美当作感官愉快（博克等人），另一方面又反对大陆唯理论的美学将审美当

---

1. 《判断力批判》，§41，参看宗译本，第141页。

作对"完善"概念的模糊认识（沃尔夫、鲍姆加登[1]），而又企图把两者折中调和起来。康德在调和结合上述两派美学的同时，也就给自己认识与伦理双峰对峙的哲学体系的两岸之间架设了审美判断力的过渡桥梁。而在审美判断这座桥梁之内，"美的分析"和"崇高的分析"，"美的形式"和"美是道德的象征"，又是它的彼此不同的两端，是整个过渡中的两步。也就是说，过渡中还有过渡，这座过渡桥梁在康德美学本身中又错综复杂地表现为：由美到崇高的过渡，由纯粹美到依存美的过渡，由形式美到艺术美的过渡。

三 "崇高的分析"

崇高（或壮美）是审美现象的一种。飘风骤雨、长河大漠、汹涌海涛、荒凉古寺、粗犷风貌、豪狂格调……面对这种种对象，审美心理的结构形式有其特殊性：在愉快中包含着痛苦，或痛感中含有快感。欧洲自古罗马朗基努斯到法国古典主义布阿洛讲崇高，本来都主要指文章风格。到十八世纪英国，崇高用于自然对象，但都是些粗浅的经验的和心理的描述。例如，有人（博

---

1. 沃尔夫认为他的哲学只处理能用词说出的明晰概念和人的高级功能，审美被认为只属于人的感性功能，从而是低级的，同时它是不能用词明晰表达出来的，所以排斥在哲学门外。鲍姆加登则认为美学是处理感性认识的完善，从而补充了沃尔夫体系不讲美学的空白。

克）认为这种感受中包含恐惧，有人说这种感受是先压抑后提高，等等。康德把这种表面的经验描述提到哲学上来论证，[1] 使崇高作为审美现象引起了巨大注意，特别是恰好配合了当时刚兴起的欧洲浪漫主义的巨大思潮，对后代文艺产生了重要影响。康德认为，"崇高"对象的特征是"无形式"，意即对象的形式无规律无限制，粗犷荒凉，表现为一种体积上的"无垠"广大（如星空、大海、山岳等），这是数量的"崇高"；或者表现为一种力量上的"无比"威力："凸露的、下垂的、好像在威胁着的峭石悬岩，乌云密布天空挟着雷电，带着毁灭力量的火山，飓风带着它所摧毁的废墟，惊涛骇浪的无边无际的大海，巨大河流的高悬瀑布，诸如此类"[2] 的景象，这是"力量的崇高"。（这两者实质相同，由于康德要纳入他所喜爱的数学、力学二分法的"建筑术"而分设。）

康德认为，"数量的崇高"由于自然对象的巨大体积超过想象力（对表象直观的感性综合功能）所能掌握，于是在人心中唤醒一种要求对对象予以整体把握的"理性理念"，但这种理性理念并无明确内容和目的，仍只是一种主观合目的性的不确定的形式，所以仍属审美判断力的范围。在"力量的崇高"中，审美心

---

1. 康德非常赞赏博克对美与崇高的区分，但指出这只是经验的、心理学的，需要做出先验的规定。康德自己在前批判期也从观察角度专门写过优美与崇高区别的专论，生动活泼地列举了大量经验现象，指出二者的不同特征。在那里，审美与道德还是混在一起谈论的，其中，崇高则已有优美加道德的含义。
2. 《判断力批判》§28，参看宗译本，第101页。

理感受的矛盾更加清楚，即一方面是想象力无力适应自然对象而感到恐惧，另一方面要求唤起理性理念（人的伦理力量）来掌握和战胜对象，从而由对对象（自然）的恐惧、避畏的（否定的）痛感转化而为对自身（人）尊严、勇敢的（肯定的）快感。康德认为，如果说，美是想象力与知性的和谐运动，产生比较平静安宁的审美感受，"质"的因素更被注意；"崇高"则是想象力与理性的相互争斗，产生比较激动强烈的审美感受，"量"的因素更为显著。这也就是在感性中实现出理性理念，显现出道德、伦理、人的实践理性的力量。康德说："自然力量的不可抵抗性，使我们认识我们自己作为自然的存在物生理上的软弱，但同时却显示出我们有一种判定我们独立于自然、优越于自然的能力……从而，我们身上的人性就免于屈辱，尽管个体必须屈从于它的统治。这样，在我们的审美判断中，并不是由于它激起恐惧而判断为崇高，而是由于它唤醒我们的力量（这不是自然的），让我们把我们挂心的许多东西（财产、健康、生命）看得渺小，把自然力量（上述那些东西无疑是屈从于它的）看作不能对我们作任何统治……心灵能感到，比起自然来，自己的使命更具有崇高性。"[1]"因此，对自然的崇高感就是对我们自己使命的崇敬，通过一种偷换办法，我们把这崇敬移到了自然对象上（对我们自己主体的人性理念的崇敬转成为对对象的崇敬）。"[2]即是说，自然界的

---

1. 《判断力批判》，§28，参看宗译本，第101—102页。
2. 同上书，§27，第97页。

某种极其巨大的体积、力量，即巨大的自然对象，通过想象力唤
起人的伦理道德的精神力量与之抗争，后者在心理上压倒前者、
战胜前者而引起了愉快，这种愉快是对人自己的伦理道德的力
量、尊严的胜利的喜悦和愉快。这就是崇高感。自然尽管可以摧
毁人的自然存在及其一切附属物（生命、财产等），这些东西在
自然威力下只有屈从，但它却不能压倒人的精神、道德和伦理。
相反，后者却要战胜前者，所谓崇高感就正是主体这种伦理道德
的精神力量在与自然力量的剧烈抗争中所引起的感情和感受。但
这种感情还不是真正的道德感情（参看本书第八章），它仍然是
对自然景物的形式的趣味判断。即自然力量（无论是体积也好，
力量也好）还只是以其无形式（无规则或无限巨大）的形式，而
不是以其存在来威胁人（例如人是在观赏暴风雨还不是真正处在
暴风雨之中），所以它还是属于审美范围的。它仍是主观合目的
性的形式，还不是伦理行为。但很明显，这种审美感受、趣味判
断是趋向和逐渐接近于伦理道德的。康德由"美的分析"转到
"崇高的分析"，虽然仍在审美判断力的这个总的中介范围之内，
却已由第一步迈到第二步，即由认识功能（想象力与知性）的自
由活动迈到伦理理念的无比崇高，由客体对象走向主体精神，由
自然走向人，这个人已不是偏重个体感性的自然，而是偏重和突
出具有理性力量（伦理道德）的社会了。

康德认为，由于与理性理念相联系，对崇高的审美感受必须
有一定的文化教养和"众多理念"。"暴风雨的海洋本不能称作崇
高，它的景象只是可怕。只有心灵充满了众多理念，才使这种直

观引起感情自身的崇高，因为心灵舍弃了感性，而使它忙于与包含更高的目的性的理念打交道。"[1]"事实上，如果没有道德理念的发展，对于有文化熏陶的人是崇高的东西，对于没教养的人只是可怕的。"[2]要能欣赏崇高，要能对荒野、星空、暴风、疾雨等产生审美感受，就需要欣赏者有更多的主观方面的基础和条件，需要更高的道德水平和文化水平。总之，这是说，对美的欣赏只须注意对象的形式就够了。对崇高的欣赏，是要通过对象的"无形式"（不符合形式美的形式）唤起理性理念即主体精神世界中的伦理力量，所以，崇高比美具有更强的主观性。美有赖于客观形式的某些特性（如和谐），崇高则恰恰是以客观的"无形式"即对形式美的缺乏和毁坏，来激起主体理性的高扬，从而在客观"无形式"的形式中感受到的，已不是客观自然，而是主观精神自身了。客体与主体、认识与伦理、自然与人，在康德哲学中本是分割对立的，在这里就终于处在一种联系和交织中。康德认为崇高的对象只属于自然界[3]，正是为了说明崇高的本质在于人的精神。可见与美的分析一样，崇高也被看作不在客体对象，而在主体心灵。这与前批判期康德把美与崇高都当作客观对象的自然属性和关系，是不同的。[4]但这并非倒退，而是一种前进，即注意了

---

1. 《判断力批判》，§23，参看宗译本，第84—85页。

2. 同上书，§29，第105页。

3. 康德虽也以人工的金字塔作为数量崇高的例子，但其意仍在对象的自然巨大体积（自然物质的量），所以并不矛盾。

4. 参看《自然通史和天体论》《对于美和崇高的情感的观察》。

崇高、美与人的关系，虽然这种关系被唯心主义地歪曲了。

康德"崇高的分析"与"美的分析"一样，是从心理特征的现象学的描绘引导出唯心主义的哲学规定的。在康德那里，崇高和美都不是客观存在，而是主观意识的作用。美、崇高都不是客观的，而是主观的；不具有客观社会性，而只有主观社会（意识）性。

四 "美的理想""审美理念"与艺术

由美到崇高是认识到伦理在审美领域中的过渡，所谓"纯粹美"到"依存美"，是这种过渡的另一形态。在讲崇高之前，康德在美的分析中曾区别"纯粹美"（"自由美"）与"依存美"。"纯粹美"如花、鸟、贝壳、自由的图案画，"框缘或壁纸上的簇叶装饰"，以及无标题、无歌词的音乐，等等。[1] 这是纯粹的形式美，它充分体现了康德定下的美之为美的标准，最符合康德关于美的分析的几个要点，如非功利、无概念、没有目的，等等。按理说，"纯粹美"应该是康德的美的理想了。但是，有意思的是，情况恰好相反，康德认为，"纯粹美"并不是美的理想，"美的理想"倒是"依存美"。所谓"依存美"，是指依存于一定概念的、有条件的美，它具有可认识的内容意义，从而有知性概念和目的

---

1. 《判断力批判》§16，参看宗译本，第67—68页。

可寻，它包括了几乎全部艺术和极大一部分的自然物件的美。即只要不是纯粹以线条等形式而能引起美感的对象如人体、林园、一匹马、一座建筑等，就都属于此类"依存美"。这种美以目的概念作前提，受它的制约，具有道德的以至功利的社会客观内容。例如，一个人体、一匹马之所以是依存美，就是因为由它们的形体而会想到形体构造的客观目的。这就不仅有审美的愉快，而且附加有理知或道德的愉快，这里乃是"趣味与理性的统一，即美与善的统一"[1]。康德认为，这对审美不但无害，而且有益。总之，单从形式着眼，便形成"纯粹美"的审美判断；若考虑到目的，便形成"依存美"。一个对象常可以从这两个不同角度去欣赏，其审美感受也不尽相同。既可以作纯形式如线条、构图的观赏（"纯粹美"），也可以作涉及内容的观赏（"依存美"）。但是，康德认为，美的理想却是后者。

在《纯粹理性批判》中，康德所谓理想就是指理性理念的形象，理想与理性理念是不可分开的。在《判断力批判》中，康德也说："理念本意味着一个理性的概念，理想则是一个适合于理念的个体存在的表象。"[2] 理性理念本不是任何感性也不是任何知性概念可以表达的（见认识论），但能通过美的理想的个别形象展现出来，它可说是非确定的理性理念的最高表现。

所谓美的理想就首先应与经验性的一般模板相区别。所谓经

---

1. 《判断力批判》§16，参看宗译本，第69页。
2. 同上书，§17，第70页。

验性的一般模板，是指在一定范围内经验的共同标准，它基本上是一种平均数："……想象力让一个大数目的（大概每个人）形象相互消长……显示出平均的大小，它在高与阔的方面距最大的及最小的形体的两极端具有同样的距离，这是一个美男子的形体"[1]。所谓"增之一分则太长，减之一分则太短"，这种美的经验性的模板是由想象力所达到的形象标准，具有相对的性质。不同民族有不同的经验标准即不同的美的模板，例如不同民族不同时代便有不同的美人模板。它不涉及什么道德理念，完全是一种经验的模板。美的理想与这种经验性的模板不同，因为它不是经验标准，而是要在个别形象中显示出某种理性理念，尽管是某种并不那样明确和确定的理性理念。既然要显现理性理念，就只有人才有此资格。康德认为，如花朵、风景、什物很难说有什么"美的理想"。

前几章谈过，理性理念不在自然因果范围之内，不是科学认识的对象，而是在经验范围之外的道德实体。康德在美的理想中便一再指出："美的理想……只能期之于人的形体，这里……在最高目的性的理念中，它与同我们理性相结合的道德的善联系着，理想在于道德的表现……"[2]"按照美的理想的评判，不单是趣味判断了。"[3]即它不再是纯粹美，也不只是纯粹的审美，而是

---

1. 《判断力批判》§17，参看宗译本，第72页。
2. 同上书，第74页。
3. 同上。

部分地具有理知性的趣味判断了。康德在讲艺术之前，专门有一节讲"对美的理知兴趣"，说"……不但自然产物的形式，而且它的现存也使人愉快"[1]"因此心灵思索自然美时，就不能不发现同时是对自然感兴趣。这种兴趣是邻近于道德的"[2]。康德敏锐地觉察到，欣赏大自然时所特有的审美愉快不只是对形式的审美感受，自然美不只是形式美，而且也包含有对自然存在本身的知性感受，即对大自然合目的性的客观存在的赞赏观念，这就超越了审美的主观合目的性形式而趋向自然的客观合目的性了（详下）。自然的客观合目的性正是通向道德本体的桥梁。康德整个《判断力批判》本就要在感性自然（牛顿的自然因果）中找到一种与超感性自然即与伦理道德（卢梭的人的自由）相联系的中介，这个中介在审美判断（主观合目的性），最终归结为与道德的主观类比。有如知性范畴通过构架而感性化，成为认识（详见本书第四章）；道德理念经由"象征"而感性化，成为审美。康德说，"趣味归结乃是判断道德理念的感性化的能力（通过二者在反思中的类比）"[3]，即自然景物类比于一定的理性观念而成为美。于是，康德做出了著名的"美是道德的象征"[4]的定义，例如白色象征纯洁，等等。中国古代艺术中的梅、兰、竹、菊"四君子"象征道德的高尚贞洁，与康德这里讲的意思倒相当一致。

---

1. 《判断力批判》§42，参看宗译本，第144页。
2. 同上书，第145页。
3. 同上书，§60，第204页。
4. 同上书，§59，第201页。

在康德看来，艺术的本质就在这里。艺术是"依存美"，不是"纯粹美"（形式美）。可见，艺术并不等于美，它是在"无目的的目的性"即美的形式中，表达出理性，提供"美的理想"。康德在审美分析中提出"美的理想"，在艺术创造中则提出"审美理念"。二者实质上是一个东西，前者主要从欣赏角度、从"趣味判断"角度提出，后者主要从创作心理、从所谓"天才"角度提出。它们都是指向道德的过渡。康德说："所谓审美理念，是指能唤起许多思想而又没有确定的思想，即无任何概念能适合于它的那种想象力所形成的表象，从而它非语言所能达到和使之可理解。"[1]"在这里，想象力是创造性的，并且把知性诸理念（理性）的功能带进了运动。这就是，在一个表象中，思想（这本是属于对象概念）大大多于所能把握和明白理解的。"[2]它是在有限形象里展示出无限的理性内容。它之所以叫理念，是因为它不是认识对象，不是知性范畴、概念所能穷尽或适用，而是指向超经验、超自然因果的道德世界；它之所以又不是理性理念，是因为它不像理性理念那样将个别与总体、想象（感性）与知性分割开。它是在有限形象（感性）里展示出无限（理性），而非任何确定的概念所能表达或穷尽。一般的理性理念虽超经验，但仍是确定的概念，审美理念却不同，它"意无穷"，即非确定概念所能穷尽。中国艺术中常讲的

---

1. 《判断力批判》，§49，参看宗译本，第160页。
2. 同上书，§49，第161页。

所谓"言有尽而意无穷""羚羊挂角，无迹可求""味在咸酸之外""意在笔先，神余言外"，以及"形象大于思想"等，也都是这个意思。[1]康德认为，艺术要在死亡、爱情、宁静等具体经验意象中，展示出自由、灵魂、上帝等超经验的理性理念（道德），创造出一个"第二自然"。所谓"第二自然"也就是艺术显得不像人为，即其目的不是直接表露出来，而是好像自然那样，是一种无目的的合目的性的形式，才能引起审美感受。但同时，又知其为人为的艺术作品，所以这种感受更具有知性的目的兴趣，不同于欣赏真正的自然美、形式美。艺术创作也是这样。康德说："想象力的这些表象叫作理念，部分是由于它们至少追求超越经验界限的某些事物去寻求接近理性概念（知性理念）的表象，给予这些理性理念以客观现实性的外貌，但特别是由于没有概念能充分适合于作为内在直观的它们。诗人试图把不可见的存在的理性理念，天堂、地狱、永恒、创世等，实现于感性。他也处理经验中的事例，例如死亡、妒忌和各种厌恶、爱情、荣誉，如此等等，借助想象力，尽力赶上理性的活动以达到一种'最高度'，超越经验的界限，把它们表现在自然中无此范例的完全性的感性之中。"[2]这并不是把理性理念等概念加上一件形象的外衣，恰恰相反，它是形象趋向于某种非

---

1. 在语言艺术（文学）中，从神话的多义性和不可解释性到"诗无达诂"，都是例证。其他艺术如音乐等中，这一特征就更明显。
2. 《判断力批判》§49，参看宗译本，第160—161页。

确定的概念，这就是艺术创作不同于科学思维的特征所在。康德把这叫作"天才"。康德认为，科学无"天才"，只有艺术创作才有"天才"[1]，因为科学是知性认识，有一定的范畴、原理指引，有一定的可学可教的规范法则，任何人只要遵循这些指引，便都可做出成绩；而艺术作为审美理念的表现，却是"无法而法"，无目的的目的性，它不可教，不能学，没有固定的法则公式，纯靠艺术家个人去捕捉和表现既具有理性内容又不能用概念来认识和表达的东西，以构成审美理念，创造美的理想，产生既是典范又是独创的作品。康德认为，这种不可模拟的独创性与有普遍意义的典范性，便是"天才"的两大特征。一般的理性理念虽不可认识，却是可以思维和言说的（参看本书第六章、第七章），审美理念则是既非认识又不可思维、言说、解释的，它只可感受和想象。它是在这种感性中展示出"超感性的基体"，这就是"天才"之所在。所以，康德讲的"天才"，不同于以后浪漫主义强调的超人的天资、神秘的天赋，他主要是指在艺术创作中通过"无法而法"即"无目的的合目的性"的审美形式，展现出道德理念的创作能力，即艺术创造的独特心

---

1. 在后来的讲课中，康德对"天才"的解释和举例又广泛得多了。他把发明与发现相区别，认为发明的才能即天才。他说："……这种发明的才能就叫天才。但人们总只把这个名称给艺术家，即只给能创造出某种东西的人，而不给只知道很多东西的人；也不给只会模仿的艺术家，而只给独创的艺术家，并且只给其产品可作榜样的人，所以，一个人的天才就是他的才能的可作榜样的首创性。""真正为天才而设的领域是想象力的领域，因为想象力是创造性的，它比其他功能较少处于规章强制之下。""天才是这样的人，不论从精神的深度或广度上，他都在其所从事的一切工作中起了划时代的作用，例如牛顿、莱布尼茨。"（《人类学》§ 57、§ 58）

理功能。康德认为，趣味比天才更重要，"如果在一作品上两种
性质的斗争中要牺牲一种的话，那就宁可牺牲天才"[1]。因为趣味
涉及的是美之为美的形式（上面美的分析中讲的那些条件），"天
才"涉及的主要是理念内容。没有前者，缺乏审美形式，根本
不能成为艺术作品；没有后者，则仍可以是一种缺乏生命力量
和内在精神的、平庸的艺术品。此外，康德的"天才"指的虽
不是形式技艺的掌握，但他认为，形式技艺却是磨炼、管束、
训育"天才"使之能构成艺术作品的条件。

　　艺术既以目的概念作为基础，要求有理性理念，通过"天才"
的艺术创作而获有审美的趣味形式，便不是纯粹的审美活动。但
它仍不是认识（科学思辨），也不是工艺[2]（实践活动），这两者都
有确定的目的，为外在的确定目的服务（如工艺产品是为了报
酬），不是本身就产生愉快的自由游戏，即不是无目的的目的性。
一方面，作为审美，艺术的目的不在本身之外，它自身的完整
就是目的。另一方面，艺术又确有提高人的精神境界的外在效用
和目的，它又服从于外在的目的。艺术虽以理性目的概念作为基
础，却并无任何实在的具体的目的。它虽不属于形式美（"纯粹
美"），但美的形式对它又仍为必要。[3]艺术必须趋向自然，不显人
为痕迹，即目的是在无目的的目的性中展示，而不是赤裸裸地出

<hr>

1. 《判断力批判》§50，参看宗译本，第 166 页。
2. 这种工艺已非指具有一定艺术创作性能的中世纪的手工技艺。
3. 艺术与审美决不是等同的，而毋宁是互相交叉的，即有一部分艺术品并无审美意义，而有
　 一部分美的对象也并非艺术作品。所以，美学不能等于文艺概论或艺术哲学。

现，才是成功（美）的。它的内容必须是伦理道德（理性理念）
的，它的形式却必须是审美（无目的的目的性）的。在这里，艺
术仍然是自然与人（伦理）、规则（形式）与自由（"心灵"）、
审美（合目的性形式）与理性（目的概念）、趣味与天才、判断
与想象的对立统一体。在康德，艺术与审美的根本特征就在这种
自由的统一。所谓"自由游戏"，所谓"想象力与知性的自由运
动"，所谓"无目的的目的性"等，都是说的这一区别于人类其
他活动和其他心理功能如科学、工艺、技术、道德等的地方，这
也就是康德在审美判断力的分析论中所要着重论证的。康德讲的
这种艺术、审美的心理特征，中国古代文艺讲得很多，只是远没
有提升到这种哲学高度。

　　康德为其体系建筑术的需要，在审美分析论之后，便讨论所
谓审美判断力的辩证论。在这里，康德提出趣味的"二律背反"，
即一方面，趣味不基于概念，否则就可以通过论证来判定争辩
（正题）；另一方面，趣味必基于概念，否则就不能要求别人必
然同意此判断（反题）。康德指出，经验派美学否认概念，主张
美在感官愉快，唯理派美学认为美在感性认识的概念完善，他们
或把审美当作纯主观的（经验派），或把它当作纯客观的（唯理
派），都无法解决这个"二律背反"。康德"解决"这个"二律背
反"的办法很简单，即指出，正题里所指的"概念"是说确定的
逻辑概念，反题所说的"概念"则是指想象所趋向的非确定的概
念。这样，当然正反双方都对了。从而审美既不是主观的感官愉
快，也不是客观的概念认识。它的"二律背反"的解决指向一个

"超感性的世界"[1]（详后）。

　　但是，这个"二律背反"并没有第一、第二两个批判中的"二律背反"重要，因为它没能充分暴露出康德美学的真正矛盾。这种真正矛盾倒是在上述"纯粹美"与"依存美"、美与崇高、审美与艺术、趣味与天才实即形式与表现的对峙中更深刻地呈露出来。一方面，美之为美如康德所分析在于它的"非功利""无概念""无目的的合目的性"，这也是所谓"纯粹美"、审美、趣味的本质特征。但另一方面，真正具有更高的审美意义和审美价值的，却是具有一定目的、理念、内容的"依存美"、崇高、艺术和天才，是后者才使自然（感性）到伦理（理性）的过渡成为可能。康德的美学就终结在统一这个形式主义与表现主义的尖锐矛盾而未能真正做到的企图中。

　　康德美学的形式主义和表现主义这两种因素和两个方面，都对后代产生了巨大影响，都有其一大串的继承者。前一方面是"为艺术而艺术""有意味的形式""距离说"……种种现代形式主义的前驱。后一方面则是各种浪漫主义、表现主义、反理性主义的先导。在十九世纪，谢林、黑格尔和浪漫主义狂飙运动都是以高扬所谓无限理念的内容为典型特征的，崇高、天才成了中心议题。另外，赫尔巴特（Herbart）、齐默曼（R. Zimmermann）、汉斯

---

1. 《判断力批判》§57："……诸二律背反，迫使人展望超越感性世界，在超感性中去寻求我们诸先验功能统一的焦点。""解开其根源对我们是隐藏的那种功能的秘密，是主观的原理，即在我们之内的超感性的未确定的理念。"（参看宗译本，第188—189页）

立克（E. Hanslick）等人则发展康德的形式主义方面，把美归结为线条、音响的关系和运动。在二十世纪资产阶级美学理论中，强调表现的一派，与强调形式的一派，也仍然可以说是康德美学上述两个方面的发展。康德讲的表现还是理性理念，到现代便变成反理性的"性欲"（弗洛伊德）、"经验"（杜威）、"集体无意识的原型"〔荣格（Jung）〕等，艺术完全失去其审美的特征和意义；康德讲的形式（非功利、无概念），还是审美的心理特征，到现代便变成艺术的本质——"心理距离"〔布洛（El. Bullough）〕、"有意味的形式"〔贝尔（Clive Bell）、罗杰·弗莱（Roger Fry）〕，而且艺术被完全等同于审美了。在这两个方面中，形式主义更突出一些，从而一般都把康德美学看作形式主义艺术的理论渊薮。

总起来说，康德的美学提出了一系列重要问题，从审美心理到艺术创作，从美的分析到审美理念，从崇高的心理特征到类比[1]的意义，从形象大于思想到线条重于色彩[2]等，都确乎关系到审美与艺术的特征所在。正因为这样，康德如此抽象干枯的理论才能成为美学史和文艺思潮中罕见的有影响力的著作。

---

1. 类比作为人所特有的心理功能，还未获得充分的估计与研究。我以为所谓非逻辑演绎、非经验归纳的"自由"创造的能力，与此密切相关。它是机器和动物所没有的。这表现在日常生活（如语言）、科学认识中，而特别突出表现在艺术创作中。类比不简单是观念间的联系，它涉及情感、想象等多种心理功能。人类的语言，使这一功能获得了极大的巩固和提高。比喻之所以成为文学中的美学因素，成为最早的文学形式之一，原因也在此。
2. 康德认为，色彩诉诸感觉的愉快，线条不然，后者才真正具有审美意义。这是很有见地的，可参见中国艺术的特征。黑格尔则只重视色彩（见《美学》第3卷）。

五 有机体组织

审美判断力只是一种主观的合目的性。康德把艺术与自然做比较时，便指出艺术毕竟是人为的产物，它的合目的性形式是人所创造出来的。自然美却不然。"自然美……可以被看作自然的一种客观目的性，在这里，自然是作为人在其中也是一个环节的系统整体。"[1] 前面已说到，对自然美可以由形式的欣赏，进到实质（存在）的赞叹，即由主观的审美判断进到客观的目的论的判断：不只是把自然的形式与我们的主观愉快相联系，而是把自然的存在自身看作具有客观目的。因之，在"目的论的判断力"开头，康德便指出，"我们对自然很大赞叹的根据"正在于"那与我们的用途无关而只属于事物本身的东西，似乎仍然是有目的的，而且还好像是特意为我们的用途而安排的"[2]。一般常说《判断力批判》的这两个部分没有联系，其实康德自己倒是企图把它们联系、衔接起来的。这个衔接点在自然美最后是"道德的象征"，即把自然本身看作有目的地趋向于道德的人，自然界以道德的人为其最终目的。

如本章开始所述，康德把目的分成两类，即相对的或外在的目的与内在的目的。前者指一物存在是为了别物，如旧目的论认为老鼠的目的是给猫吃，动植物的存在是为了人的利益，等

---

1. 《判断力批判》§67, 参看韦卓民译本, 下卷, 商务印书馆, 1964 年版（以下简称韦译本）, 第 30 页。
2. 同上书, §62, 第 9 页。

等。这种"外在的目的性"是"一事物对其他事物的适应性"[1]。康德反对这种目的论，而重视自然的内在目的。这种目的的具体范例，便是动植物的有机体组织。康德早年便注意到，自然界除了机械因果关系之外，还有另一种关系，它们具有非机械的生命特征，这是牛顿力学的机械因果规律所不能解释的。在《自然通史和天体论》一书中，康德便说，小小的毛毛虫比广大无限的星球体系还复杂和难以解释得多。经过三十多年以后，其中特别包括康德对动植物适应环境的特点、对人类种族的研究，诸多想法使康德不但坚持这一观点，并且更为明确地认为，决不可能再出另一个牛顿，来用机械力学的规律解释有机体生命现象。康德认为，这种有机体生命现象只能用完全不同于机械因果的目的观念来解释。"如果一个事物同时自身是因又是果，它就是一种自然目的。"[2]而作为自然目的的代表，生命有机体便正是这样。它有三大特点，一是各部分只在与其整体相联系的情况下才存在。"一个事物成为一个自然目的，首先要求它的各部分（不论存在或形式）都只有与其整体相关联才可能。"[3]例如，把手从躯体上切下来，就不成其为手了。二是各部分互为因果，互为手段和目的，"第二是要求它的各部分结成一统一整体，以使它们的各部分彼此互为因果"[4]。三是具有自组织的功能，能够自己再生产，这

1. 《判断力批判》§63，参看韦译本，第15页。
2. 同上书，§64，第18页。
3. 同上书，§65，第20—21页。
4. 同上书，第21页。

一点最为重要，因为光上面两点还不够，一种人工技艺的产物也可以具有这两点，如钟表。而只有"每一部分都是交互产生其他部分"，"这样一种产物才能叫作自然的目的，因为它是有组织的，并且是在不断自组织之中"[1]，从而不是人工产物那样，从外面来设计组织，而能自己生长发展。正因为此，它就既不同于如一只表那样的机械运动的因果关系，也不同于一只表那样须有外在的设计师和制造者。康德举例说，树无论就种类说或个体说，都是自己产生自己，树的枝叶又是相互依赖以维持生存的。"叶无疑是树的产物，但是反过来，叶也维持树。"[2]因此，不等于部分之和却又决定部分的整体，作为一个统一的系统，在这里有很重要的意义。机械力学也讲作用与反作用，但它就没有这种作为目的的整体系统观念，也就不能解释为什么某些自然对象部分与部分之间、整体与部分之间有这种交互联系，为什么部分是以整体为前提，是依存于整体的。康德认为，用作为系统整体的目的观点来看待和研究事物，对深入揭示自然的奥秘大有益处。我们不问海浪（无生物）为何老拍岸，因为这是无科学意义的形而上学问题，但可以问鸟翼（生命有机体）为何如此位置，动植物某部分为何这般构造，即有何目的，这就可以引导科学作进一步探究，例如指出鸟翼的位置便于飞翔（目的），动植物的任何部分都不是无用，而是大有用处的，等等。康德说，"有机体……首先给

---

1. 《判断力批判》，参看韦译本，第22页。
2. 同上书，§64，第19页。

目的概念，不是实践的而是自然的目的概念，提供客观实在性，从而给自然科学提供一种目的论基础"[1]，补充了单纯机械作用所不够用的经验领域。只用机械关系没法真正了解有机体现象，而加上这一条目的论原理，对发现、认识、探讨自然因果大有裨益。但是，这种目的论原理并不能从经验中得出，它根本不是在自然本身中所能提供和发现的原理。在《纯粹理性批判》中，康德已强调"整体"只是非经验所能证实的理念。作为了解有机体的整体系统，也是一种主观的理性理念。作为整体系统的"目的性"只是一种"类比"，用康德的术语说，它只是一种范导性的原理，而不是构造性的原则（参看第六章）。它是反思判断力（不是决定判断力）的先验原理。[2]

六　机械论与目的论的"二律背反"

这样，也就到了目的论判断力的"二律背反"的辩证论。康德说：

判断力的第一准则是正题：必须认为所有物质事物及其形式

---

1. 《判断力批判》§65，参看韦译本，第24—25页。
2. "……我认为哲学有三个部分，每部分都有它的先验原理……也可能准确地规定它们的知识范围——理论哲学、目的论、实践哲学，在这三者之中，目的论大概是最缺少确定的先验根据的。"（1787年12月28日康德给伦浩德的信）

的产生，仅依据机械规律而可能。

判断力的第二准则是反题：有些事物的产生不能认为仅依据机械规律而可能（判断它们须要一种不同于因果的规律，即最后原因）。

如果这些指导探究的范导性原理转为对象可能性的构造原理，就会是：

正题：所有物质事物只依据机械规律才可能。

反题：有些物质事物只依据机械规律不可能。[1]

康德进而回溯哲学史上关于目的论的一些看法。他把认为自然目的是无意的看法，叫作目的性的观念论；把认为自然目的是有意的看法，叫作目的性的实在论。属于前一类的有伊壁鸠鲁、德谟克里特和斯宾诺莎；属于后一类的是物活论和有神论。康德认为，伊壁鸠鲁等用自然本身的运动规律来解释一切事物，斯宾诺莎则用作为整体自然的无限实体的超感觉的原始存在来必然地决定一切事物，从而目的性或者是自然的偶然性（伊壁鸠鲁），或者是超自然的宿命论（斯宾诺莎）；前者是"无生命的物质"，后者是"无生命的上帝"。这样，目的或等于原因，或等于必然，实际仍是机械论。另一类是自然的物活论与超自然的有神论，则没有任何可能提供的经验来证实它们。康德认为，说物质有生命，与物质的基本特征——惰性直接矛盾，而说一个活灵活现的

---

1. 《判断力批判》§70，参看韦译本，第38页。

上帝来设计制造，也是说不通的。五颜六色的花朵，整齐对称的
雪花，这种种难道是自然或上帝有意设计出来供我们观赏的吗？
这种目的论的实在论，也是康德所不能赞同的。康德回溯哲学史
只是为了加强他所指出的"判断力"的"二律背反"，这就是说，
以前把目的论当作客观存在的原理，不管是机械论还是有神论，
机械与目的二者不能并存，必须一真一假，因之没法解决问题。
最终要么仍是机械论，要么便是物活论、有神论，都走不通。

　　康德认为，只要把这个"二律背反"当作"判断力"的问题，
就很好解决。因为，如果把它们都当作范导原理来使用，则二者
可以并存，正反双方"事实上并不含有什么矛盾"。人们可以同
时用这两条原理指引自己，探讨研究。"必须经常按照自然机械
论原理来反思，从而尽可能地推进研究，因为除非把这条原理作
为钻研的根据，就不能有真正的自然的知识。"[1] 但这又不妨碍在
某些时候对某些对象或整体自然，用第二条准则去反思，即用目
的论来考虑。即使这样，又不是说第一条准则（机械论）对它们
已经失效，"恰恰相反，我们被告知必须紧紧沿着它尽可能走得
远一些"[2]。这就是说，康德认为，自然界只有机械因果关系，探究
和揭示自然界的所有奥秘也依然只能用机械因果规律，并不能到
自然事物或自然界中去真正找到什么目的。目的论作为反思判断
力，只在于从主观上指引人们用目的观念去考虑、研探自然，并

---

1. 《判断力批判》§70，参看韦译本，第38—39页。
2. 同上书，第39页。

不能用它去构造知识。目的论原理只使事物变得可理解（思维），而不能使事物变得可认识（思维与认识的区别，参看本书第六、第七章）。要认识它，还得用机械因果规律来解释。所以，机械论与目的论作为主观的两种观点可以同时运用，并无矛盾。探讨一个事物，可以把它看作包含某种目的，同时又看到，这种目的必须体现在机械规律之中。康德反复强调，目的论原理不能作为客观的构造性原理，而只能是主观的范导性原理，即使作为范导性原理，也不排斥机械论原理（它既可以作范导又可以作构造）。例如，说心脏是为了血液循环（目的论），这只能是种范导性原理，即对研究心跳可有用处，但并不能真正如此解释心跳，心跳与血流的关系仍然是一种机械关系。

很明显，康德敏锐地看到了，有机体的本质特征很难用甚至不可能用机械力学规律来穷尽，而假设一个超感性的所谓目的原理，它是经验所完全不能证实或提供的。康德只好把它放在主观范围内，作为反思判断力的范导性原理，即一方面认为有机体不是机械论所能解释的，必须用目的论；另一方面目的论又只是一种范导原理，并不能具体解释有机体，要解释，仍然要用机械论。

这也仍然是今天自然科学特别是生物学领域内所激烈争论的重大问题。一派在现代工业技术和控制论等影响下，强调一切生物和生命现象都可以最终用物理—化学过程和规律来充分说明；另一派则否认有此可能。前者斥后者为物活论、神秘主义，后者斥前者为还原论、机械主义。还原与反还原仍然是今天论争的一个焦点，而这，不正是两百年前康德提出问题的再现吗？[1] 生命的起源和特征，是现代自然科学中的尖端问题。康德目的论以有机体作为范例，把这一问题的哲学性质突出来了。现代结构主义指出了解决这一重大课题的方向，例如反馈、自组织、整体大于部分之和等，但具体的途径和答案仍待生物科学家们的巨大努力。从无机物质世界中合成有机生命现象，则是彻底驳斥一切神秘主义的目的论的最有力的基础。

马克思主义认为，物质运动从机械力学到生命现象到社会现象，各有其相区别的质，把高一级完全还原为低一级是不可能的。但问题在于，这个不能还原的高一级的质究竟是什么？它是如何得来和构成的？显然它不是某种神秘的"目的"，而只能在低一级的各质料之间的某种独特的形式结构中去寻找。因此，科学中还原论一派比起迷信什么神秘的"活力""燃素"的反还原论要更为健康和富有成果。这里涉及的根本问题是，低一级的物质运动作为材料在某种形式结构中，产生出不同的、高一级的物质运动。结构的不同可以产生质的差异。所以，这里的重要环节在于结构，例如生物体的自我调节、系统机制之类的特定结构。

---

1. 如果说，薛定谔（Schrödinger）的《生命是什么》代表前一倾向，用物理学来解释生物生理现象，那么玻尔的所谓互补原理则可谓代表后一倾向。玻尔说，"严格应用我们在描述无生界时所采用的那些概念和考虑生命现象的规律，这二者之间的关系可能是互斥的"（《原子论和自然描述·绪论》）。后又说："……谈到生命，就一定要用这样一些目的论的名词来补充分子生物学的术语。然而，这一情况本身，并不意味着在把明白确定的原子物理学原理应用于生物学时会受到任何限制。"（《原子物理学和人类知识论文续编》，中译本，第 32 页）这又接近康德了。

这是值得进一步从哲学、科学方法和各门具体科学中去深入探究的问题。康德用一个主观的目的论范导原理来代替这种客观的结构规律，只是提出了问题。如同审美判断力具有关于美学与艺术的一系列独立的内容和问题（审美心理特征、艺术创作特征、美的理想与典型，以及艺术分类等）一样，目的论判断力也具有包括进化论预见在内的上述关于有机体的一系列独立的内容和问题，虽然比起审美部分来，两百年来生物科学的进步，使康德这一部分的论点已经显得贫乏和落后。

七　人是自然的"最后目的"

尽管康德对这些科学问题本身是有兴头的，但他写《判断力批判》，却并不是为了提出这些具有某种独立意义的科学问题，而是为了沟通认识与伦理即他的前两大《批判》，以联系自然与人。审美判断力以自然形式的合目的性与人的主观的审美愉快相联系，目的论则以自然具有客观目的与道德的人相联系。

康德一方面反对只用目的论而不用机械论去探究、解释自然事物，那样"势必迷失在超验解释的迷雾中，这是自然知识所不能跟随的，理性被引入诗意的狂热，这正是它要避免的"[1]；"另一方面……在自然形式可能性的理性探讨中，目的性展示自己无

---

1. 《判断力批判》§78，参看韦译本，第69页。

疑属于另一种不同的因果，在这种情况下，仍完全排斥目的原则，墨守单纯的机械论，这样就使理性流入空想，漫游在不可思议的自然功能的奇想之中，正如单凭目的形态去解释而不顾机械原则，使理性陷于幻觉一样"[1]。总之，当问一个事物为什么存在时，就有目的论问题。但要从自然本身找到这种目的的解释，又是不可能的。对自然有机体如此，对整个自然就更如此了。有机体之所以作为目的论的范例，在于它们的有机组织暗示一种事先的设计和规划，自然作为整体并非有机体，但整个目的论本就是种类比，从而整个自然的秩序井然的组织和进化，便也可说暗示（而不是证明）了一种超感性的理知存在者。在认识论，在《纯粹理性批判》中，经常可以看到康德提及一种非人所有的"理知直观"。这种超经验的假设是属于所谓"本体"彼岸的东西。在《判断力批判》中，康德又认为，在这种非人所有的理知直观那里，机械论与目的论可能是同一的。也就是说，自然存在及其有机规律是属于不可知的超感性世界中的，在那里，目的论与机械论便合而为一了。康德还提出所谓作为世界原因的整个自然的"最后原因""最后根源""原始理知""非必然的存在"等观念，意味着整个自然从目的论来看，可以假定有一个设计师。从而，目的论不只是一种探究自然的范导性原则，还指向某种所谓"超感性的基体"了。康德说："我们不能洞察构成自然众多特殊规律的最终内在根据……我们绝对不能扩展我们认识于解释自然可

---

1. 《判断力批判》，参看韦译本，第70页。

能性的内在的和完全充分的原理，这种原理是在超感性中。"[1]"我们不了解目的性……除非我们把它们和世界看作一个灵知原因即上帝的产物。"[2]尽管这一切都还是在反思判断力的主观范围之内，并非客观的规定，"它证明有这样一种灵知存在者吗？肯定不！……一个灵知的原始存在不能客观地被证明，而能作为一种命题，在对自然中目的的反思中，主观地为我们的判断力所运用……"[3]这正是康德哲学中说得非常模糊，而又的确是走向信仰主义去的"神秘东西"，它正是由认识到伦理的过渡。

康德强调自然的客观目的的真正重点还不在有机体，有机体只是康德用来加强他的论点的自然现象，更重要的是整个自然为何存在这个大目的，由无机物到生命现象（有机体）到人，自然向人生成，好像具有某种目的，即最终目的，这才是关键所在。

康德认为，形形色色的自然生命不管如何符合目的，安排得如何巧妙合理，但没有人类，就毫无意义，也毫无目的可言。"没有人类，这整个创造就只是浪费、徒劳，没有最后目的。"[4]人才是自然不断创造的最终目的。这个人不是指认识的人，康德指出，世界并非作为人的沉思对象而有意义。这个人也不是指自然的人即人的幸福，康德认为，尽管个人总是要把幸福作为自己的主观目的，但幸福并不是创造世界的最终目的。天地不仁，以万

1. 《判断力批判》§71，参看韦译本，第40页。
2. 同上书，§75，第55页。
3. 同上书，第53—54页。
4. 同上书，§86，第109页。

物为刍狗，自然对人的幸福并不给予什么不同于动物的特殊的偏爱或恩宠，各种天灾地祸便是明证。

康德的"自然向人生成"（人作为整个自然的最终目的），指的是所谓"文化—道德的人"。

所谓"自然的最终目的是文化的人"，康德的意思又有好几层。"文化的人"首先是指能摆脱自然的欲望束缚，独立于它，而又能按照自己的自由意志去利用自然，以实现自己的目的的人，即有运用自然的技巧，从而是有文化的。"一个理性存在者产生能自行选择目的的能力（从而是在自由中），就是文化。因之，关于人类种族，我们有理由归于自然的最终目的的，只能是文化（而不是幸福）……"[1] 但是，也并不是凡文化都具有自然最终目的的条件，文化之所以能是最终目的，乃在于它与道德有关，在于它间接促进道德。在上一章讲康德历史观时已讲到，康德认为自然通过个人之间、国家之间的争斗、战争，发展了人类和社会，以实现自己隐蔽的目的，它也使它的文化、才能发展到了最高度。例如，科学艺术（文化）即使不能使人在道德上进步（卢梭的观点），但使社会更富有教养，使人更为文明，"这样就对克服感性偏执的专横大有贡献。因之也就准备了人作为主宰的存在。在那里只有理性统治；灾恶或由自然、或由人的自私袭来时，就唤起、加强和坚定了心灵的力量，让它不去屈服于它们，

---

1. 《判断力批判》§83，参看韦译本，第95页。

而是使我们感到有一个更高的目的藏在我们身上"[1]。简单来说，也就是，文化可以提高人的精神素质，从而就有助于高扬理性道德的力量。本来，在康德看来，生命的价值和目的不在享受了什么（幸福），而在于做了什么（道德），在于他恰恰可以不做自然锁链的一环。"善的意志是人的存在所能独有的绝对价值，只有与它联系，世界的存在才能有一最终目的。"[2] 所以，自然的最终目的就是这种道德的人或人的道德，这才是"作为本体看的人"。只有这种服从道德律令的人，才是能有超感性（自由）能力的自然存在物。这种作为道德本体的人的自然存在，才是无条件的目的自身，才是作为现象界的整个自然的最终目的和归宿。它为什么要存在，它为什么目的而存在，这类问题便不再存在了，因为它自身就是目的，就是本体，就是"超感性的基体"。因之，现象到本体两岸的深渊之间，便完成了过渡。

这里也就到了康德目的论的结尾，也是整个康德哲学的结尾。康德由牛顿（自然因果）到卢梭（道德）的概括总结，便大功告成。

康德的目的论不是科学，因为它不提供什么客观的原理，不直接构成认识。但它也不是神学，由目的论而引出神学，在康德看来是一种谬误或曲解。"自然神学乃是对自然目的论的一种曲

---

1. 《判断力批判》§83，参看韦译本，第98页。
2. 同上书，§86，第110页。

解。"[1] 因为由自然目的推出设计制造各种生命现象的精灵们，或推出一个最高智慧者、原始原因或设计者的存在，康德认为，这只能得到一种完全不能由经验证实的鬼神学，得不到康德所需要的道德的上帝。

但另一方面，在前面列举各种哲学史上的目的论时，康德就特别同情有神论，认为它胜过其他理论。他也同情自然神学，认为它虽然不是道德的神学，却可以是这种神学的准备和"序曲"。本书第九章已说，康德反对神学道德论，却主张道德的神学。康德这里所谓神学，有一种社会领域的含义。因为在康德，所谓科学与认识都指自然，指自然对象和物理世界。作为人的本质的理性，在康德便是超感性、超自然的道德。如本书第七、第九两章所说明，由于对社会规律的无知，这个不可知的本体世界成了康德的道德的神学的基础，而目的论便是由自然现象界到达这个道德的神学的桥梁。"换句话说，服从道德律令的理性存在者的现实存在，才能看作世界存在的最终目的。"[2] "从而，为了在我们面前设立与道德律令相一致的最终目的，我们便必须假设一个道德的世界原因（世界的创造者）。只要道德律令是必须的，那么道德的世界原因在同等程度和根据上，便是必须的，这就是说，我必须承认有一个上帝。"[3] 即承认有一个世界之上的道德的立法者，

1. 《判断力批判》§85，参看韦译本，第103页。
2. 同上书，§87，第118页。
3. 同上书，第119页。

这就是康德的道德的上帝。[1] 这个由道德目的论而来的上帝，尽管与康德反对的由自然目的论而来的上帝有所不同，但作为上帝仍是一致的。

《实践理性批判》是通过要求德行与幸福相结合的"至善"而必须设定上帝，在这里则是为了道德自身而必须有这个设定。前者仍具有某种客观的成分，而在这里，在作为反思判断力的目的论中，上帝成了完全主观的设定，即他完全是人们主观上的一种需要。这与《纯粹理性批判》里的上帝固然大不相同，与《实践理性批判》里的上帝也有所不同了。它既不是为了认识（探究自然的范导原理），也不是为了"至善"（来生的幸福），而只是为了行为："为了我们理性的实践的即道德的使用"[2]。上帝在康德的《判断力批判》中，最终就明确地变成一种完全失去客观存在性质，而纯粹是人们主观信仰的东西。康德整个"批判哲学"的体系，由批判上帝存在能证明开始，最终落脚在上帝存在作为主观信念而必需之上，遂告完成。有人因之说，上帝完全成了主观道德理想，可以说康德最终是抛弃了上帝。用康德的语言，是为了道德—实践理性的需要，必须要求人们在主观上信仰它。对于教

---

1. 康德说："……神干预、参与感性世界而起作用这种学院概念必须取消……例如说，在上帝帮助之后，医生治好了病人，这便自相矛盾……要么把全部作用归之于那在理论上是不可认识的最高原因，要么把全部作用归之于医生，在根据自然秩序可以解释的因果联系中……但在道德上，神的干预却又是完全适宜甚至必要的。例如在我们的信仰中，只要一心真诚，上帝就会以我们不可思议的方式来填补我们正义性的欠缺，所以我们决不放弃努力为善。但任何人并不能由此把它作为一件世间因果事件来解释，因为这乃是对超感性世界的理论认识，完全是徒劳无功和荒谬绝伦的。"（《永久和平论》）

2. 《判断力批判》目的论的一般说明，参看韦译本，第159页。

会和宗教嬉笑怒骂的伏尔泰说，没有上帝，人也要创造一个。法国革命的急进派罗伯斯庇尔在大革命高潮中要创造供人崇拜的上帝，其本质都如此，即都需要创造一个神来作为统一人们行动的信仰。陀斯妥耶夫斯基在他的小说中说得清楚：没有上帝，那怎么办？人人都可以干坏事了。这一切说明，归根到底是需要有上帝来帮助统治社会的，用一种主观信仰和崇拜对象，来组织、调动、管制、约束、规范人们的道德、行为。一切证明上帝存在和创造世界的有神论，不过是间接地最终服务于这个目的。在康德的所谓道德的神学中，一个不能证实却必须信仰的上帝倒是扫开了一些假象，把这个问题表露得最为直截了当了。

可见，康德沟通认识与伦理、自然与人，而提出判断力批判，结果归宿到上帝的怀抱中。在人与自然的现实统一方面，康德未能再向前迈出一步。目的论虽然讲到人使用外在和内在自然作为工具来实现各种目的，但只一带而过。康德在认识论中大讲的为自然立法的人的主观能动性，在这里看不见迹影。其实，在这里倒正是需要高扬人的社会实践的主观能动性，从而使自然向人生成的根本观点的。

"自然向人生成"是个深刻的哲学课题，这个问题又正是美学的本质所在。自然与人的对立统一的关系，历史地积淀在审美心理现象中。它是人所以为人而不同于动物的具体感性成果，是自然的人化和人的对象化的集中表现。所以，从唯物主义实践论观点来看，沟通认识与伦理、自然与人、总体（社会）与个体，并不需要上帝，不需要目的论，只需要美学。真、善、美，美是前二者的统一，是前二者的交互作用的历史成果。美不只是一个艺术欣赏或艺术创作的问题，而是"自然的人化"这样一个根本的哲学—历史学问题。美学所以不只是艺术原理或艺术心理学，道理也在这里。

康德看到这个问题，但做了主观唯心主义的解决，把审美当作主观合目的性的形式。这样便不可能解决"自然向人生成"这个巨大课题，于是又搞了个目的论殿后。[1] 但康德美学比起其目的论部分，就哲学本身和哲学史的发展说，都更为重要。

康德的主观唯心主义的美学，后来由席勒多少加以客观化的修正。席勒也正是从自然与人、感性与理性这个哲学课题上来修正康德的美学的，所以席勒讲的也不只是审美—艺术的问题，而具有社会的以至政治的内容。康德把自然与人的问题锁定在审美的"主观的合目的性"中来解决，席勒则代之以"感性冲动"与"理性冲动"："第一个'冲动'要求它的对象有绝对的实在性，它要把凡只是形式的东西造成为世界，使在它之内的一切潜在能力显示出来。第二个'冲动'要求对象有绝对的形式性，它必须把在他之内的凡只是世界的东西消除掉，在所有变异中有协调，换句话说，他必须显示出一切内在的，又把形式授给一切外在的"[2]；前者"把我们身内的必然转化为现实"，后者"使我们身

---

1. 本来，康德的《判断力批判》也只讲美学。随后有了目的论判断，但整个只作为附录。在第1版，目的论的很大一部分，如第79节以后都还是"附录"，到第2版才去掉"附录"的标题。
2. 席勒：《审美教育书信》第11封。

外的实在服从必然的规律"[1]。就是说，一方面要使理性形式（伦理的人）获得感性内容，使它具有现实性；另一方面又要使千差万异、错综不齐的感性世界（自然的物）获得理性形式，使它服从人的必然。在席勒这里，自然与人的相互作用和转化开始具有了比较现实的方式。但席勒仍继承康德，要用所谓"审美教育"去把所谓"自然的人"上升为"道德的人"。所以尽管他把康德拉向了现实和社会，但他不懂现实生活和社会的物质实践，企图以教育来概括和代替改造世界的实践，仍然是历史唯心主义。到黑格尔，则以实体化的绝对理念作为一切的归趋，自然与人被统一在精神的不断上升的历史阶梯中，自然界的有机体不过是绝对理念的一个环节，人与自然的深刻关系在黑格尔美学中并不占据多大地位。在黑格尔，"美就是理念的感性显现"[2]。黑格尔注意的只是精神、理念如何历史地实现的问题，自然仅是实现理念的一种材料而已。如果说，历史总体的辩证法是黑格尔所长，个体、感性被淹没其中则是黑格尔所短，那么，重视个体、自然、感性的启蒙主义的特征，却仍为康德所保存和坚持。这种歧异在二人的美学中表现得最为突出。作为历史，总体高于个体，理性优于感性；但作为历史成果，总体、理性却必须积淀、保存在感性个体中。审美现象的深刻意义正在这里（详后）。黑格尔的美学与康德、席勒的不同。黑格尔的美学主要成了一种艺术理论，它只

---

1. 席勒：《审美教育书信》，第 12 封。
2. 黑格尔：《美学》第 1 卷，朱光潜译，人民文学出版社，1958 年版，第 138 页。

是一部思辨的艺术哲学史或艺术的哲学思辨史。康德美学则不然。歌德对康德极为赞赏钦佩，将其视为同道，对黑格尔则不满意，这不是偶然的。[1]歌德重视感性、自然、现实的"过于入世的性格"（恩格斯），使他对黑格尔那种轻视和吞并感性现实的思辨哲学采取了保留的态度。

所以，真正沿着企图去统一自然与人的康德、席勒的美学下来的，并不是黑格尔，倒应该算费尔巴哈。

费尔巴哈恢复了感性的应有地位，把自然与人统一于感性。他说："艺术在感性事物中表现真理这句话，正确理解和表达出来，就是说：艺术表现感性事物的真理。"[2]但是对费尔巴哈来说，这个所谓"感性事物的真理"，乃是空洞的"爱"。"爱"固然是感性的东西，但这个感性还不是历史具体的，而是超脱时代社会的抽象。诚如鲁迅所说，"人必须生活着，爱才有所附丽"，而生活实践却是有着各种历史具体的内容的。如本书前几章所指出，费尔巴哈只知道感性的人，不知道实践的人。实践的人远不只是自然感性的人，而且是具有具体现实活动即一定历史内容的社会、时代的人。费尔巴哈不懂得这些，也就不可能懂得在实践基础之上自然与人、感性与理性的历史的统一关系，从而也就不可能懂得美作为人（理性）与自然（感性）统一的真实基础究竟是

---

1. 见《歌德与爱克尔曼谈话录》，参看本书第一章。
2. 费尔巴哈：《未来哲学原理》§39，《费尔巴哈哲学著作选集》上卷，三联书店，1959年版，第171页。

什么。所以包括费尔巴哈的俄国承继者车尔尼雪夫斯基[1]也不可能彻底批判从康德开始的德国古典唯心论的美学。

八 "人是依照美的尺度来生产的"（马克思）

从马克思主义来看，康德提出的"自然向人生成"和所谓自然界的最终目的是道德文化的人，实际上乃是通过人类实践实现的。自然服务于人，即自然规律服务于人的目的，亦即是人通过实践掌握自然，使之为人的目的服务。这也就是自然对象主体化（人化），人的目的对象化。康德所谓整个自然好像是为了人的存在才有意义和价值，实际乃是人利用整个自然的因果必然而实现、达到非自然本身的目的和成就。主体（人）与客体（自然）、目的与规律的这种彼此依存、渗透和转化，是完全建筑在人类改造世界的长期历史实践的基础之上的。

这里，就要回到导致康德哲学走向信仰主义去的那些"神秘东西"。前面已讲，康德在《纯粹理性批判》中经常提到一种非

---

1. 车尔尼雪夫斯基提出"美是生活"的命题，在西方美学史上从不被注意，甚至不被提及。但在中国的美学界、文艺批评界，特别是在解放后的五十年代，却产生了任何其他理论都比不上的巨大影响。之所以如此，是因为它恰好适应了当时的革命文艺和革命人生观的需要。车氏所用"生活"（ЖИЗНЬ）一词本义是生命、生命力，虽然其中也包括社会生活，但基本上仍是抽象人本主义以至生物学的。在中国，人们却甩开了车氏的这层含义，突出强调了其中的社会生活以及这种生活中的阶级内容（根据车氏所举贵族小姐的美与农妇的美等例子）等意义，实际等于做了一次解释学的援用。

人所能具有的直观的知性或"知性直观",就是说,人的知性与直观(感性)在根源上是分离的,知性来自主体自身,虽普遍却空洞;直观来自感性对象,虽具体却被动;人要进行认识,必须二者结合,这是我们已很熟悉的康德认识论的基本命题。但康德在强调这一基本命题时,就再三讲并不排除可以有一种把二者合在一起的能力,即理性与感性、普遍与特殊、思维与存在合为一体,此即知性直观或直观知性。对于它来说,就没有什么本体与现象界的区别,人所不能认识的"物自体"对它来说也就不存在了。康德在几个《批判》里不断提到的所谓"灵知世界"、所谓机械论与目的论在"超感性的基体"中的同一等,都是讲的这个问题。

这究竟是个什么问题?康德为什么要一再提出与他的认识论基本命题相对立的这种所谓知性直观或直观知性?如果去掉其走向信仰主义的东西,便可以看到,这里实际上提出的是一个思维与存在的同一性问题。由于康德以"物自体"为中心环节的二元论体系把这个同一性割裂掉了:物自体不可知,认识不能转化为存在,于是便只好在神秘的"灵知世界"去企求这个同一。只有在那里,在康德的所谓知性直观中,二者才是同一的。思维就是存在,可能就是现实,普遍就是特殊,理性就是感性,本体就是现象,"应当"就是"就是",目的论就是机械论;思维不仅是认识存在,而且创造存在,这种同一当然具有浓厚的神秘性质。

继康德之后,费希特正是抓住这种所谓知性直观,来重新建立起思辨的形而上学。谢林更是直接从《判断力批判》中的自然有机体特征和知性直观来大加发挥，把自然与思维纳在一个客观原始力量中，以建立他的"同一哲学"。[1] 黑格尔最终消灭一切矛盾作为绝对理念的所谓"具体的共相"，所谓"在最高的真实里，自然与必然，心灵与自然，知识与对象，规律与动机等的对立都不存在了，总之，一切对立与矛盾，不管它们采取什么形式，都失其为对立与矛盾了"[2]，等等，也是从这里来的。但康德提出的这种同一性，经过费希特和谢林，到黑格尔手中，展开为一整套相互过渡和转化的历史环节的辩证法后，思维向存在的转化获得了一种深刻的意义，思维与存在的同一性便成为德国古典哲学的重大主题和精髓。但是思维与存在却还是统一于唯心主义的思维、精神，并最终消失在上述那种形而上学的绝对统一之中。

马克思主义把德国古典哲学提出的思维与存在同一性问题颠倒过来，做了唯物主义的崭新解答。马克思主义从人的物质实践中来讲思维与存在、精神与物质的相互转化。人的实践利用客观自然规律，把自己的意识和目的变为现实，使思维转化为存在，从而也就使整个自然界打上了自己的印记。列宁说，"人的意识不仅反映客观世界，并且创造客观世界"[3]。人的活动是有意识、有

---

1. "因此，在理知本身必然可以指出一种直观……只有通过这样一种直观……才解决了先验哲学的全部（最高）问题（解释主观事物与客观事物的一致）。""这种直观如果先加以断定，则只能是艺术直观。"（谢林：《先验唯心论体系》第 5 章，商务印书馆，1977 年版，第 260—261 页）由谢林开其端的这种神秘的知性直观，为叔本华、尼采、狄尔泰、现象学所继承发展。可参看卢卡奇的《理性的毁灭》等著作。
2. 黑格尔：《美学》第 1 卷，人民文学出版社，1958 年版，第 123 页。
3. 《哲学笔记》，1974 年版，第 228 页。

目的的，他利用自然规律以实现自己的目的，这种目的常常是有限的、从自然得来的（例如维持生存）。但重要的是，"目的通过手段和客观性相结合"，产生和得到了远远超越有限目的的结果和意义。列宁引黑格尔的话："手段是比外在的合目的性的有限目的更高的东西……工具保存下来，而直接的享受却是暂时并会被遗忘的。人因自己的工具而具有支配外部自然界的力量，然而就自己的目的来说，他却是服从自然界的。"列宁对此一再指出，它是"黑格尔的历史唯物主义的萌芽"[1]。人在为自然生存的目的而奋斗的世代的社会实践中，创造了比这有限目的远为重要的人类文明。人使用工具、创造工具，本是为了维持其服从于自然规律的族类生存，却由于"目的通过手段与客观性相结合"，便留存下了超越这种有限生存和目的的永远不会磨灭的历史成果。这种成果的外在物质方面，就是由不同社会生产方式所展现出来的从原始人类的石头工具到现代的大工业的科技文明。这即是工艺—社会的结构方面。这种成果的内在心理方面，就是内化、凝聚和积淀为智力、意志和审美的形式结构。这即是文化—心理的结构方面。在不同时代社会中所展现出来的科学和艺术便是它们的物态化形态。个人的生命和人维持其生存的目的是有限的，是服从于自然界的，人类历史和社会实践及其成果却超越自然，万古长存。

康德泯灭思维与存在同一性的"灵知世界"，黑格尔泯灭这

---

1. 《哲学笔记》，1974年版，第202页。

种同一性的"绝对理念",是唯心主义的神秘,它导向信仰主义、目的论、宗教和上帝。马克思主义的思维与存在的同一性观点,把自然的人化看作这种同一性的伟大的历史成果,看作人的本质之所在,是深刻的历史唯物主义和实践论哲学,它指向审美领域。

不是神,不是上帝和宗教,而是实践的人、集体的社会的亿万劳动群众的实践历史,使自然成为人的自然。不仅外在的自然界服务于人的世界,而且作为肉体存在的人本身的自然(从五官感觉到各种需要),也超出动物性的本能而具有了人(社会)的性质。这意味着,人在自然存在的基础上,产生了一系列的超生物性的素质。审美就是这种超生物的需要和享受(康德称之为"判断力"),这正如在认识领域内产生了超生物的肢体(不断发展的工具)和语言、思维即认识能力(康德称之为"知性"),伦理领域内产生了超生物的道德(康德称之为"理性")一样。这都是人所独有,区别于动物的社会产物和社会特征。人性也就正是这种生物性与超生物性的统一。不同的只是,认识领域和伦理领域的超生物性质经常表现为感性中的理性,而在审美领域,则表现为积淀的感性。在认识领域和智力结构中,超生物性表现为感性活动和社会制约内化为理性;在伦理和意志领域,超生物性表现为理性的凝聚和对感性的强制,实际都表现超生物性对感性的优势。在审美中则不然,这里超生物性已完全溶解在感性中。

它的范围极为广大，在日常生活的感性经验中都可以存在，[1]它的实质是一种愉快的自由感。所以，吃饭不只是充饥，而成为享受美食；两性不只是交配，而成为爱情；[2]从旅行游历的需要到各种艺术的需要，感性之中渗透了理性，个性之中具有了历史，自然之中充满了社会。在感性而不只是感性，在形式（自然）而不只是形式（自然），这就是自然的人化作为美的基础的深刻含义，即总体、社会、理性最终落实在个体、自然和感性之上。马克思说："旧唯物主义的立脚点是市民社会，新唯物主义的立脚点则是人类社会或社会化的人类。"[3]马克思主义的唯物主义不同于旧唯物主义，它的理想是全人类的解放，这个解放不只是某种经济、政治要求，而具有许多更为深刻的重要东西，其中包括要把人从所有异化的状态中解放出来。美正是一切异化的对立物。当席勒把"游戏冲动"作为审美和艺术本质时，可以说已开始了这一预示。人只有在游戏时，才是真正自由的；个体的人只有在自由的、创造性的劳动和社会活动中，才是美的。

所以，如果从美学角度来看，我以为，并不是如时下许多人所套的公式：康德→黑格尔→马克思，而应该是：康德→席勒→马克思。贯串这条线索的是对感性的重视，不脱离感性的性能特

---

1. 参看杜威（J. Dewey）《艺术即经验》。当然，他的实用主义哲学是我所反对的，参看第二章。
2. 康德《人类历史起源推测》一文中曾猜测式地提及这一点："……是一种艺术杰作，从单纯的官能吸引力过渡为一种理想的吸引力，从动物性的欲望过渡为爱情，从而由单纯的快感过渡为美的品评，起初是对人，后推之于大自然对象。"
3. 《关于费尔巴哈的提纲》，《马克思恩格斯选集》第1卷，第16页。

征的塑形、陶铸和改造来谈感性与理性的统一。不脱离感性，也就是不脱离现实生活和历史具体的个体。当然，在康德那里，这个感性只是抽象的心理；在席勒，也只是抽象的人，但他提出了人与自然、感性与理性在感性基础上相统一的问题，把审美教育看作由自然的人上升到自由的人的途径。这仍然是唯心主义的乌托邦，因为席勒缺乏真正历史的观点。马克思从劳动、实践、社会生产出发，来谈人的解放和自由的人，把教育学建筑在这样一个历史唯物主义的基础之上，这才在根本上指出了解决问题的方向。所以马克思主义的美学不把意识或艺术作为出发点，而从社会实践和"自然的人化"这个哲学问题出发。我曾多次强调，马克思讲"自然的人化"，并不是如许多美学文章所误认的那样是讲意识或艺术创作或欣赏，而是讲劳动、物质生产即人类的基本社会实践。[1] 马克思指出："社会是人与自然的完成了的本质的统一体。"[2] "全部所谓世界史乃不过是人通过劳动生成的历史，不过是自然向人生成的历史。"[3] 又说："工业是自然和自然科学对人类的现实的历史的关系。如果工业被看作人的本质力量的外在显现，那么，我们就好理解自然的人的本质或人的自然本质了。"[4] 就是说，人类通过工业和科学，认识了和改造了自然，自然与人历史

---

1. 艺术或欣赏中自然景物带有人的感情特色，不过是自然的人化的曲折反映，并不是马克思讲的自然的人化。
2. 《经济学—哲学手稿》，参看何思敬译本，1963 年版，第 85 页。
3. 同上书，第 94 页。
4. 同上书，第 91 页。

具体地通过社会的能动实践活动，对立统一起来。不是由自然到人的机械的进化论，不是由自然到道德的神秘的目的论，而是唯物主义的思维与存在同一性即人能动地改造自然的实践论，才是问题的正确回答。通过漫长历史的社会实践，自然人化了，人的目的对象化了。自然为人类所控制、改造、征服和利用，成为顺从人的自然，成为人的"非有机的躯体"[1]，人成为掌握控制自然的主人。自然与人、真与善、感性与理性、规律与目的、必然与自由，在这里才具有真正的矛盾统一。真与善、合规律性与合目的性在这里才有了真正的渗透、交融与一致，理性才能积淀在感性中，内容才能积淀在形式中，自然的形式才能成为自由的形式，这也就是美。美是真、善的对立统一，即自然规律与社会实践、客观必然与主观目的的对立统一。[2]审美是这个统一的主观心理上的反映，它的结构是社会历史的积淀，表现为心理诸功能（知觉、理解、想象、情感）的综合，其各因素间的不同组织和配合便形成种种不同特色的审美感受和艺术风格[3]，其具体形式将来应可用某种数学方程式和数学结构来做出精确的表述。[4]今天暂用古典哲学的语言，则可以说，真、善的统一表现为客体自然的感性自由形式是美，表现为主体心理的自由感受（视、听觉与想象）

---

1. 《经济学—哲学手稿》，参看何译本，1963 年版，第 57 页。
2. 参看拙作《美学论集·美学三题议》，上海文艺出版社，1980 年版。
3. 参看拙作《美学论集·虚实隐显之间》，上海文艺出版社，1980 年版。
4. 康德认为，形成审美愉快的想象力与知性的自由协调，其具体关系是不可知的，所以引进了神秘的形式合目的性的概念。现代心理学还未能科学地规定审美的心理状态，但将来可以做到。

是审美。形式美（优美）是这个统一中矛盾的相对和谐的状态，崇高则是这个统一中矛盾的冲突状态。崇高的基础不在自然，也不在心灵（如康德美学所认为的），而是在社会斗争的伟大实践中。所以，伟大的艺术作品经常以崇高为美学表征，即以体现复杂激烈的社会斗争为基础和为特色。志士仁人、亿万群众的斗争，勇往直前，前仆后继，不屈不挠，英勇牺牲，正是艺术要表现的社会崇高。自然美的崇高，则是由于人类社会实践将它们历史地征服之后，[1]对观赏（静观）来说成为唤起激情的对象。所以实质上不是自然对象本身，也不是人的主观心灵，而是社会实践的力量和成果展现出崇高。美（优美与崇高）都具有这种客观社会性，艺术美是它的表达。从人的创造性的活动（合目的性与合规律性的统一）到人的艺术享受、自然观赏，都可以有这种美的客观存在和审美的主观愉快。特别是阶级对立、各种剥削压迫彻底消灭之后，在人不再是为维持其动物性的生存而劳动，不再为各种异己的力量和因素所控制、支配而劳动，即不再是为吃饭，为权力、地位、金钱、虚荣……而劳动，同时也日益摆脱作为机器、技术的各种附属品的单调劳动或附庸地位（包括生活、工作和心理）之后，体现人的创造性和个性丰富性的劳动活动及其他

---

1. 这里所谓"征服""改造"不是在一种狭隘、直接的意义上说的，不是指人直接改造过的对象而已。恰好相反，崇高的自然对象，经常是未经人改造的景象或力量，如星空、荒野、大海、火山，等等。因此所谓"征服""改造"就是指自然作为整体处在人类发展的特定历史阶段上的意思。只有在荒野、火山、暴风雨不致为人祸害的文明社会中，它们才成为观赏对象。文明越发达，就越能欣赏这种美。在原始社会或社会发展的低下阶段时，这些自然景物、对象经常只是畏惧、膜拜、神秘化、拟人化的对象，而不能成审美意义上的自然的崇高。

实践活动将大量以美的形式展现出来。"人是目的"的科学含义将真正出现，人的存在本身也将面临一场根本性的变革。社会财富的创造不只是以工作时间，而更将以自由时间来估量计算，艺术的、科学的、创造性的自由劳动将成为社会发展的指标和尺度。人无论在外在或内在方面，无论人的社会方面或自然方面，都将具有一些崭新的性质。"自由时间——不论是作为闲暇时间或从事高级活动的时间——自然都会把它的占有人变成一种全然不同的主体，而且变成这样一种全然不同的主体以后，他会重新参加到直接生产过程里去。对正在成长过程中的人来说，自由时间是受教育的时间，对成人来说，自由时间是从事实验科学，在物质上制造、发明、实习和使科学物化的时间……"[1]在原始社会里只是极少数的巫师，到资本主义社会也只是作为一个阶层的知识分子所能占有的这种时间、地位和作用，到未来社会里，将成为占主要地位的普遍劳动形态，而当它也成为社会普遍的或主要的劳动形态时，共产主义就到来了。所以，吃饱肚子和生活享受并非共产主义。共产主义，如马克思早已指出，是不同于史前期必然王国的自由王国。它不只是把人从贫困中，而且是从一切异己状态中解放出来，包括把人（个体）从阶级的符号、生产的工具、技术的附庸或供买卖的劳动力中解放出来。它已是今天人类社会发展和经济不断增长愈来愈明白展示出来的不可抗拒的客观趋势，同时也正是亿万群众所奋斗以求的美的理想。

---

1. 马克思：《政治经济学批判大纲》，中译本，第 3 分册，1963 年版，第 364 页。

可见，客观的美和主观的审美意识的根本基础，康德把它们通通归结为神秘的"超感性的基体"[1]，而它们实际却在于人改造自然（包括外部自然与内部自然）的胜利。这才是"自然向人生成"，成为人所特有的感性对象和感性意识。它是社会的产物、历史的成果。如果说从原始人的石器到现代的大工业的物质文明标志着人对自然的不断征服的尺度，标志着自然与人的现实的历史关系；那么，美与审美也标志着这一点。不同的是，它呈现在主客体的感性直接形式中，与工业作为人所特有的外部物质形式相映对。如果说，工业（广义的，下同）、文明（社会时代的，下同）可作为打开了书卷的心理学的尺度，那么美和审美（艺术）则可作为收卷起来的工业与文明的尺度。美的本质与人的本质就是这样紧密联系着的，人的本质不是自然进化的生物，也不是什么神秘的理性，它是实践的产物。美的本质也如此。

美的本质标志着人类实践对世界的改造。马克思说："动物只按照它所属的物种的尺度和需要来生产，人类则能按任何物种的尺度来生产并到处适用内在的尺度到对象上去。所以人是依照美的尺度来生产的。"[2] 尽管康德、席勒的美学讲人与自然、理性与感性的统一，但是他们不能把这个统一摆在思维与存在的同一性、自然向人生成、自然的人化这样一些根本哲学课题的历史唯物主义的解答之上，从而也就不能正确说明美的本质。

---

1. 《判断力批判》§57，参看宗译本，第186—189页。
2. 《经济学—哲学手稿》，参看何译本，第59页。

在现代科学技术迅猛发展，自动化、计算机日益推广，机器不断替代人的各种力量和功能，不但是手的延长而且是脑的延长，不再只是助手而且日益负担起物质生产重要职能的形势和前景下，在资本主义社会里，悲观主义（人被技术所统治和控制）反而喧嚣一时，形形色色的新学说主张用心理分析来替代历史唯物主义，作为进行"革命"的理论，他们要求从现代工业技术的所谓"非理性统治"下解放出来。社会总体的物质文明和消费生活是迅猛发展了，个人的孤独、忧郁、无聊、焦虑、无目的、恐惧……反而增加（现代艺术也正是以丑的形式反射着这种心理情绪），宗教的衰亡使人似乎失去精神寄托，科技发达使人们在劳动和生活之间的亲切互助关系似乎越发疏远……人处于各种形式的异化状态中。人的工作和生活、生产和消费、欲望和享受、需要和意识、情感和思维……都似乎被这个技术时代所异化，为它所支配和控制（前资本主义社会，异化则表现为赤裸裸的政治、宗教形态，人所制造出来的权力和偶像残酷奴役着人自己，无论在现实上或精神上）。于是，卢梭提出的老问题（文明、科学与道德的"二律背反"）又一次以"新"的形态，为海德格尔、萨特到马尔库塞所不断提出。人与自然这个老问题以突出的总体（社会）与个体（自然）的新关系表现了出来。[1] 如上章

---

1. 康德在《人类历史起源推测》中以乐观主义的态度也提出这个问题：社会性（文明、道德）与自然性（本能、动物性）的矛盾，例如自然性使人到达一定年龄就要求婚配生育，而社会文明则要求推迟这个期限，如此等等。

所谈到，为黑格尔总体主义所淹没的个体意识在现代生活条件下迅猛抬头和发展，个人存在的巨大意义日益突出，个体作为拥有血肉之躯的自然存在物，在特定状态和条件下，突出地感到自己存在的独特性和无可重复性（如在死亡面前，感到存在的真正深度等），意识到这才是真正的"存在"，从而要求从那种所谓"无人称性"和被磨灭掉的"人"，即失去了个体存在意义的社会总体中挣脱出来，让"存在"不被"占有"所吞噬……这些为存在主义所津津乐道的主题，以及为马尔库塞等所强调的所谓"片面的人"（"单维的人"），要求从现代技术—物质的异化力量控制中解脱出来等，都是以一种哲学的方式表达了资本主义现代社会中人与自然、社会与个体之间巨大的矛盾和分裂。这种矛盾和分裂的根源是特定社会条件下的阶级剥削和统治，而不应归咎于迅猛发展的科学技术和物质文明本身。布伯（Martin Buber）反对我—它关系，强调我—你关系才是人的真实存在。其实古代中国哲学所强调的"天人合一"和"道在伦理日用之中"，则更深地揭示不是由个体—上帝，而是现实世间的人际关系和人与自然的和谐，才是人的真正存在。这当然是产生在古代农业社会小生产基础上的理想。[1] 存在主义所突出的个体的真实存在的丧失和追求，则是表现了现阶段资本社会高度发展下人际关系的冷漠，人间情味的丧失，个体生活和心理的被同一化，从而追求免除异化、寻

---

1. 参看拙作有关中国古代思想史的论文，如《孔子再评价》《秦汉思想简议》《宋明理学片论》《漫述庄禅》等。

求生命的真实价值即个体存在的丰满意义。本来，自然的生命存在没有什么独特性和无可重复性，它的独特和无可重复恰恰在于其自觉地意识和选择，其实，这就正是它的历史具体的社会内容和价值。在个体自然中充满了极其丰满的社会性，这才是真正的个性意义之所在。存在主义以消极的悲观主义的反面形式表述了人与自然、社会与个体必须统一的时代课题。随着整个世界向前迈进，在审美艺术中最先突出表现的个性的独特性、丰富性、多样性，个体的重要意义，将在整个社会生活的各个方面充分展示和发展起来。而个性和个体潜能的多方面和多样性的发展，正是未来社会的一大特征。

马克思说，"共产主义是私有制即人的自我异化的积极的扬弃……是人向自己作为社会的即人性的人的复归，这个复归是完全的，是自觉地保留了发展中所得到的全部丰富性的。这种共产主义作为完成了的自然主义＝人本主义，作为完成了的人本主义＝自然主义。它是人和自然以及人和人之间的对抗的真正解决，是存在和本质、对象化和自我肯定、自由和必然、个体和族类之间的抗争的真正解决。它是历史之谜的解决，并且它知道它就是这种解决"[1]"自然科学将使自己属于人的科学，正如人的科学将属于自然科学，二者成为同一个科学"[2]。这里的"人性""人本主义"就恰恰应理解为具有具体社会历史性质、包含自然而又超自然，

---

1. 《经济学—哲学手稿》，参看何译本，第 82—83 页。
2. 同上书，第 91—92 页。

从而是与一切过去的人性论、人本主义（实即自然性和抽象的人性论）[1]根本对立的。只有在对上述人的对象化和自然的人化的历史唯物主义的理解的基础上，才可能有上述问题的理论"解答"。而现实的解答便不是别的，而正是马克思、恩格斯所指出的"每个人的自由发展是一切人的自由发展的条件"[2]的未来社会。这种充分发展起来的个体本身，也就正是人与自然、社会与个性之间的高度统一。

人类由必然王国迈进到自由王国，即美的世界。这个世界的到达，当然需要一个漫长的历史发展过程。它也只有在人们推翻各种本来面目的或改变了形态的剥削压迫之后，在消灭它们在经济的、政治的、技术的、心理的、意识形态等各方面的各种影响、变形和残迹之后，才有可能出现。

美是在人类漫长的历史实践中产生的。整个人类的漫长历史告诉我们，美的世界将出现在我们这个伟大的星球之上，尽管将经过异常艰辛而长远的奋斗历程，这一天却终究是要到来的。

---

1. 包括马尔库塞。他用自然性的东西来反对社会性的东西，而没有看到就人类历史成果说，重要的是自然性中所积淀的社会性，两者的交融统一，而不是两者的对抗。
2. 《共产党宣言》，《马克思恩格斯选集》第 1 卷，人民出版社，1972 年版，第 273 页。

后记

　　我本是搞美学和中国思想史的，应将写此书的过程简略说明一下。

　　很早就对康德哲学有兴趣，但从未打算研究论述它。1972 年明港干校后期，略有时间读书，悄悄将携带身边的《纯粹理性批判》又反复看了几遍，觉得可以提出某些看法。同年秋，干校归后，"四人帮"凶焰日张，文化园地，一无可为。姚文元在台上，我没法搞美学；强迫推销"儒法斗争"，又没法搞中国思想史。只好远远避开，埋头写作此书，中亦略抒愤懑焉。而肝心均病，时作时辍，至 1976 年地震前后，全书始勉力完稿。虽席棚架下，抗震著书，另感一番乐趣；但处"四人帮"法西斯专制下，实备遭困难，历经曲折，连借阅普通书籍亦极不易，一些必要的书始终未能看到。在如此艰难时日里，一些同志或给予鼓励，或帮助借书，高情盛谊，用致谢忱。

　　这书虽迁延岁月，但真正研究和写作的时间仍很紧促匆忙，无论内容、文字、论证、材料，均多疏漏。《纯粹理性批判》文体之重复、干燥、晦涩诸病大概也传染了本书，且有的地方略而未谈，有的地方没讲充分。凡此等等，以后如有机会，当修改扩展。国内多年来没有专讲康德哲学的书，国际文献中似也未见用实践观点去具体分析的，本书只想提些问题，抛砖引玉而已。

1976 年秋 10 月

于北京和平里九区一号

再版后记

　　这本书初版印了三万册。当时我想，完了，大概至少十年不能修订再版了。但是，居然很快卖光，今天还要重印。并且，除收到一些青年读者的热情来信外，我也注意到《中国社会科学》等杂志上某些颇有水平又并非讲康德的学术论文，作者们并不相识，却一再引用了这本书的一些话。老实说，这些都不免使我暗暗高兴。之所以高兴，倒不是觉得这本书有什么了不起，而是觉得这正好是给对此书极尽捣鬼能事的人们的一个很好的回报。诚如鲁迅所言，捣鬼有术，有时亦有效。鄙人平生遭罹此祸深且久矣，小报告、小谣言、小鞋子……不一而足。虽不过其"小"焉者，但有时竟被弄得透不出气来，估计将来大概也还逃不脱这个华盖大运。所以，在此书再版时开头说几句并不开心的话，一是趁此喘口气并用以自警；二是也想告诉支持、爱护我的年轻朋友们：在任何一种意义上，学术之路都非坦途，总有些非学术的魑魅魍魉要来纠缠作祟的。不过，马克思引用过的这句话有如神符，在此也依然适用："走自己的路，让人家去说吧。"

　　言归正传。记得我在美国和一位教授闲谈起学术书籍的出版时，他对中国的哲学书能印这么大的数量极表惊异。当然，中国人多。不过即使按各种比例折算，数字也足以惊人。因之，我倒记起恩格斯当年说过，德国工人阶级在社会沉溺于肤浅的实务时，却可贵地保存了理论兴趣，成为德国古典哲学的继承人。我想今天中国特别是中国青年一代中保持着理论热情和哲学兴趣，这也是一个值得重视的情况和优点。只有对理论具有强烈的学习兴趣和探讨要求，才能真正从各种庸俗中超越出来，高瞻远瞩，面向未来，清醒地为人民、为祖国、为社会主义事业服务。

记得自己恰好也是在"文化大革命"中保持并增强了对基本理论的兴趣，才写作这本书的。一些同志屡次问及这本书的写作情况，初版后记讲了一点，语焉不详，这里略加补充作为回答吧。

我之所以写康德，有如初版后记所说，确乎为了"避难"。时间总不能白白浪费，既不允许我去研究原来搞的东西，在当时批林批孔批先验论的合法借口下，我可以趁机搞点康德。据说一位外国将军在战争中曾带本《纯粹理性批判》随身阅读。我下干校时，不能多带书籍，而且只能尽量少带，便不谋而合地也挑了这本书，"不太厚，却很经看……"（拙文《走我自己的路》，收入《治学集》，上海人民出版社出版）。在艰难的环境下，也许正应该读点艰难的书。

"1972年从干校回来后，在家里我便利用干校时的笔记正式写了起来。那时，我虽然深信江青等人必垮，却没想到会这么快。所以写的时候，是没想到会很快出版的。"（同上）既然没打算很快出版，写的调子也就不必同流行的说法保持一致。解放以来，国内研究、介绍康德的论著少而又少，对康德的漫画化的否定则几乎成为所谓马克思主义的"定论"。另外，一些人又把康德著作视同天书，形容得那么高深莫测、玄妙吓人，这些都使我觉得应该有一本全面地、通俗地论述康德哲学的书。想改变一下多年来对康德的漠视和抹杀，是写作本书的动机之一。

但是，我的德文不行。五十年代在北京大学念书时和毕业后虽然两度学德文，但所达到的最高程度只是捧着字典读一点恩格斯的著作而已，实际上是不能用的，而且早就忘记得一干二净，正如当年用功学过的俄文那样。所以我只能根据一些英译本来进行研究。同时，我也知道，"一入侯门深似海"，有关康德的国外文献，如德、法、英几个主要语种的学术著作，已经汗牛充栋。仅就考证、注释、解说的著作、文章说，就足够我看好久了，而我也就可以乐而忘返，终此一生不出来了。据说一个人要消磨半辈子才能"真正搞通"康德的一本主要著作或著作中的某个问题。国外仅关于《纯粹理性批判》一个部分的研究，不就有许多专题大著吗？这大概才算是真正的康德专著和康德专家。

不过，从一开始，我就没打算写这种专著和当这种专家。我当不了，也不想当。我的目的只是填补空白，在国内长期没人做的情况下，根据自己力所能及的了解，来做点初步绍介工作，如此而已。所以，在初版后记原稿中我曾声明这是"外行客串"，后来被编辑同志认为是客气话删掉了。其实，这并非客气，而是实情。

　　但使我想搞这个"客串"的，除了上面说过的原因外，还有另一个重要的推动力。这就是当时我对马克思主义哲学的极大热忱和关心。当看到马克思主义已被糟蹋得真可说是不像样子的时候，我希望把康德哲学的研究与马克思主义的研究联系起来。一方面，马克思主义哲学本来就是从康德、黑格尔那里变革来的，而康德哲学对当代科学和文化领域又始终有重要影响，因之如何批判、扬弃，如何联系康德并结合现代自然科学和西方哲学来了解一些理论问题，来探索如何坚持和发展马克思主义哲学，至少是值得一提的。当然，这些在这本书里都不可能充分展开，只是稍稍提及或一带而过，但即使是一两句话，如能引起注意，在当时我以为便是很有意义的事情。同时，另一方面，无论在国内或国外的马克思主义哲学中，我认为当代都有一股主观主义、意志主义、伦理主义的思潮在流行着。它们的社会背景、阶级基础并不一样，理论上也有许多差异，却奇异地具有这种共同倾向。在所谓"革命的文化批判""自发的阶级意识"等旗号下，马克思主义竟被变成了一种主观蛮干的理论。这就是我这本书之所以一而再、再而三地强调"实践"，强调用使用、制造工具来规定实践，强调历史唯物论以及批评"西方马克思主义"的原因。从大跃进开始的"人有多大胆，地有多大产"，到"文化大革命"的"灵魂深处爆发革命"以及"一分为二"就是辩证法，吃块西瓜就是实践，"斗争""革命"就是哲学的一切，等等，不是很需要从理论上来加以好好考虑的吗？这一切便都通过评论康德而进行，在客观许可的范围内，表达一点自己的意见。因此，所谓

"康德述评"者，尽管"述"在篇幅上大过于"评"，但后者倒是我当时更重要的目的所在。

我根本没有想到，此书完成并交出才一年多，国内便掀起了"实践是检验真理的唯一标准"的大讨论，"实践"在马克思主义哲学中的地位终于被极大地突出了。虽然我对这次讨论的学术水平持保留态度，例如认为一些最基本的概念如"实践""真理""标准"等都并没弄清楚，但这毕竟是次要的。更重要的是这次讨论的政治意义和思想解放作用。这当然是我这种书所远远不能做到的。

我这本书有好些缺点，在初版后记中曾指出过并期望以后"当修改扩展"。但自1976年秋交出此书后，自己就回到了"美学和中国思想史"的原领域，没能再去碰康德这位庞然大物了。旧业既荒，新知未获；迄至今日，依然如此。当然也看了一点书，包括在美国看到的港、台"大师"们写的有关康德哲学的专著，在美国也和一些看过和未看过我的这本书的华人和非华人学者交谈过，这些倒使我觉得这个"客串"似乎还站得住，因之同意重印这本书。我也曾向国内几位德文既好又专治德国古典哲学的教授多次诚恳地请教过，他们都谦逊地未提意见。但我知道，有如初版后记中所说，这书"无论内容、文字、论证、材料，均多疏漏"，并且可能还有错误。只因我目前实在没有时间和力量，所以，这次有关"述"的部分几乎只字未改，未能履行初版后记中的诺言，这是应向读者致歉的。

在纽约，当我和一位著名的华人教授谈及哈佛大学某博士曾想将此书翻成德文时，他说最好译成英文，并说"述"的部分可不改，只改"评"的部分好了。他嫌"评"太简略，尤其对我于"西方马克思主义"似乎一笔抹杀，不以为然。这当然不只是他一个人的意见，但这次我对"评"的部分改得也不多。原因有二：一是我虽有好些话还想要发挥一下，不过并非关于康德，我不能太喧宾夺主（已经夺了不少），这总是本讲康德的书，有话应该留待别处去说；二是我仍基本坚持原来的所有评论，包括对"西方马克思主义"的批评。我对"西方马克思主义"并非完全抹杀，我以为它们在揭露现代西方资本主义、在提出人的本性诸问题上是有许多贡献的，但它们作为共同思潮的总倾向，我以为是错误的。他们对"实践"的规定、解说和发挥，其基本点我以为是主观主义、意志主义、伦理主义的。

但这次对于"评"的部分还是做了一些修改增补。其中最主要的一点是，如果说在初版时我强调实践作为使用、制造、更新工具这一基础意义，是为了强调物质生产是社会存在的根本，是文化活动的基础，强调马克思主义实践哲学就是历史唯物主义，那么这次我除仍然坚持这一基本观点外，同时着重认为，建设文明也应该是马克思主义哲学的重要问题。马克思主义不只是革命的哲学，而且更是建设的哲学。建设精神文明就涉及文化—心理结构问题、文化继承批判问题、历史积淀问题、人性问题、主体性问题，等等。所有这些正需要马克思主义哲学予以科学方向的真正指引。马克思主义哲学本身也需要在提出、探讨、研究这些课题中，结合现代自然科学、社会科学的成果，在批判各种错误的人文理论中，得到坚持和发展。在这方面，康德哲学所提出的许多问题和看法，是仍然有参考价值的。我的这一观点在初版中已经提出，例如多次提到皮亚杰等，这次则使它更为明确和突出了一些。建设精神文明，似乎已成为今天的老生常谈，但如何真正从哲学上具体了解和发掘其严重意义，如何具体地与当代科学和社会发展方向联系起来，即是从理论上说，也是一个远非轻易而毋宁是非常艰巨复杂的研究课题。

使我很高兴的是，近年来国内已有许多人开始承认和研究皮亚杰，也有一些人在认真介绍和研究"西方马克思主义"。一些同志重视了科学哲学如波普尔、库恩、拉卡托斯、瓦托夫斯基（M. W. Wartofsky）等人，个别人开始注意波兰尼（M. Polanyi），对康德哲学的态度也有了很大的变化。当然还有不同意见和争论，有些方面，有些问题，有些人物，如文化人类学、解释学、日常语言哲学、德里达、列维-施特劳斯、福柯、哈贝马斯等还很少有人触及，但这几年我们的确是有进步的。我想，无论是关于康德哲学或本书中提及的问题、人物、学说，都一定会有远远超过这本书的更多更好的论著陆续出现。

为此，我将感到非常高兴。我这个越俎代庖的客串任务可以告一段落。当然，以后如有时间，我还愿意再来研究和写作有关康德和本书中所提及的那许多问题。

在初版后记中，我本来引用了龚自珍的一首诗。后来接受了一位好心的同志的建议，删去了。自己从小喜欢龚的某些七绝，大概属于偏爱，这首也是其中之一。今天本已决定把它引录出来，继而一想，还是算了，何必又挨人咒骂自讨苦吃呢？以后遇有机会再抄也罢。这里就暂以另两首无关的龚诗替代它作为结束吧：

不似怀人不似禅，梦回清泪一潸然。瓶花帖妥炉香定，觅我童心廿六年。

古人制字鬼夜泣，今人识字百忧集。我不畏鬼复不忧，灵文夜补秋灯碧。

1983 年秋 9 月
于北京和平里九区一号

图书在版编目（CIP）数据

批判哲学的批判：康德述评 / 李泽厚著 . —北京：
北京联合出版公司，2024.4
ISBN 978-7-5596-7409-8

Ⅰ . ①批… Ⅱ . ①李… Ⅲ . ①康德 (Kant,
Immanuel 1724-1804) －哲学思想－思想评论 Ⅳ .
① B561.31

中国国家版本馆 CIP 数据核字（2024）第 039555 号

批判哲学的批判：康德述评

作　　者：李泽厚
出 品 人：赵红仕
责任编辑：牛炜征

北京联合出版公司出版
（北京市西城区德外大街 83 号楼 9 层　100088）
北京世纪恒宇印刷有限公司印刷　新华书店经销
字数 400 千字　880 毫米×1230 毫米　1/32　印张 16.625
2024 年 4 月第 1 版　2024 年 4 月第 1 次印刷
ISBN 978-7-5596-7409-8
定价：88.00 元